FOUR PILLARS OF DESTINY

シンプル四柱推命

最強の人生をプランニングできる

JN039679

主婦の友社

この本で主にできること

まずはざっくり理解して占ってみたい!

- ☑ 四柱推命の「4つの柱」を知る → p.009〜
- ☑ 「干」と「支」の組み合わせがわかれば基本はOK → p.011〜
- ☑ とりあえず「命式」を書いてみる! → p.016〜
- ☑ 自分の基本性格を占ってみる → p.053〜

自分をもっと深掘りしたい!

- ☑ エネルギーの強弱を知る → p.076〜
- ☑ 身近な人とのつき合い方
  - パートナーとは? → p.158〜
  - 子どもとは? → p.160〜

＼基本はこの5つでOK!／

ややこしい専門用語を混乱しないで整理して覚えたい!

- ☑ 「十干」 → p.023〜
- ☑ 「十二支」 → p.029〜
- ☑ 「宿命星」 → p.036〜
- ☑ 「十二運」 → p.042〜
- ☑ 「空亡」 → p.049〜

四柱推命を使って人生計画を立ててみたい!

☑ **直近のことを予測したい**

「短期計画シート」→ p.098~

人生まるごとプランニングしたい

「全人生計画シート」→ p.090~

(ダウンロードはp.205)

未来を予測したい!

☑ **年運**を出したい → P.104~

☑ **運がいい時期・注意期を知りたい**

低迷期:空亡 → p.128~

チャンスに変えるには? → P.013~／p.156~

十二運で運の波を見る → p.128~

特殊作用 よい作用 → p.139~

吉凶混合 → p.140

注意 → p.141~

☑ **テーマ別に占いたい**

恋と結婚 → p.148~

仕事 → p.150~

健康 → p.152~

お金 → p.154~

CONTENTS

未来を知り、人生計画を立てる

Catch the future

CHAPTER

1

Guidance

「四柱推命とは」

「占いの帝王」と呼ばれ、的中力の高さで知られる四柱推命。それだけに覚える要素が多く、難しいイメージを持たれている方も多いでしょう。この本では、運を読み解くのに必要な要素を厳選し、シンプルにお伝えします。

この章では、四柱推命の基本である「干」と「支」、その組み合わせから読み解く「宿命星」「十二運」「空亡」の概要を解説します。仕組みを理解し、四柱推命の基本である「命式」を自分で出せるようになりましょう。

四柱推命ってどんな占い？

中国発祥の「占いの帝王」。人生をサバイブするための最強ツール

四柱推命とは、どんな占いなのでしょうか？　四柱推命は中国発祥。中国では「子平」「命理」「八字」などと呼ばれていました。それが日本に伝わったのは、江戸時代中期。桜田虎門という儒学者が『推命書』という本を書き、明治から昭和初期にかけて阿部泰山という占術家が「四柱推命」として完成させたといわれています。

つまり「四柱推命」というのは日本における呼び名。最近では、その的中力の高さから、「占いの帝王」と呼ばれています。

そもそも、「四柱」とはなんでしょうか。それは、生まれた年・月・日・時と、そこに含まれる運勢を指します。長い歴史の中で受け継がれ、磨き上げられたため、覚える要素が多い「四柱推命」ですが、本書では、この基本に沿って、シンプルに運勢を読み解く方法をお伝えします。

四柱推命の魅力は、なんと言っても「来年の運勢」「10年後の運勢」といった、未来予測ができるところ。本書は、先が見えないこの時代を、四柱推命によってサバイブしていくことを目指します。星の巡りや持って生まれた運をどう活かすかは自分が決めることであり、行動しだいで運命は変えられるのです。

四柱推命で人生計画を立てれば、マイナス要素も、プラスに活かせるでしょう。さっそく四柱推命を人生に楽しく取り入れてみましょう。

年、月、日、時が 四柱推命の4つの柱です

年柱

占えるテーマ：**ティーンエイジ**

年柱は生まれた年に対応する箇所で、人生の始まりの10代の時期を見ます。親からどのような愛情、教育を受けるか、どれほどの資産がある家庭に生まれたか、子ども時代の性格などがわかります。

月柱

占えるテーマ：**青年期**

月柱は生まれた月に対応する箇所で、18～40歳までの性格や価値観、人間関係（仕事や対人運）を見ます。この月柱にどの宿命星（p.11参照）があるかで、その人の考え方の7割が決まります。

日柱

占えるテーマ：**壮年期**

日柱は生まれた日に対応する箇所で、41～65歳の期間、成熟した大人としてどう生きるか、どんな恋愛・結婚をするかを見ます。この日柱にどの宿命星があるかで、考え方の残り3割が決まります。

時柱

占えるテーマ：**老年期**

時柱は生まれた時間に対応する箇所で、66歳以降の晩年運を見ます。「物事の結果」を示し、子どもや孫との関係のほか、後輩や部下との向き合い方、自分が引き受けるべき課題がわかります。

四柱推命は、年柱・月柱・日柱・時柱の「4」つの「柱」と、そこに入る干支（かんし）や星から、その人の運「命」を「推」察する占いです。

4つの柱はそれぞれに占えるテーマを持っていて、人生のどの時期のどんな問題を占うかによって、見るべき柱が変わります。この4つの柱に、これから「十干」と「十二支」、さらには「宿命星」や「十二運」、「空亡」といった要素がどう巡るかを把握しましょう。それによって、自分の性質や訪れる運命を知り、人生計画をうまく立てることができます。

年・月・日・時ごとに 干と支が決まっています

四柱推命で使う「干支」という言葉は「えと」ではなく「かんし」と読みます。「えと」といえば「2023年は卯年」など十二支を指しますが、「かんし」は十干と十二支という暦上の概念を組み合わせたもので、年・月・日・時それぞれに、決まった順番で巡ります。6章の表で調べられます。2023年は十干が癸で十二支が卯なので「癸卯の年」。人についても、生まれた年・月・日・時に巡った干と支で、性格や運勢が読み解けます。

天の気をあらわす 干（かん）

甲・乙・丙・丁・戊・己・庚・辛・壬・癸の10種。これが、世界は木・火・土・金・水の5つの気で回っているという「陰陽五行」と合体して「天の気の運行」を見るようになりました。順に、甲乙（木）・丙丁（火）・戊己（土）・庚辛（金）・壬癸（水）と区切ったり、甲丙戊辛壬（陽干）・乙丁己庚癸（陰干）と区切ります。

＼ 10種 ／

甲	乙	丙	丁
戊	己	庚	辛
	壬	癸	

p.23~でより詳しく読み解きます

地の気をあらわす 支（し）

子・丑・寅・卯・辰・巳・午・未・申・酉・戌・亥の12種。「地の気の運行」を見るもので、年だけでなく月や日や時間の巡りもあらわします。たとえば、1月は寅月、2月は卯月……というように、生まれた月の支で、社会的な傾向を読み解くことも。ただしこれは旧暦の数え方なので普段使う太陽暦とは少しずれています。

＼ 12種 ／

子	丑	寅	卯
辰	巳	午	未
申	酉	戌	亥

p.29~でより詳しく読み解きます

干と支の組み合わせで運勢を読み解きます

10の「干」と12の「支」を組み合わせると60通りあり、これが四柱推命のサイクルの基本です。60歳のお祝いを「還暦」といいますが、これは干×支がひと巡りしたという意味です。

生まれた年・月・日・時の干・支や、占いたい期間の干・支の組み合わせで、生まれ持った運命や後天的な運勢を占います。自分の四柱にどんな干・支が入っているか、その組み合わせでわかる要素は、命式（p.16〜）と呼ばれる表で整理します。

宿命星

生まれた日の干 × 命式中のその他の干

10種類の星で性格や運命のリズムがわかる

「宿命星」は、生まれた日の干（日干）と、命式中のその他の干をそれぞれ組み合わせて割り出します。比肩・劫財・食神・傷官・偏財・正財・偏官・正官・偏印・印綬の10種があり、それぞれ異なるエネルギーを持っています。

宿命星で読めることは２つあり、１つは未来予測。もう１つは性格分析で、その人が生まれ持った傾向を読み解きます。

「漢字ばかり」といわれがちな宿命星を理解するには、文字のイメージをつかむのがおすすめ。「財」がつく星は金運を、「官」がつく星は社会運をあらわしますし、「正」がつくと真面目でオーソドックス、「偏」なら柔軟でフレキシブルなどと解釈できます。

また、10の宿命星は、陰陽五行の木・火・土・金・水の５属性に分けられ、それぞれに「生み出す」「生み出される」「勝つ（剋す）」「剋される（負ける）」「和合する」という相性があります（p.23）。

＼ 10種 ／

比肩	正財
劫財	偏官
食神	正官
傷官	偏印
偏財	印綬

p.54~でより詳しく読み解きます

十二運

生まれた日の㊥干
×
命式中の支

その人の性格や運気の強弱を見る補助の運

「十二運」は、長生・沐浴・冠帯・建禄・帝旺・衰・病・死・墓・絶・胎・養の12種。性格や運勢をあらわす軸である宿命星に対して、そのときどきのエネルギーの強さを補助的に見るのが十二運です。

十二運は、運勢のエネルギーを、人間が受胎して生まれ、頂点に至って死を迎え、霊魂となって旅立つまでのサイクルをわかりやすく示したもの。「病」「死」「墓」などドキッとするような漢字も出てきますが、「病気になる」「死ぬ」といった意味ではないのでご安心を。人生は絶好調のときばかりではありません。「病」「死」「墓」のようにエネルギーが低下している時期には立ち止まったり、弱気になったりしながら自分を成熟させることも大切です。

＼ 12種 ／

長生	病
沐浴	死
冠帯	墓
建禄	絶
帝旺	胎
衰	養

p.42~でより詳しく
読み解きます

空亡

低迷期だが、活かせば強みになる

「空亡」は子丑空亡・寅卯空亡・辰巳空亡・午未空亡・申酉空亡・戌亥空亡の６種。10の干に12の支を組み合わせると、支が２余ります。これが12年に２年、12カ月に２カ月、12日に２日、12時間に２時間巡り、この時期は次の周期に進むための休息期間です。

空亡は天中殺とも呼ばれ、低迷の作用を持つイメージがありますが、悪いことばかりが起きるわけではありません。空亡に生まれた場合は宿命的に課題を背負いますが、それを知っておくことで意識的に人生を開拓できます。また、空亡の年や月を過ごしている場合は、トラブルが起きやすく、思い切った方向転換や新しいことを始めるには不向きですが、勉強など足元固めははかどるでしょう。

＼ 6種 ／

- 子丑空亡
- 寅卯空亡
- 辰巳空亡
- 午未空亡
- 申酉空亡
- 戌亥空亡

p.50~でより詳しく
読み解きます

生まれた日の干×生まれた月や、占いたい年の干の組み合わせで10年ごとの運勢、1年ごとの運勢がわかります

四柱推命では、人生は決まったサイクルで進むと考えられています。

そのうち、生まれた日の干と、生まれた月の干を掛け合わせて10年ごとの運勢を出したものを大運、生まれた日の干と、占う年の干を掛け合わせて１年ごとの運勢を出したものを歳運といいます。

大運
10年ごとの運勢

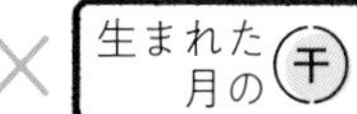

10年刻みでざっくり人生のテーマを知る

「大運」は、生まれた日の干と、生まれた月の干を掛け合わせて、ひもづく運命星から、10年刻みで運勢の傾向を読み解いたもの。10年ごとに、大運にひもづく宿命星が変わり、「比肩の10年」の次は「劫財の10年」といったように、規則的に巡ってきます。10年の区切りのスタートの年（立年）が何歳かも、宿命星が巡る順番も生年月日で決まります。この時期はこんなふうに生きる、という長期スパンでの目標立案に使いましょう。

p.84~でより詳しく読み解きます

歳運
1年ごとの運勢

「今年の運勢」はこれで押さえる

「歳運」は、生まれた日の干と、占いたい年の干を掛け合わせ、１年ごとの運の流れを見るもの。いわゆる「今年の運勢」です。ただし、１月１日からではなく立春からの１年を指します。宿命星が毎年順に巡るので、その年の運勢を知ることができるだけでなく、運のサイクルを理解して「20XXにはこの星が来る」と見通しを立てることも可能。たとえば、独立開業を目指すなら「XX年まで待とう。それまでは準備と貯金だ」などと計画するのに役立ちます。

p.86~でより詳しく読み解きます

生まれたときの星の配置を「命式」と呼びます

四柱推命の読み解きには「命式」という表を使います。命式は、生まれた年・月・日・時にどの干・支が入っていたか、そこから割り出される宿命星などを一覧にした表です。割り出された7個の宿命星の位置やバランス、柱ごとの意味合いなどを総合して、持って生まれた運勢や性格を読み解きます。p.16〜で、ご自身の命式を実際に書いてみましょう。

まずは重要な要素である、天干（年・月・日・時の干）につく宿命星と、蔵干（年・月・日・時の支に対応する干）につく宿命星について、右の図で説明しましょう。

蔵干とは、「年・月・日・時の支に内蔵されている干」で、p.205の表で調べられます。この生まれた年・月・日・時の支×蔵干の組み合わせにも宿命星がつきます（蔵干の宿命星）。

つまり、年柱・月柱・時柱にはそれぞれ、天干の宿命星の欄、蔵干の宿命星の欄と2つの宿命星が入り、日柱は蔵干の宿命星の欄だけに宿命星が入ります。天干の宿命星は外見や印象、行動パターン、蔵干の宿命星は本質的な性格を示します。

月柱の蔵干の宿命星を中心星といい、この中心星で、性格や行動パターンの7割が読み解けます。3章では中心星をもとに自分自身の性格傾向についてじっくり解説します。

生まれた時間がわからない方も多いと思いますが、四柱推命はそれぞれの宿命星のバランスも重要なので、できるかぎり時柱も調べてみてください。

流派によって命式の算出方法は若干異なりますが、まずは書いてみることで四柱推命への理解が深まり、仕組みを自分の中に落とし込めるでしょう。

★ それぞれの宿命星でわかること

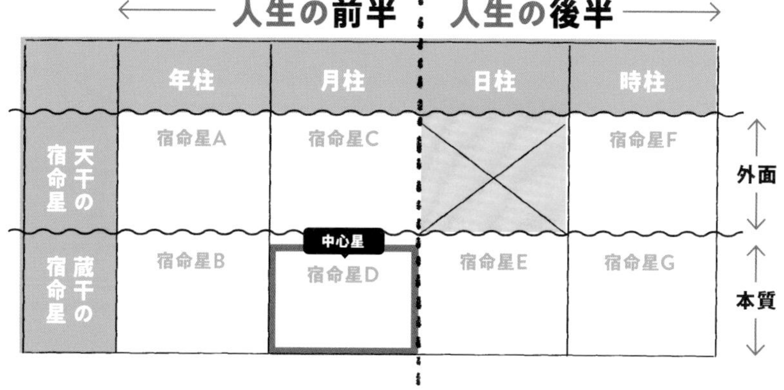

天干の宿命星からわかること：外面、 行動パターン
蔵干の宿命星からわかること：本質、 隠された性格

宿命星A｜目上の人、両親に対して見せる行動・性格
宿命星B｜両親から受け継いだものなど内面的な要素
宿命星C｜友人、同僚、兄弟姉妹に見せる行動・性格
宿命星D｜**中心星。本来の自分。性格のメイン（7割）となる軸**
宿命星E｜**パートナーに対する自分。性格のサブ（3割）となる軸**
宿命星F｜部下や子ども、孫に対して見せる行動・性格
宿命星G｜自分より下の世代に対する内面的な要素

　いろいろな要素が多角的に盛り込まれた命式。何の要素をどう読んだものか、迷われる人も多いかもしれません。命式を読むコツは、「性格」や「行動パターン」と「持って生まれた運」を分けること。

「性格」や「行動パターン」は上記のA〜Gで見ます。D７割、E３割という配分で主な傾向をつかみ、ほかの宿命星を補助的に見ます。

「持って生まれた運」は、年柱・月柱・日柱・時柱で読みます。４つの柱は人生の前半と後半に分けられ、親から受け継いだものを年柱、仕事運や対人運を月柱、得るパートナーを日柱、老後を時柱で見ます。

自分の命式を書いてみましょう

★命式の書き方

①
p.163～の6章で、自分の生まれた年の干と支（年干・年支）、月の干と支（月干・月支）、日の干と支（日干・日支）を調べ命式に書き込みます。生まれた日の1～60の番号をp.206の60干支表と照らし合わせ、それぞれの干と支を出しましょう。

W
時柱の天干・地支などは、p.207をチェックしてWEBで出しましょう。

	年柱	月柱	日柱	時柱
天干	年干 ①	月干 ①	日干 ①	時干 W
地支	年支 ①	月支 ①	日支 ①	時支 W
天干の宿命星	宿命星A ③	宿命星C ③	╳	宿命星F W
地干の蔵干	②	②	②	W
蔵干の宿命星	宿命星B ③	中心星 宿命星D ③	宿命星E ③	宿命星G ③
十二運	④	④	④	W
空亡	⑤	⑤	⑤	⑤

②
p.205の表で、地支から自分の蔵干を出しましょう。

③
6章で、生まれた日の横にある中心星（宿命星D）を調べて書き込みましょう。それ以外の宿命星はp.55の表で、自分の日干や地支の蔵干と、年・月の干が交差する箇所を見てください。

④
p.206の十二運表で、日干と、年・月・日の支を組み合わせて出しましょう。

⑤
6章で、暦の横にある数字をp.206の空亡表に照らし合わせて年の空亡を出しましょう。

あなたの命式

	年柱	月柱	日柱	時柱
天干	年干	月干	日干	時干
地支	年支	月支	日支	時支
天干の宿命星	宿命星A	宿命星C	╳	宿命星F
地支の蔵干				
蔵干の宿命星	宿命星B	中心星 宿命星D	宿命星E	宿命星G
十二運				
空亡				

四柱推命で 人生計画を立てましょう

運は活かしてこそ、占いをする意味がある

四柱推命の魅力は的中率や奥深さなど語り尽くせませんが、「人生100年時代」といわれる時代を生きる私たちにとって、最も嬉しいのは「運命のサイクルがわかる」ことではないでしょうか。100年という長い未来は、頭でイメージするだけでは「あと○年か。先は長いな……」などと思いがちです。やりたいことが頭に浮かんでも、お金や健康の不安が先に立ちます。

四柱推命では、運命のサイクルが先々までわかります。「この時期には体調を崩しやすいのか」「家を建てるなら、空亡（低迷期）が終わったこのあたりだな」「転職するならこの時期かな」といった見通しが立ちます。同時に「それなら、好調期のうちに体力づくりをしよう」「ここまでに○○万円貯めるぞ」といった目標も立てやすくなるでしょう。

人が不安になるのは、未来がわからないからです。今は幸福なら「いつかこんな時期も終わってしまうのだろう」と思い、今が思うに任せない状態なら「この苦しみがいつまで続くのだろう」とふさぎ込むのが人生の常です。それでも「未来には、こういう可能性があるのだ」と思えれば、やりたいことも足元を固める準備も、思いつこうというものではないでしょうか。

４章では10年ごとの運勢（大運）から見る「全人生計画シート」と１年ごとの運勢（歳運）から見る「短期計画シート」をご紹介しています。このシートを活用し、運のサイクルを把握し、人生をプランニングします。

全人生計画シート

p.90ではより詳しく読み解きます

一生の流れがわかる

p.92で立年を調べて記入しましょう

p.93の大運表から該当の時期の数字を調べ、p.206の60干支表で調べた干を書き写します

p.93の大運表から該当の時期の数字を調べ、p.206の60干支表で調べた支を書き写します

96歳以降ももちろん占えます

年齢	0~5	6~15	16~25	26~35	36~45	46~55	56~65	66~75	76~85	86~95
天干	戊	丁	丙	乙	甲	癸	壬	辛	庚	己
地支	子	亥	戌	酉	申	未	午	巳	辰	卯
宿命星	正官	偏財	正財	食神	傷官	比肩	劫財	偏印	印綬	傷官
十二運	建禄	帝旺	衰	病	死	墓	絶	胎	養	長生
特殊作用	干合	空亡	空亡 害 方合						支合 三合	冲

p.93~の大運表から該当の時期の宿命星を書き写します

p.93~の大運表から該当の時期の十二運を書き写します

p.206~とp.138を調べて、該当の年に空亡や特殊作用（冲、害など）があれば入れます

※p205のURLからこの表をダウンロードできます。
プリントアウトしたりタブレットから書き込んだりして使いましょう。

短期計画シート

直近12年がわかる

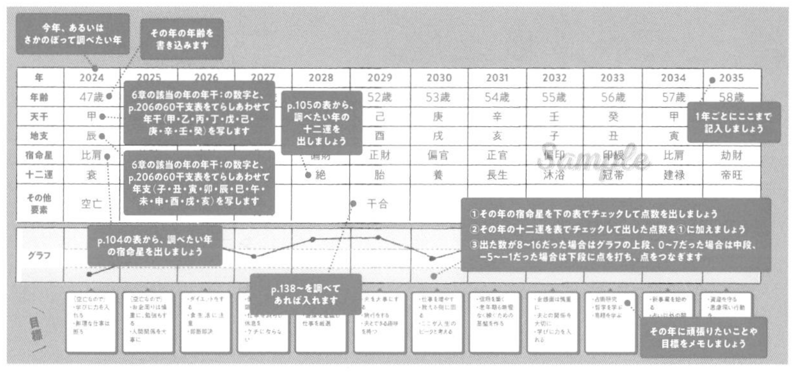

年	2024	2025	2026	2027	2028	2029	2030	2031	2032	2033	2034	2035
年齢	47歳					52歳	53歳	54歳	55歳	56歳	57歳	58歳
天干	甲					己	庚	辛	壬	癸	甲	
地支	辰					酉	戌	亥	子	丑	寅	
宿命星	比肩				偏財	正財	偏官	正官	偏印	印綬	比肩	劫財
十二運	衰				絶	胎	養	長生	沐浴	冠帯	建禄	帝旺
その他要素	空亡					干合						
グラフ												

COLUMN 1

四柱推命との出会い

私の占い師としてのキャリアは、四柱推命からスタートしました。師匠と出会い、数年かけて手ほどきをしてもらう中で、運というものの捉え方・使い方を学びました。ちょうど30代に差しかかったころです。当時の私にとって、運命とは「すでに決まっていて抗えず、ただ受け入れるしかないもの」であり、未来は茫漠とした不安にまみれていました。恋人は結婚を渋っていたし、仕事は激務なわりに先が見えず、これといった得意分野もありません。このまま先細りになり、孤独なまま社会の中で居場所をなくしていくのだと感じる夜もよくありました。

そんなときに出会ったのが四柱推命です。運命を、何年も先まで読むことができる。そのことに、私は夢中になりました。特に、低迷期を把握できることは希望でした。「今はよくても、明日からダメになるかもしれない」と怯えることから解放されたからです。人が不安になるのは、だいたいが「わからないとき」です。わからないから怖いし、保険をかけるようにして「もしもダメになったら」という想像をしてしまう。そうなると、ネガティブなスパイラルは止まりません。あらゆる選択が、どこか守りに入ってしまいます。

師匠は折に触れ「いいことばかりの人生もないし、悪いことばかりの人生もない」と言っていました。昼なお暗い悩みの森にいるときも、嬉しくて楽しくて眠れない夜を過ごしているときも、私の支えとなっています。

CHAPTER

2

Glossary

四柱推命で使う用語解説

この章では、運の読み解きに使う、「十干」と「十二支」、その組み合わせから読み解く10種の「宿命星」、「十二運」、そして6種の「空亡」の意味を解説します。

四柱推命の基本である「干」と「支」の掛け合わせ方を理解すれば、自分の持って生まれた運命や、未来の運勢を占えるようになります。漢字だらけで最初は難しいかもしれませんが、ご自身や周囲の人の命式と引き合わせながら覚えていくとよいでしょう。

四柱推命は干と支が基本。その**組み合わせ**で運を読み解きます

甲・乙・丙・丁・戊・己・庚・辛・壬・癸の10種があり、天の気（天干）をあらわします。年柱に入る干を年干、月柱に入る干を月干、日柱に入る干を日干、時柱に入る干を時干といい、特に日干はその人の核となる重要な部分です。

支
SHI

子・丑・寅・卯・辰・巳・午・未・申・酉・戌・亥の12種があり、地の気（地支）をあらわします。年柱に入る支を年支、月柱に入る支を月支、日柱に入る支を日支、時柱に入る支を時支といい、特に月支は運を見るうえで大事な要素です。

宿命星

〈**性格**を見る〉

宿命星は10種あり、性格や考え方を見ます。日干×日柱以外の干で得られる宿命星と、日干×地支に対応する蔵干で得た宿命星があります。日干×月柱の蔵干の宿命星を「中心星」といい、最も重視します。

干×支

十二運

〈**サイクル**を見る〉

十二運は12種あり、人が生まれ、死ぬまでのサイクルになぞらえて、運の流れやそのときどきのエネルギーの強さを見るもの。宿命星と合わせて補助的に使います。日干と、年・月・日・時の支を掛け合わせて導きます。

空亡

〈**転換点**を見る〉

空亡は６種あり、人生の転換点を見ます。日干と年・月・日・時の支の余りで出し、次のサイクルに進むための準備期間です。天中殺とも呼ばれ、低迷期のイメージがありますが、活かし方しだいで強みになります。

天をあらわす10の要素「十干（じゅっかん）」

「陰陽五行」の考え方と組み合わせて そのときどきの状態を見る

五行＼陰陽	陽	陰
木	甲（きのえ）	乙（きのと）
火	丙（ひのえ）	丁（ひのと）
土	戊（つちのえ）	己（つちのと）
金	庚（かのえ）	辛（かのと）
水	壬（みずのえ）	癸（みずのと）

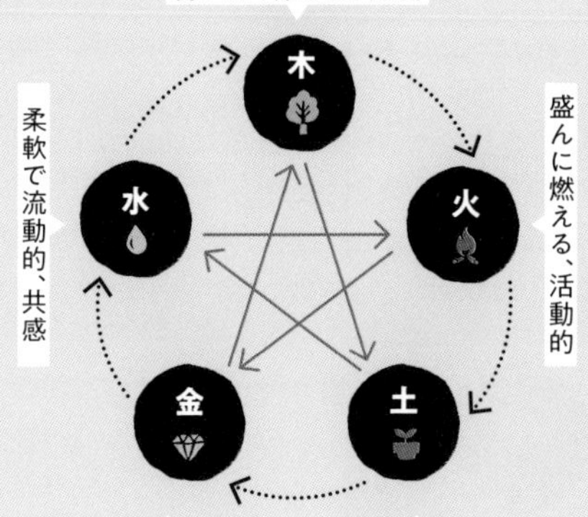

天の気（天干）をあらわす十干。勢いよく成長している、元気に活動しているなど、そのときどきの状態を見る象意で、「陰陽五行」の考え方と組み合わせて判断します。陰陽では、甲・丙・戊・庚・壬（陽干）、乙・丁・己・辛・癸（陰干）の２つに分けることができ、陽干を兄、陰干を弟と考えます。五行では、甲・乙（木）、丙・丁（火）、戊・己（土）、庚・辛（金）、壬・癸（水）に属性が分けられます。兄は「え」、弟は「と」と読みますから、甲は「木（き）」の属性を持つ「兄（え）」で「きのえ」、丁は「火（ひ）」の属性を持つ「弟（と）」で「ひのと」となります。五行には比和（同じ気が重なる）、相克（対立する）、相生（生かし合う）の相性があります。

きのえ

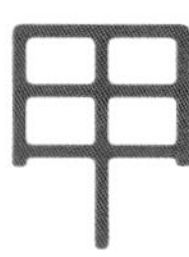

KINOE

＼ 甲のエネルギー ／

樹木のようにまっすぐ育つ

甲は、陽の「木」の象意であり、樹木のようにすくすく伸びている状態です。木は生命力や成長をあらわし、困難な状況にも対応しながら空に向かってまっすぐに育ちます。また、長い年月をかけてじっくりと、大地に根を張ります。

甲を命式に持つ人は、上昇志向や向上心があり、ポジティブな思考の持ち主。試練を前にしても前向きな姿勢を保ち、解決策を見つけようとするでしょう。ただ、真面目で不器用な部分もあるので頑固にならないことが大切。

甲の年・月・日・時は、上を目指して努力できるとき。リーダーシップを発揮し、元気に動き回りましょう。

きのと

乙

KINOTO

＼ 乙のエネルギー ／

草花のように広がって咲く

乙は、陰の「木」の象意であり、草や花のように地面を覆い広がっている状態です。樹木と違い、草や花は風に揺れたり、周囲の環境に柔軟に対応するイメージ。優雅な姿を持ちつつも、踏まれても立ち上がる強さを備えます。

乙を命式に持つ人は、柔軟性や適応力があり、集団行動を好みます。他人との調和を重視するだけに我慢しがちですが、自己主張も大切に。創造的な才能や想像力が豊かで、独自の視点から新しいアイデアを生みます。

乙の年・月・日・時には社交性と協調性が高まるので、仲間を増やしたり、人脈を広げていくのがいいでしょう。

ひのえ

HINOE

＼ 丙のエネルギー ／

太陽のように明るく光り輝く

丙は、陽の「火」の象意であり、さんさんと輝く太陽のように明るい光を放っている状態です。太陽はこの世界のあらゆる場所を照らす存在であり、その熱や光は私たちの生命を守り、自然界に活力を与えてくれます。

丙を命式に持つ人は、自信に満ち、その場にいるだけで周囲を笑顔にします。自己表現が上手で行動力があり、目標に向かって集団を引っぱるのが得意でしょう。ただ、ときにパワフルすぎるので強引にならないよう注意。

丙の年・月・日・時には熱意を持って物事に取り組めるので、自然と注目され、スポットライトが当たるでしょう。

ひのと

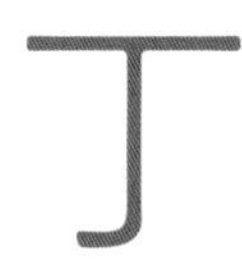

HINOTO

＼ 丁のエネルギー ／

ロウソクのように暗闇を照らす

丁は、陰の「火」の象意であり、ロウソクのように暗いところで光っている状態です。ロウソクは暗闇を照らし、迷える人に希望を与える存在。ロウソクの灯りには静寂な雰囲気があり、心を穏やかに落ち着かせてくれます。

丁を命式に持つ人は、みんなをサポートし励ますことに長けています。内省的で、秘めた情熱と思いやりを持っており、自己犠牲の精神で人に尽くします。ただ、我慢が限界を超えないよう、小出しに意見を伝えて。

丁の年・月・日・時には洞察力が高まり、物事の本質や裏側を理解できるので、おのずと知識が深まるでしょう。

つちのえ

＼ 戊のエネルギー ／

山や大地のように動かない

戊は、陽の「土」の象意であり、山や大地のようにどっしりと構えた状態。山や大地は広がりを持つものであり、万物を支える土壌でもあります。そして、風雨や自然の力に耐えながら、長い年月をかけてその形がつくられます。

戊を命式に持つ人は、信頼性があり、場に安定感をもたらします。また、現実的な傾向があり、実際的な視点から物事を見るでしょう。計画的に物事を進めることを好みますが、たとえ思いどおりにならなくても焦らないこと。

戊の年・月・日・時は地盤固めに適しているので、地に足のついた目標設定を行うのがいいでしょう。

つちのと

＼ 己のエネルギー ／

畑のように栄養を吸収し、蓄える

己は、陰の「土」の象意であり、畑や農地が作物が育つための栄養を吸収し、蓄えている状態です。畑や農地は作物が成長し、豊かな収穫を得るために欠かせない土壌であり、小動物や虫など、さまざまな生命が共生しています。

己を命式に持つ人は、根強い基盤を持ち、周囲の人々を支える調和的な存在として頼られるでしょう。さまざまな人やものを受け入れつつ、変化する状況に対応しますが、あれもこれも引き受けすぎないようにして。

己の年・月・日・時は自分の目標や計画を調整するいい機会です。実りを得るために、現状を見直してみて。

かのえ

KANOE

＼ 庚のエネルギー ／

刃物のように鋭い切れ味を発揮する

庚は、陽の「金」の象意であり、剣やナイフのように鋭く、切っ先がとがっている状態。剣やナイフは硬く鋭い刃を持つ道具であり、ものを切り裂く鋭い切れ味を持っています。ただ、その取り扱いには注意が必要でしょう。

庚を命式に持つ人は、決断を下す能力にすぐれ、難しい状況でも果敢に行動できます。また、知的好奇心が旺盛で新しいことを学ぶのを楽しみ、自己を磨くために努力します。ただ、敵と見なした相手には容赦なく攻撃することも。

庚の年・月・日・時は物事の本質を見抜く能力や、状況を読む力が高まるので、思い切った行動が吉と出ます。

かのと

KANOTO

＼ 辛のエネルギー ／

宝石のように洗練された輝きを放つ

辛は、陰の「金」の象意であり、宝石や加工された鉱物のように高貴なオーラをまとっている状態です。宝石は貴重で価値あるものとされ、見る人の美意識や感性を刺激する存在です。磨くことで素晴らしい輝きを発揮します。

辛を命式に持つ人は、物事に対して洗練された視点を持ち、品位ある行動を心がけます。深い感受性と感情の豊かさがあり、人々をひきつける魅力を放つでしょう。ただ、贅沢を好み、ときに見えっ張りになることもありそう。

辛の年・月・日・時は好奇心が高まるので、新しい知識や情報に目を向けると喜びを感じられるでしょう。

＼ 壬のエネルギー ／

海や大河のように広がっていく

壬は、陽の「水」の象意であり、雄大な海や川のように広がり、流れている状態。海や川は生命の源であり、無限の広がりを感じさせます。また、川は流れる水の動きを持ち、海も潮の満ち引きなどによって常に変化しています。

壬を命式に持つ人は、視野が広く柔軟な考え方をする傾向があります。多様な状況に適応することが得意で、他人との共通点を見つけつつ、相手に上手に合わせるでしょう。ただ、ときに合わせすぎて自分を見失ってしまうことも。

壬の年・月・日・時は共感性が高まるので、相手の気持ちを理解し、協力的な態度で接するとうまくいきます。

みずのと

MIZUNOTO

＼ 癸のエネルギー ／

雨のように降り注ぎ、変化を起こす

癸は、陰の「水」の象意であり、雨のように降り注いでいる状態です。雨は一粒は小さくても、地表に降り注いで川や湖に流れ、植物や生物の成長を促します。また、時間をかけて地面の形を変え山や谷、川をつくり出します。

癸を命式に持つ人は、感情に敏感で、芸術や創作活動を好みます。繊細な感性を持ち、内面世界が豊かで、他人に対しても共感的でしょう。変化に抗わず、流れに身を任せますが、ときに細部にこだわりすぎることも。

癸の年・月・日・時は根気強く物事に取り組めるので、じっくり学んだり、大規模な計画を立ち上げるのに最適。

地をあらわす12の要素「十二支（じゅうにし）」

時間や方位を示す単位であり動物になぞらえてあらわす

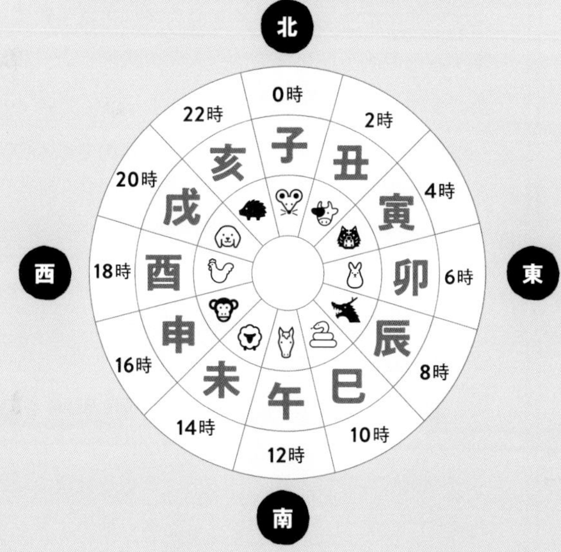

地の気（地支）をあらわす十二支。「2023年は卯（うさぎ）年」など、動物になぞらえたイメージが定着しています。十二支は年だけでなく月や日もあらわし、1月は寅月、2月は卯月……など、旧暦に基づいた割り振りが決まっています。また、図のように時刻もあらわし、「丑三つ時」「丑の刻参り」などといいます。また、「艮（うしとら）（丑寅）の方位」「巽（たつみ）（辰巳）の方位」など方位もあらわします。十干と十二支を組み合わせると60通りとなり、60干支と呼びます。この60が基本のサイクルとなり、たとえば60歳の「還暦」は、サイクルが一巡したことをお祝いするイベントです。

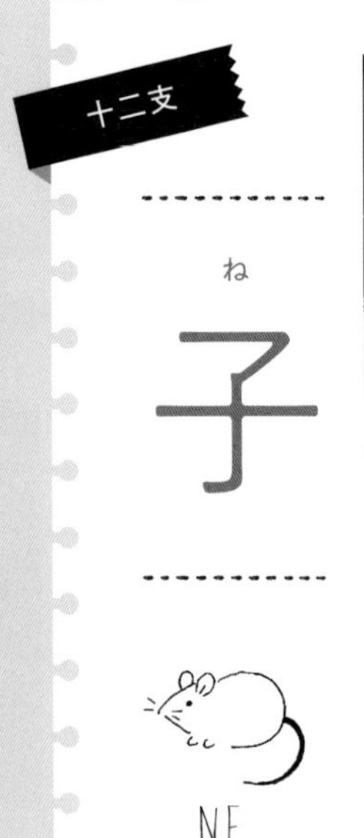

＼ 子の本質 ／

慎重かつ大胆に目標を目指していく

子を命式に持つ人は、慎重さと大胆さを兼ね備えた性質を持っています。物事をじっくり見極める能力に加えて、スタートすると思いがけない行動力を発揮し、ミッションを成功に導きます。このバランスの取れた性質は、新たな挑戦をするのに有利になるでしょう。

子の年や子の日には、スタートダッシュの機運が高まります。このタイミングでは、未知の領域への一歩を踏み出すことが、成功への近道となるでしょう。ただし、自分の利益優先で動きがちなので、周囲の状況や他人の気持ちにも目配りをしましょう。

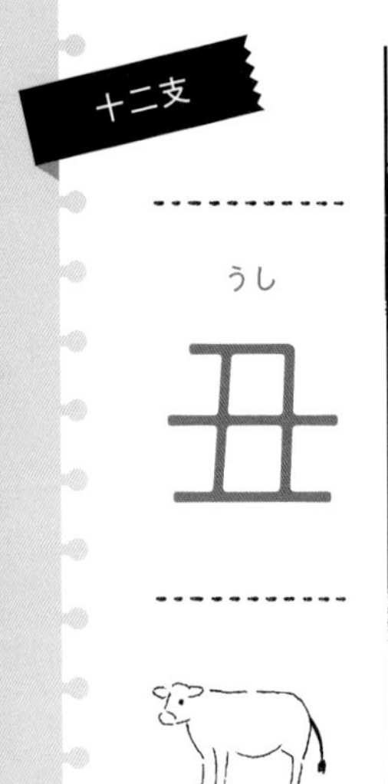

＼ 丑の本質 ／

自分のやり方を貫きつつ、忍耐強く励む

丑を命式に持つ人は、マイペースさと同時に頑固さを兼ね備えています。のんびりとした居心地のよさを大切にする一方で、ときには融通が利かない傾向もあります。このタイプの人は、自分のやり方を大事にしながらも、忍耐力を持ってやるべきことと向き合う力を持っています。

丑の年や丑の日には、静かながら着実な成果を上げるチャンスがあります。自分なりの方法で進むことで、持続的な成長を実現することができるでしょう。ただし、他人のアドバイスを無視しがちなので、有意義な意見は積極的に取り入れてください。

とら

TORA

＼ 寅の本質 ／

困難な場面でこそモチベーションが上昇

寅を命式に持つ人は、アグレッシブで行動的な資質を持っています。普段はのんびりしていますが、試練や困難があると、へこたれるよりも、むしろやる気が高まります。機が熟したと見れば、新たなチャレンジや目標に向かって積極的に挑みかかる傾向があります。

寅の年や寅の日には、エネルギーが高まり、ミッションを乗り越える強い意志が働きます。モチベーションが上昇し、挑戦心や負けん気が刺激されるでしょう。ただし、あまり攻撃的になって敵をつくらないよう、置かれている状況はよく見極めてください。

う

卯

U

＼ 卯の本質 ／

明るく軽やかに行動を起こす

卯を命式に持つ人は、軽やかさと同時に行動力があり、スピーディーな特性を持っています。ポジティブな考え方が特徴で、明るいエネルギーを周囲にもたらします。卯の持つ軽快さは、新しいアイデアを生み出したり、物事に素早く取り組んだりする力を持っています。

卯の年や卯の日には、エネルギーが満ちあふれ、前向きな姿勢でチャンスをつかむことができるでしょう。スピーディーな行動を通じて、成果を積み上げていくことがポイントです。ただし、器用貧乏にならないよう、始めたことを続けていく姿勢を大切にして。

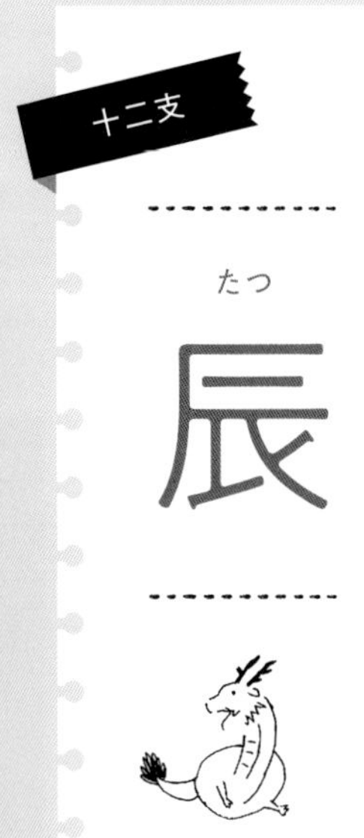

＼ 辰の本質 ／

理想を掲げて目標を目指す

辰を命式に持つ人は、存在感がありながらも冷静な性質を持っています。理想主義を掲げ、大局を見極めつつ目標を目指しますが、ときに結果がついてこない場面も。辰が持つ集団を鼓舞する強い力とリーダーシップは、周囲からの信頼を得る力を生み出します。

辰の年や辰の日には、自身の夢や目標に向かって着実に進むことができるでしょう。自分のビジョンを追求しながらも、現実的なアプローチを意識してください。周囲が戸惑っていたり、思うように進まないときは、いったん立ち止まって、現状の見直しを。

み

巳

MI

＼ 巳の本質 ／

内面に秘めた執念で努力を実らせる

巳を命式に持つ人は、人知れず努力を重ね、成果を出す特性を持っています。おとなしそうに見えますが、内に秘めた執念深さがあり、目標に向かっての継続的な努力が得意です。巳が持つ根気強さは、周囲を驚かせるような成果を生み出す要因となります。

巳の年や巳の日には、着実な頑張りが実を結び、成功へとつながることでしょう。地道な取り組みを通じて、成果を上げることができるはずです。ただし、一つのことにこだわりすぎてほかのチャンスを見のがさないよう、視野を広げておく努力も忘れないで。

うま

UMA

\ 午の本質 /

社交性を発揮しながら、周囲と調和する

午を命式に持つ人は、明るく開放的な性質を持っています。周囲とうまく調和しながら、ポジティブなエネルギーを広めることが得意です。ただし、内弁慶で見栄っ張りな一面もあり、親しくなるとそういった面がクローズアップされることもあるでしょう。

午の年や午の日には、社交性を活かして新しいつながりを築くチャンスが広がります。自分のポジティブなエネルギーを分け与えることで、周囲の人々との協力関係や人脈を築いていくことができるでしょう。つき合いの長い人だけでなく、新規の人間関係も開拓する努力を。

ひつじ

HITSUJI

\ 未の本質 /

癒やし系の雰囲気を出しつつ、したたかに動く

未を命式に持つ人は、のんびりした癒やし系の性質を持っています。しかし、その内には意外な野心や計算高さも秘めています。未が持つおっとりした雰囲気は、周囲に落ち着きと安心感をもたらす一方で、内に秘めた大きな目標に向けて地道に努力する力を持っています。

未の年や未の日には、ゆったりとしたムードを活かしつつ、自身の野望を追求するチャンスが広がります。したたかさを発揮しながら、賢く立ち回ることが求められるでしょう。ただし、裏表がある人だと誤解されないよう、やりたいことの主旨はよく説明して。

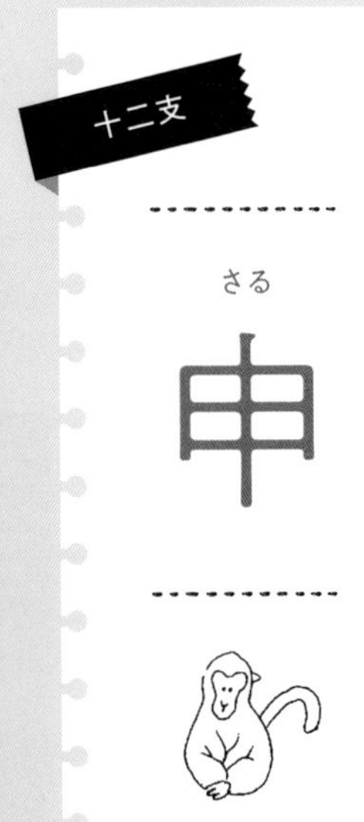

十二支

さる

申

SARU

＼ 申の本質 ／

持ち前の人懐っこさで人脈を拡大

申を命式に持つ人は、器用さと愛嬌という特性を持っています。人懐っこい性質で、周囲とのコミュニケーションが得意です。申ならではの柔軟性は、相手との関係を円滑に築く力を生み出します。

申の年や申の日には、明るい魅力を活かして新たな出会いやつながりを築くチャンスが広がります。社交的な態度が、周囲の人々の好意や信頼を引き寄せ、ともに成長する力となるでしょう。人脈を築きつつ、自分の能力を活かして行動することが重要です。ただし、調子がいいだけの人と思われないよう、有言実行を心がけて。

十二支

とり

酉

TORI

＼ 酉の本質 ／

ストイックな努力で成功を手にする

酉を命式に持つ人は、きれい好きで完璧主義的な性質を持っています。ストイックな一面もあり、自己要求が高く、常に自分を磨こうと努力するでしょう。自分に対しても他人に対しても厳しいところがありますが、配慮はきちんとできるので、質の高い成果を手に入れられるはずです。

酉の年や酉の日には、細部にまで気を配りながら目標に向かって努力できます。真摯で誠実な取り組みが、最終的な成功へとつながる力を発揮します。ただし、あまり無理をしすぎると心身のコンディションを崩しやすいので、ときおり休みを入れるようにして。

いぬ

INU

＼ 戌の本質 ／

思い定めた相手に忠実に従う

戌を命式に持つ人は、素直で律儀な性質を持っています。これと思った相手に対して忠実に尽くし、従う姿勢が特徴です。戌が持つまっすぐさは、周囲との信頼関係を築く力を持ちます。

戌の年や戌の日には、誠実な態度で目上の人との絆を深め、協力関係を強化するチャンスが広がります。相手から信頼されて引き立てられることで、可能性が広がり、仕事や人間関係での成功につながることでしょう。ただし、目上の人からかわいがられるとねたみを買いやすいので、目下の人との関係も大切にしましょう。

い

I

＼ 亥の本質 ／

目標を目指し、パワフルに突き進む

亥を命式に持つ人は、パワフルで直情的な性質を持っています。ただ、猪突猛進という言葉もあるとおり、イノシシのように突っ走りがちで、エネルギッシュに動ける半面、ときに空回りすることもあるでしょう。

亥の年や亥の日には、情熱的に目標に向かって進むチャンスが広がります。突き進むことで得られる成果もある一方で、周囲の状況を考慮し、目標達成への戦略を練るなど、バランスを保ちながら動くことも意識してください。やりたいことをひたすらやるだけでなく、今すべきことや求められていることを考えて動きましょう。

持ち前の性格を示す 10の「宿命星（しゅくめいせい）」

「五行」のどのチームに所属するかで それぞれの性格が見えてくる

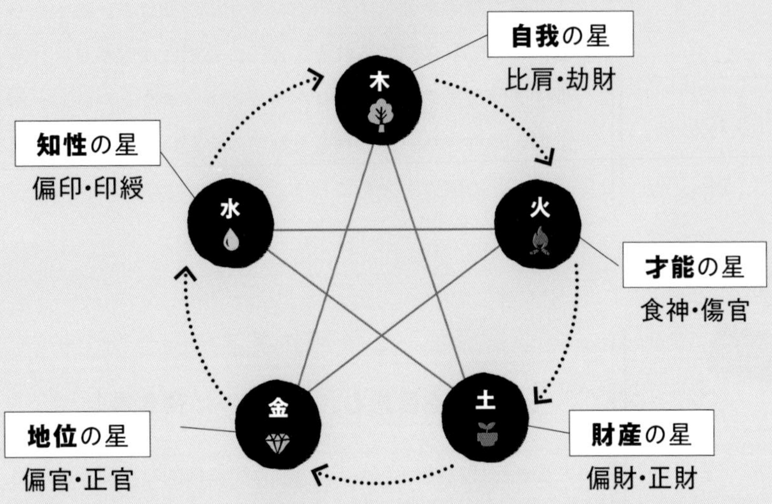

命式では、天干（日干以外）と蔵干、それぞれに宿命星が導き出されます。特に中心星と呼ばれる月柱の蔵干の宿命星は性格の7割を示すとされ、とても重要です。残り3割は日柱の蔵干の宿命星で読むので、この2つはぜひ押さえましょう。3章（p.53〜）では、中心星別の人生と運命とヒントをお伝えしています。また、その時期にどの宿命星が入るかによって、1年ごとの運勢（歳運）や10年ごとの運勢（大運）もわかります。こちらは4章（p.81〜）をチェックしてください。宿命星は「自我の星」「才能の星」「財産の星」「地位の星」「知性の星」に分けられ、それぞれ五行にひもづきます。

宿命星

ひけん

比肩

自我
の星

＼ 比肩の人の性格 ／

自立心を持ち、こだわりを貫く

比肩は「自我の星」に属し、こうと決めたらてこでも動かない性格を持っています。ハマったことにはとことん向き合い、真剣に取り組みますが、頑固で自分のやり方にこだわるため、ペースやリズムが乱されると一気にモチベーションが下がりがち。上手に切り替えましょう。

比肩を命式に持つ人は、独立志向で自立心が強い傾向があります。若いうちに自分の世界を築き、決定権を持って取り組める環境に身を置くと成功をつかみやすいでしょう。

比肩が巡る時期には、自分の意見をしっかり持って、他人に遠慮せず強気でアクションを起こすのがおすすめです。

宿命星

ごうざい

劫財

自我
の星

＼ 劫財の人の性格 ／

人との関わりを通じて自己実現を図る

劫財は「自我の星」に属し、ソフトでありながらも自分を曲げない強さを持っています。劫財を命式に持つ人は、集団行動を重視し、仲間と築く「場」やネットワークを守るために動きます。

裏表があると思われがちな面もありますが、これは人との関わりを通じて、目的や願望を実現しようとした結果、他人を利用しているように見えてしまうため。実際には誰にでも公平かつ対等に接する賢さを備えています。

劫財が巡る時期には、人につけ込まれやすいので近づいてくる人をよく見極めて。特に金銭貸借には要注意です。

しょくじん

食神

才能の星

＼ 食神の人の性格 ／

好きなことを明るく無邪気に楽しむ

食神は「才能の星」に属し、明るく無邪気で楽しいことが大好きです。ときにルーズな一面も見せますが、よくも悪くも自分に素直で、気持ちを表現することに長けているので、芸術の分野で才能を開花させることができます。

食神を命式に持つ人は、愛嬌があり、誰にでも好かれる半面、飽きっぽく享楽的な傾向があり、コツコツとミッションを進めるといったことは苦手。趣味や遊びの延長を仕事やお金につなげたほうが成功します。

食神が巡る時期には、楽観的なムードが漂うので、あまり難しく考えず、自分が好きなことを楽しんでみましょう。

宿命星

しょうかん

傷官

才能の星

＼ 傷官の人の性格 ／

感じたままに生きる芸術家肌

傷官は「才能の星」に属し、クリエイティブな性格を持っています。感受性が鋭く独自の視点で世界を捉え、感じたことをそのまま口にするでしょう。そのため、人との間に軋轢が生まれる場合もあるかもしれません。

傷官を命式に持つ人は、群れるよりも単独行動が向いています。環境の変化や人間関係の複雑さに振り回されるより、自分の内面や才能を深く追求し、独自の道を歩むと大きな成果を上げるでしょう。

傷官が巡る時期には、直感をはたらかせつつ、自分の感性を信じて行動することが重要です。

へんざい

財産の星

\ 偏財の人の性格 /

大きく儲けて、大きく使う

偏財は「財産の星」に属し、サービス精神が旺盛で活動的な性格を持っています。偏財を中心にお金が動く傾向があり、出ていくお金も入るお金も大きいでしょう。偏財はどんな相手ともうまくやれる、商売上手な特性です。

偏財を命式に持つ人は、自身の才能やアイデアを活かして、周囲に貢献できるでしょう。お金の流れを活発にすることで、安定した経済的な基盤を築くことも可能です。

偏財が巡る時期は、資産の増加や収益の拡大が期待できるので、ビジネスや投資などにも向いています。ただし、散財しすぎないよう、収支の管理はきちんとしましょう。

宿命星

せいざい

正財

財産の星

\ 正財の人の性格 /

真面目にコツコツと財を成す

正財は「財産の星」に属し、真面目で堅実な性格を持っています。地に足のついた考え方が特徴で、計画的な行動を通じて財産を築く能力があります。そして、長期的な目標達成に向けて着実に努力できる力を備えています。

正財を命式に持つ人は、計画的なお金の管理や運用によって着実に資産を築きます。ときに慎重すぎると言われることもありますが、冒険をせず、石橋を叩いて渡るので、リスクを避けつつ確実に成果を上げるはず。

正財が巡る時期には、財産を継承したり、遺産を受け取ったりする機会が訪れる可能性があるので心しておいて。

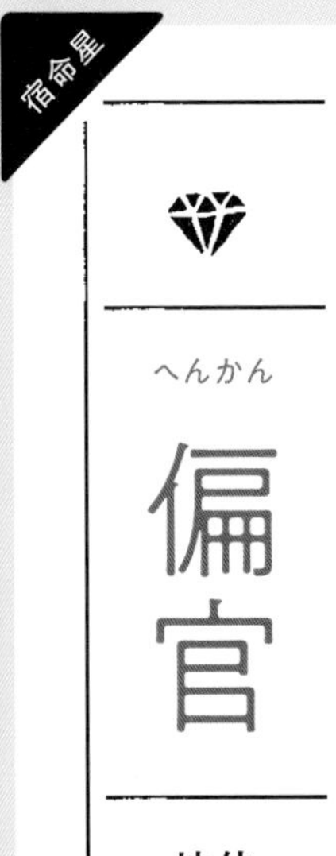

＼ 偏官の人の性格 ／

白黒をはっきりさせつつ、自分を貫く

偏官は「地位の星」に属し、エネルギッシュで潔く、竹を割ったような性格を持っています。常識の枠にハマらず、独自の視点で物事を見る力があります。ただ、その思い切りがよすぎる一面から、ときに他人と衝突することも。

偏官を命式に持つ人は、自身の信念や目標に向かって突き進む勇気の持ち主です。物事の白黒をはっきりつけつつ、ミッションを進める力を持っており、新しいアイデアや視点で人々の注目を集めることがあります。

偏官が巡る時期には、他人との調和を大切にしつつ、自身のビジョンを信じて積極的な行動を起こしましょう。

宿命星

せいかん

正官

地位の星

＼ 正官の人の性格 ／

責任感を持ち、真面目にノルマを遂行する

正官は「地位の星」に属し、真面目で誠実な性格を持っています。地味な印象を持たれがちですが、自分の中に確固たる信念があります。落ち着きがあり、やるべきことをしっかりとこなすので、人から信頼されるでしょう。

正官を命式に持つ人は、責任感があり、与えられた任務を一つずつ確実に遂行します。面白味はなくても、コツコツと根気強く努力する姿は評価につながるはずです。

正官が巡る時期には、地位や名声に関連したチャンスや変化が訪れる可能性があります。実績を高め、社会的な権威を築き、リーダーシップを発揮できるでしょう。

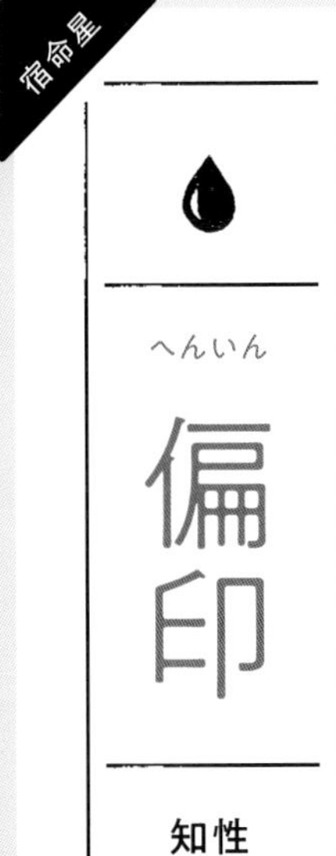

＼ 偏印の人の性格 ／

自由な発想で新たな道を切り開く

偏印は「知性の星」に属し、個性的で才能にあふれています。枠にハマらない発想やアイデアを持ち、刺激を楽しんで生きる姿勢が特徴。社会的な行動には向きませんが、ほかとは異なる視点で物事を考えられるでしょう。

偏印を命式に持つ人は、常に新しい視点を追求し、変化を恐れずに進化し続けます。組織に仕えるよりもフリーランスに向いていて、多岐にわたる分野で活動しつつ、独自のキャリアを築くでしょう。海外志向も強いはずです。

偏印が巡る時期は、新しいプロジェクトに取り組むチャンスが広がるので、自分らしさを活かして成功を獲得して。

宿命星

いんじゅ

印綬

知性
の星

＼ 印綬の人の性格 ／

既存の価値観を守りつつ、賢く動く

印綬は「知性の星」に属し、冷静で理屈っぽい性格です。インテリジェンスに恵まれており、既存の価値や伝統を大切にします。変化に弱い一面もありますが、人に優しく、歴史や伝統を大事にするでしょう。

印綬を命式に持つ人は、深い知識と理性を駆使して合理的な判断を下し、周囲にいい影響を与えます。また、持ち前の賢さと礼儀正しさで、尊敬を集めるでしょう。

印綬が巡る時期には、安定した環境で知的な才能を発揮するチャンスが訪れます。人への思いやりを忘れずに過ごせば、成功を手にすることができるはずです。

運勢のサイクルを示す「十(じゅう)二(に)運(うん)」

人の一生にたとえて その時期のパワーを読む

胎：生まれる前の胎児のように自由な運勢

養：赤ん坊のように愛されて過ごせる運勢

長生：子どものようにのびのびした運勢

沐浴：思春期のようにみずみずしい運勢

冠帯：成人した若者のように勢いある運勢

建禄：成功した大人のような堅実な運勢

帝旺：人生を極め活力にあふれる運勢

衰：ピークを過ぎて力が衰える運勢

病：床に伏し、どこか夢うつつの運勢

死：物事の終わりを前にした静かな運勢

墓：墓の中にいるような一極集中の運勢

絶：霊魂のように自由に変化する運勢

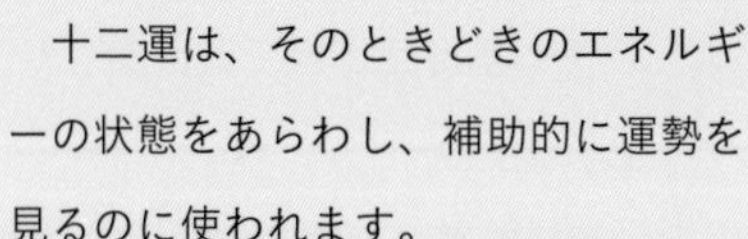

十二運は、そのときどきのエネルギーの状態をあらわし、補助的に運勢を見るのに使われます。

人間が受胎して生まれ、頂点に至って死を迎え、霊魂となって旅立つまでのサイクルになぞらえてあらわされますが、「病」「死」「墓」という言葉が出てきたからといって、運勢が悪いわけではありません。十二運は、どの宿命星と掛け合わされるかで意味や吉凶が変わるので、詳しい読み解きについては、4章（p.126～）でチェックしてみましょう。エネルギーが落ち着いている時期や盛り上がっている時期をしっかり見極め、そのときどきの自分に合った行動をすることが大切です。

十二運

ちょうせい

長生のときのエネルギー

子どものようにのびのびしている

長生は、自分の気持ちややりたいことにまっすぐに向かう小さな子どものように、のびのびした象意です。何事にも純粋にアプローチし、自由な発想と活力を発揮するので、日々を前向きに生きることができるでしょう。一方で、複雑なことや、ややこしいことはあと回しになりがちです。

１年ごとの運勢（歳運）や10年ごとの運勢（大運）に長生が巡ってきた場合は、親的な存在やブレーン役を見つけることが重要です。その人と協力し、助言を得ることで、ペースを守りながら穏やかに過ごせるでしょう。自分自身の強みを最大限に活かし周囲との協力関係を築きましょう。

十二運

もくよく

沐浴のときのエネルギー

思春期のようにみずみずしい

沐浴は、思春期の少年少女のようにデリケートでアップダウンが激しい象意です。感受性が鋭く、さまざまなことに好奇心を刺激され、未知に飛び込むエネルギーを持っています。ただし、どこか不安定で反抗的な雰囲気もあり、人のアドバイスを聞かないため、痛い目に遭うことも。

１年ごとの運勢（歳運）や10年ごとの運勢（大運）に沐浴が巡ってきた場合は、新しいものに興味を持ち、世界を広げるのがいいでしょう。恋愛のチャンスも多い一方、トラブルも起こりやすい時期。自分の感性を大切にしつつ、新たな経験を楽しむことが成功への一歩となるでしょう。

十二運

かんたい

冠帯

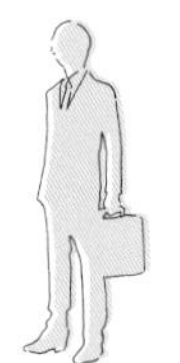

冠帯のときのエネルギー

成人した若者のように勢いがある

冠帯は、冠と帯を着けるという意味で、成人を迎えた若者のように活動的で勢いある象意です。未来への希望にあふれ、前向きなエネルギーを持っています。ただし、自尊心や正義感が強いので、理想を体現すべく強引な一面も。

１年ごとの運勢（歳運）や10年ごとの運勢（大運）に冠帯が巡ってきた場合は、積極的な姿勢で前進を。たとえ困難や挫折に直面しても、ポジティブな気持ちを持ち続け、逆境を乗り越えて頑張れるでしょう。この時期には、心に抱く目標に向かって、できるかぎりの情熱を注ぎましょう。この経験が自信となり、成長につながっていくはずです。

十二運

けんろく

建禄

建禄のときのエネルギー

成功した大人のような堅実

建禄は、成功をおさめ、家を建てたり財産を手にしたりした大人のような成熟した象意です。社会人としての責任感も身につき、一見遊び半分に見えても、軽はずみなことは避ける傾向があります。現実を冷静に見つめ、自身の能力を最大限に発揮しますが、挑戦心は欠けがち。

１年ごとの運勢（歳運）や10年ごとの運勢（大運）に建禄が巡ってきた場合は、安定感を持って、今やるべきことにじっくりと取り組む時期。自分の強みを活かし、計画を立てつつ目標に向かって進んでいくことが重要です。着実な努力と粘り強さが成功の鍵になるでしょう。

十二運

ていおう

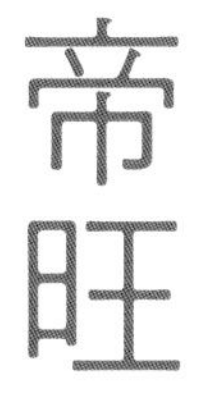

帝旺

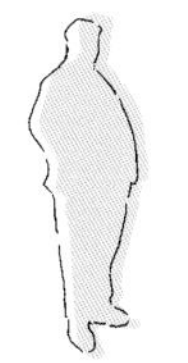

帝旺のときのエネルギー

人生を極め、活力にあふれる

帝旺は人生の頂点に立ち、絶好調の象意です。自信にあふれて何事も思いどおりに進むので、まさに怖いものなし。スポットライトが当たり、リーダーシップを発揮して注目を集めるでしょう。カリスマ性があり賞賛を浴びる一方で、ひそかに不満を抱かれたり、敵をつくることも。

1年ごとの運勢（歳運）や10年ごとの運勢（大運）に帝旺が巡ってきた場合は、持っている強い力をうまくセーブしながら、自己実現を図ることが重要です。周囲の人々とのバランスを保ちながら、目標に向かって情熱的に動くことで、成功をより確かなものにできるでしょう。

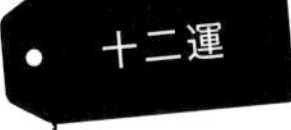

十二運

すい

衰

衰のときのエネルギー

ピークを過ぎて力が衰える

衰は、人生の絶頂期を過ぎた、老後や余生のような、穏やかな象意です。周囲に安らぎをもたらし、深い知識と経験で、悩んでいる人にアドバイスをすることもできるでしょう。また、縁の下の力持ちとして実力を発揮しますが、陰で自分の利になるよう事を進めるしたたかさもあります。

1年ごとの運勢（歳運）や10年ごとの運勢（大運）に衰が巡ってきた場合は、穏やかな日々の中で洗練された大人としての立ち居振る舞いを追求しましょう。自身の知恵と経験を大切にしつつ、新たな学びや成長の機会を探し、内面的にも外面的にも成熟し続けることを意識してください。

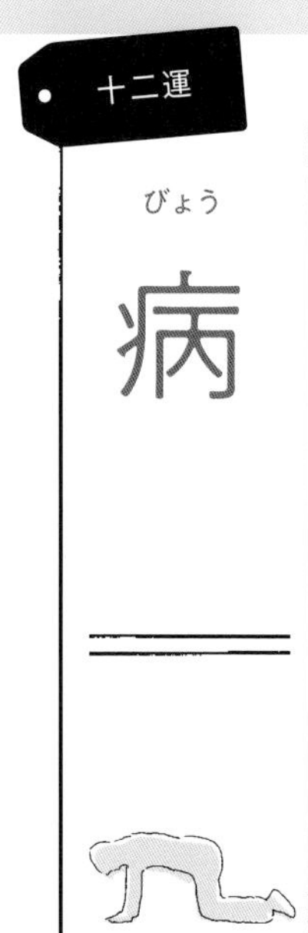

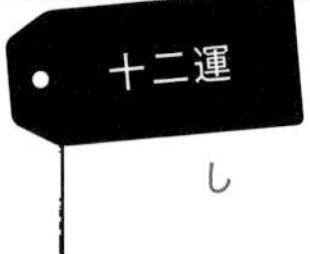

病のときのエネルギー

床に伏し、どこか夢うつつ

病は、病気で床に伏した人が内省的に空想世界を旅しているかのような象意です。ただし、実際に病気になるわけではありません。病は、直感が鋭くなり、さまざまなことに気づく力が高まる状態。また、周囲の人々がいたわって面倒を見てくれるので、癒やしを感じるでしょう。

1年ごとの運勢（歳運）や10年ごとの運勢（大運）に病が巡ってきた場合は、過敏になっている心身をゆっくり休め、自分自身と向き合う時間を大切にしたいとき。この時期は自分を見直し、自己の成長や新たな発見を追求するチャンス。周囲のサポートを受けつつ、今後をイメージして。

十二運

し

死

死のときのエネルギー

物事の終わりを前に静かに過ごす

死は、物事の終焉を感じさせる静かで落ち着いた象意です。ただし、実際に死ぬわけではありません。無理をせず慎重に行動することを好み、何事も石橋を叩いて渡ることを示唆しています。強引に動くことで失敗する可能性があることも理解し、手堅くやっていきます。

1年ごとの運勢（歳運）や10年ごとの運勢（大運）に死が巡ってきた場合は、新しいことに活発に取り組むよりも、自身の地盤を大切にしましょう。無理に変化せずに、今持っているものを見直してください。それをしっかりと守り、強固なものにすることで、安定した未来を築けます。

十二運

ぼ

墓

墓のときのエネルギー

墓の中にいるような一極集中状態

墓は、墓の下の狭い棺の中にいるかのような、一極集中の象意です。この状態では視野が狭まり、できることが限られますが、その限定された世界の内で実力を発揮する可能性も。視野を広げづらい分、好きなものを集めたり、自身が興味を持っている分野を深く研究して。

1年ごとの運勢（歳運）や10年ごとの運勢（大運）に墓が巡ってきた場合は、多くに手を出すのではなく、こだわりを持って一つのことを徹底的に突き詰めましょう。また、この時期にお金を貯めることもうまくいくはず。自分の関心を大切にしつつ、専門知識や実力に磨きをかけて。

十二運

ぜつ

絶

絶のときのエネルギー

霊魂のように自由に変化する

絶は、死んだ人間が霊魂やエネルギー体となり、あちこちを飛び回っているかのような不安定な象意。地に足がつかない半面、何ものにも縛られない自由さも持っています。

1年ごとの運勢（歳運）や10年ごとの運勢（大運）に絶が巡ってきた場合は、生活がやや不安定になるかもしれません。急に仕事を辞めて旅に出たくなったり、恋愛においてもどこか流されやすくふわふわとした状態になるので、大切なものを見失わないように注意が必要です。この時期は、計画的に事を進めるよりも、思いがけないアイデアや規格外のひらめきが結果につながるでしょう。

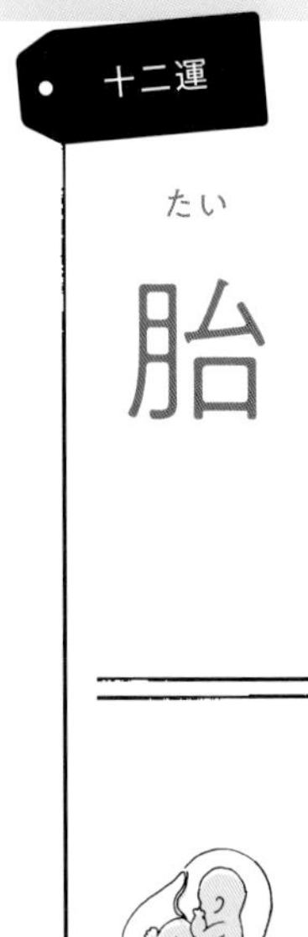

胎のときのエネルギー

生まれる前の胎児のように自由

胎は、まだこの世界に生まれてくる前の胎児のようなピュアで何ものにもとらわれない象意です。とても純粋で、未熟ながらも無限の可能性を秘めています。周囲の意見に影響されたり、社会的な常識に縛られずに行動できるので、新たなアイデアや発想で道を切り開くことができます。

1年ごとの運勢（歳運）や10年ごとの運勢（大運）に胎が巡ってきた場合は、自分らしさを大切にし、視点を切り替える時期です。他人の期待や社会のプレッシャーにとらわれることなく、純粋なままの自分を大切にしながら、新しいスタートを切るための準備を進めていきましょう。

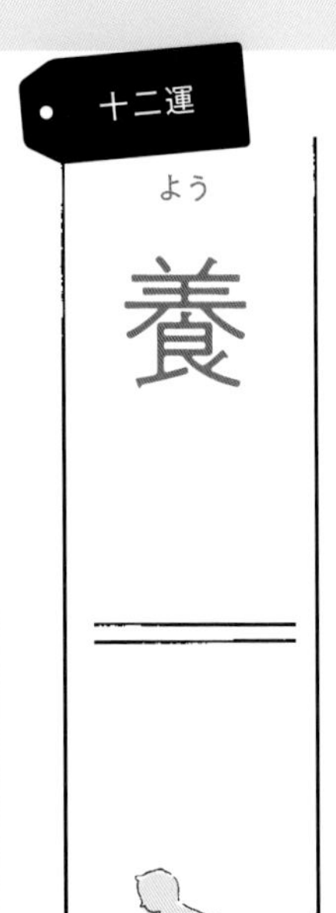

養のときのエネルギー

赤ん坊のように愛されて過ごせる

養は、無垢な赤ん坊のように無条件でみんなに愛されて過ごす象意です。無邪気でのんびりとした姿勢を持ち、無防備に他人に甘えることが許されるでしょう。この純粋な愛らしさから、周囲の人々から深い愛情を受け、よくも悪くもすべてが自分中心に回っていくでしょう。

1年ごとの運勢（歳運）や10年ごとの運勢（大運）に養が巡ってきた場合は、肩の力を抜き自然体で過ごすことができるタイミングです。過度なプレッシャーやストレスから解放され、心地よい安らぎを感じられるでしょう。また、この時期は母親的な存在との結びつきが強まる可能性も。

運勢の転換点を示す 6の「空亡（くうぼう）」

天中殺とも呼ばれる人生のターニングポイント

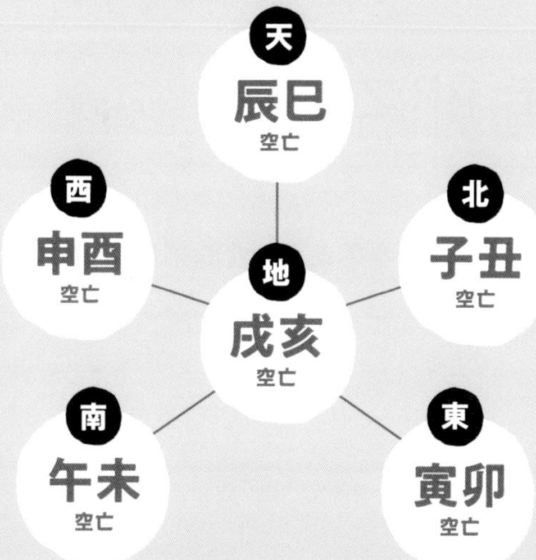

空亡は、12年に２年、12カ月に２カ月、12日に２日、12時間に２時間訪れる、運が切り替わる節目。天中殺とも呼ばれ、低迷期のイメージがありますが、地盤固めや次のサイクルのための準備をするのに向いている時期です。それぞれの宿命星についたときの過ごし方は４章（p.126〜）と５章（p.156〜）を、p.127では空亡が無効になる条件についても詳しく紹介しています。

空亡は６種類あり、自分のタイプを知ることで、人生の転換点において何をすべきかがわかります。自分がどの空亡タイプかはp.206をチェックしてください。空亡を上手に活用できると人生が過ごしやすくなるでしょう。

子丑空亡 ねうしくうぼう

チャンスに変える

焦らずに今後の方針を見直す

子丑空亡タイプは、着実に物事を進める能力を持ち、自分の力で道を切り開くことが得意です。独立心が強く、自分のペースで行動し、目標に向かって進むでしょう。ただし、空亡が訪れると、思いどおりに事が進まないとイライラすることも。この時期には焦らずに自分のやりたいことを見極めるのが大切です。過度なストレスを抱えずに、冷静さを保ち、今後の方針を見直してみましょう。

寅卯空亡 とらうくうぼう

チャンスに変える

ペースを落とし、細部に目を向ける

寅卯空亡タイプは、行動的で、ダイナミックに進むタフさを持っています。どんな状況でも大胆にチャレンジし、自分の力を発揮することが得意。ただし、細かい感情の機微に関しては見落としがちな一面もあるでしょう。空亡を迎えてもペースを落とさずに動き回りますが、この時期は無理をせずに休息を取ることも大切です。自分の体と心に注意を払い、わずかな変化にも気を配りましょう。

辰巳空亡 たつみくうぼう

チャンスに変える

あえて周囲のやり方に合わせる

辰巳空亡タイプは、個性的で風変わりな一面を持ちながらも、独自のスタイルで現実と向き合う能力に長けています。どんな場面でも、損得勘定をしっかりと考え、リスク管理をしつつ目の前の課題に向き合います。空亡を迎えた場合は、気持ちがやや不安定になることも。普段は自分の世界に生きていても、このタイミングでは周囲のやり方に合わせたほうが、ストレスが少ないでしょう。

午未空亡　うまひつじくうぼう

チャンスに変える　**ペースを守りつつ着実に進む**

午未空亡タイプは、感受性が鋭く観察力にすぐれています。デリケートな一面を持ちながらも計画性を持って物事に取り組むことができるので、ペースを崩さず着実に進むことが得意です。午未空亡タイプにとって、空亡の時期は自身の心の中にある迷いや悩みと向き合い、将来の展望を考えるいい機会。心の声に耳を傾けて、自身の目標や夢を再確認し、納得のいく道を模索しましょう。

申酉空亡　さるとりくうぼう

チャンスに変える　**疲労を癒やし、エネルギーを充電**

申酉空亡タイプは、パワフルで行動力に富み、エネルギッシュで活発な傾向があります。情熱的に物事に取り組み、自分の目標や興味を追求する姿勢が特徴。普段から活発に動き回っているだけに、空亡の時期はいったん休息を取り、ゆったりとした時間を過ごす絶好の機会です。疲れた心身をいたわりつつ、このタイミングで、次のステージに向けての計画や目標をしっかりと立てて。

戌亥空亡　いぬいくうぼう

チャンスに変える　**自分自身とじっくり向き合う**

戌亥空亡タイプは、どこか夢見がちで自分だけのひっそりした世界を大事にしています。内省的で、みんなでワイワイ騒ぐよりも、一人で考え事をしているほうが性に合っているでしょう。そんな戌亥空亡タイプが空亡を迎えた場合は、自分自身をとことん見つめ直すのがおすすめ。自分はなんのために生まれ、何に喜び、この先どんなことをしていきたいのか。じっくり考えてみてください。

COLUMN 2

占いを「使う」ということ

占いにロマンや神秘性を求める方には恐縮ですが、私は現実的な性格ゆえか、四柱推命を学び始めた当初から「で、私は幸せになれるの？」ということにしか興味がありませんでした。師匠がくれた資料を繰り返し読んでは「あなたは幸せになれます」という言葉を探していたように思います。幸せになりたかったんですよね。

ただ、学びながら実生活の中で四柱推命の存在を“感じて”みると、「これは星の影響かな」「なぜ、いい宿命星が巡ってきているのに、いいことが全然ないんだろう」といった疑問が生じます。そしてあるとき、師匠が空亡という低迷期について「新しいことには向かないが、勉強には向く」と、ひとつの運の中に相反するものを見出すのは、すべての運において同じなのだと納得がいきました。低迷期だけでなく、どんな星の恩恵も「使いよう」なのだということに。

心がネガティブに傾いていると、なんでもネガティブに見えます。「こういう人は運がいい」と言われると「それができていない自分は運に見放されてる？」と思うなど、極端な発想に向かいがちです。そこで触れられていないものを探そうとすると、占いはどんどん苦しいものになってしまう。

本書は、あなたがイメージを広げやすいよう、意識して書いています。内容を「どう、私の人生に役立ててやろうか」と、うんとワクワクしながら読んでみませんか。どんどん楽しくなってくることをお約束します。

CHAPTER

3

Know yourself

人生計画のために まず自分を知る

四柱推命で人生をプランニングする前に、自分自身のことを理解するための章です。性格の7割を示す「中心星」といわれる宿命星から、持って生まれた運命を読み解きます。

運命といっても、動かしがたいものではありません。考え方や行動の傾向、得意なことの活かし方や、苦手を克服する方法を知ることで、人生が生きやすく、チャンスをつかみやすくなります。

10種の「宿命星（しゅくめいせい）」が示す幸せのヒント

自分らしく幸せに生きるために生まれ持った"宿命"を把握する

宿命星とは、太陽や月のように実在する天体ではなく「概念上の星」を指します。全部で10種ありますが、「命式」では7つの宿命星から生まれ持った運命や性格を導きます。同じ星が重なることもあります。流派によっては「通変星」などと呼ぶ場合もあります。どちらでもOKです。

宿命星は、命式で天干につくものが外向きの顔、蔵干につくものが本質をあらわします。誰しも、社会人として振る舞う顔と、プライベートでリラックスしているときの顔は違うもの。でも、どちらも同じ人の中に同居している「本当の自分」です。また、月柱の蔵干の宿命星は特別に「中心星」と呼びます。p.56〜ではこの中心星からその人の人生と運命を見ていきましょう。さらに詳しく見るなら、日柱の蔵干の宿命星をサブで見るといいでしょう。割合にして、7：3くらいの比率で見ます。

宿命星からは、仕事との向き合い方や恋愛傾向、人間関係のクセなどを見ることができます。比肩・劫財は「自我の星」、食神・傷官は「才能の星」、正財・偏財は「財産の星」、正官・偏官は「地位の星」、偏印・印綬は「知性の星」と分類しますが、同じジャンルの星をたくさん持っている場合は個性的、4〜5種バランスよく持っている場合は安定的と見ます。

ただ、どの星を持っている場合でも、いいことばかりの人生もなければ、悪いことばかりの人生もありません。特性を知ることが大切なのです。

★宿命星の出し方表

日干と、命式の中の他の干を
掛け合わせて導き出されるのがあなたの宿命星です。

その他の干＼日干	甲	乙	丙	丁	戊	己	庚	辛	壬	癸
甲	比肩	劫財	食神	傷官	偏財	正財	偏官	正官	偏印	印綬
乙	劫財	比肩	傷官	食神	正財	偏財	正官	偏官	印綬	偏印
丙	偏印	印綬	比肩	劫財	食神	傷官	偏財	正財	偏官	正官
丁	印綬	偏印	劫財	比肩	傷官	食神	正財	偏財	正官	偏官
戊	偏官	正官	偏印	印綬	比肩	劫財	食神	傷官	偏財	正財
己	正官	偏官	印綬	偏印	劫財	比肩	傷官	食神	正財	偏財
庚	偏財	正財	偏官	正官	偏印	印綬	比肩	劫財	食神	傷官
辛	正財	偏財	正官	偏官	印綬	偏印	劫財	比肩	傷官	食神
壬	食神	傷官	偏財	正財	偏官	正官	偏印	印綬	比肩	劫財
癸	傷官	食神	正財	偏財	正官	偏官	印綬	偏印	劫財	比肩

誰でもすぐできる
宿命星の出し方

宿命星を出すための作業である、「日干と、日柱以外の干を掛け合わせる」というのは、「命式の日柱の天干と、それ以外の7つの場所にある干を掛け合わせる」という意味です。自分の日干を軸に、日干×ほかの干の組み合わせで7つの星を割り出せます。命式の天干は6章（p.163〜）に書いてあるとおりです。一方、命式の地支から導かれる干は「蔵干」と呼ばれます。同じ支の生まれでも、早生まれと真ん中の生まれ、遅生まれで蔵干が変わります。年・月・日・時それぞれの柱で地支をもとに蔵干を導き出します（p.16、205）。

この章では、性格の7割を決めるという月柱の蔵干の宿命星（中心星）から人生と運命を読み解いていきます。

自我の星

中心星が比肩(ひけん)の人の人生と運命

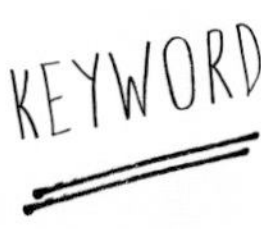

- 自分の力で生きていく
- 上昇志向
- 野心家
- 確固たるプライドを持っている
- 自分中心

WORK & MONEY

仕事とお金

自立心に富み、自由を尊びます。社会的地位や報酬の多寡よりも、努力してベストを尽くすことにやりがいを感じます。加えて「比肩」という名前のとおり、肩を並べる――人間関係において、対等であることで心が満たされます。専門スキルを身につけ、職人や技術職として独立を目指すと成功しやすいはずです。損得勘定で動くより、自分がやりたい分野を極めましょう。自然とお金がついてくるはず。

LOVE & MARRIAGE

恋と結婚

ロマンやドラマとは無縁な性格ですが、上昇志向の一端として、パートナーは絶対に欲しいと考えます。肩を並べてともに同じ未来を目指せる相手を求めるので、甘い恋人同士というより「バディ」「相棒」といった関係を築くでしょう。結婚するなら、こだわりに合わせてくれる相手が◎。比較的あっさりした交際を好みますが、ライバルがいるとがぜん、燃えて積極的にプッシュするでしょう。

RELATIONSHIP

人間関係

「自分の人生は自分で切り開くのだ」と突き進む比肩の人は、多くの人をひきつけます。ただ、場合によっては「自分勝手だ」と不本意な受け止め方をされることも。また、命式に比肩や劫財という「自我の星」が多い場合、野心や行動力が「攻撃性」となる可能性もあるでしょう。単独行動を好み、できない人に厳しい傾向も。せっかくのやる気が、ネガティブに捉えられないよう注意が必要。

→ 自分を貫いて生きる

比肩の人が得意を活かすには

マイペースに頑張れる環境を自分で整える

一度決めた目標は何がなんでも達成する、そうした勢いがある比肩。モチベーションを他人に頼らない自走式の努力家で、「自分の人生を生きる」信念の強さは誰にも負けることはありません。強みを活かすには、一時的に資金繰りが大変でもやりたい仕事をすること。自分だけのお気に入りのワークスペースをつくったり、スケジュールを前倒しして自分のペースで頑張れるように意識しましょう。干渉しない結婚相手や友人選びも重要です。

比肩の人が苦手を克服するには

努力し続けられる環境をつくって

人生を「続ける」ことに意識を向けましょう。努力家でパワフルな行動力も兼ね備えていますが、目の前のことしか見ていない場合も多いようです。長期的な目標を立てる、社会や周囲との関わりに意識を向ける、報酬や名誉にもこだわるなど、興味はなくても、あえて意識を向けてみましょう。というのも、突っ走る力が強い分、失敗するときの勢いも強めだからです。やる気をいい形で活かすことは、自滅を防ぐことにもなるのです。

比肩の相手とうまくやるには

束縛や指図されることを嫌うので、つき合い方を迷うかもしれませんが、比肩の人に意地悪な意図はまったくありません。対等な意識を持ち、並走するようなつもりで接すると調子を合わせやすいでしょう。

相性のいい星

傷官 正財 偏財

自我の星

中心星が劫財(ごうざい)の人の人生と運命

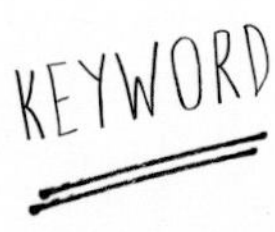

● 社交性 ● 協調性 ● 隠れ頑固
● ソフトだが自己主張が強い ● 人の力を借りる

WORK & MONEY

仕事とお金

顔が広く、仲間との関係を大切にし、面倒見もいいのでコミュニティをつくることに長けています。ただ指図されるのは嫌いなので、お互いがリスペクトし合えるフリーランス集団のようなものが◎。天性のギャンブラーでスリルを好むため、投資関連やベンチャーにも向きます。日干が陽干（p.23）の場合、劫財が巡る年は他人にお金を奪われがちなので注意。交際費を見直すと金銭面が安定し、運気が上昇。

LOVE & MARRIAGE

恋と結婚

恋愛面は波瀾万丈な運勢です。安定した結婚生活や穏やかな関係よりも、スリルや刺激、ドラマを好み、「恋多き人」と呼ばれる星。関係性を維持するためにお金を注ぎ込みがちな面も。「手に入りにくい人を好きになる」という傾向もあるので、脈ナシの相手や友達の恋人にハマることもあります。晩婚が多く、結婚と離婚を繰り返す人も。モテるタイプですが、ときめきより友情を感じる相手のほうがいい相性。

RELATIONSHIP

人間関係

人当たりがよく、誰とでも仲よくすることができる人です。年齢や立場にかかわらず、誰に対しても対等な目線を持つため、伝統的価値観に縛られない人間関係が◎。その一方で、「自我の星」であるだけに、自分の考えは絶対に譲りません。また、ナメられるのが大嫌いで突然キレたりもするので、「急に豹変した」などとまわりの人を驚かせることも。先輩後輩、年上年下にこだわらない相手だとうまくいきます。

→ 人と関わり合って生きる

劫財の人が得意を活かすには

人を深く信用する前にひと呼吸おいて

友人知人のネットワークをつくることが上手で、お互いにリスペクトし合える関係をつくれるところは天才的。頭の回転も速く機転が利き、度胸もあるので変化の多い時代でも柔軟にやっていけるでしょう。ただ、「友達だから」と相手を信用しすぎると痛い目に遭うこともあります。フラットな関係をつくることに長けているので、さらに信用に足る人間であるかを判断する目を養えばさらに運がよくなるはず。気軽な金銭貸借に注意すると人生が安定します。

劫財の人が苦手を克服するには

自分の勘や能力を過信しすぎないこと

長期的な目標を立てられないこと、いけると思うとリスクの見通しが甘くなるところが弱点。いい顔をする人を信用しすぎて、大損をすることも。厳しいことを言ってくれる人、叱ってくれる人は大切に。他人のアドバイスを聞かないタイプではありますが、失敗したときに「あの人の言ったことは正しかった」と思ったときは、素直に受け止めると、失敗が減るはずです。人間関係しだいで人生が変化しやすいので、公私ともに人の見極めを。

劫財の相手とうまくやるには

どんなこともいったんは「いいよ」と受け入れてくれる劫財。安心していると、いきなり「でも自分はこうだから」と手のひらを返されたように感じることが。笑顔に潜む本音をいかに早くつかむかが重要です。

相性のいい星

正官 偏官 食神

才能の星

中心星が食神（しょくじん）の人の人生と運命

● リラックス　● ゆったり　● オープンマインド
● 愛嬌がある　● ルーズ　● 流されがち

WORK & MONEY

仕事とお金

おおらかでサービス精神にあふれるため、サービス業やタレント業に向きます。「食」という名前がつくとおり、グルメで飲食に関する仕事も◎。センスを活かし、クリエイティブな仕事をする人も。ほかの星との組み合わせにもよりますが、一生食うに困らない星です。ただ、おおらかさがルーズさに通じる人は、会社員などあえて堅実な道を歩むと金運が上昇。割り切って定時で帰り、趣味を楽しんで。

LOVE & MARRIAGE

恋と結婚

甘え上手で愛嬌があるため、好感度抜群。男女ともにモテます。ただ、強引な人に流されることも多く、複雑な関係にならないよう注意が必要です。結婚には経済的安定を求めます。食卓が賑やかな家庭を築くでしょう。人生観がふんわりしていることや、お金の使い方や掃除の仕方がおおざっぱすぎることが、問題視される場合も。不倫や目移り、危険な恋に注意しつつ、癒やし系で稼ぎがいい結婚相手選びを。

RELATIONSHIP

人間関係

裏表がなく、誰にでも自然体で素直に接します。敵をつくることはまずありませんし、安心感を与えるため、潤滑油的な存在となることも多いでしょう。寂しがり屋で、いつもまわりに人がいるほうがリラックスして過ごせます。ただ、人のプライドや秘密には比較的無頓着なので、悪気なく爆弾発言をするかも。遊びや趣味の場で会った人と気軽にアイデア出しをすると、結果的に仕事につながり、利益が出ます。

→ 楽しく豊かに暮らすおおらかな人

食神の人が 得意を活かすには

誰にも肩入れせずに 真実を見抜く

食神の人の大きな強みは「人を見る目の確かさ」。どんな相手ともいい雰囲気をキープしていけるため自覚がないかもしれませんが、意外なほど人を見る目は冷静です。直感的に本質を見抜くので「なんとなく嫌な感じ」といった勘は、思い込みとスルーせず大切に。おおらかさや愛嬌といった特徴を活かし、他人に甘えると引き立てられます。公私を問わず、仲よくなりたいと思った相手とは一緒に食事に行くと、一気に距離を縮められます。

食神の人が 苦手を克服するには

だらけがちな心を 上手にあやつって

何かを継続して頑張ることは苦手な食神。命式や歳運に偏印や印綬がある場合、やる気ゼロになりやすい傾向も。大きな目標を目指すとくじけがちなので、段階的に設定し、少しずつ達成していく「スモールステップ法」がいいでしょう。細かなことをキチッと仕上げるのも苦手ですが、達成したら手帳にシールを貼るなど、ゲーム的な楽しめる要素を取り入れると意外と頑張れそうです。食べすぎに注意しつつ、日々に楽しみを取り入れて。

食神の相手とうまくやるには

うまくやろうとしなくても、普通にうまくいくのが食神の人とのつき合い。甘え上手なので、いつの間にか頼られていることも。本人の努力も上手に引き出せるよう「自分でやってみようよ」などのアドバイスを。

相性のいい星

偏財 偏官

中心星が傷官(しょうかん)の人の人生と運命

KEYWORD

● 頭脳明晰 ● 自尊心が強い ● 義理人情にあつい ● 感受性が鋭い ● 隠れ繊細 ● 毒舌

WORK & MONEY

仕事とお金

先見力と表現力に富むタイプ。芸能関係や音楽、アートなどの世界で理想を追い求めると成功します。組織に迎合しないので、堅い仕事に就く場合でも、経理や技術職、職人、弁護士など、シビアにズバズバとものを言ってもそれが必要だと評価される仕事が向くでしょう。才能を活かせば財運は得られますが、浪費傾向も。投機や貸借は禁物で、定期預金や、不動産などの堅実な運用が向きます。

LOVE & MARRIAGE

恋と結婚

センスに富み、ルックスも魅力的な人が多い傷官。誰にも媚びずに生きる一匹狼的な姿勢が視線を集めます。何もせずともモテますが、自分から好きになると情熱的にアプローチします。難しい相手にひかれることも多く、大恋愛をしますが大失恋もします。親や親戚の反対を押し切ってまで結婚したのに、結局離婚するようなケースも。ケンカは言葉選びに注意すれば、雨降って地固まり、関係改善に。

RELATIONSHIP

人間関係

遠慮ゼロでズバズバ言うため敵をつくりやすいことは事実ですが、実は繊細で共感力に富み、人の痛みに真摯に向き合えるタイプです。お得意の皮肉や毒舌にもユーモアを加えるなど、とっつきやすさを演出すると人間関係が好転するでしょう。世話好きで人に親身に力を貸すことも多そうです。ただ、親しい人には感謝やレスポンスを求めすぎる傾向も。好き嫌いが激しいので、この人ならと思える相手を見つけて。

→ 鋭い頭脳と鋭敏な感受性の持ち主

傷官の人が得意を活かすには

人のためでなく自分のため、と考える

人のためを思って動けるところは、間違いなく傷官の人の素晴らしい資質です。「あの人のために」と思ったときのパワーは、誰にもまねができないほど。ただ、どこか「人から感謝されたいからやる」部分があるので、見返りを求めるよりも「自分がやりたいからやっているだけだ」という方向にシフトすることで、より気持ちがラクになるはず。仕事も恋愛もうまくいくでしょう。心が不安定になったときは創作に打ち込むと、才能が開花するはず。

傷官の人が苦手を克服するには

繊細すぎる自分を上手に整えて

相手の反応が望んだものでないと、「私の存在を否定している」と即ジャッジし、それを口に出してしまいがち。すると人間関係運はもちろん、金運や健康運まで傾いていきます。事実と想像を切り分け、「相手にも事情があるかもしれない」とひと呼吸置くことを習慣に。本来の優しさを発揮できるようになり、トラブルもおおらかに乗り越えていけるようになります。家族や仲間と対立したときは、相手が傷つく言葉を言わないよう心がけて。

傷官の相手とうまくやるには

思ったことを全部口にするので傷つくこともあるかも。つき合っていくなら、言葉の鋭さにとらわれすぎず、裏に隠れた優しさに目を向けるといいでしょう。売られたケンカに応戦すると火に油を注ぐので注意。

相性のいい星

印綬 正財 偏財

財産の星

中心星が偏財(へんざい)の人の人生と運命

- アクティブ
- ダイナミック
- 柔軟性がある
- したたか
- すぐれた財運
- 器用貧乏

WORK & MONEY

仕事とお金

大きく稼いで大きく使うダイナミックな人です。生まれついての商売人で営業力のかたまり。会社員でありながら副業で財を成したり、投資や投機に夢中になったりと、常に複数の「稼ぐルート」を持っています。高額なものにパッと使う傾向もあり、財布のひもがゆるく思われがちですが、実は損得勘定はしっかりしていて、損は避けます。人に合わせつつ、頭の中で常に収支計算を意識すると金運アップに。

LOVE & MARRIAGE

恋と結婚

男女ともに人当たりがよく褒め上手、金払いもいいので、よくモテます。ただ、気が多いところや、相手に勘違いさせるような行動に出たがるところもあり、困った状況に陥ることも少なくありません。不倫をする人が多いのも偏財の特徴ですが、家庭は大切にし続けます。経済的な心配を家庭に持ち込まない、裕福な結婚相手と好相性。アクティブさが持ち味ですから、仕事は続けたほうが楽しい人生になります。

RELATIONSHIP

人間関係

優しく親切で、誰に対しても温かな人。困っている人がいたらパッと動き、情の深さを見せます。ただし足元をすくわれないよう、損得はきっちりと見極めるでしょう。人望もありますが、愛されたいと思うあまり「こんなにイイことをしちゃう自分」をアピールしまくらないように。あちこちの飲み会や集まりに顔を出し、人脈づくりをすると、そこから恋の出会いや仕事のチャンスが生まれて運気が上昇。

ダイナミックに時代を生き抜く世渡り上手

偏財の人が得意を活かすには

「引き算」の会話テクで活躍の場を広げて

話し上手で聞き上手、おまけに褒め上手でもあり、いつの間にか相手から信用を得るテクニックに長けています。調子に乗って「さすがですね！」などとリアクションが派手になるところもありますが、それも愛嬌の一つ。会話の足し算は生来十分にできるので、引き算のほうが大事と覚えておくと人生が円滑に。友人知人を増やすと、運気が上昇。「なぜか好きではない相手ばかりからアプローチがある」という場合、リップサービスはほどほどに。

偏財の人が苦手を克服するには

これ以上頑張るより減らす工夫を

さまざまなことに興味を持ち、試してみたくなる好奇心の持ち主である偏財。常に忙しくあちこちを飛び回っている一方で、一つのことに集中するのは苦手です。いろいろな経験はあるものの、どれも薄っぺらいままという状態を避けるには、惰性で続けていることは放置せずにどんどん切って、時間や気持ちの余裕をつくるのが正解。人脈が広い分、ストレスも多いので、事務作業や片づけなどの苦手分野はプロに任せるのもいい選択となりそう。

偏財の相手とうまくやるには

気を使わなくても安定した関係を築ける相手です。しかし、リップサービスや安請け合いも多いため、頼み事を引き受けてくれた場合も、定期的に「調子どう？」などと声をかけてみるといいでしょう。

相性のいい星

食神 傷官

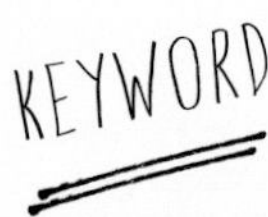

中心星が正財（せいざい）の人の人生と運命

KEYWORD

● 勤勉 ● コツコツ努力型 ● 堅実に進める
● 地味 ● 融通が利かない

WORK & MONEY

仕事とお金

地道に努力を積み重ね、課せられた役割を忠実に果たす人です。大きな夢を見るよりも「置かれた場所で咲く」ことに意義を見出し、危ない橋を渡ることはしません。融通は利きませんが、一つの会社に安定して勤めるのに向きます。正財の人にとって、お金は「コツコツと働いて得るもの」で倹約上手。投資より貯金で財を成しますが、不動産に関してはツキがあります。堅実に家賃収入などで稼ぐのもあり。

LOVE & MARRIAGE

恋と結婚

誠実で真面目なので「結婚するならこういう人」と思われるタイプです。内心では波瀾万丈な恋に憧れますが、冒険はせず、学歴や年収などが高い人と結婚し、平穏な家庭を築くのに向きます。条件がはっきりしているお見合いなども◎。日柱に傷官・偏印があると、危険な魅力のある人に振り回されますが、いずれ見切りをつけます。家庭生活は基本的に安定していますが、不倫すると浮気が本気になるので注意。

RELATIONSHIP

人間関係

考え方や行動パターンが同質の人を選んでつき合いたいタイプで、用心深さは人一倍。価値観が違う相手は最初から「わかり合えない人」として、心の扉を閉じてしまいます。ただ、狭い価値観の中では発想も狭まってしまうもの。「そういう考え方もあるんだ」と視野を広げることにも大きな価値があるはずです。仕事や趣味などで知り合った人と、楽しみながら交流すると◎。同級生とは長いつき合いに。

マイペースに努力する人生

正財の人が得意を活かすには

クリーンな環境に身を置くこと

どんな環境にあってもコツコツと努力できる正財ですが、正しく評価され、努力に応じた出世や昇給が約束されるような場にいたほうが、力を発揮します。出世競争で足の引っぱり合いがあったり、ハラスメントがあるような場ではストレスしかたまらないでしょう。組織の中には偏った発想の人やずる賢い人もいるでしょうから、体制としてある程度クリーンであったほうが、いきいきと働けます。福利厚生が充実した企業に目を向けると◎。

正財の人が苦手を克服するには

助け、助けられて強い絆をつくる

真面目で努力家の正財は「人に迷惑をかけてはいけない」と考え、自分や周囲を厳しく律する傾向があります。ただ、それが過剰になれば「迷惑な人は排除するべきだ」という極論に走ることも。「お互いさま」の心を持って、ときに人に迷惑をかけることもかけられることもあると考えましょう。周囲との絆を深めるには、外で交流するよりホームパーティーなどを開くと喜ばれそう。悩んだときは幼なじみや旧友に相談してみるといいアドバイスが。

正財の相手とうまくやるには

礼儀をわきまえ、段階を追って丁寧に接すれば問題は起こりません。お互いをあまり理解できていない段階でテンション高く話しかけたり、無茶振りをしたりすると、一気に壁をつくられてしまうので注意が必要。

相性のいい星

食神 傷官 正官 偏官

地位の星

中心星が偏官（へんかん）の人の人生と運命

KEYWORD

● エネルギッシュ　● 正義感　● 直感が鋭い
● アネゴ・アニキ肌　● 攻撃的　● 仕切り屋

WORK & MONEY

仕事とお金

会社組織で活躍するタイプ。物おじしないので、持ち前のエネルギーを思ったとおりに出せる環境にあれば、出世や成功は間違いなし。仕切りたがりで、部下や後輩にも慕われます。ただ、そのエネルギーが攻撃性として出ると上司や重役と衝突したり、足元をすくわれることも。チームワークよりは個人行動が向いています。金運は大きく稼ぐ一方で、思い切りよく使い、損をしても「しかたない」ですませがち。

LOVE & MARRIAGE

恋と結婚

なかなか素直になれず、いわゆる「好き避け」をしがちなタイプ。告白をして驚かれることのほうが多いでしょう。男女ともに自分が主導権を握りたい、仕切りたいという気持ちは変わりません。自己主張が強いタイプだと衝突が増えるので、合わせてくれるタイプが好相性。「このジャンルは任せる」など役割分担が重要です。一致点が少ない場合、不満がたまって離婚に至りやすいので、共通の趣味をつくって。

RELATIONSHIP

人間関係

何事も思いどおりにしたい気持ちが強く、嘘や筋が通らないこと、曖昧さは大嫌いです。煙たがられることもありますが、実際は義理人情を大切にし、相手を理解しようという真心にもあふれています。嘘がつけない性格を理解されれば、「そういうキャラ」として愛されることが多いでしょう。権威＝悪と思い込んでいるので、偉そうな態度の目上とは「犬猿の仲」に。立場が下の人とのほうが好相性。

アグレッシブに人生を切り開く 強い人

偏官の人が 得意を活かすには

自分のやり方で チームを率いる

「目下の人たちにリスペクトされている状態」が、偏官のアグレッシブさを活かす理想の環境です。「みんな、ついてきな！」と自分のチームを統率するとき、最高のパフォーマンスを発揮できます。ただ、「リーダーたるもの、こうあるべし」的なことを押しつけられると強く反発します。上司がまる投げタイプだと力を発揮できます。役職や報酬にこだわるより、全権委任される環境、自分の裁量で切り盛りできる環境でリーダーであることを選択しましょう。

偏官の人が 苦手を克服するには

「心の虎」を自覚することで エネルギーをコントロール

偏官の人は「心に虎を飼っている」といわれます。激しいエネルギーや情熱は猛獣のごとくコントロールは不可能で、他人に牙をむく……ということをあらわす言葉ですが、それを自分でよく理解することで、いくばくか抑えることもできるでしょう。いら立ちを感じたら近所をジョギングしてあり余るエネルギーを消費したり、アンガーマネジメントを身につけたりすると運が上向きに。心の虎を飼い慣らし、失敗しても立ち直るタフさを持って。

偏官の相手とうまくやるには

お任せ上手、甘え上手になると、偏官の心をうまくくすぐることができるはず。気をつけたいのは、力を尽くしてもらったら、大げさなほど喜びの気持ちやお礼を伝えること。お礼を忘れると一気に不機嫌に。

相性のいい星

食神 傷官 印綬 偏印

地位の星

中心星が正官(せいかん)の人の人生と運命

● 品行方正 ● 慎重派 ● 誇り高い
● 権威やブランドが好き ● 現状維持 ● 四角四面

WORK & MONEY

仕事とお金

組織の中で出世が約束される真面目な人。責任感が強く、何事も几帳面にこなそうとします。ルールや秩序にも忠実で、冒険は好まず、まっとうに頑張って評価されたいと考えます。公務員、金融、教育といった正攻法で努力する仕事に向き、清濁あわせのむタイプの仕事ではストレスがたまります。金運は堅実で貯蓄も得意。ブランド品やタワーマンションなど、わかりやすいバリューにこだわる面も。

LOVE & MARRIAGE

恋と結婚

慎重派で「傷つくのが怖い」と考えるタイプです。好きな人ができてもなかなか気持ちを伝えられず、片思いを長く続けることも。誠実さや真面目さを武器にすると、結婚相手として好ましく思われるでしょう。ただ、職場恋愛や友人からの紹介は、周囲の目線を気にしてしまって不器用に。結婚相談所やお見合いパーティーなど、相手にも結婚の意思があることを前提した出会いは話がとんとん拍子に進みます。

RELATIONSHIP

人間関係

誰に対しても礼儀正しく、他人に迷惑をかけません。人前ではスマートでありたいと考え、見えを張ることもあります。リーダーを任せれば、融通は利かないものの頼もしいまとめ役に。上下関係や序列にこだわるので「器の小さい人」と誤解されがちですが、その生真面目さが信頼を獲得することも。運を高めるには、人づき合いの幅を広げていろいろな人のやり方を学び、仕事や人間関係に活かしましょう。

人柄が信用され頭角をあらわす人

正官の人が得意を活かすには

「1%の伸びしろ」を意識してみる

正官は、言われたことは100%やりますが、難しいことに進んで手を出すことはありません。失敗したくないからです。しかし、現状にこだわらず、小さな一歩を踏み出すことで、今後の可能性が大きく開けます。正官の人は「1%の伸びしろ」を意識するといいでしょう。1%なら大きなリスクはなく、折れずに着実に頑張っていけるうえ、続ければ大きな成長につながります。周囲とうまくいかないときは、上の人に根回しすると運気アップに。

正官の人が苦手を克服するには

ときには世間体を気にしない選択も

正官の人は、世間体を気にしてやりたいことを諦めたり、みすみすチャンスを逃したりするところがあります。もし本当にやりたいと思うのなら、「こんなことをしたらカッコ悪い」「この年齢でこれをやるのはイタい」という気持ちにとらわれず、思い切ってチャレンジを。限界を破ることができ、仕事も人間関係も思わぬチャンスに恵まれるはず。堅実さだけが成功につながる道と思い込まないで、家族や恋人、友人知人の価値観にも寛容になって。

正官の相手とうまくやるには

四角四面なところがあるものの、真面目な頑張り屋。「すごい！」「頼りになります」と努力を礼賛すると心の扉を開いてくれます。失敗したり、叱責されるのを見たら、あとでさりげなくフォローを。

相性のいい星

正財 偏財 印綬

知性の星

中心星が偏印（へんいん）の人の人生と運命

● アイデア豊富 ● 自由気まま ● 好き嫌いが激しい ● 既成概念にとらわれない ● 逃げグセ

WORK & MONEY

仕事とお金

生まれついての自由人で、ルーティンワークは大の苦手。興味のあることしか目を向けないかわりに、面白いことなら既成概念にとらわれず、自由に想像の翼を広げるでしょう。発明や研究、サービス業など、多様化する社会に合わせて活躍の場も広がっていきそう。組織におさまるタイプではなく、フリーランス向きです。才能を活かすには、留学や海外移住をすると、ビジネスチャンスが生まれ、収入アップに。

LOVE & MARRIAGE

恋と結婚

情熱的で魅力もあるのでお誘いも多く、恋多き人になりがちです。つき合って長くなるとよそ見をするわりに、愛想を尽かされると惜しくなって「手放したくない」と考えたりします。すぐに人を信じて、裏切られることも。こうした傾向があるので、結婚は慎重に。結婚生活は、保守的な家庭の在り方にはとらわれず、事実婚や夫婦別姓を選択するのもアリでしょう。国際結婚や年の差結婚になる相手とも好相性。

RELATIONSHIP

人間関係

細かなことにとらわれない自由人で、「この人は合わない」とみると、瞬時に見向きもしなくなるタイプです。また、トラブルやもめ事が苦手で、忙しさを理由に解決を先延ばしにしたり、急に連絡を断ったりすることが。信頼関係を結ぶためには、合わないと思う人にも歩み寄り、トラブルには最後まで責任を持つこと。閉塞感を抱いたときは、一人でも仲間とでもいいので旅行に行くと、気持ちが晴れやかに。

ひらめき重視の自由人

偏印の人が得意を活かすには

不死鳥マインドで何度でも失敗を

心ひかれるものがあると思いつきで行動するタイプのため、失敗も多い偏印。ただ、フットワークの軽さと不死鳥のようなマインドが持ち味なので、落ち込むだけ落ち込んだら必ず復活するタフさと、切り替えの潔さも持ち合わせています。ですから、常識に合わせようと変に縮こまらず、自由に動き、大いに失敗し、何度でも復活するといいでしょう。煮詰まったときには旅行したり、体を動かしたりすると、結果的に運が上昇していきます。

偏印の人が苦手を克服するには

熱しやすく冷めやすい特徴をうまく生かす

人間関係でも仕事、趣味についてもこれ一本で、と腰を据えるのが苦手で、常に心を刺激するものを求めます。毎日同じことを続けるのは苦痛で、変化がないとすべてがつまらないと感じるでしょう。ただ、そのせいで「逃げグセ」がついていることも。周囲の意見を聞き、対象に向き合う中で小さな刺激を求めるといいでしょう。勉強なら、参考書は1冊ではなく同時に数冊使うなどすると、飽きずに頑張れます。短期で取れる資格取得も◎。

偏印の相手とうまくやるには

「当たり前」「常識」でものを言うとわかり合えません。気まぐれな性格も面白がって、次々変わる興味を一緒に楽しむくらいでいるとやりやすいでしょう。面白そうな情報を見つけて教えてあげると喜ばれます。

相性のいい星

正財 偏財 偏官

知性の星

中心星が印綬（いんじゅ）の人の人生と運命

● 知性派　● 深い探求心　● 計画性がある
● 内弁慶　● 変化を嫌う　● 教科書どおり

WORK & MONEY

仕事とお金

聡明なうえに勉強熱心で、計画性もバッチリ。生来の秀才タイプで、未知のジャンルでイノベーションを起こすより、過去の実績を活かしたいと考えます。ノルマを競ったり、生き馬の目を抜くような競争社会で闘うのは大の苦手。研究者や教職には適性があります。創造性もあり、マスコミで話題になるような活動が向いています。資産の苦労はありませんが、イメージを気にしてやりたい仕事ができない場合も。

LOVE & MARRIAGE

恋と結婚

情熱的な恋に憧れはあっても、最終的には冷静に相手を選びます。職業的な安定性、生活力はもちろんのこと「親が気に入るかどうか」も重要なポイント。お互いを高め合えることは欠かせない条件です。結婚後は早々に安定した組織としての「家族」という雰囲気に。パートナーとは対等というより、先生のように指導し律しようとする傾向が。目上よりも、年下や自分を慕って言うことを聞いてくれる相手が◎。

RELATIONSHIP

人間関係

内心では好き嫌いがはっきりしていて「面倒な奴とはつき合いたくない」というのが本音。プライベートや本心に踏み込まれることをひどく嫌います。といっても、嫌いな相手をあからさまに軽蔑したり、挑発したりしないのは、印綬ならではの聡明さ。逆に身内と認めた相手に対しては、盛んに世話を焼いたり構ったりと熱心に働きかけ、包容力も見せます。逆に守ってくれて引き立ててくれる人とも好相性。

➜ 勉強熱心で落ち着きのある知性派の人

印綬の人が得意を活かすには

創造性を高めてオンリーワンの存在に

人を教え導いたり、物事を深く研究したりすることに強みがありますが、教科書どおりの教え方になりがち。ベースとなる知識があればいくらでも面白くできるタイプなので、演出に工夫をこらせば、組織で指導者としての力を見込まれたり、その道の第一人者としてメディアで活躍することも。少人数の教室やワークショップを開いたり、子ども向けのイベントを企画したりするのも向いています。親しい人と何かを学ぶことで将来のビジョンが明確に。

印綬の人が苦手を克服するには

「とりあえず」の精神で未知の分野に挑戦する

新しいものを次々に追い求めるようなことは苦手で、「温故知新」を好む印綬。特にまだ評価も定まっていないものにトライすることは避ける傾向に。そのために仕事や趣味の活動が何年も停滞しがち。まわりの人が使っているものを自分も取り入れてみる、行ったことのない店に足を運ぶなど「とりあえず」行動するクセをつけて。ファッションも定番の中に流行アイテムを一つ取り入れると運気が上昇。過去の失敗を振り返り、教訓を活かすのも◎。

印綬の相手とうまくやるには

時間をかけて相手を理解するタイプです。すぐにわかり合えなくても気にすることなく、じっくり時間をかけてつき合うようにしましょう。器用な人ではありませんが、信頼できる関係を築いていけるでしょう。

相性のいい星

偏官 正官

身旺（みおう）・身弱（みじゃく）が示す 自我の強さと弱さの違い

自力で突き進むか、まわりとうまくやるか 人生の頑張り方が違う

命式の見方にはさまざまなものがあります。その中でも、人生全体の傾向を見るのに面白い観点があるので、ここでご紹介しましょう。

それは、「身旺（みおう）」「身弱（みじゃく）」という考え方です。身旺・身弱というのは持って生まれた自我の強さであり、その中間タイプやさらに強い「過旺（かおう）」、さらに弱い「過弱（かじゃく）」もあります。より細分化した調べ方はp.207からWEBでチェックしてください。

★身旺、身弱の調べ方

	日干が甲か乙の人	日干が丙か丁の人	日干が戊か己の人	日干が庚か辛の人	日干が壬か癸の人
A:命式にどれかある	子・寅・卯・亥	寅・卯・未・午	丑・辰・巳・午・未・戌	丑・辰・未・申・酉・戌	子・申・酉・亥
B:年柱・月柱・時柱にどれかある	甲・乙・壬・癸	甲・乙・丙・丁	丙・丁・戊・己	戊・己・庚・辛	庚・辛・壬・癸

①日干を確認する。
②AとBを調べ、干支のどれかが3つ以上あれば身旺
③ない場合は身弱

身旺と身弱の中間タイプは人生をどう頑張るべき?

身旺でもない身弱でもない人は中間タイプ。どう人生を頑張ればいいのでしょうか？　このタイプの人は自我の強さに偏りがないということになるので、穏やかに人生を過ごしやすいでしょう。しかし、波乱の心配がないために安心してしまい、ダイナミックなチャレンジができないこともありそうです。そのため、大きな夢を抱いていたり、何かすごく頑張りたいことがある場合は、思い切って振り切ってみるのもいいでしょう。

過旺、過弱の人は人生をどう頑張るべき?

過旺、過弱の人は、自分自身の強さや弱さを理解しておくことで、人生がグッと生きやすくなります。

たとえば、自分が怒りっぽいとわかっていたら、感情を冷静にコントロールする方法を学んだり、ストレスをためない努力をしてください。

逆にメンタルが弱く落ち込みやすいという自覚があるなら、自分に対して厳しくなりすぎず、今日できたことを自分で評価し、未来への自信に変えていきましょう。

身旺の人の人生の頑張り方

1/ 身旺の人の特徴

命式の中に、日干にとって追い風となる干支が多くある人です。生まれついて運が強く、自分の力で運をつかむ人といえるでしょう。ただ、単純に「強い＝いいこと」とは捉えません。持ち前のエネルギーを自分のためばかりに使っていても、運は循環しません。積極的に周囲の人のために行動してこそ運をつかむことで強い部分がほどよく弱まり、運もよくなります。

2/ 身旺の人が頑張れるとき、その行動

積極的に行動を起こすことでやる気が出ます。たとえばキャリアアップを狙って新しい挑戦をしたり、多くの人の指導をしたりするのはいい選択です。身旺の人は、本書p.90〜、98〜のライフプランシートでいい運が巡っているときはさらに頑張ることができます。逆に、同シートでグラフが落ち込んでいるときも、さほど影響を受けにくいはずです。

3/ 身旺の人が頑張れないとき、過ごし方

持ち前の運が強く、自我もはっきりしているので、頑張れない時期は少ないかと思います。ただ、十二運で帝旺や建禄が巡ってくると運の強さがあだになることも。人に強く出すぎてしまったり、人の痛みに鈍感になってしまったりすると、人望をなくしたり人間関係においてやりづらさが出てきます。相手の気持ちを考えて動くことが大事です。

身弱の人の人生の頑張り方

1/ 身弱の人の特徴

身弱というのは、命式の中に日干を弱める干支が多くある人で、受け身であるほうが物事がうまくいく運命を持っています。運が弱いと考えるのではなく、運勢の開き方の方向性と捉えましょう。周囲にはおとなしい印象を与えることが多いようです。人の力を上手に借りて、いい人間関係の輪をつくり、日々、健康に気をつけて体力をつけることで運勢が開けます。

2/ 身弱の人が頑張れるとき、その行動

自我が出すぎないということは、「協調性にあふれ、礼儀正しく人と接することができる」ことでもあります。普段から人に親切にし、力を貸してもらえる関係をつくれると素敵です。力を貸してもらったときはお礼をするなど「もらいっぱなし」にせず、運気を循環させて次の幸運につなげましょう。自我の強い人に左右されることも多いので、つき合う人はよく選んで。

3/ 身弱の人が頑張れないとき、過ごし方

まずは体をいたわることです。睡眠と栄養バランスの取れた食事を心がけましょう。また、人に振り回されていると感じるときも、身弱の弱さを利用されている可能性大。早めにそういった相手から離れることも大事です。本書の「短期計画シート」「全人生計画シート」で十二運の建禄・帝旺・長生・冠帯が巡るとき、運命星の比肩・劫財・印綬・偏印が巡るときは好調です。

COLUMN 3

占うことは
自分自身と向き合うこと

占いは「当たるかどうか」が大事だと思われていますし、私もそう思います。ただ、「あの人とつき合えるか」「この仕事に就けるか」といった、明確にYES／NOがあることばかりが“知りたいこと”ではないはずです。それなりに年齢を重ねると、人生の選択は自分が納得しているかどうかであって、自分が決めるしかないのだと感じている方が多いように思います。そのうえで「今のままでいいのか」「この選択肢の先に幸せはあるのか」といったことが、気になってくるのではないでしょうか。

この場合、何が「いい」と呼べる状態で、どういったことが「幸せ」と呼べる未来なのかは、占いではわかりません。占いでは、何が起こるかがわかります。でもそれが「いい」「幸せ」かどうかは、本人にしかわからないのです。そして、「いい」「幸せ」は、年齢を重ねて成長すると変化することも多いものです。そのときはとても「いい」「幸せ」だなんて思えなかったことが、あとから「あれでよかった」「あれこそが、幸せだった」と思えるようになるのも人生です。

本書は、主に「未来を総合的に知る」ことを目指して書いています。今年の自分は、来年の自分は、10年後の自分はどうなっているか——それを探るとき「自分はどうしたいのか」「どんな状態を、自分は幸せだと思っているのか」を、明確にしておいてください。四柱推命が照らす未来の情報量が、グッと増えてくると思います。

CHAPTER

4

Know the future

「未来を知り、人生計画を立てる」

本書のメインであるこの章では、10年ごとの運勢（大運）を占う「全人生計画シート」と1年ごとの運勢（歳運）を占う「短期計画シート」で、未来を予測し、人生プランを立てましょう。

さらに、「宿命星」別に、その年の過ごし方も紹介。総合、恋愛、仕事、お金、健康についての運勢を知ることができます。「十二運」「空亡」「特殊作用」が巡った場合の心構えについてもお伝えしましょう。

四柱推命で未来を予測し 戦略的に 人生を創ろう

10年ごとの長期サイクルで見る方法と 1年ごとの短期サイクルで見る方法がある

さあ、ここから本書のいちばん楽しい章、未来予測と実践に入ります。「命式」で出した運は宿命、持って生まれた先天運です。ここから読んでいく「10年ごとの運勢（大運）」と「1年ごとの運勢（歳運）」は、そのときどきに巡ってくる後天運です。この章の文中では大運、歳運という表現でお話をしますが、この２つを掛け合わせて未来予測をします。「この10年はこういう時期。そして、今年はこれに集中する時期」とポイントを押さえることができるため、仕事や私生活の指針を立てやすくなるでしょう。

おそらく、少なからぬ方が「運命は前もって決まっているのか？」という疑問を抱いていることでしょう。「同じ生年月日の生まれであれば、同じ人生になるのか？」と思われている方もいるでしょう。私の考えでは、どちらも「NO」です。

「では運命を読む意味は？」というお話になるのですが、命式では先天運がわかり、大運・歳運では何十年後までもの後天運がわかります。その意味では運命は「決まっている」のですが、生き方はその人しだい。どんな環境に身を置くのか。どんな人とつき合うか。幸運をどう活かし、不運をどう乗り越えるのか。出たとこ勝負ではなく、予測できればさまざまな準備ができるでしょう。また、恋愛や結婚、仕事やお金などのテーマ別運勢については、5章もチェックしてください。

こんなときどちらで判断する?

今年の私はどんな運勢? → **1年ごとの運勢(歳運)を見る**

「今年の運勢」は歳運で見ます。注意したいのは、1月1日から12月31日の運勢ではないということ。四柱推命は立春を1年の始まりと考え、立春から次の立春の前日までが1年となります。歳運は今ひとつという場合でも、大運がよければ心配しすぎる必要はありません。低迷期とされる空亡でも凶意がはたらかないこともあり、空亡だからこそ向く行動もあります。

今の私は20代で全財産10万円。40代で、1000万円にするには? → **10年ごとの運勢(大運)を見る**

20代以降の大運を出し、今後の人生設計をするといいでしょう。財運にプラスとなる年は一生のうち20年です。加えて、財運と連動する仕事運にプラスとなる年が20年あります。ただ、それ以外の60年でも、そのときどきで頑張りようはあります。特に資産形成という、ある程度時間がかかるテーマについては四柱推命を使った長期予測は非常に役に立つはずです。

結婚するならいつがいい? 子どもをつくるならどのタイミング? → **1年ごとの運勢(歳運)を見る**

歳運で傾向を読み取っていきます。結婚にベストな星回りは10年のうち4年巡ってきます。その時期は出会いが増えたり、スムーズに結婚話が進んだりします。とはいえ、ほかの6年が見込みナシということではありません。ただ、低迷期である「空亡」は新しいことが禁忌となるので、この期間内の結婚（入籍、結婚を想定した同居を含む）は避けましょう。

10年ごとの運勢（大運）を見る

TEN YEARS

10代、20代、30代……
運命は10年単位で変化する

四柱推命で読む後天運は１年ごと、10年ごとと時期を区切って判断します（そのほかにも30年という区切りもありますし、月・日・時という区切りもありますが、本書では触れません）。そのうち10年ごとの区切りを「大運」と呼びます。10年単位で変わる「人生のステージ」ともいえます。その月、その年といった短い期間の運勢だけではわからない、大きなテーマを教えるのが大運と考えていいでしょう。

ただ、10年間ずっと同じ運が同じテンションで続くわけではありません。10年ごとの切り替わりの前後１年半は運気のアップダウンが大きくなり、10年の終わりごろになるとその10年のテーマの「結果」めいたものが見える出来事が増えてきます。また、年間の運勢である「歳運」も、大運の運気を背景にして日々の運勢に影響を与えます。なお、停迷期とされる「空亡」は、歳運のみに適用され、大運にははたらきません。「20年間ずっと低迷期」ということはないのでご安心ください。

世の中の移り変わりの激しさを「10年ひと昔」と呼ぶように、10年もあれば人は成長し環境も変わります。「10年前は、こんな人生になるとは思っていなかったなあ」という人が多いのも、当然のことなのですね。逆にいえば、変化を拒否して若いときと同じステージのように生きてしまうと、その期間の成長課題をクリアせずに中年期、老年期を迎えることになります。

10種の 宿命星 が1年ごとに巡る 1セット分のサイクル

大運にも、宿命星が配されます。10年ごとに10種の宿命星が巡ってくる、大きなサイクルの運勢です。西洋占星術でいえば牡羊座から魚座までをひと巡りすることで課題を1サイクル終えたと見なすのとよく似ています。大運には十二運も配され、宿命星と掛け合わせて運勢を読んでいきます。

宿命星は、「比肩→劫財→食神……」と巡る「順行」の人と、「劫財→比肩→印綬……」と巡る「逆行」の人がいますが、この順番に吉凶はありません。自分が順行タイプか逆行タイプかがわかれば何十年先でも簡単に運勢を予測することができます。「人生100年時代」と呼ばれる現代、大運の宿命星を1周する人もこれからどんどん増えていきそうですね。

人生のスタート地点（立年）は 人によって異なる

大運が循環する基点となる切り替わりの年「立年」は、人によって異なります。生まれた日とその前後の月の節入日（月の切り替わり日）、生まれた月の干支をもとに運が立ち上がる基点を調べます。誰もが10歳までの間に立年を迎え、そこから10年ごとに大運が切り替わっていきます。立年が3歳であれば3～12歳、13～22歳、23～32歳といった区切りになります。0歳が立年なら10～19歳、20～29歳となります。

なお、立年前の期間は「運命の土台をつくる時期」といわれています。立年前が0歳の人も、10歳までと長い人も、そのこと自体に吉凶はありません。立年の出し方は、p.92にありますので調べてみましょう。

1年ごとの運勢（歳運）を見る

ONE YEAR

宿命星 × 十二運 の短期サイクルで その年がどんな年で、何が起きるかを見る

１年ごとの運勢を「歳運」といいます。流派によっては「流年運」「行運」と呼ばれますが、意味は同じです。10年ごとに切り替わる大運のムードをまといながらその年の特徴を示し、目を向けるべき課題を教えてくれます。

歳運にも大運と同じく、宿命星が１年に一つ、順番に回ってきます。仕事運や金運、恋愛・結婚運、健康運などさまざまな情報を読み取ることができ、また年ごとの十二運で、それらのパワーを予測できます。たとえば独立を目指すのであれば「自我の星」である「比肩」の年、仕事運が高まり昇進の見通しが立つのが「地位の星」である偏官・正官の年、恋愛・結婚であれば「財産の星」に……と、見通しを立てることができます。

なお、大運では空亡を読みませんが、歳運の場合は空亡を重視します。10年に２年ずつ、誰にでも巡ってくるもので、命式に空亡がある人は凶意が弱まります。空亡は、予測・対策可能な危機。そして学びやスキルアップなど、土台固めには好調期よりもよほどはかどる時期です。恋をずっとお休みしていた人には、恋のチャンスも巡ってきます。避けたいのは、結婚・転職・住まいの建築など、環境を大きく変えるような新しいチャレンジです。ただし、就職や進学など年次的にどうしても巡ってくるものは「たゆまぬ努力を積み重ね、万全を期して臨む時期」と判断してください。

p.106～を
チェック!

10種の宿命星が1年ごとに巡り その年の運勢が決まる

宿命星は、日干が陽干（甲・丙・戊・庚・壬）の場合は「比肩→劫財→食神→傷官……」の順に巡りますが、日干が陰干（乙・丁・己・辛・癸）の場合は「劫財→比肩→傷官→食神……」の順に巡ります。どちらのサイクルでも10種の宿命星が終わればまた１種めから同じ順番で循環し、そのときどきの運をもたらしてくれます。先天運を示す命式では、宿命星は最大で７つまでしか使いませんが、後天運である歳運で命式にない宿命星が巡ってくることで、新たな課題と向き合えたり、意識して強められたりします。何度もこのサイクルを繰り返すことで成長し、人間的な成熟を遂げるのです。その意味では、どんな人にもチャンスや試練は同じだけ訪れるといえます。

さらに十二運で その年に自分が出せるパワーがわかる

宿命星に加え、歳運の十二運もそのときどきのエネルギーの強さを示す重要な要素です。「長生」なら穏やかな成長期ですし、「沐浴」は迷いが出やすく、気持ちがコロコロ変わる不安定さがあるので要注意です。「墓」はこだわりが強くなりますが、それは往々にして独善的なものとなります。また「帝旺」のように強力な十二運は、使いこなせてこそ。そして運気が上がりきったあとに落ちる衝撃にも耐えなければなりません。「強い十二運が巡ってくる＝幸運」とは、単純には言い切れないのです。基本的には、中心星が吉星なら歳運の十二運は強いほうがよく、凶星なら弱いほうがいいとされます。中心星の吉凶については、p.98を調べてください。

1年ごとの運勢(歳運)のサイクルの見方

歳運(1年ごとの運勢)は、生まれた日の干によって2パターンのサイクルがあります。自分がどちらに該当するのか調べましょう。見る場所は日干で、甲・乙・丙・丁・戊・己・庚・辛・壬・癸のどれかが入っているはずです。

日干が陽干の人

〈陽干の人の例(日干が甲)〉

	甲		甲
2024	比肩	2030	偏官
2025	劫財	2031	正官
2026	食神	2032	偏印
2027	傷官	2033	印綬
2028	偏財	2034	比肩
2029	正財	2035	劫財

比肩→劫財→食神……の順にサイクルが巡る

陽干は甲・丙・戊・庚・壬。歳運のサイクルは「比肩→劫財→食神→傷官→偏財→正財→偏官→正官→偏印→印綬」の順で巡ります。比肩から傷官までアップダウンが大きく、のち幸運の4年間が始まります。

日干が陰干の人

〈陰干の人の例(日干が乙)〉

	乙		乙
2024	劫財	2030	正官
2025	比肩	2031	偏官
2026	傷官	2032	印綬
2027	食神	2033	偏印
2028	正財	2034	劫財
2029	偏財	2035	比肩

劫財→比肩→傷官……の順にサイクルが巡る

陰干は乙・丁・己・辛・癸。歳運のサイクルは「劫財→比肩→傷官→食神→正財→偏財→正官→偏官→印綬→偏印」の順で巡ります。劫財から傷官の3年間に自分を鍛えると、食神から運気は上昇、のち5年間は好調です。

幸運の4年間にも注目しましょう

偏財 正財 偏官 正官 の年は 仕事にも恋にも追い風となる

偏財・正財・偏官・正官の年は、どの生まれの人も必ず４年間、まとまって訪れる幸運期です。もちろんアップダウンはあり、偏官の年などは吉凶が強く出やすい傾向もありますが、仕事にも恋愛・パートナーシップにも追い風が吹き、当然ながら対人運や金運も循環がよくなります。幸運期の常として多忙にはなりますが、無理をしなければ健康運も好調でしょう。空亡さえ巡っていなければ、結婚や転職といった大きな選択にも向いています。

四柱推命での運の使い方は、「いい時期は積極的に行動を起こし、そうでない時期はじっと立ち止まって足元を固める」のが基本です。「急ぎではないけれど、いずれ」と思っているアクションがあるなら「幸運の４年間」を待つといいでしょうし、仮に今、あまり調子がよくない時期だったとしても「この低迷にも必ず終わりが来る。この時期になればよくなる」と考えるのは、四柱推命というものの有益な使い方であろうと思います。

〈 陽干の人の幸運の4年間の例 〉

	甲		甲
2024	比肩	2030	偏官
2025	劫財	2031	正官
2026	食神	2032	偏印
2027	傷官	2033	印綬
2028	偏財	2034	比肩
2029	正財	2035	劫財

〈 陰干の人の幸運の4年間の例 〉

	乙		乙
2024	劫財	2030	正官
2025	比肩	2031	偏官
2026	傷官	2032	印綬
2027	食神	2033	偏印
2028	正財	2034	劫財
2029	偏財	2035	比肩

10年ごとの運勢(大運)からつくる「全人生計画シート」

p.92で立年を調べて記入しましょう

p.93の大運表から該当の時期の数字を調べ、p.206の60干支表で調べた干を書き写します

p.93の大運表から該当の時期の数字を調べ、p.206の60干支表で調べた支を書き写します

年齢	0~5	6~15	16~25	26~35	36~45
天干	戊	丁	丙	乙	甲
地支	子	亥	戌	酉	申
宿命星	正官	偏財	正財	食神	傷官
十二運	建禄	帝旺	衰	病	死
特殊作用	干合	空亡	空亡 害 方合		

Sample

p.93~の大運表から該当の時期の宿命星を書き写します

p.93~の大運表から該当の時期の十二運を書き写します

p.206~とp.138を調べて、該当の年に空亡や特殊作用(冲、害など)があれば入れます

「全人生計画シート」の読み方

全人生計画シートでは、立年を基準として、10年単位でサイクルを考えます。まずは、p.92をチェックして、いちばん上の段に自分の立年からの10年、その後の10年刻みの数字を書き込みましょう。次に、天干と地支を書き込みます。該当の年齢域の時期に巡る干と支については、p93~の大運表から該当の時期の数字を調べ、p.206の60干支表で調べて記入してください。いよいよ、宿命星と十二運を書き込みます。この出し方はp.92で調べて、大運表から書き写してください。

**四柱推命の「大運」(10年ごとの運勢)を使って、一生分の計画表を
つくりましょう。人生100年時代と考えると、10個の宿命星は誰もに
順番に巡ってきます。「この星が若いときに来てくれたらいいのに」といった
順番になっていても、がっかりしなくて大丈夫。
どの宿命星にもそれぞれの学びがあります。
不幸な運命だけの人もいなければ、幸福な運命だけの人もいません。
それぞれの時期に何をどう学び、自分の人生を生きるかが大事なのです。**

96歳以降も
もちろん占えます

	46〜55	56〜65	66〜75	76〜85	86〜95
	癸	壬	辛	庚	己
	未	午	巳	辰	卯
	比肩	劫財	偏印	印綬	偏官
	墓	絶	胎	養	長生
				支合 三合	冲

Sample

※p205のURLからこの表をダウンロードできます。
プリントアウトしたりタブレットから書き込んだりして使いましょう。

その他の作用として、空亡や十二運が宿命星に巡る時期や、特殊作用（冲・害など）がはたらく時期も見ておきたいですね。これはp.126〜をチェックしてください。

例：1980年12月26日生まれの女性の場合

立年は６なので、年齢の行に左から０〜５、６〜15、16〜25……と書き込んでいく。０〜５の時期の月干はp92〜93を見ると25、p.206の60干支表と照らし合わせるとこの時期の天干は戊、地支は子となる。p.97の「癸・逆行タイプ」の大運表から出したこの時期の宿命星と十二運は正官・建禄。p.206で空亡を調べると戌亥空亡なので、その他要素の欄に「空亡」と書き込む。

10年ごとの運勢(大運)の出し方

1 順行タイプか逆行タイプかを把握する

大運には、順行タイプと逆行タイプがあります。まずは、自分がどちらのタイプかを把握しましょう。

順行タイプは、男性ならp.164〜の表で出した年干が陽干（甲・丙・戊・庚・壬）の場合、女性なら年干が陰干（乙・丁・己・辛・癸）の場合。逆行タイプは、男性なら年干が陰干の場合、女性なら年干が陽干の場合になります。

順行タイプの場合、干は甲・乙・丙……の順、支は子・丑・寅……の順に進みます。逆行タイプの場合、干は癸・壬・辛……の順、支は亥・戌・酉……の順に進みます。

順行タイプ	男性	年干が陽干(甲・丙・戊・庚・壬)の場合
	女性	年干が陰干(乙・丁・己・辛・癸)の場合
逆行タイプ	男性	年干が陰干(乙・丁・己・辛・癸)の場合
	女性	年干が陽干(甲・丙・戊・庚・壬)の場合

〈1980年12月26日生まれの女性の場合〉
年干は陽干の庚なので
逆行タイプになる。

2 立年を調べる

続いて「立年」を調べましょう。大運のスタート地点は立年と呼び、人により異なります。立年は、順行タイプの場合、生まれた日から次の節入日（月の切り替わり日）までの日数を3で割った数、逆行タイプの場合、生まれた日から前の節入日までの日数を3で割った数（余りは無視してください）が立年です。たとえば、この数が5なら0〜4歳、5〜14歳、15〜24歳といった具合に運気が切り替わります。p.164〜の表で調べましょう。

〈1980年12月26日生まれの女性の場合〉
前の節入日は1980年12月7日なので、日数は19日。19を3で割ると6になるので立年は6になる。

3 該当の大運表を見る

自分の順行・逆行タイプと立年がわかったら、日干と、順行タイプか逆行タイプかを掛け合わせて、p.93〜97から該当の表を見つけましょう。

次に6章の月干の数を見て、表の月干の列に書かれている数を調べます。自分の大運表の、その数の位置から大運が始まります。立年の数を起点に、10年ごとの大運を調べましょう。順行タイプの人が60、逆行タイプの人が1になった場合は表のいちばん最初に戻りましょう。

〈1980年12月26日生まれの女性の場合〉
日干は癸で大運は逆行タイプなのでp.97の「癸・逆行タイプ」を見る。月干は25なので、大運表の25の位置から大運スタート。立年は6なので、0〜5歳の大運は正官・建禄、6〜15歳は偏財・帝旺、16〜25歳は正財・衰になる。

出した大運をp.205からダウンロードした「全人生計画シート」に書き込みましょう。

★大運表 順行タイプ

甲・順行タイプ

	1	2	3	4	5	6	7	8	9	10	11	12	13	14	15
宿命星	比肩	劫財	食神	傷官	偏財	正財	偏官	正官	偏印	印綬	比肩	劫財	食神	傷官	偏財
十二運	沐浴	冠帯	建禄	帝旺	衰	病	死	墓	絶	胎	養	長生	沐浴	冠帯	建禄
	16	17	18	19	20	21	22	23	24	25	26	27	28	29	30
宿命星	正財	偏官	正官	偏印	印綬	比肩	劫財	食神	傷官	偏財	正財	偏官	正官	偏印	印綬
十二運	帝旺	衰	病	死	墓	絶	胎	養	長生	沐浴	冠帯	建禄	帝旺	衰	病
	31	32	33	34	35	36	37	38	39	40	41	42	43	44	45
宿命星	比肩	劫財	食神	傷官	偏財	正財	偏官	正官	偏印	印綬	比肩	劫財	食神	傷官	偏財
十二運	死	墓	絶	胎	養	長生	沐浴	冠帯	建禄	帝旺	衰	病	死	墓	絶
	46	47	48	49	50	51	52	53	54	55	56	57	58	59	60
宿命星	正財	偏官	正官	偏印	印綬	比肩	劫財	食神	傷官	偏財	正財	偏官	正官	偏印	印綬
十二運	胎	養	長生	沐浴	冠帯	建禄	帝旺	衰	病	死	墓	絶	胎	養	長生

乙・順行タイプ

	1	2	3	4	5	6	7	8	9	10	11	12	13	14	15
宿命星	劫財	比肩	傷官	食神	正財	偏財	正官	偏官	印綬	偏印	劫財	比肩	傷官	食神	正財
十二運	病	衰	帝旺	建禄	冠帯	沐浴	長生	養	胎	絶	墓	死	病	衰	帝旺
	16	17	18	19	20	21	22	23	24	25	26	27	28	29	30
宿命星	偏財	正官	偏官	印綬	偏印	劫財	比肩	傷官	食神	正財	偏財	正官	偏官	印綬	偏印
十二運	建禄	冠帯	沐浴	長生	養	胎	絶	墓	死	病	衰	帝旺	建禄	冠帯	沐浴
	31	32	33	34	35	36	37	38	39	40	41	42	43	44	45
宿命星	劫財	比肩	傷官	食神	正財	偏財	正官	偏官	印綬	偏印	劫財	比肩	傷官	食神	正財
十二運	長生	養	胎	絶	墓	死	病	衰	帝旺	建禄	冠帯	沐浴	長生	養	胎
	46	47	48	49	50	51	52	53	54	55	56	57	58	59	60
宿命星	偏財	正官	偏官	印綬	偏印	劫財	比肩	傷官	食神	正財	偏財	正官	偏官	印綬	偏印
十二運	絶	墓	死	病	衰	帝旺	建禄	冠帯	沐浴	長生	養	胎	絶	墓	死

丙・順行タイプ

	1	2	3	4	5	6	7	8	9	10	11	12	13	14	15
宿命星	偏印	印綬	比肩	劫財	食神	傷官	偏財	正財	偏官	正官	偏印	印綬	比肩	劫財	食神
十二運	胎	養	長生	沐浴	冠帯	建禄	帝旺	衰	病	死	墓	絶	胎	養	長生
	16	17	18	19	20	21	22	23	24	25	26	27	28	29	30
宿命星	傷官	偏財	正財	偏官	正官	偏印	印綬	比肩	劫財	食神	傷官	偏財	正財	偏官	正官
十二運	沐浴	冠帯	建禄	帝旺	衰	病	死	墓	絶	胎	養	長生	沐浴	冠帯	建禄
	31	32	33	34	35	36	37	38	39	40	41	42	43	44	45
宿命星	偏印	印綬	比肩	劫財	食神	傷官	偏財	正財	偏官	正官	偏印	印綬	比肩	劫財	食神
十二運	帝旺	衰	病	死	墓	絶	胎	養	長生	沐浴	冠帯	建禄	帝旺	衰	病
	46	47	48	49	50	51	52	53	54	55	56	57	58	59	60
宿命星	傷官	偏財	正財	偏官	正官	偏印	印綬	比肩	劫財	食神	傷官	偏財	正財	偏官	正官
十二運	死	墓	絶	胎	養	長生	沐浴	冠帯	建禄	帝旺	衰	病	死	墓	絶

丁・順行タイプ

	1	2	3	4	5	6	7	8	9	10	11	12	13	14	15
宿命星	印綬	偏印	劫財	比肩	傷官	食神	正財	偏財	正官	偏官	印綬	偏印	劫財	比肩	傷官
十二運	絶	墓	死	病	衰	帝旺	建禄	冠帯	沐浴	長生	養	胎	絶	墓	死
	16	17	18	19	20	21	22	23	24	25	26	27	28	29	30
宿命星	食神	正財	偏財	正官	偏官	印綬	偏印	劫財	比肩	傷官	食神	正財	偏財	正官	偏官
十二運	病	衰	帝旺	建禄	冠帯	沐浴	長生	養	胎	絶	墓	死	病	衰	帝旺
	31	32	33	34	35	36	37	38	39	40	41	42	43	44	45
宿命星	印綬	偏印	劫財	比肩	傷官	食神	正財	偏財	正官	偏官	印綬	偏印	劫財	比肩	傷官
十二運	建禄	冠帯	沐浴	長生	養	胎	絶	墓	死	病	衰	帝旺	建禄	冠帯	沐浴
	46	47	48	49	50	51	52	53	54	55	56	57	58	59	60
宿命星	食神	正財	偏財	正官	偏官	印綬	偏印	劫財	比肩	傷官	食神	正財	偏財	正官	偏官
十二運	長生	養	胎	絶	墓	死	病	衰	帝旺	建禄	冠帯	沐浴	長生	養	胎

戊・順行タイプ

	1	2	3	4	5	6	7	8	9	10	11	12	13	14	15
宿命星	偏官	正官	偏印	印綬	比肩	劫財	食神	傷官	偏財	正財	偏官	正官	偏印	印綬	比肩
十二運	胎	養	長生	沐浴	冠帯	建禄	帝旺	衰	病	死	墓	絶	胎	養	長生
	16	17	18	19	20	21	22	23	24	25	26	27	28	29	30
宿命星	劫財	食神	傷官	偏財	正財	偏官	正官	偏印	印綬	比肩	劫財	食神	傷官	偏財	正財
十二運	沐浴	冠帯	建禄	帝旺	衰	病	死	墓	絶	胎	養	長生	沐浴	冠帯	建禄
	31	32	33	34	35	36	37	38	39	40	41	42	43	44	45
宿命星	偏官	正官	偏印	印綬	比肩	劫財	食神	傷官	偏財	正財	偏官	正官	偏印	印綬	比肩
十二運	帝旺	衰	病	死	墓	絶	胎	養	長生	沐浴	冠帯	建禄	帝旺	衰	病
	46	47	48	49	50	51	52	53	54	55	56	57	58	59	60
宿命星	劫財	食神	傷官	偏財	正財	偏官	正官	偏印	印綬	比肩	劫財	食神	傷官	偏財	正財
十二運	死	墓	絶	胎	養	長生	沐浴	冠帯	建禄	帝旺	衰	病	死	墓	絶

己・順行タイプ

	1	2	3	4	5	6	7	8	9	10	11	12	13	14	15
宿命星	正官	偏官	印綬	偏印	劫財	比肩	傷官	食神	正財	偏財	正官	偏官	印綬	偏印	劫財
十二運	絶	墓	死	病	衰	帝旺	建禄	冠帯	沐浴	長生	養	胎	絶	墓	死
	16	17	18	19	20	21	22	23	24	25	26	27	28	29	30
宿命星	比肩	傷官	食神	正財	偏財	正官	偏官	印綬	偏印	劫財	比肩	傷官	食神	正財	偏財
十二運	病	衰	帝旺	建禄	冠帯	沐浴	長生	養	胎	絶	墓	死	病	衰	帝旺
	31	32	33	34	35	36	37	38	39	40	41	42	43	44	45
宿命星	正官	偏官	印綬	偏印	劫財	比肩	傷官	食神	正財	偏財	正官	偏官	印綬	偏印	劫財
十二運	建禄	冠帯	沐浴	長生	養	胎	絶	墓	死	病	衰	帝旺	建禄	冠帯	沐浴
	46	47	48	49	50	51	52	53	54	55	56	57	58	59	60
宿命星	比肩	傷官	食神	正財	偏財	正官	偏官	印綬	偏印	劫財	比肩	傷官	食神	正財	偏財
十二運	長生	養	胎	絶	墓	死	病	衰	帝旺	建禄	冠帯	沐浴	長生	養	胎

庚・順行タイプ

	1	2	3	4	5	6	7	8	9	10	11	12	13	14	15
宿命星	偏財	正財	偏官	正官	偏印	印綬	比肩	劫財	食神	傷官	偏財	正財	偏官	正官	偏印
十二運	死	墓	絶	胎	養	長生	沐浴	冠帯	建禄	帝旺	衰	病	死	墓	絶
	16	17	18	19	20	21	22	23	24	25	26	27	28	29	30
宿命星	印綬	比肩	劫財	食神	傷官	偏財	正財	偏官	正官	偏印	印綬	比肩	劫財	食神	傷官
十二運	胎	養	長生	沐浴	冠帯	建禄	帝旺	衰	病	死	墓	絶	胎	養	長生
	31	32	33	34	35	36	37	38	39	40	41	42	43	44	45
宿命星	偏財	正財	偏官	正官	偏印	印綬	比肩	劫財	食神	傷官	偏財	正財	偏官	正官	偏印
十二運	沐浴	冠帯	建禄	帝旺	衰	病	死	墓	絶	胎	養	長生	沐浴	冠帯	建禄
	46	47	48	49	50	51	52	53	54	55	56	57	58	59	60
宿命星	印綬	比肩	劫財	食神	傷官	偏財	正財	偏官	正官	偏印	印綬	比肩	劫財	食神	傷官
十二運	帝旺	衰	病	死	墓	絶	胎	養	長生	沐浴	冠帯	建禄	帝旺	衰	病

辛・順行タイプ

	1	2	3	4	5	6	7	8	9	10	11	12	13	14	15
宿命星	正財	偏財	正官	偏官	印綬	偏印	劫財	比肩	傷官	食神	正財	偏財	正官	偏官	印綬
十二運	長生	養	胎	絶	墓	死	病	衰	帝旺	建禄	冠帯	沐浴	長生	養	胎
	16	17	18	19	20	21	22	23	24	25	26	27	28	29	30
宿命星	偏印	劫財	比肩	傷官	食神	正財	偏財	正官	偏官	印綬	偏印	劫財	比肩	傷官	食神
十二運	絶	墓	死	病	衰	帝旺	建禄	冠帯	沐浴	長生	養	胎	絶	墓	死
	31	32	33	34	35	36	37	38	39	40	41	42	43	44	45
宿命星	正財	偏財	正官	偏官	印綬	偏印	劫財	比肩	傷官	食神	正財	偏財	正官	偏官	印綬
十二運	病	衰	帝旺	建禄	冠帯	沐浴	長生	養	胎	絶	墓	死	病	衰	帝旺
	46	47	48	49	50	51	52	53	54	55	56	57	58	59	60
宿命星	偏印	劫財	比肩	傷官	食神	正財	偏財	正官	偏官	印綬	偏印	劫財	比肩	傷官	食神
十二運	建禄	冠帯	沐浴	長生	養	胎	絶	墓	死	病	衰	帝旺	建禄	冠帯	沐浴

壬・順行タイプ

	1	2	3	4	5	6	7	8	9	10	11	12	13	14	15
宿命星	食神	傷官	偏財	正財	偏官	正官	偏印	印綬	比肩	劫財	食神	傷官	偏財	正財	偏官
十二運	帝旺	衰	病	死	墓	絶	胎	養	長生	沐浴	冠帯	建禄	帝旺	衰	病
	16	17	18	19	20	21	22	23	24	25	26	27	28	29	30
宿命星	正官	偏印	印綬	比肩	劫財	食神	傷官	偏財	正財	偏官	正官	偏印	印綬	比肩	劫財
十二運	死	墓	絶	胎	養	長生	沐浴	冠帯	建禄	帝旺	衰	病	死	墓	絶
	31	32	33	34	35	36	37	38	39	40	41	42	43	44	45
宿命星	食神	傷官	偏財	正財	偏官	正官	偏印	印綬	比肩	劫財	食神	傷官	偏財	正財	偏官
十二運	胎	養	長生	沐浴	冠帯	建禄	帝旺	衰	病	死	墓	絶	胎	養	長生
	46	47	48	49	50	51	52	53	54	55	56	57	58	59	60
宿命星	正官	偏印	印綬	比肩	劫財	食神	傷官	偏財	正財	偏官	正官	偏印	印綬	比肩	劫財
十二運	沐浴	冠帯	建禄	帝旺	衰	病	死	墓	絶	胎	養	長生	沐浴	冠帯	建禄

癸・順行タイプ

	1	2	3	4	5	6	7	8	9	10	11	12	13	14	15
宿命星	傷官	食神	正財	偏財	正官	偏官	印綬	偏印	劫財	比肩	傷官	食神	正財	偏財	正官
十二運	建禄	冠帯	沐浴	長生	養	胎	絶	墓	死	病	衰	帝旺	建禄	冠帯	沐浴
	16	17	18	19	20	21	22	23	24	25	26	27	28	29	30
宿命星	偏官	印綬	偏印	劫財	比肩	傷官	食神	正財	偏財	正官	偏官	印綬	偏印	劫財	比肩
十二運	長生	養	胎	絶	墓	死	病	衰	帝旺	建禄	冠帯	沐浴	長生	養	胎
	31	32	33	34	35	36	37	38	39	40	41	42	43	44	45
宿命星	傷官	食神	正財	偏財	正官	偏官	印綬	偏印	劫財	比肩	傷官	食神	正財	偏財	正官
十二運	絶	墓	死	病	衰	帝旺	建禄	冠帯	沐浴	長生	養	胎	絶	墓	死
	46	47	48	49	50	51	52	53	54	55	56	57	58	59	60
宿命星	偏官	印綬	偏印	劫財	比肩	傷官	食神	正財	偏財	正官	偏官	印綬	偏印	劫財	比肩
十二運	病	衰	帝旺	建禄	冠帯	沐浴	長生	養	胎	絶	墓	死	病	衰	帝旺

★大運表 逆行タイプ

甲・逆行タイプ

	60	59	58	57	56	55	54	53	52	51	50	49	48	47	46
宿命星	印綬	偏印	正官	偏官	正財	偏財	傷官	食神	劫財	比肩	印綬	偏印	正官	偏官	正財
十二運	長生	養	胎	絶	墓	死	病	衰	帝旺	建禄	冠帯	沐浴	長生	養	胎
	45	44	43	42	41	40	39	38	37	36	35	34	33	32	31
宿命星	偏財	傷官	食神	劫財	比肩	印綬	偏印	正官	偏官	正財	偏財	傷官	食神	劫財	比肩
十二運	絶	墓	死	病	衰	帝旺	建禄	冠帯	沐浴	長生	養	胎	絶	墓	死
	30	29	28	27	26	25	24	23	22	21	20	19	18	17	16
宿命星	印綬	偏印	正官	偏官	正財	偏財	傷官	食神	劫財	比肩	印綬	偏印	正官	偏官	正財
十二運	病	衰	帝旺	建禄	冠帯	沐浴	長生	養	胎	絶	墓	死	病	衰	帝旺
	15	14	13	12	11	10	9	8	7	6	5	4	3	2	1
宿命星	偏財	傷官	食神	劫財	比肩	印綬	偏印	正官	偏官	正財	偏財	傷官	食神	劫財	比肩
十二運	建禄	冠帯	沐浴	長生	養	胎	絶	墓	死	病	衰	帝旺	建禄	冠帯	沐浴

乙・逆行タイプ

	60	59	58	57	56	55	54	53	52	51	50	49	48	47	46
宿命星	偏印	印綬	偏官	正官	偏財	正財	食神	傷官	比肩	劫財	偏印	印綬	偏官	正官	偏財
十二運	死	墓	絶	胎	養	長生	沐浴	冠帯	建禄	帝旺	衰	病	死	墓	絶
	45	44	43	42	41	40	39	38	37	36	35	34	33	32	31
宿命星	正財	食神	傷官	比肩	劫財	偏印	印綬	偏官	正官	偏財	正財	食神	傷官	比肩	劫財
十二運	胎	養	長生	沐浴	冠帯	建禄	帝旺	衰	病	死	墓	絶	胎	養	長生
	30	29	28	27	26	25	24	23	22	21	20	19	18	17	16
宿命星	偏印	印綬	偏官	正官	偏財	正財	食神	傷官	比肩	劫財	偏印	印綬	偏官	正官	偏財
十二運	沐浴	冠帯	建禄	帝旺	衰	病	死	墓	絶	胎	養	長生	沐浴	冠帯	建禄
	15	14	13	12	11	10	9	8	7	6	5	4	3	2	1
宿命星	正財	食神	傷官	比肩	劫財	偏印	印綬	偏官	正官	偏財	正財	食神	傷官	比肩	劫財
十二運	帝旺	衰	病	死	墓	絶	胎	養	長生	沐浴	冠帯	建禄	帝旺	衰	病

丙・逆行タイプ

	60	59	58	57	56	55	54	53	52	51	50	49	48	47	46
宿命星	正官	偏官	正財	偏財	傷官	食神	劫財	比肩	印綬	偏印	正官	偏官	正財	偏財	傷官
十二運	絶	墓	死	病	衰	帝旺	建禄	冠帯	沐浴	長生	養	胎	絶	墓	死
	45	44	43	42	41	40	39	38	37	36	35	34	33	32	31
宿命星	食神	劫財	比肩	印綬	偏印	正官	偏官	正財	偏財	傷官	食神	劫財	比肩	印綬	偏印
十二運	病	衰	帝旺	建禄	冠帯	沐浴	長生	養	胎	絶	墓	死	病	衰	帝旺
	30	29	28	27	26	25	24	23	22	21	20	19	18	17	16
宿命星	正官	偏官	正財	偏財	傷官	食神	劫財	比肩	印綬	偏印	正官	偏官	正財	偏財	傷官
十二運	建禄	冠帯	沐浴	長生	養	胎	絶	墓	死	病	衰	帝旺	建禄	冠帯	沐浴
	15	14	13	12	11	10	9	8	7	6	5	4	3	2	1
宿命星	食神	劫財	比肩	印綬	偏印	正官	偏官	正財	偏財	傷官	食神	劫財	比肩	印綬	偏印
十二運	長生	養	胎	絶	墓	死	病	衰	帝旺	建禄	冠帯	沐浴	長生	養	胎

丁・逆行タイプ

	60	59	58	57	56	55	54	53	52	51	50	49	48	47	46
宿命星	偏官	正官	偏財	正財	食神	傷官	比肩	劫財	偏印	印綬	偏官	正官	偏財	正財	食神
十二運	胎	養	長生	沐浴	冠帯	建禄	帝旺	衰	病	死	墓	絶	胎	養	長生
	45	44	43	42	41	40	39	38	37	36	35	34	33	32	31
宿命星	傷官	比肩	劫財	偏印	印綬	偏官	正官	偏財	正財	食神	傷官	比肩	劫財	偏印	印綬
十二運	沐浴	冠帯	建禄	帝旺	衰	病	死	墓	絶	胎	養	長生	沐浴	冠帯	建禄
	30	29	28	27	26	25	24	23	22	21	20	19	18	17	16
宿命星	偏官	正官	偏財	正財	食神	傷官	比肩	劫財	偏印	印綬	偏官	正官	偏財	正財	食神
十二運	帝旺	衰	病	死	墓	絶	胎	養	長生	沐浴	冠帯	建禄	帝旺	衰	病
	15	14	13	12	11	10	9	8	7	6	5	4	3	2	1
宿命星	傷官	比肩	劫財	偏印	印綬	偏官	正官	偏財	正財	食神	傷官	比肩	劫財	偏印	印綬
十二運	死	墓	絶	胎	養	長生	沐浴	冠帯	建禄	帝旺	衰	病	死	墓	絶

戊・逆行タイプ

	60	59	58	57	56	55	54	53	52	51	50	49	48	47	46
宿命星	正財	偏財	傷官	食神	劫財	比肩	印綬	偏印	正官	偏官	正財	偏財	傷官	食神	劫財
十二運	絶	墓	死	病	衰	帝旺	建禄	冠帯	沐浴	長生	養	胎	絶	墓	死
	45	44	43	42	41	40	39	38	37	36	35	34	33	32	31
宿命星	比肩	印綬	偏印	正官	偏官	正財	偏財	傷官	食神	劫財	比肩	印綬	偏印	正官	偏官
十二運	病	衰	帝旺	建禄	冠帯	沐浴	長生	養	胎	絶	墓	死	病	衰	帝旺
	30	29	28	27	26	25	24	23	22	21	20	19	18	17	16
宿命星	正財	偏財	傷官	食神	劫財	比肩	印綬	偏印	正官	偏官	正財	偏財	傷官	食神	劫財
十二運	建禄	冠帯	沐浴	長生	養	胎	絶	墓	死	病	衰	帝旺	建禄	冠帯	沐浴
	15	14	13	12	11	10	9	8	7	6	5	4	3	2	1
宿命星	比肩	印綬	偏印	正官	偏官	正財	偏財	傷官	食神	劫財	比肩	印綬	偏印	正官	偏官
十二運	長生	養	胎	絶	墓	死	病	衰	帝旺	建禄	冠帯	沐浴	長生	養	胎

己・逆行タイプ

	60	59	58	57	56	55	54	53	52	51	50	49	48	47	46
宿命星	偏財	正財	食神	傷官	比肩	劫財	偏印	印綬	偏官	正官	偏財	正財	食神	傷官	比肩
十二運	胎	養	長生	沐浴	冠帯	建禄	帝旺	衰	病	死	墓	絶	胎	養	長生
	45	44	43	42	41	40	39	38	37	36	35	34	33	32	31
宿命星	劫財	偏印	印綬	偏官	正官	偏財	正財	食神	傷官	比肩	劫財	偏印	印綬	偏官	正官
十二運	沐浴	冠帯	建禄	帝旺	衰	病	死	墓	絶	胎	養	長生	沐浴	冠帯	建禄
	30	29	28	27	26	25	24	23	22	21	20	19	18	17	16
宿命星	偏財	正財	食神	傷官	比肩	劫財	偏印	印綬	偏官	正官	偏財	正財	食神	傷官	比肩
十二運	帝旺	衰	病	死	墓	絶	胎	養	長生	沐浴	冠帯	建禄	帝旺	衰	病
	15	14	13	12	11	10	9	8	7	6	5	4	3	2	1
宿命星	劫財	偏印	印綬	偏官	正官	偏財	正財	食神	傷官	比肩	劫財	偏印	印綬	偏官	正官
十二運	死	墓	絶	胎	養	長生	沐浴	冠帯	建禄	帝旺	衰	病	死	墓	絶

庚・逆行タイプ

	60	59	58	57	56	55	54	53	52	51	50	49	48	47	46
宿命星	傷官	食神	劫財	比肩	印綬	偏印	正官	偏官	正財	偏財	傷官	食神	劫財	比肩	印綬
十二運	病	衰	帝旺	建禄	冠帯	沐浴	長生	養	胎	絶	墓	死	病	衰	帝旺
	45	44	43	42	41	40	39	38	37	36	35	34	33	32	31
宿命星	偏印	正官	偏官	正財	偏財	傷官	食神	劫財	比肩	印綬	偏印	正官	偏官	正財	偏財
十二運	建禄	冠帯	沐浴	長生	養	胎	絶	墓	死	病	衰	帝旺	建禄	冠帯	沐浴
	30	29	28	27	26	25	24	23	22	21	20	19	18	17	16
宿命星	傷官	食神	劫財	比肩	印綬	偏印	正官	偏官	正財	偏財	傷官	食神	劫財	比肩	印綬
十二運	長生	養	胎	絶	墓	死	病	衰	帝旺	建禄	冠帯	沐浴	長生	養	胎
	15	14	13	12	11	10	9	8	7	6	5	4	3	2	1
宿命星	偏印	正官	偏官	正財	偏財	傷官	食神	劫財	比肩	印綬	偏印	正官	偏官	正財	偏財
十二運	絶	墓	死	病	衰	帝旺	建禄	冠帯	沐浴	長生	養	胎	絶	墓	死

辛・逆行タイプ

	60	59	58	57	56	55	54	53	52	51	50	49	48	47	46
宿命星	食神	傷官	比肩	劫財	偏印	印綬	偏官	正官	偏財	正財	食神	傷官	比肩	劫財	偏印
十二運	沐浴	冠帯	建禄	帝旺	衰	病	死	墓	絶	胎	養	長生	沐浴	冠帯	建禄
	45	44	43	42	41	40	39	38	37	36	35	34	33	32	31
宿命星	印綬	偏官	正官	偏財	正財	食神	傷官	比肩	劫財	偏印	印綬	偏官	正官	偏財	正財
十二運	帝旺	衰	病	死	墓	絶	胎	養	長生	沐浴	冠帯	建禄	帝旺	衰	病
	30	29	28	27	26	25	24	23	22	21	20	19	18	17	16
宿命星	食神	傷官	比肩	劫財	偏印	印綬	偏官	正官	偏財	正財	食神	傷官	比肩	劫財	偏印
十二運	死	墓	絶	胎	養	長生	沐浴	冠帯	建禄	帝旺	衰	病	死	墓	絶
	15	14	13	12	11	10	9	8	7	6	5	4	3	2	1
宿命星	印綬	偏官	正官	偏財	正財	食神	傷官	比肩	劫財	偏印	印綬	偏官	正官	偏財	正財
十二運	胎	養	長生	沐浴	冠帯	建禄	帝旺	衰	病	死	墓	絶	胎	養	長生

壬・逆行タイプ

	60	59	58	57	56	55	54	53	52	51	50	49	48	47	46
宿命星	劫財	比肩	印綬	偏印	正官	偏官	偏財	正財	傷官	食神	劫財	比肩	印綬	偏印	正官
十二運	建禄	冠帯	沐浴	長生	養	胎	絶	墓	死	病	衰	帝旺	建禄	冠帯	沐浴
	45	44	43	42	41	40	39	38	37	36	35	34	33	32	31
宿命星	偏官	偏財	正財	傷官	食神	劫財	比肩	印綬	偏印	正官	偏官	偏財	正財	傷官	食神
十二運	長生	養	胎	絶	墓	死	病	衰	帝旺	建禄	冠帯	沐浴	長生	養	胎
	30	29	28	27	26	25	24	23	22	21	20	19	18	17	16
宿命星	劫財	比肩	印綬	偏印	正官	偏官	偏財	正財	傷官	食神	劫財	比肩	印綬	偏印	正官
十二運	絶	墓	死	病	衰	帝旺	建禄	冠帯	沐浴	長生	養	胎	絶	墓	死
	15	14	13	12	11	10	9	8	7	6	5	4	3	2	1
宿命星	偏官	偏財	正財	傷官	食神	劫財	比肩	印綬	偏印	正官	偏官	偏財	正財	傷官	食神
十二運	病	衰	帝旺	建禄	冠帯	沐浴	長生	養	胎	絶	墓	死	病	衰	帝旺

癸・逆行タイプ

	60	59	58	57	56	55	54	53	52	51	50	49	48	47	46
宿命星	比肩	劫財	偏印	印綬	偏官	正官	偏財	正財	食神	傷官	比肩	劫財	偏印	印綬	偏官
十二運	帝旺	衰	病	死	墓	絶	胎	養	長生	沐浴	冠帯	建禄	帝旺	衰	病
	45	44	43	42	41	40	39	38	37	36	35	34	33	32	31
宿命星	正官	偏財	正財	食神	傷官	比肩	劫財	偏印	印綬	偏官	正官	偏財	正財	食神	傷官
十二運	死	墓	絶	胎	養	長生	沐浴	冠帯	建禄	帝旺	衰	病	死	墓	絶
	30	29	28	27	26	25	24	23	22	21	20	19	18	17	16
宿命星	比肩	劫財	偏印	印綬	偏官	正官	偏財	正財	食神	傷官	比肩	劫財	偏印	印綬	偏官
十二運	胎	養	長生	沐浴	冠帯	建禄	帝旺	衰	病	死	墓	絶	胎	養	長生
	15	14	13	12	11	10	9	8	7	6	5	4	3	2	1
宿命星	正官	偏財	正財	食神	傷官	比肩	劫財	偏印	印綬	偏官	正官	偏財	正財	食神	傷官
十二運	沐浴	冠帯	建禄	帝旺	衰	病	死	墓	絶	胎	養	長生	沐浴	冠帯	建禄

1年ごとの運勢（歳運）からつくる「短期計画シート」

今年、あるいはさかのぼって調べたい年

その年の年齢を書き込みます

年	2024	2025	2026	2027	2028	2029
年齢	47歳					52歳
天干	甲					己
地支	辰					酉
宿命星	比肩				偏財	正財
十二運	衰				絶	胎
その他要素	空亡					干合
グラフ						

6章の該当の年の年干：の数字と、p.206の60干支表をてらしあわせて年干（甲・乙・丙・丁・戊・己・庚・辛・壬・癸）を写します

p.105の表から、調べたい年の十二運を出しましょう

6章の該当の年の年干：の数字と、p.206の60干支表をてらしあわせて年支（子・丑・寅・卯・辰・巳・午・未・申・酉・戌・亥）を写します

p.104の表から、調べたい年の宿命星を出しましょう

p.138～を調べてあれば入れます

目標

- 2024：（空亡なので）・学びに力を入れる ・無理な仕事は断る
- 2025：（空亡なので）・お金周りは慎重に、勉強もする ・人間関係を大事に
- 2026：・ダイエットをする ・食生活に注意 ・即断即決
- 2027：・健… 限… ・仕事を減らし休息を ・ケチにならない
- 2028：…健康を意識し仕事を厳選
- 2029：・夫を大事…る ・旅行をす… ・夫とできる…を持つ

★グラフの出し方

宿命星	区分	点数	宿命星	区分	点数
比肩	凶星	5点	正財	吉星	9点
劫財	凶星	2点	偏官	凶星	4点
食神	吉星	7点	正官	吉星	10点
傷官	凶星	1点	偏印	凶星	5点
偏財	吉星	8点	印綬	吉星	7点

※空亡が入った場合、どの宿命星でも1点

12年分の運気のアップダウンを一望できる「短期計画シート」をつくりましょう。
12年分あるので、どこかに必ず偏財・正財・偏官・正官という
「幸運の4年間」と低迷期である「空亡」が入ります。
やりたいことや予測しているライフイベントなどを念頭に、計画を立てましょう。
この表はp.205のURLからダウンロードできます。
プリントアウトしたり、タブレットから書き込んだりすることで、
必要な人数分、必要な期間分を何度でもつくれます。

2030	2031	2032	2033	2034	2035
53歳	54歳	55歳	56歳	57歳	58歳
庚	辛	壬	癸	甲	
戌	亥	子	丑	寅	
偏官	正官	偏印	印綬	比肩	劫財
養	長生	沐浴	冠帯	建禄	帝旺

Sample

1年ごとにここまで記入しましょう

①その年の宿命星を下の表でチェックして点数を出しましょう
②その年の十二運を表でチェックして出した点数を①に加えましょう
③出た数が8〜16だった場合はグラフの上段、0〜7だった場合は中段、−5〜−1だった場合は下段に点を打ち、点をつなぎます

2030	2031	2032	2033	2034	2035
・仕事を増やす ・教える側に回る ・ここが人生のピークと考える	・信用を築く ・老年期も無理なく稼ぐための基盤を作る	・金銭面は慎重に ・夫との関係を大切に ・学びに力を入れる	・占術研究 ・哲学を学ぶ ・易経を学ぶ	・新事業を始める ・占い以外の関	・資産を守る ・思慮深い行動

その年に頑張りたいことや目標をメモしましょう

十二運	強弱	凶星についたとき	吉星についたとき	十二運	強弱	凶星についたとき	吉星についたとき
長生	強	−4点	4点	病	弱	2点	2点
沐浴	強	−3点	3点	死	弱	1点	1点
冠帯	強	−5点	5点	墓	弱	2点	2点
建禄	強	−5点	5点	絶	弱	0点	0点
帝旺	強	−6点	6点	胎	弱	1点	1点
衰	強	−4点	4点	養	強	−3点	3点

「短期計画シート」の使い方例

年	2024	2025	2026
年齢	47歳	48歳	49歳
天干	甲	乙	丙
地支	辰	巳	午
宿命星	比肩	劫財	食神
十二運	衰	病	死
その他要素	空亡	空亡	
グラフ			

2024:
（空亡なので）
・学びに力を入れる
・幸運の4年間をふまえ、無理な仕事は断る

2025:
（空亡なので）
・お金周りは慎重に、勉強もする
・人間関係を大事に

2026:
・ダイエットをする
・食生活に注意
・即断即決

ここでは、私の命式を例に解説します。既婚で家庭は円満、
仕事では理想も夢もかなえられています。気になることがあるとすれば、
健康です。このまま激務が続くと体をこわしてしまいそうです。
そんな背景を踏まえて、これからの目標を立ててみたいと思います。

2027	2028	2029
50歳	51歳	52歳
丁	戊	己
未	申	酉
傷官	偏財	正財
墓	絶	胎
支合 方合		干合

次のページに続く

・健康に最大限の注意を
・仕事を減らし休息を
・ケチにならない

・人前に出る仕事をする
・健康を意識し仕事を厳選

・夫を大事にする
・旅行をする
・夫とできる趣味を持つ

2030	2031	2032	
53歳	54歳	55歳	
庚	辛	壬	
戌	亥	子	
偏官	正官	偏印	
養	長生	沐浴	
		冲	

2030	2031	2032
・仕事を増やす ・教える側に回る ・ここが人生のピークと考える	・信用を築く ・老年期も無理なく稼ぐための基盤を作る	・金銭面は慎重に ・夫との関係を大切に ・学びに力を入れる

2033	2034	2035	年
56歳	57歳	58歳	年齢
癸	甲	乙	天干
丑	寅	卯	地支
印綬	比肩	劫財	宿命星
冠帯	建禄	帝旺	十二運
			その他要素
			グラフ

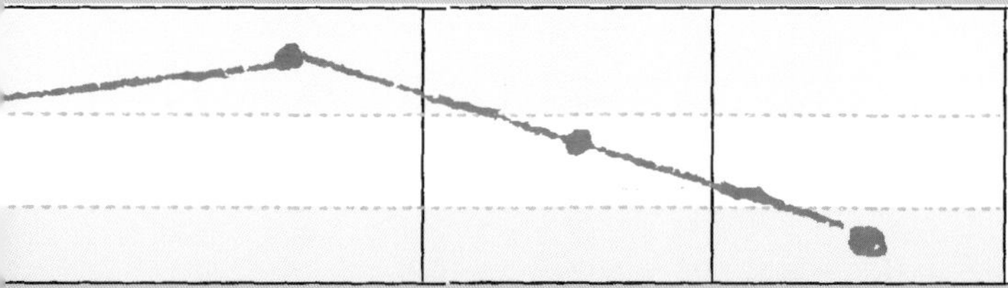

- 占術研究
- 哲学を学ぶ
- 易経を学ぶ

- 新事業を始める
- 占い以外の関心事を持つ
- 人と交流

- 資産を守る
- 思慮深い行動を
- 何事も現状維持

1年ごとの運勢(歳運)表の見方

ここでは、2024年から2048年までのその年の宿命星と十二運を紹介しています。まずはp.164〜の表かp.17〜の命式で自分の生まれた日の日干を調べましょう。「宿命星を調べる」、「十二運を調べる」の表を見て、調べたい年と自分の日干が交差するところが、その年の歳運です。※歳運は立春で切り替わるので、1月1日〜立春の前日までは前の年の運気となります。

★ 宿命星を調べる

年＼日干	甲	乙	丙	丁	戊	己	庚	辛	壬	癸
2024	比肩	劫財	偏印	印綬	偏官	正官	偏財	正財	食神	傷官
2025	劫財	比肩	印綬	偏印	正官	偏官	正財	偏財	傷官	食神
2026	食神	傷官	比肩	劫財	偏印	印綬	偏官	正官	偏財	正財
2027	傷官	食神	劫財	比肩	印綬	偏印	正官	偏官	正財	偏財
2028	偏財	正財	食神	傷官	比肩	劫財	偏印	印綬	偏官	正官
2029	正財	偏財	傷官	食神	劫財	比肩	印綬	偏印	正官	偏官
2030	偏官	正官	偏財	正財	食神	傷官	比肩	劫財	偏印	印綬
2031	正官	偏官	正財	偏財	傷官	食神	劫財	比肩	印綬	偏印
2032	偏印	印綬	偏官	正官	偏財	正財	食神	傷官	比肩	劫財
2033	印綬	偏印	正官	偏官	正財	偏財	傷官	食神	劫財	比肩
2034	比肩	劫財	偏印	印綬	偏官	正官	偏財	正財	食神	傷官
2035	劫財	比肩	印綬	偏印	正官	偏官	正財	偏財	傷官	食神
2036	食神	傷官	比肩	劫財	偏印	印綬	偏官	正官	偏財	正財
2037	傷官	食神	劫財	比肩	印綬	偏印	正官	偏官	正財	偏財
2038	偏財	正財	食神	傷官	比肩	劫財	偏印	印綬	偏官	正官
2039	正財	偏財	傷官	食神	劫財	比肩	印綬	偏印	正官	偏官
2040	偏官	正官	偏財	正財	食神	傷官	比肩	劫財	偏印	印綬
2041	正官	偏官	正財	偏財	傷官	食神	劫財	比肩	印綬	偏印
2042	偏印	印綬	偏官	正官	偏財	正財	食神	傷官	比肩	劫財
2043	印綬	偏印	正官	偏官	正財	偏財	傷官	食神	劫財	比肩
2044	比肩	劫財	偏印	印綬	偏官	正官	偏財	正財	食神	傷官
2045	劫財	比肩	印綬	偏印	正官	偏官	正財	偏財	傷官	食神
2046	食神	傷官	比肩	劫財	偏印	印綬	偏官	正官	偏財	正財
2047	傷官	食神	劫財	比肩	印綬	偏印	正官	偏官	正財	偏財
2048	偏財	正財	食神	傷官	比肩	劫財	偏印	印綬	偏官	正官

例えば…

1980年12月26日生まれの人が2024年の歳運を調べる場合

p.177の表で生まれた日の日干を調べると「癸」になります。「宿命星を調べる」の表で「癸」と「2024」が交差する「傷官」が2024年の宿命星です。「十二運を調べる」の表で「癸」と「2024」が交差する「養」が2024年の十二運です。

★十二運を調べる

年＼日干	甲	乙	丙	丁	戊	己	庚	辛	壬	癸
2024	衰	冠帯	冠帯	衰	冠帯	衰	養	墓	墓	養
2025	病	沐浴	建禄	帝旺	建禄	帝旺	長生	死	絶	胎
2026	死	長生	帝旺	建禄	帝旺	建禄	沐浴	病	胎	絶
2027	墓	養	衰	冠帯	衰	冠帯	冠帯	衰	養	墓
2028	絶	胎	病	沐浴	病	沐浴	建禄	帝旺	長生	死
2029	胎	絶	死	長生	死	長生	帝旺	建禄	沐浴	病
2030	養	墓	墓	養	墓	養	衰	冠帯	冠帯	衰
2031	長生	死	絶	胎	絶	胎	病	沐浴	建禄	帝旺
2032	沐浴	病	胎	絶	胎	絶	死	長生	帝旺	建禄
2033	冠帯	衰	養	墓	養	墓	墓	養	衰	冠帯
2034	建禄	帝旺	長生	死	長生	死	絶	胎	病	沐浴
2035	帝旺	建禄	沐浴	病	沐浴	病	胎	絶	死	長生
2036	衰	冠帯	冠帯	衰	冠帯	衰	養	墓	墓	養
2037	病	沐浴	建禄	帝旺	建禄	帝旺	長生	死	絶	胎
2038	死	長生	帝旺	建禄	帝旺	建禄	沐浴	病	胎	絶
2039	墓	養	衰	冠帯	衰	冠帯	冠帯	衰	養	墓
2040	絶	胎	病	沐浴	病	沐浴	建禄	帝旺	長生	死
2041	胎	絶	死	長生	死	長生	帝旺	建禄	沐浴	病
2042	養	墓	墓	養	墓	養	衰	冠帯	冠帯	衰
2043	長生	死	絶	胎	絶	胎	病	沐浴	建禄	帝旺
2044	沐浴	病	胎	絶	胎	絶	死	長生	帝旺	建禄
2045	冠帯	衰	養	墓	養	墓	墓	養	衰	冠帯
2046	建禄	帝旺	長生	死	長生	死	絶	胎	病	沐浴
2047	帝旺	建禄	沐浴	病	沐浴	病	胎	絶	死	長生
2048	衰	冠帯	冠帯	衰	冠帯	衰	養	墓	墓	養

比肩(ひけん)の年の運勢

自分らしく突き進む年

この年のポイント

- 単独で動く
- 人の話を聞く
- 見えを張らない
- 自分を信じる
- 積極性
- 独立心

総合運

慣れたコミュニティを出て可能性を広げてみたい

やりたいことが見えてやる気が高まったり、おとなしいキャラだった人が急に行動派になったりと、人生に新展開がもたらされます。一人で行動するなど「孤立」「孤独」と見られがちな展開もあるかもしれませんが、これは独立心の高まりゆえのこと。心の中は悠々とした、気持ちのいい時期であるはずです。実家を出て一人暮らしを始めたり、今までとは違う環境に引っ越したりする人も多いでしょう。また会社員であれば、現状に甘んじることなく転職をしたり、独立をしたりすることも。対立することは好まず、あくまで「一人で立つ」という選択をするのです。これまで「動きたくても動けない」「やりたいことができない」といったフラストレーションを抱えていた人なら、間違いなくチャンスとなるでしょう。ただし翌年が劫財あるいは傷官なので、冒険的なことは年の早めにやっておかないと伸び悩みます。

恋愛運

片思いの人には進展のチャンス

自分の気持ちを押し通したくなるので、片思いの人にとっては進展のチャンス。スピード展開が望めますが、「熱しやすく冷めやすい」の典型例に。周囲から反対されたら、耳は傾けておきましょう。安定したカップルは歩み寄れない、合わせられないといった気持ちから衝突が起きやすく、勢いで別れを選びがちでもあります。

仕事運

独立・起業、異業種への挑戦に追い風

「現状のままではダメだ」と考えるようになり、独立・起業や転職、異業種へのチャレンジを検討することに。組織の中で協調することが息苦しくなりやすいので、フリーランスに転身するのもいいタイミングでしょう。やる気があるので無理をしやすいのは注意。自分一人の肩にすべてがのしかかってくるので多忙になりそうです。

金運

「自分への投資」は惜しまないで

転職や独立、離婚など転機を迎えることが多いため、稼いでも出ていく一方の状態に。ただ、夢のための挑戦や、能力を高めるための「自分への投資」と思えば有意義な出費となるでしょう。ただし借り入れやローン、投資・投機といったものは強気になりすぎる傾向も。あとで苦労することになりやすいので、慎重に検討を。

健康運

頑張れるときだけに過労に注意

基本的に運気が強く、気力もあるのでタフに頑張れるのですが、それだけに疲れに気づきにくい傾向も。「まだまだいける」と思って過労に陥ったり、寝不足からケガや事故につながったりしやすいので注意しましょう。もともと病気がちだった人はこの年ならではの勢いが病状の進行のほうにはたらきやすく、注意が必要です。

劫財（ごうざい）の年の運勢

人間関係が複雑になる年

この年のポイント

- 人脈が広がる
- チームプレイ
- 本心を出さない
- 気疲れ
- 散財
- 友達が増える

総合運

お金が絡む話には要注意

対人関係が活発になるとき。友達や知り合いが増え、人と行動をともにする機会も増えるのですが、登場人物が増える分だけ人と関わることの難しさも出てきます。夢を語って「一緒に仕事をしよう！」などと言いながら、途中で離脱する人が出てきて頭を抱えたり、相手の本性が見えて摩擦が起こったりと、途方に暮れることが多いかもしれません。人間関係にお金の問題がくっついてくるのもこの時期の特徴。事業を始めるときに無理をしたり、頼み込まれてお金を貸したりするとろくなことがありません。特に、親友や恋人など「この人なら絶対大丈夫」と信じた相手であっても、想定外の行動を取られやすいのがこの時期の特徴です。疑心暗鬼になるのも悲しいものですが、人は追い込まれると、いつもと違う顔を見せることもあるもの。また、この年に奪われたお金は取り戻すのに大変な苦労をするので、貸すときは覚悟すべきでしょう。

恋愛運

出会いは多いが進展しづらい

人間関係が充実する時期だけに、出会いのチャンスも多くなります。ただ、今ひとつ「思っていたのと違った」となったり、なかなか友達以上になれなかったりとモヤモヤしがちです。カップル・夫婦は相手に嫌気が差したり、目移りしたりすることも。結婚は愛と引き換えに失うものも大きい時期。相手と自分の愛をよくよく確認して。

仕事運

転職や独立をしたくなる星回り

転職や独立をしたくなる星回り。独立やフリーランスを選べば仲間も見つかりやすいのですが、とかく人間関係と資金繰りに苦労します。いきなり人を増やしたり、広いオフィスを借りたりするよりも、「最悪、一人でもなんとかなる」くらいの小さな事業規模でスタートし、じっくり伸ばすことを考えたほうがうまくいきます。

金運

うまい話や借金の申し込みはNG

無駄な出費が多い時期です。情に訴えられてもお金は貸さないのがベスト。どうしてもの場合は「あげた」と思っても諦めがつく程度の金額にするか、公正証書を作成するなどの対策をしましょう。取引先の与信チェックは万全に。ギャンブルと儲け話はすべてNGと思うくらいのほうが安全です。挽回するなら独立独歩が正解。

健康運

心も体も連鎖的にダメージを受けがち

体は過労、心はストレスとダメージが大きいとき。お金や人間関係の問題を抱えると、無理をしてよけいに体調を崩すなど連鎖的にトラブルが起こります。大事なのは、意識して仕事量を抑えることと、ストレス源となっている人や出来事からすみやかに距離を置くこと。「“いい人”にならなくていいんだ」と思うほうが気楽に過ごせます。

食神（しょくじん）の年の運勢

ふんわり気分のお気楽な年

この年のポイント

● 安定 ● 余裕 ● マイペース
● 享楽的 ● 夢のような出来事

総合運

物心ともにゆとりができそう

　これまで何かと気を張るような出来事が多かった人も、一転して心がホッとするような、余裕と安定感のある１年に。実際にお金や食べ物など衣食住での心配事が少なく、ガツガツ頑張らなくても自然と物事がいい方向へと進みます。男女問わず好意的な人が増え、甘えたり頼ったりすることもできるでしょう。背伸びしたり我慢したりしなくていいので、のびのびと自分らしさを出していけます。それゆえに、好きなことに思い切り打ち込める時間を持つのが心の潤いになりそう。旅行や趣味など、やりたかったことには積極的に取り組んでみるといいでしょう。ただし、楽観的であるがゆえに危機感が薄く、ずうずうしい人に利用されたり振り回されたりも。悪気がないとはいえ、時間や約束事にルーズになる傾向もありそうです。おそらく「全然いいよ」と許してもらえる時期ですが、積もり積もれば確執を生むので、誠意は大切にして。

恋愛運

モテ期だけに流されないよう注意

オープンな気持ちで人を受け入れる余裕があるので、まわりに人が集まってくるモテ期に。ただ、ときめきに身を任せているうちに相手が増えたり、刹那的な愛に溺れたりと何かと奔放になりがちな傾向もあります。結婚や妊娠に至りやすい年でもあるので、自分の幸せとは何か再確認しておくといいかも。自分を大切にすると運が上昇。

仕事運

現状維持がベスト！気を引き締めて

基本的には安定期。和気あいあいとした人間関係の中で、ひらめきを活かした仕事ができます。転職・独立などハードモードで転機を狙うよりも、多少不満はあっても現状維持がベストと思えるでしょう。プライベートで得たヒントが仕事で役立つこともありそうです。ただ、うっかりミスは多め。気持ちをキュッと引き締めて。

金運

過去の努力で生活が安定

見通しが甘くなりがちな時期だけに、新たな挑戦は今ひとつの結果に。ただ、過去の努力が生きる形で生活や資産が安定します。不動産を持っている人は資産価値が向上する予感も。欲求に忠実になる時期だけにショッピングでは散財しがちですが、気に入ったものを見つけられるはず。念のため、事前に予算の上限は決めておきましょう。

健康運

リラックスして過ごせる好調期

精神的なストレスから解放され、明るい気持ちに。そのせいか、食べ物がなんでもおいしく感じられ、食べすぎ・飲みすぎの状態になりやすいかも。大きなトラブルはないだろうと思いますが、内臓や血管に負担をかけるのは避けたいところです。ゆったりとよく味わって食べるなど、心も満たす食べ方ができるとリラックスできるでしょう。

傷官（しょうかん）の年の運勢

➜ 妥協を許さない独断専行の年

この年のポイント

● 単独で動く ● 人の話を聞く
● 見えを張らない ● 自分を信じる

総合運

頭脳も感性も冴え渡り、デリケートになる時期

感受性が、まるでナイフのように鋭くなるとき。前年と同じ風景を見て同じことをしても、心が世界をビビッドに捉え、過剰なほどに反応します。想像力も高まるのですが、自分や人を傷つけるような発想をしがち。許せない、嫌だと思うとスルーできず、思いどおりに物事を動かそうとして意図せずトラブルメーカーになってしまうことも。自分なりに一生懸命なのですが、いかんせん感情的に行動し、とがった物言いになってしまうのが傷官の年。「カッとして思わず」的な行動に出てしまったり、いきなりキレたりするのは、こういう時期だから。ただ、こうなってしまうと本来、あなたが持っている長所も伝わりにくくなるのも事実。自律心や自制心を意識しましょう。悪いことばかりではありません。芸術的感性の輝きには素晴らしいものがあります。頭脳も冴え、あなたにしか出せないアイデアで運を回復してください。

恋愛運

問題を徹底的に見直すチャンス

違いやズレが許せなくなったり、不安が募ったりしてケンカに発展。これまでも言い争いが多かった人は「もう我慢できない」という状態になりやすいかも。ただ、お互いが相手を思う気持ちがあるのなら、根本から問題を解決していく時期にもできます。女性の場合、新たな出会いを求める際は慎重に。人を見る目を持つことで運を挽回できます。

仕事運

マイペースに専門性を磨く

「言わずにはいられない」タイプの人は敵をつくりやすい時期。人が多い場所ではその分、摩擦も生まれやすい時期ですが、転職運はないので、現状維持がベストでしょう。運を高めるには、「自分は自分、他人は他人」を貫いて、リモートワークなどを上手に使うこと。専門的なスキルを確立している人や、フリーランスや個人事業主はうまくいくはずです。

金運

お金が出ていきがち今から貯蓄を

いろいろと災難が重なり、貯蓄が少なめの場合は不安が募るかも。「貧すれば鈍す」の傾向が強く出るときで、鈍しまくって悪い想像が広がって止まらないことも。そうなるとよけいに「鈍」のスパイラルが止まらなくなるので、できるだけ手元に現金を残しておくようにするといいでしょう。確かな安心感は、希望につながります。

健康運

要注意期間意識して休息を

「傷」という名がつくとおり、ケガや手術が伴うような病気には要注意な時期です。そもそも何かと考えすぎてしまう時期だけに気疲れしやすく、気づいたら抑うつ状態になっていることも。規則正しい生活と栄養バランスを、いつも以上に気にしておくと安心です。「疲れてる？」と身近な人に言われたら、休むべきときと受け止めて。

偏財（へんざい）の年の運勢

→ 愛され、活躍する年

この年のポイント

● 才能 ● 奉仕にツキが ● 財産
● 進展 ● 投資 ● 気疲れ

総合運

積極的に行動したい幸運期

持ち前の知識と才能を駆使して、積極的に行動を起こすといい年。そうすることで財運が動き、対人運も動くというダイナミックな流れが起こります。逆に言えば、じっとしていれば運は動かず、八方塞がりになることも。自然と「得意なことをしよう」「人間関係を大事にしよう」といった前向きな気持ちになれるときでもあり、そのまま動いてみるといいでしょう。期待され、求められたら快く応じましょう。「あの人と仲よくしておけば、メリットがあるかも」などといった打算的な気持ちは吉とも凶とも出ます。ただ、欲というのはある意味、生命力の強さと同じ。「私はこうしたい」と思えることを、どんどん行動に移してしまったほうが、偏財の性質をしっかり使える年になるでしょう。運は使ってナンボです。しっかり流れに乗っていきましょう。なお、男性は恋愛に力を入れすぎると仕事運、金運が弱くなるので、ほどほどに。

恋愛運

恋愛・結婚にチャンス到来！自分から動いて

人との接点が増えるため恋愛運も好調に。持ち前の魅力が高まるため、今まで恋に積極的になれなかった人にも動きが生まれるでしょう。好きになったり好かれたり、そんな時間を求めている人にはいい時期となり、結婚にも前向きな動きが起こるはず。ただし、モテるがゆえに複数と同時進行になりがちなため、大切な人を優先してください。

仕事運

攻めていくとき！人脈から収入アップに

大活躍の好調期。どれだけ積極的になってもいい時期です。自分の顔と名前を売り込んで、人脈と業務の拡大を狙っていきたいところ。収入アップ、昇進、発展を狙っている人にとっても、道が開ける１年となるでしょう。就職・転職も好調。自分が何において社会や組織に貢献できるのかをとことん考え抜き、アピールをしましょう。

金運

絶好調！「貯める」より「動かす」

商売繁盛、事業拡大、収入アップと、お金の面ではダイナミックな動きがある年。入ってくるものも多い一方、出ていくものも多いので、金銭管理はしっかりと。ただし偏財はお金を循環させたほうが運は上がるので、いたずらに財布のひもを引き締めて貯蓄に走るよりも、資産運用や価値あるものや時間への出費を心がけたほうがいいでしょう。

健康運

人づき合いによるストレスに注意

人と会う機会が増えるだけに、気疲れしたり、ストレスや過食から胃腸に不調が出たりすることも。また、好調期で前向きな出来事が多いため、多少嫌なことがあっても「このくらい大丈夫」と思いがちですが、無理は禁物です。不調は自分をいたわるサイン。ストレスフルな場面や人からは距離を置いて、心身状態を調整しましょう。

正財(せいざい)の年の運勢

→ 堅実な努力で発展する年

この年のポイント

● 信用 ● 真面目 ● 堅実
● 地に足をつけて ● 過労

総合運

実力と人間関係を活かしチャンスをつかむ

堅実かつ前向きに行動を起こして発展が得られる好調期。人に恵まれ、安定した生活を送るようになるでしょう。時間はかかっても堅実に、着実に発展していく時期でもあります。自分から行動を起こすことが大事なときですが、チャンスを活かすことができるのは、これまでコツコツと努力を積み上げて確かなスキルを身につけてきた人です。能力以上のことをしようとしても空回りするばかりで、得るものは少ないでしょう。自分の実力をよく見定め、足りない分は真摯に努力を重ねてこそいい結果を出すことができるはずです。現実的でリスクを嫌うようになるので、ゼロから何かを始めるよりは、すでにあるものを改良・改善するほうが手応えを得られそう。人間関係に恵まれるのも正財の年の特徴です。信頼でつながる関係が増え、人づき合いにも前向きな気持ちになるでしょう。周囲の協力が得やすい時期なので、困ったことがあれば、相談を。

恋愛運

結婚運が良好！愛と安定を得られる

結婚を望む人にとっては好調期。情熱や楽しいだけの恋ではなく、信頼できる相手を見つけられるときです。自分に見合う人を選ぶなど、現実的な観点からパートナーを選択する傾向もあるでしょう。ワケありの関係を続けてきた人も、ハッと我に返ったように恋の卒業に至ることも。長く続いたカップルは結婚へ向かうでしょう。

仕事運

堅実に取り組み評価が上がる時期

目の前の課題にコツコツ取り組む真面目な努力が功を奏し、目上の人から引き立てを受けたり評価が上がったりする時期。営業職やサービス業なら数字的な評価が上げやすく、フリーランスは人脈をつかめます。慣れた場所を愛する慎重さゆえに転職は気が進まないときですが、いざ動くと決めたならいい職場が見つかるでしょう。

金運

ケチケチしつつも金運は良好

金運に恵まれる年。収入がアップしたり、売り上げを伸ばせたりする人はとても多いでしょう。やりくり上手ですが、「損をしない」ということを重視するがゆえに、チマチマとした節約に走り、さほど得をしないことも多そうです。そんな中でも、土地や建物など不動産への投資は◎。堅実な判断のうえ、いい選択ができそうです。

健康運

ストイックさが吉とも凶とも出そう

己を律することが無理なくできる時期だけに、栄養バランスや生活のリズムが整い、おおむね健康でしょう。ダイエットも成功間違いなし。ただ、無理をしすぎて過労に陥ったり、ストイックになりすぎてストレスがたまったりすることもあるので、ほどほどにするのも大事です。頑張れないときは自己否定よりも、まずはたっぷりと休息を。

偏官（へんかん）の年の運勢

物事がスピーディーに動く年

この年のポイント

- アクティブ
- 正義感から闘争心へ
- 物入り
- 即断即決
- 直情径行
- 猪突猛進

総合運

軋轢もあれど、ガンガン行動を起こせる年

公私ともに運命の転換点に当たり、何事もスピード対応を求められるとき。自然と忙しくなり、パッと決めて一気に動くようなせわしなさを伴う日々となるでしょう。実行力とパワーは申し分ないのですが、熟考というひと手間をかけない分、いささか軽薄な部分も。失敗したと思ったら、パワープレイで押し切ろうとするよりもいったん立ち止まり、リカバーに努める必要はあるでしょう。ライバルに対し、競争心をむき出しにすることも多々あります。そればかりか、目上の人に対しても物怖じすることなく向き合う度胸が備わる一方で、忖度せずにぶつかるためまわりをハラハラさせそう。何を言っても変わらない、やっていられないと思うと、反発して転身を図る可能性もあります。ただ、周囲に迎合してうまくやっているだけでは、いずれ淘汰されることは確実。摩擦をも熱意に変えるような偏官の年は、軋轢は多くとも一大転機といえるはず。

恋愛運

出会いも進展もスピーディー

出会い・進展の年。結婚を望んでいる場合は特に展開が早く、驚くほどのスピードで話が進むことも多いでしょう。実際、スピード結婚は偏官の年が多いのです。ただ、冷めるのもまた早かったり、結婚してから性格の不一致に気づいたりすることも。カップルは進展がありますが、仕事に夢中になりすぎると恋愛運が停滞します。

仕事運

変化を受けて強気で前進

異動や転勤、昇進など環境の変化が起こりやすいとき。自営業は業界の動向や取引先の進退の影響を受け、いつも以上に忙しくなりそうです。ただ、あなた自身もやる気に満ち、「受けて立とう」と強気に変化の波に乗っていくでしょう。場合によっては、みずからハードなノルマを課すことも。就職・転職も強気でいってOKです。

金運

出費が増加……先々を思って不安も

環境の変化に伴い、何かと物入りに。人によっては貯金を切り崩したり、ローンを組んだりすることにもなるでしょう。仮にある程度まとまったお金を持っている場合でも、不思議と不安感が消えません。「今はよくても、この先どうなってしまうのだろう」と先が思いやられ、しなくてもいい気苦労をすることも増えそうです。

健康運

多忙でストレスも多め！自分をいたわって

忙しい時期だけに、心身ともに疲弊しそう。睡眠や休憩、食事などの時間を削ってでも頑張ろうとするうえ、人間関係もストレスフルです。急に限界が来て倒れたり、精神的なストレスが体に出たりするでしょう。睡眠不足の場合は、車の運転や危険が伴うスポーツは極力避けたほうが安心です。呼吸器系の感染症には十分注意して。

正官（せいかん）の年の運勢

社会的な信用や地位を得る年

この年のポイント

- 社会的発展 ● ステップアップ
- 名誉 ● 地位 ● 信頼
- 世間体 ● オーバーワーク

総合運

周囲と協調しつつ発展できるとき

社会的に地位を得て発展が見込める年。一人勝ちを狙うのではなく、周囲の人と協調し、皆で一つの目標を目指すときです。課せられた義務には忠実に応え、めきめきと実力もつけていくでしょう。向上心を持ち、常に自己を磨き続ける意欲もあるので、周囲から信頼を集めることになります。期待されればされるほどやる気は高まり、さらなる努力を重ねるでしょう。昇格試験や資格取得も積極的にやっていきたいタイミングです。ただ、世間体や他人からの評価を気にして自分らしさを抑えてしまったり、強い立場の人に迎合しすぎたりして、何が大事なのかわからなくなってしまうことも。役職や序列にこだわるなど、狭いコミュニティの中でプライドを維持しようとする傾向もあります。努力により発展しやすいときなので、目の前の平和を大事にしつつ、いかに自分を活かすかという視点も持てると正官の運を有利に活かせるでしょう。

恋愛運

真剣な交際から結婚へ進む可能性

この時期の恋愛は真剣なものが多く、結婚あるいはそれに準ずる真剣なパートナーシップへとスムーズに進みます。仕事に力を入れすぎるとそちらに恋愛運が引っぱられる可能性も出てきますが、結婚を望むのであれば出会いや関係構築にきちんと力を入れると報われるでしょう。信頼できる友人・知人からの紹介にいい縁があります。

仕事運

今以上のポジションを目指せる好調期

組織に属している人や公務員にとっては発展のチャンス。ステップアップを目指す人は、役職が上の人ともつながりをつくりやすいので、積極的に接点を持って自己アピールをしてみるといいでしょう。自営業の人も、社会的な信頼を得て拡大できます。就職や転職にも有利。奇をてらったアプローチより、正攻法で臨みたいときです。

金運

収入は増えるが交際費も増える

好調な仕事運の影響を受け、収入は増加傾向に。ただ、対人関係が広がるだけに交際費も増加傾向にあり、出費も多くなります。生活レベルが上がるほどのインパクトはないかもしれませんが、顔を売ったり信頼関係を築いたりすることのメリットは例年以上に多いはず。変にケチケチせず、必要経費と思ってみるといいでしょう。

健康運

意欲あふれる多忙期！余裕のある働き方を

健康への意識は高いものの、多忙によりオーバーワークになりがちです。普段は気を張っているため自覚はなくとも、大きな仕事が終わったあとや連休など、気が抜けると突然ダウンすることも。一度体調を崩すと思った以上に長引くので、無理はしない意識を持ちましょう。自分へのご褒美など気分転換も上手に取り入れたいところです。

偏印（へんいん）の年の運勢

➔ 現状に疑問を感じ、変わりたくなる年

この年のポイント

● 変化 ● 現状に疑問を持つ
● 流れが変わる ● 迷いが生じる
● スランプ ● 閉塞感

POINT

総合運

自分の殻を破る転換点

自分の生き方や考え方に疑問が生じ、現状を変えたいという気持ちが強まってくる年。今まで目標を持ってまっすぐに前に進んできた人も、「今のままじゃいけない」「自分の選択が間違っていたような気がする」などと、焦りのような気持ちを抱いたりします。せっかく築いてきた人間関係や環境から離れ、一人でいたいと感じたりすることも多いでしょう。周囲に対し、息が詰まるようで、煩わしいと思うと同時に、うまくできない自分がダメ人間のように感じることも。迷いの中で、これまで頑張ってきたこととは違うテーマに関心が向かい、新たな光を見出したような気分になります。しかし実際は「これだ」と決めきることはできないでしょう。それでも諦めずに可能性を追いかけることで、自分の殻を破って世界を広げていくことができます。思うようにならない時期もあるでしょうが、時間をかけて模索していきましょう。

恋愛運

自分も、環境も、恋愛観も過渡期に

安定した関係を壊したくなったり「一人になりたい」という気持ちが募ったりする変化の年。シングルの人も乗り気になれず、出会いも少なめですが、価値観や環境が一変したことをきっかけに恋が始まることもあるかもしれません。ワケアリの相手にもひかれやすいときですが、慎重になって。始めないほうが幸せな恋もあります。

仕事運

伸び悩みを感じたら学び直しのチャンス

これまでと同じように頑張っているのに、今ひとつパッとしないと感じることが増えます。心ここにあらずでミスをしたり、ハプニングの連続で嫌気が差してしまったりすることもあるでしょう。思いつきで仕事を辞めたくなったりもするのですが、ひとまずは冷静に。視野を広げて別の道を探し、必要な勉強や学習を始めましょう。

金運

低調でもケチらないほうが吉

金運は低調。けれど何もかも切り詰めて節約すると運はさらに滞ります。欲しいものは無理のない範囲で買う、ときには無駄遣いもアリとしておいたほうが吉。金運の循環を促し、落ちきることなく低め安定の状態を維持できるでしょう。資格取得や学びのための「自分への投資」はいい選択になりそうです。こちらもケチケチしないこと。

健康運

自分のコンディションとうまくつき合う

大病の心配はありませんが、なぜか元気が出ないとき。眠りが浅くなったり、食欲がなかったりすることも。無理のない範囲で体を動かすことで改善するでしょう。じっとしていると抑うつ状態になり、長引くこともあるので、休養といって寝てばかりになるのは避けて。注意力が低下しているので、登山やマリンスポーツなど危険を伴うものは避けて。

印綬（いんじゅ）の年の運勢

→ 10年の総括と仕込みの年

この年のポイント

- 結果が出る
- 総括
- 目標が定まる
- 見極める
- 計画を立てる
- 資金難

総合運

歩んできた道のりを振り返り、次に備える年

ここまでの流れを振り返って総括し、次のステップのための準備に力を尽くす年。迷いや悩みを抱えてきた人は自分なりに答えや方向性を見出し、ノンストップで駆け抜けてきたような感覚がある人は、多忙な中で取りこぼしてきたものに気づき、向き合うに至るでしょう。今の自分に必要なものを見極め、技術の習得や学びに精を出すのは最良の選択です。新しく行動を起こすよりも、その前段階に当たる“仕込み”のときですから、じっくりと向き合っていきましょう。クリエイティブな仕事をしている人であれば「集大成」と呼べるような作品をつくることもできそうです。なお、人間関係は「教える」「教わる」ことには前向きな追い風が。相談事を持ち込まれた場合は慎重に。安請け合いすると、想定もしなかったことでトラブルに発展する可能性も。同情で人の問題に首を突っ込むよりは、我が身のことに集中するといい時期です。

恋愛運

胸焦がすときを過ぎて成熟期に

恋を冷静に見極める時期。冷めるというよりフラットな視線で相手を見つめ、相手の人間性に目を向けるようになります。お互いの気持ちにズレがある場合、満たされなさからよそに目を向けますが、積極的に別れを急ぐことはないでしょう。女性の場合は妊娠・出産に至りやすい時期。恋から家族としての意識に変わっていきます。

仕事運

これまで吸収してきたことが役立つ

冴えた洞察と優れた分析で注目されたり、引き立てを受けたりする時期です。研究職、専門職の人にとっては躍進の年となります。いちメンバーから指導役になるなど、知識を次世代に受け継いでいく役割を担うことも。ただ、基本的に大きく広げるよりも過去の総括に向き、転職をはじめとした大きな転換は控えたほうがベターです。

金運

計画的な出費を心がけたい低調期

なかなか厳しい年になりそうです。自営業やフリーランス、経営者など売り上げがダイレクトに仕事に影響する人は、資金繰りに不安が伴うでしょう。常に自転車操業で回していると、向こう3年以内に巡ってくる挑戦期において、大胆な挑戦ができず、飛躍が限定的なものに終わってしまうかも。今のうちから賢明な資金繰りを心がけて。

健康運

体調を崩すと長引きやすい

精神的に安定し、体調も安定。ただ療養中の場合や持病がある場合は長引きやすい暗示も出ています。高齢者の場合は特に無理をせず、慎重なケアを心がけましょう。また、寒い季節は冷えから来る不調にも留意したいところです。特に泌尿器、腎臓、婦人科系で不安がある人は、お風呂でよく温まるなど対策をとりましょう。

未来を見るうえでさらに意識したい3つの時期

本書では、宿命星と十二運を掛け合わせる形で運勢を見ます。それでもおおかたのところはつかめるのですが、命式や巡ってくる宿命星、十二運によっては特別な「見どころ」が生まれることがあります。それを知っておくことで、運命をより細かく、豊かに読み解くことができるようになるでしょう。いい時期もあればそうでない時期もあります。3つの時期を踏まえて「じゃあ、どうするか？」の参考にしていただければと思います。

1 宿命星に空亡が巡る時期

空亡は10年ごとに2年ずつ巡ってくる低迷期です。結婚や転職、独立・起業など新しいことは禁忌とされるのはどの空亡も同じですが、宿命星と掛け合わせて見ることでより詳しい注意点を把握することができます。

宿命星に十二運が巡る時期

十二運は宿命星の補助として見ることで、その年の運勢の強弱を把握できます。どの宿命星につくかで作用が変わるので、「死」「墓」などの言葉の意味に引きずられず、組み合わせによる運勢の変化を捉えてください。

特殊作用がはたらく時期

干支の組み合わせにより、運勢がよくなったり、逆に陰りが差したりすることがあります。巡ってくる宿命星も十二運も穏やかなのに、急にラッキーが続いたり、逆に星回りは悪くはないのに、なぜか運がパッとしなかったりする場合、特殊作用がはたらいている可能性があります。ここでは十干を使う「干合」と、十二支を使う「三合・支合・方合・刑・冲・害・破」をご説明します。それぞれのポイントを押さえて、人生計画に活かしましょう。

空亡が無効となる条件

歳運では10年ごとに2年間、誰にでも巡ってくる低迷期・空亡。避けようのない時期ではありますが、さまざまな条件でその効果がなくなります。ここでは歳運で空亡が巡ってきた際の、無効となる条件をご紹介します。

条件1 命式に空亡がある場合

命式に空亡がある人は、生まれつき空亡で受ける試練を引き受けているという意味で、歳運の空亡の影響が無効になるといわれます。私の経験上、まったく関係がなくなるというほどきれいに消えるわけではなく、半減くらいのつもりでいるのがベストでしょう。このタイプは空亡の時期に今後に向けた準備をするのも得意です。命式に空亡があるかどうかはp.17で調べましょう。

条件2 空亡の年に特殊作用が起きた場合

空亡と同じ年に、特殊作用の冲・刑・支合・三合のどれかがつくと空亡が相殺され、無効となります。ただ、きれいに消えてなくなるというよりは、その空亡の意味と冲・刑・支合・三合の意味を踏まえ、謙虚に過ごすことは重要でしょう。作用がなくなった分、人や社会のために行動をするなど「陰徳を積む」とプラスになります。空亡の時期の学びについては5章でチェックしましょう。

条件3 宿命星が凶星の年に空亡がついた場合

これは「空亡が無効になる」のではなく、「空亡がいいはたらきをする」ということなのですが、凶星（p.98参照）とされる劫財・傷官・偏官・偏印の年に空亡が巡ってくると、その凶の意味合いが和らぎます。同時に、いい作用を活用しやすくなるでしょう。空亡は悪い作用ばかりをもたらす時期ではない、ということを押さえておきたいですね。空亡が巡る年についてはp.206を見て調べましょう。

宿命星に空亡・十二運が巡る時期

1/ 比肩の時期に空亡が巡ると…

持ち前の冷静さを見失い、自己中心的な発想に

＼こんなことが起きる／

現状を冷静に把握できず、焦りが強くなります。人間関係や仕事でうまくいかないことがあると、みずからを省みるよりも「なんとかして立場が悪くならないように」と自己中心的な発想をし、よけいに人が離れていきます。正しい自己主張も身勝手と誤解されがち。

＼こんなふうに過ごしたい／

自我を抑えることが肝要です。うまくいかないことが起こったら、まずは自分に落ち度がなかったか、反省・改善すべき部分を省みる時間を持ちましょう。また、冒険的なチャレンジや投資、投機は空亡明けまで待ちましょう。家族、親族との関係をよくすると◎です。

2/ 比肩の時期に十二運が巡ると…

長生	自立と新たな出発のとき。 新しいことをスタートさせると好調	病	ストレス、過労など健康面に難あり。 恋愛は燃えやすく冷めやすい
沐浴	少々不安定。大きく伸びる運があれば 他が凹む。バランスを大事に	死	野心を出せば空回りするだけ。 受け身に徹してこそうまくいく
冠帯	目標が定まり前進。仕事運も 恋愛・結婚も前向きに行動したい	墓	金銭、対人関係で強く出てかえって 損をする。こだわりは捨てて
建禄	幸運期。謙虚に手堅いチャレンジを 選んでこそ発展が見られる	絶	自由な気分であることが不安定になる 可能性大。恋も仕事も誠実に
帝旺	培った経験と知識を最大化して 自立することに追い風が吹く	胎	新展開。恋も仕事も前向きに。 少しずつ進展するので急がずに
衰	慎重に。増やしすぎたものは 減らしていく意識を持つこと	養	自分のペースで頑張ってうまくいく。 実力以上のことは難しそう

1/ 劫財の時期に空亡が巡ると…

金銭面と人間関係に要注意。深入りは避けること

＼こんなことが起きる／

金銭トラブルから人間不信に陥りやすいときです。お金の貸し借り、人への投資、保証人になることなどは厳禁です。貸したお金は返ってきませんし、人間関係も壊れます。金銭が絡まない人間関係も、不安定になりがち。相談事や頼まれ事は、力を尽くしたのに逆恨みされるなど、気まずい展開になりがちでしょう。

＼こんなふうに過ごしたい／

お金に関しては、どんなに泣きつかれても貸さないことが重要です。身内に浪費家がいる場合は、クレジットカードの家族カードを持たせないなど、お金が漏れるルートは塞いでおきましょう。頼まれ事の安請け合い、安易な交友は×。また、この時期に切れる関係は、遅かれ早かれ切れる縁です。すがらないこと。

2/ 劫財の時期に十二運が巡ると…

長生	理解者や協力者が多く着実に進展。 金運についても見通し良好	病	体調が不安定に。周囲に頼れないので 自分で自分を守る意識を
沐浴	金銭面で判断を誤る可能性。 男女関係が絡むこともあり注意が必要	死	他人に依存すれば孤独感が強まる。 何事も自分の力で努力を
冠帯	仕事で発展の見通し。ただ野心が 強くなりすぎると敵をつくる	墓	家族関係が不安定になりやすい。 お金に関することは争いを避けて
建禄	金運・仕事運に安定感。 冒険や新規性より安心・継続重視が◎	絶	人間関係に課題。誠実に、 自分の力でできることに集中すると◎
帝旺	運気は十分強いので強く出る必要なし。 安定重視で。反骨精神は×	胎	健康面は注意が必要。即断即決は×、 身近な人の力を借りて◎
衰	人の失敗で責任を取らされる。 これも経験と思えば得るものもある	養	夫婦・家族間の問題は解決へ。 皆が意見を共有し協力し合うこと

1/ 食神の時期に空亡が巡ると…

気のゆるみが、あらゆる方向でミスやトラブルを生む

＼こんなことが起きる／

何をするにも見通しが甘く「こんなはずでは」という展開になりがちです。よかれと思ってしたことが裏目に出たり、不注意からほうぼうに迷惑をかけたりする可能性も。気のゆるみがルーズな行動としてあらわれると、ルールや時間を守らず信用をなくすでしょう。また、節度をなくし、体型が変わるほどの暴飲暴食に走ってしまう人もいます。

＼こんなふうに過ごしたい／

気持ちがゆるむのは、意思だけではどうにもなりません。一度ルーズになるとそのままズルズルいってしまうので、生活のルーティンを決めて守り抜くことをおすすめします。平日も休日も同じ時間に起床する、３食きちんと食べる、定期的に運動をするなど、決めておきましょう。紙に書いて貼っておくのも空亡に負けない力を養います。

2/ 食神の時期に十二運が巡ると…

長生	周囲から愛され協力を受けて 仕事が発展。恋愛・結婚にも追い風	病	経済面と家庭に関して問題勃発。 ストレス多し、マメに気分転換を
沐浴	気のゆるみが生じやすい。仕事も 恋愛もよそ見は禁物、集中するのみ	死	他人の問題に首を突っ込まないこと。 自分の仕事をしましょう
冠帯	仕事も恋愛も発展、将来の見通し 良好。健康運にも恵まれる	墓	お金がたまるがパートナーシップは 危険信号。コミュニケーションを
建禄	仕事運に追い風。収入が増えて 経済的にゆとりが出る。住宅購入◎	絶	お金と恋愛は課題続出。今こそ 向き合うべき時期と考えて行動を
帝旺	基本的に運は強く出世の見通し。 ただし世間知らずだとだまされる	胎	幸運期。仕事・経済ともに好調。 失ったチャンスにリトライできる
衰	無理をしてダウンしやすい。 下の世代に譲ることも大事な役割	養	ほどほどによい。家族には頼りすぎず 自分の力でできることを

1/ 傷官の時期に空亡が巡ると…

人と衝突しやすく、仕事を中心に影響が出る

＼こんなことが起きる／

いつもの自分なら簡単にスルーするようなことでカッとしたり、我を忘れて自分らしくない行動を取ったりと、とかく心が狭くなりがちです。友達と険悪になる程度ならまだいいのですが、悪くすると誹謗中傷を受けたり、訴訟に発展したりすることも。ケガや事故には要注意。この時期に病気をすると手術に発展する可能性大です。

＼こんなふうに過ごしたい／

まずは心身ともに健康を意識し、感情が高ぶったときは一人になって軽はずみな衝突を避けましょう。傷官の年の空亡は、月の空亡と重なると凶意が増すので調べておくといいでしょう。子丑空亡の人なら12月と１月、寅卯なら２月と３月、辰巳なら４月と５月、午未なら６月と７月、申酉なら８月と９月、戌亥なら10月と11月が該当します。

2/ 傷官の時期に十二運が巡ると…

長生	自立心を持てば対人運◎。 仕事はセンスを活かして勝機をつかむ	病	仕事・家庭運は◎。ただし健康面は 難あり、助けも少ない。養生を
沐浴	運気は不安定。何事も楽観は抑え 事前の準備と根回しを完璧に	死	自分の力で努力して問題解決。 マイナスをゼロに戻すことができる
冠帯	好調。ただし過去の過失が命取りに なることも。発覚後の対応が重要	墓	居場所が変わる予定。親に関すること で東奔西走という暗示も
建禄	他人と比べても得るものはない。 自分の力でできることに注目を	絶	近い人間関係ほど不安定に。 遠い人が想像以上に助けてくれる
帝旺	仕事は好調で転身も◎。ただし 対人関係は利害が絡むとトラブルに	胎	仕事まわりでプラスの変化も。 ただし大胆な設備投資は裏目に出る
衰	災厄は他人から。他人の問題に 首を突っ込まず自分のことに集中を	養	仕事面は順調だが対人運は不安定、 またはその逆。救いの神はいる

1/ 偏財の時期に空亡が巡ると…

お金と人間関係で失敗しがちになる

＼こんなことが起きる／

人を見る目が曇る時期。「今が楽しければOK」という発想でラクな関係に流され、筋のよくない人と交流を持ってしまったりします。恋も不倫やセフレなど、怠惰な関係に至りやすいでしょう。こうしたときは気持ちがゆるんでいるので仕事面でも金銭面でもルーズになり、人に迷惑をかけてしまいます。信頼もお金も失いやすいでしょう。

＼こんなふうに過ごしたい／

人間関係は拡大よりも、身近な人を大切にしましょう。恋人やパートナーがいる人は、よそへの目移りに注意。どんなによく見える相手も、空亡が終われば去っていきます。ローンや大型取引は控えたほうが安心です。仕事をはじめ、どんなことにおいてもじっくりと計画を立てて誘惑を遠ざけ、慢心を排除して慎重に進めましょう。

2/ 偏財の時期に十二運が巡ると…

長生	仕事は発展の兆し。人により家業を継ぐなどの話が出てくることも	病	低め安定。向上心より、ミスやトラブルをいかに予防するかが大事
沐浴	変人とつき合うととばっちりを食らう。信頼できる人とつながって	死	やや行き詰まりぎみ。現状維持が最良の選択と考え、地道な努力を
冠帯	大発展。役職を上げる。ただ、恋愛にかまけると運はそちらに流れる	墓	禍福はあざなえる縄の如し、一喜一憂は損。仕事はこだわって成功
建禄	信用されて運気上昇。仕事、恋愛ともにうまくいく。住宅購入も◎	絶	とにもかくにも健康第一。健康診断を受け、日々の生活を整えて
帝旺	何事もうまくいく好調期。あえて謙虚になることでさらなる開運	胎	仕事運好調の兆し。転機を図る場合は準備と根回しに注力を
衰	支出が増加し、金銭面への不安が不和を生む。配偶者の健康不安も	養	金銭と恋愛は誠実さが鍵。他人のトラブルに巻き込まれないように

1/ 正財の時期に空亡が巡ると…

自分への過信が失敗につながるとき

＼こんなことが起きる／

自分が得意とすること、自信を持っていたことで失敗したり、他人に利用されてオイシイところを持っていかれたりしがちに。他人を自分の思いどおりにしようとして、逆に振り回されることもありそうです。お金まわりのこともツキに恵まれず、うまい話に乗ったつもりがいつの間にか犯罪スレスレのことに加担させられていることも。

＼こんなふうに過ごしたい／

自分を安売りするのはよくありませんが、自信は抑え謙虚に過ごすのが一番です。目立たないよう、裏方やサポート役に徹するのもいい選択です。相談事は無理そうなら辞退を。金銭面では、ローンや大型取引には向きません。また、家族や恋人がいる人は、いつも以上にしっかり向き合って、コミュニケーションを取りましょう。

2/ 正財の時期に十二運が巡ると…

長生	安定、発展、良縁の予感。 人前に出る、目立つ活躍をする見通し	病	身内の健康に留意を。金銭面での 課題は解決に向かう見通し
沐浴	恋愛・結婚・仕事ともに迷いが 出やすい。真剣に向き合うこと	死	健康面で心配事が多そう。身内の 不調は早期の病院受診をすすめて
冠帯	一大発展期。将来を前向きに捉え、 強気で拡大路線に出てみたい	墓	多忙に。身内の世話をすることが増加。 時間を上手にやりくりして
建禄	財運好調。投資は積極的になってOK。 オーバーワークに注意	絶	安易に人を信用しないこと。 ときに距離を置くこともいい選択に
帝旺	仕事で発展の兆しあるが金運は弱め。 きょうだい間の争い事は運を下げる	胎	人間関係に課題が多そう。 自分が笑顔でいられる道を選ぶこと
衰	集中力低下でミスやケガ。気持ちを 切り替え目の前のことに集中を	養	仕事もプライベートも安定の予感。 選んだ人と幸福になれる

1/ 偏官の時期に空亡が巡ると…

ケンカっ早くなって、人とトラブルを起こす

＼こんなことが起きる／

普段は穏やかな人も、この時期は焦りや迷いが強くなり、何かと反発したくなります。大人げない態度に出てトラブルとなったり、逆らうような態度をとって立場を追われたりします。現状を打開しようと行動を起こしても、空回りするばかりでいいことはありません。大事なものや人、場所を失わないように注意しましょう。

＼こんなふうに過ごしたい／

ケガや事件、事故などアクシデントが多くなるので、危ない場所には近づかないでおきましょう。切れる縁は、残念ではあっても厄払いと思って深追いせずにいることです。下手によりを戻すとトラブルに巻き込まれることも。真剣に向き合ってくれる相手に対しては、「学ばせていただく」という気持ちでじっくり接してください。

2/ 偏官の時期に十二運が巡ると…

長生	人に恵まれ大発展。過去はどうあれ 未来はよくなると自分を信じて	病	仕事でツキに恵まれにくい。 他人に期待せず自分の力で努力を
沐浴	仕事・愛情ともに迷いが多い。 無理は×。ときには延期もアリかも	死	アップダウンが大きめ。注意深く 過ごし、身近な人ほど大切に
冠帯	実力勝負の1年。味方も多く方向性が 明確になる。今から努力もOK	墓	トラブル・苦労は一時的なこと。 プライドは捨て、様子見に徹して
建禄	人に恵まれる。仕事では昇進、 プライベートでは良縁を得るなど好調	絶	体力・気力ともに無駄な消耗が多い。 何事も小さくおさめて正解
帝旺	自分の個性を活かし成功。ただし 強引な行動は×、謙虚かつ誠実に	胎	発展期。人間関係はけじめが大事。 曖昧な関係は先細りと考えて
衰	何かと投げやりな気分。選択・決断は ビシッと気合を入れて臨んで	養	努力が報われ発展の見通しが立つ。 一歩一歩前に進んでみたい

1/ 正官の時期に空亡が巡ると…

見通しもペースも狂うが、困難を経験に変えて

＼こんなことが起きる／

仕事で実力以上のことを求められたり、これまでとはまったく違う仕事を任せられたりして迷いが生じます。立場や人間関係のしがらみで板挟みになることも。多少面白くないことがあったとしても、目上の人に対して礼を失するようなことをすれば立場を悪くするだけです。既婚者は離婚話を切り出されやすい時期でもあります。

＼こんなふうに過ごしたい／

プライドを傷つけられたり、やる気をそがれたりするようなことも起こりますが、ヤケを起こしていいことはありません。どんなことも経験を受け入れ、自分の糧に変えていく意識を持ちたいところ。既婚者は仕事優先になってしまうのはNG。家庭内でのコミュニケーションに力を入れ、お互いにサポートし合えると素敵です。

2/ 正官の時期に十二運が巡ると…

長生	仕事は実力発揮のとき。恋愛・結婚はいい出会いと未来を信じてOK	病	目上の人には頼れないものの現状維持で好調に。ものは考えよう
沐浴	軽い争いやトラブルが。じっくり向き合えばピンチもチャンスに	死	信用と家族の絆を第一に考えたいタイミング。大胆な挑戦は控えて
冠帯	発展期。空回りしていた時期も実は得るものがあったのだと気づく	墓	健康を優先順位の上に。資産運用にはプラスの動きがあるはず
建禄	チャンス到来。自分の個性を活かして仕事を。財産が増える暗示も	絶	家族と健康を第一に。リスキーなことは極力回避したいとき
帝旺	責任感さえあれば結婚も仕事も◎。自信を持って未来を切り開いて	胎	転職や結婚などに前向きな動き。いずれも好機と思って前向きに
衰	健康面さえ注意すれば安泰。前向きな気持ちになれることを選んで	養	人に恵まれステータス向上。昇進、事業拡大など仕事運が上昇

1/ 偏印の時期に空亡が巡ると…

気分も運も不安定。ヤケになって行動しがち

＼こんなことが起きる／

今までどおりが通用しなくなることで懐疑的になり、やる気も低迷。現実逃避ばかりしていて、周囲にあきれられたり、心配されたりすることも多いようです。「自分なんてダメだ」と過度に劣等感を強め、自分に合わない選択をして自滅することも。自分もまわりもすべて不安定です。詐欺や盗難にも注意して過ごす必要があります。

＼こんなふうに過ごしたい／

「いつもどおりではない年」であることを念頭に置き、あえて変化を選び取っていくことで厄払いになります。新しく事業を起こしたりするのはよくありませんが、インドアな人であれば外出の機会を増やしたり、外食が多い人は自炊を増やしたりと、できそうなことに挑戦してみては。思い詰めたときは無理をせず、真っ先に休養を。

2/ 偏印の時期に十二運が巡ると…

長生	状況が変わりやすい暗示。どんなときも公明正大に振る舞って正解	病	何事も頑張りすぎる傾向。過労に陥る前に、周囲に頼り調整を
沐浴	余裕ある資金繰りが肝要。恋愛は安易に走らず話し合いを大切に	死	他人任せは×、自分で決めて自分で動く。オン・オフのメリハリを
冠帯	転職や引っ越しなど場所を移動することで開運。やりたいことの実現を	墓	ヤケを起こして「もういい!」となりがち。すべてに落ち着いて
建禄	何事も準備と計画ありき。リスクに備えて今できることをしてみて	絶	すべてに変化が多く落ち着かない。流されないよう状況をよく見て
帝旺	十二運の強さが裏目に。行動を抑えめにして周囲と協調する工夫を	胎	積極的な変化が幸運を連れてくる。かなえたい未来を選択しよう
衰	将来に備えて勉強やスキルアップを。一人の時間で成長できる	養	家族の健康面に注意が必要。おかしいなと思ったらすぐ受診を

1/ 印綬の時期に空亡が巡ると…

聡明さが負の方向にはたらき、名誉と心を傷つける

＼こんなことが起きる／

迷いや悩みが多く、名誉が傷つけられるようなことも少なくありません。普段は建設的な発想をする人も、ネガティブで批判精神ばかりが強くなり、周囲と摩擦が生じるでしょう。何事も考えすぎる傾向が自分の身を削るほどに強くなり、メンタルに変調をきたすことも。「もうどうにでもなれ」とヤケになって信用を失いがちです。

＼こんなふうに過ごしたい／

「ひとこと言ってやらないと気がおさまらない」と思ったときの発言は、100%自分の立場を悪くし、なおかつ、気はおさまりません。抗議するなら冷静なときに改めて、ベストな方法でやりましょう。他人への甘えは捨てること。なお、学びについてはいい時期です。今の自分に必要だと思える分野とじっくり向き合ってください。

2/ 印綬の時期に十二運が巡ると…

長生	目上から引き立てを受ける。 努力が実り願望成就・発展の暗示も	病	転職など仕事法の方向転換は抑えて吉。人から信用される行動を
沐浴	注意力欠如で愚かな選択をしがち。 何事も熟考・相談のうえ動くこと	死	行き詰まりを実感。大きく出るより 目の前のこと、人を大切に
冠帯	昇進・地位向上で将来有望。 ここから良くなると思って動くと◎	墓	寂しさや孤独は学びの機会。 「広く浅く」より「狭く深く」が◎
建禄	芸術的な才覚を発揮。増収増益で 資産運用も好調と金運アップに	絶	調整期。無理せずとも物事が回る。 仕事や人間関係の取捨選択を
帝旺	頭脳が冴え評価される。責任者、 代表者へのオファーは受けて吉	胎	自分を損なうものを手放し 明るいほうへ。終わりは始まりの一部
衰	現状維持・前例主義でいては衰退。 自分を磨き能力向上の努力を	養	親から受け継ぐものに変化の兆し。 つてをたどって効率よく進めて

特殊作用がはたらく時期

人生に特別な意味を与える 8つのタイミング

三合・支合・干合・方合・刑・冲・害・破の時期表

宿命星や十二運で運命を読み解く方法をご紹介してきました。より詳しく読んでみたい方のために、干支の特殊な作用についてご紹介します。まず、干支（かんし）のことを思い出してください。干は十干（甲・乙・丙・丁・戊・己・庚・辛・壬・癸）、支は十二支（子・丑・寅・卯・辰・巳・午・未・申・酉・戌・亥）のことでしたね。命式にも、大運・歳運にも干支が存在しました。そのうち、十干を使う「干合」と、十二支を使う「三合・支合・方合・刑・冲・害・破」をご説明します。

★注目したい時期

吉作用／吉凶の作用が同居

	子	丑	寅	卯	辰	巳	午	未	申	酉	戌	亥
子		支合		刑	三合		冲	害	三合	破		
丑	支合				破	三合	害	冲・刑		三合	刑	
寅						刑・害	三合		冲・刑		三合	支合・破
卯	刑				害		破	三合		冲	支合	三合
辰	三合	破		害	刑				三合	支合	冲	
巳		三合	刑・害						支合・破	三合		冲
午	冲	害	三合	破			刑	支合			三合	
未	害	冲・刑		三合			支合				刑・破	三合
申	三合		冲・刑		三合	支合・破						害
酉	破	三合		冲	支合	三合				刑	害	
戌		刑	三合	支合	冲		三合	刑・破		害		
亥			支合・破	三合		冲		三合	害			刑

3つの支が手を結ぶ

いい時期

さんごう

相性のいい3種類の支のうち3つが揃う組み合わせ。親子、夫婦、友人などの人間関係がよく、いい出会いがあったり嬉しい出来事に恵まれたりするときです。結婚や交際といった嬉しいテーマにも発展。

探し方

子	辰	申
丑	巳	酉
寅	午	戌
卯	未	亥

1. 命式にある支に○をつけます。
2. 調べたい時期の大運の支（p.90参照）に○をつけます。
3. 歳運の支を見て、3つ揃ったら三合です。

2つの支が手を結ぶ

いい時期

しごう

支合は相性のいい支の組み合わせで、親子、夫婦、恋人、友人との関係がいいことを示し、さまざまな福徳があることを示します。人や環境と調和する力が高まり、持ち前の力を発揮することができます。さまざまな物事を前向きに進めることができるときです。

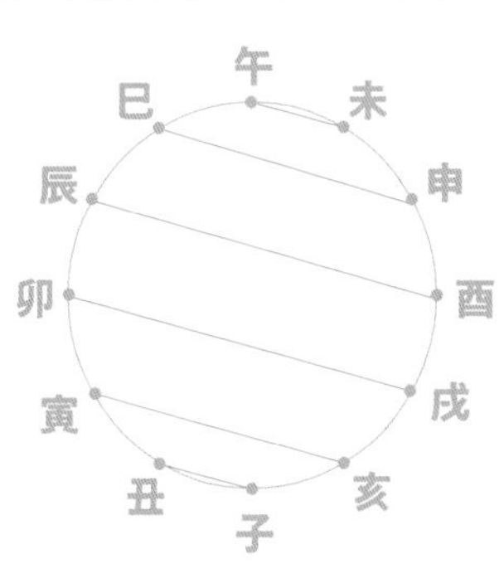

探し方

子＆丑	辰＆酉
寅＆亥	巳＆申
卯＆戌	午＆未

命式の支に左の表の組み合わせがあれば支合です。

吉凶
混合の時期

陽干と陰干が結びつく

干合 かんごう

干合は十干同士の組み合わせで、５種類あります。特定の干同士が出合うと性質が変わるというもので、たとえば命式の干と歳運の干がその組み合わせに該当すると、宿命星の作用に変化があらわれます。

探し方

甲＆己	丁＆壬
乙＆庚	戊＆癸
丙＆辛	

ここをチェック！

探し方

まず調べたい年の歳運の干をp.164で調べ、p.206で60干支表を見て、上記のどれに当たるかを調べます。「己（つちのと）」の年であれば、命式にある７つ（生まれた時間がわからない人は５つ）の干の中から、「甲（きのえ）」を探します。見つけた場合は、歳運の宿命星が下記の要素を帯びます。参考にしてください。

宿命星	干合の作用
比肩	財運・仕事運・パートナーシップ運に陰り。何事も慎重に
劫財	財運アップ。嬉しい影響
食神	財運ダウン。心身ともに疲れやすい。無理しないこと
傷官	仕事運・財運アップ。嬉しい影響アリ
偏財	自由に動けるが財運ダウン。金銭管理をしっかりと
正財	仕事では自力で勝負。財運に乱れ。自制心を持って
偏官	頭が冴え、人間性が高まる
正官	ダラダラと過ごしてしまいやすい。気持ちを引き締めて
偏印	自分らしく生きる力が高まる。頑張れる。いい影響
印綬	自分らしさが定まらない。じっくり考える時間を大事に

いい時期

3つの支が違う組み合わせで結びつく

方合 ほうごう

とても素晴らしい時期。相性のいい3つの支が命式と大運で完成すると、10年間の吉運が約束されます。それぞれの組み合わせがないかチェックしてみて。

探し方

丑	子	亥
辰	卯	寅
未	午	巳
戌	酉	申

命式に、左の表の支の組み合わせのうち、2つがある場合、もう1つの支が大運で巡ってきたら方合。命式・大運・歳運でもOK。

注意したい時期

バランスの悪い組み合わせ

刑 けい

十二支の勢いが偏り、バランスが悪い組み合わせ。

探し方　本書では日々の運勢に影響が出やすい、歳運と命式のいずれかの柱に、下の表の組み合わせの支があり、かつ刑のある柱に劫財・傷官・偏印が巡っている場合の2つの条件が揃った場合を下の表からチェックします。

支の組み合わせ	刑の作用
子 & 卯	刑の中でも凶の度合いが強い。恋愛のトラブルに注意
寅 & 巳	困難や争いがこじれやすい。自分を過信しないこと
巳 & 申	目上の人への恩を忘れ、不興を買う。 常識を踏まえて動くことが大事
丑 & 戌	私欲に溺れやすい。ダメなことはダメと自分を戒めること
戌 & 未	目上の人をだますようなことをしてトラブルに。 自制心を持つこと
申 & 寅	至らない発言で失敗
未 & 丑	人間関係でトラブルが起きやすい
辰 & 辰	偏った発想で持ち前のよさを出しにくくなる。 心にもないことを言って自分も他人も傷つけることも。 落ち着いて何がベストかを考えましょう
午 & 午	
酉 & 酉	
亥 & 亥	

注意
したい時期

仲の悪い支同士の関係

十二支のうち、向き合う支が戦争状態になり、対立や変化、分離を生みます。負けたほうの支はエネルギーをなくすうえ、宿命星も十二運もともに吉凶が逆転。吉作用を持つ宿命星・十二運は凶作用を、凶作用を持つ宿命星・十二運は吉作用をもたらすので落ちこまないで。

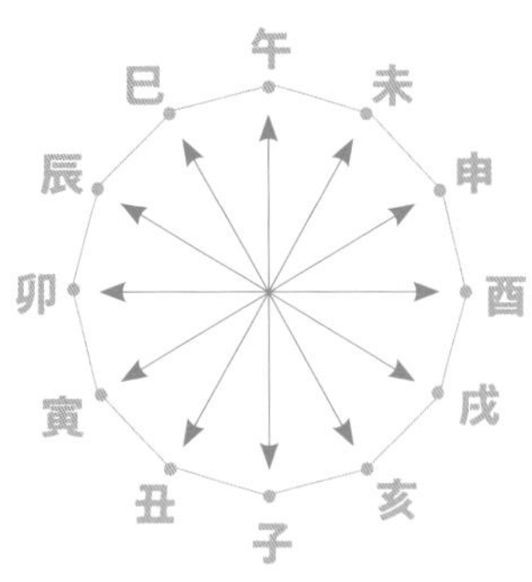

探し方①　本書では特に日柱の支が大運・歳運と冲の関係になったときを下の表からチェックします。

支の組み合わせ		特徴
子	午	子が勝つ
丑	未	戦争状態が続き勝敗がつかない
寅	申	大凶。申が勝つ
卯	酉	酉が勝つ
辰	戌	戦争状態が続き勝敗がつかない
巳	亥	大凶。亥が勝つ

	年柱	月柱	日柱	時柱
天干	年干	月干	日干	時干
地支	巳	亥	午	寅

ここをチェック！

探し方②　大運あるいは歳運の支が、日柱の支に冲で負けた場合、大運、歳運の宿命星に右の表の作用があります。歳運の場合、小さな災難や挫折として日常にあらわれると解釈します。また、冲は凶作用が消えることも。まず、支合・三合・方合のどれかが重なったとき。空亡がついた支と冲となった場合は、空亡も冲も消えます。これは嬉しいですね！

宿命星	大運・歳運への作用
比肩	仕事でタッグを組んでいる人との関係が悪化しやすい。対立や金銭トラブルに注意すること。健康にも要注意
劫財	金銭トラブルなどの凶の意味合いは消えてラッキー。ただし協調性がなくなり、人間関係はギスギスしやすい
食神	ラッキーな要素が消える。生活の潤いが減り、人間関係も味気ないものに。自制心を持ちたい
傷官	凶の要素が抑えられ、人間関係が穏やかに。ただクリエイティブな才能など吉の要素もなくなってちょっと残念
偏財	吉の要素が消え、金銭面で難儀することが多くなる。浪費やハイリスクな投資は避けること。浮気はNG
正財	吉の要素が消え、金運で苦労が多く骨折り損のくたびれ儲けに。精神の安定を図ることが大事
偏官	自分勝手な振る舞いをするとバチが当たる。大胆な行動力が裏目に出てしょんぼりすることも。ただし大きな災いは抑えられる
正官	仕事のトラブルが多くなる。不本意な扱いを受けるなど納得がいかない。女性はパートナー運が低下。人選はいつも以上にしっかりと
偏印	既成概念にとらわれない発想が、まわりから浮くことなく受け入れてもらえる。ただし運気のアップダウンが激しめに
印綬	何かと落ち着かない運気に。親のことで心配事が多くなったり、遺産の問題が出てきたりするかも

注意したい時期

何かとかみ合わないことばかり

がい

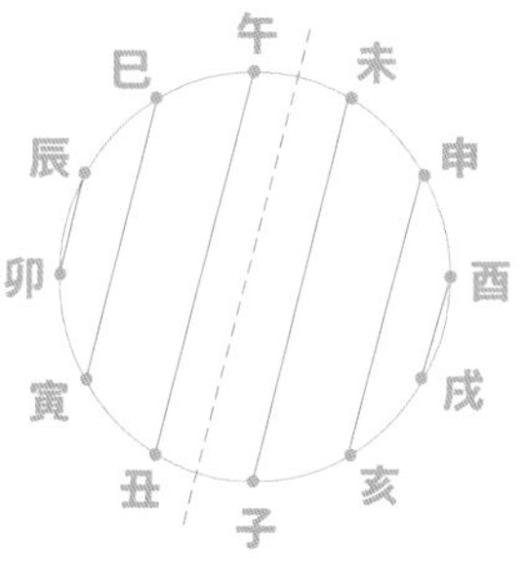

支同士がお互いに傷つけ合うような組み合わせです。物事がズレて一致点を見ず、人間関係が今ひとつになったり、体調を崩したり、当てにしていたことがダメになったりとツキに恵まれません。ただ、「そういう年」だとわかっていることで、「まあ、じっくりやるか」と心を落ち着けることもできるはず。

探し方　命式の日柱の支と歳運の支が左の図の害の関係となっていないか、チェックしてみてください。

注意したい時期

対立し合う支同士の関係

は

物事が思うように前に進まなかったり、人間関係で衝突が増えたりします。凶の作用はさほど強くないのですが、破がある場合は念のため、表の組み合わせに注意を。

探し方

命式の日柱の支と歳運の支を下の表で見ましょう。

支の組み合わせ	注意すべきこと
子 & 酉	経済的困難が生じる可能性。 貯金をしておくか頼れる先の当たりをつけておくこと
丑 & 辰	夫婦関係にズレが生じやすい。理解し合う工夫を
寅 & 亥	何かを犠牲にする必要が出てきそう。慎重に検討を
卯 & 午	争いが多い暗示。落ち着いて
未 & 戌	何も生まれずむなしい。焦らないこと
巳 & 申	ケガをしやすい。危険を伴うスポーツは避けて

四柱推命で未来が変わる!?

私自身の、四柱推命の活かし方をご紹介しましょう。

実は、私自身はその年に巡る宿命星と十二運、空亡くらいしか押さえていません。もっと細かく見てもいいのだろうと思いますが、なにぶん小学校のときに将来の夢を聞かれ「楽しいことだけしていたい」と答えた人間です。ちなみにメチャメチャ怒られたので、しかたなく「漫画家」と言うようになりました……というのはどうでもいい話ですが、「今年はこういう年」くらいの情報を自分がやりたいと思っていることに照らし合わせ、アイデアをふくらませるのが、最もワクワクすることに気づきました。そして、ワクワクしながら考えたことって、幸運期でも低迷期でもトライするのが楽しいのです。結果、どの年もそれなりに楽しく、ベストと思える運とチャンスを手にしています。そんなお仲間を増やしたく、シンプルに四柱推命を使える本を書きました。

人って自分で決めたことしか頑張れないのですよね。他人に「やれ」と言われたり、占いで「こうなるので、こうしましょう」と書いてあったことばかりでは、「頭ではわかっていても、心がついていかない」状態になりがちです。ワクワクしながら考えて、「よ〜し！」と思うから頑張れるし、いい結果につながるのです。

ちなみに、自分で決めることの効用は、望まない結果になっても「自分で決めたことだ」と思って頑張れるんです。そして乗り越えることで、強くなれます。

CHAPTER

5

Catch the future

「未来を流れでつかむ」

四柱推命で人生プランを立てるうえで、意識してほしい７つのテーマについて紹介しています。

この章では、恋愛運や結婚運が巡るとき、仕事運の転機になるとき、健康運に気をつけたいとき、金運が上下するとき、学びのときといったテーマ別に、どの星の巡りに注目すべきかを知ることができます。

また、パートナーや子どもの命式や運勢の読み方についてもお伝えしていきましょう。

7つのテーマを読み解き…

POINT

恋愛運、結婚運、仕事運、金運など
テーマ別に戦略を立てるべし

テーマ 1 恋愛運、結婚運が巡るとき

テーマ 2 仕事運の転機になるとき

テーマ 3 健康運に気をつけたいとき

テーマ 4 金運が上下するとき

テーマ 5 空亡は学びのとき

同じ能力の人が同じ挑戦をしても、結果は同じではありません。資質や能力など要因はさまざまでしょうが、四柱推命の観点から言えば「タイミング」の重要性は外せません。あえて逆風に立ち向かう人もいるかもしれませんが、運がいい時期に動き、悪い時期は立ち止まって足元を固める、それが基本です。そしてそのタイミングは恋愛運、結婚運、仕事運、健康運、金運などのテーマによって異なります。さっそくテーマ別に戦略を立てましょう。

人生計画を立てる

POINT

自分だけでなくパートナーや子どもの人生も絡めて考える

テーマ6 **配偶者、パートナーの人生**の読み方

テーマ7 **子どもの人生**の読み方

「パートナーや子どもが幸せになれるか、運勢を見てほしい」というご依頼をよくいただきます。大切な身内の幸不幸は自分にも大きく影響しますし、何より愛する人には幸せになってほしいものです。ただ、四柱推命に限らず、他人が勝手に自分の人生を占うことに拒否感を抱かれる方も少なくありません。幸せを願ってのことだとしても、占われる側は「なんだか自分の内面をのぞかれているみたい」と居心地の悪さを覚えるのです。本人にやりたいことができて、話してくれたときに星回りを踏まえて背中を押してあげる。低迷期のときに悩みを抱えていたら、優しく受け止めて無理はしないよう示唆する。そんなふうに占いを使うと、役立てやすいかと思います。

テーマ
1 恋愛運、結婚運が巡るとき

財産の星 地位の星 比肩 が歳運に巡る年に注目しましょう

財産の星 がもたらす影響

人との縁が活性化 恋愛・結婚運UP

財産の星（偏財・正財）はお金の星ですが、人との縁も「財」のうち。歳運に巡る年は、魅力が高まり周囲に人が集まるため、出会いが増えます。よって、恋愛・結婚の可能性も高まります。財産の星は女性を意味するため、古くから男性にチャンスが多い時期とされてきましたが、現代では男女ともに適用していいでしょう。空亡の場合は恋が始まりやすいのですが、結婚はNGです。

地位の星 がもたらす影響

「妻・夫の立場」を得る年

地位の星（偏官・正官）が巡る年は周囲から認められ、地位や立場が上がるときです。古くから女性が結婚につながる相手と出会う年といわれていましたが、現代ではさほど気にする必要はないでしょう。空亡になっている場合は恋が始まりやすいのですが、結婚はNGです。また、仕事に並々ならぬ力を注いでいる場合、恋愛・結婚運がそちらに引っぱられる傾向があります。

比肩 がもたらす影響

自分の家庭を持つ年

財産の星・地位の星以外にも、恋愛・結婚に向くタイミングはあります。比肩の年は、自立して自分の家庭を持つという運があり、結婚に至る人は多いでしょう。この年はスピード結婚です。空亡は新しいことが禁忌ですが、実は恋が始まりやすいときでもあり、始めても問題ありません。恋をお休みしていた人もご縁があります。ただし、結婚や同棲開始は空亡後にする必要があります。

出会い運が強いのは?

偏財の時期

お金と人について流動的な運が巡る偏財の年は、出会い運が好調。持ち前の魅力を上手に出していくことができるので、それまで、そういった話題に縁遠かった人にもいい出会いがあるでしょう。この年に出会い、正官の年に結婚するのが最強の流れですが、この年にモテすぎて一人に絞り込めないと、先行き不透明になることも。

婚活に向いているのは?

正官の時期

正官が歳運に巡ってくる年は、周囲から祝福される相手と出会える時期なので、とんとん拍子に話が進むでしょう。長くつき合ったカップルがこの年に結婚に至ることも。紹介から交際に至る場合は、親戚や上司など目上の人からの縁にチャンスが。ただし、仕事運が非常にいいときでもあり、そちらに夢中だと恋愛運が弱くなります。

幸せな結婚ができるのは?

正財の時期

「幸せな結婚」という定義を「家庭を持って幸せになる」と考えた場合、歳運に正財が巡ってくる年が最もその可能性が高まるでしょう。この年に選ぶ相手は生活力があり、パートナーとしてしっかりと家族にコミットしてくれる人です。結婚生活はあなたがリードし、パートナーがそれに合わせるような関係性を築いていくことになります。

妊活がうまくいきやすいのは?

食神 傷官の時期

食神と傷官が歳運に巡る年は妊娠しやすい時期。妊活をしている人にはチャンスの期間になるでしょう。ただし、傷官の年は何かと健康面でトラブルに至ることが多く、切迫流産となったり急遽、帝王切開になったりする可能性も出てきます。可能であれば、健康運が安泰な食神の年を活かして、安産を狙っていきたいものです。

テーマ
2 仕事運の転機になるとき

地位の星 比肩 十二運 に
注目しましょう

地位の星
がもたらす影響

**努力が認められ
キャリアアップ**

　地位の星（偏官・正官）が歳運に巡るときは、社会的な立場や地位が上がります。積み重ねてきた努力と星がもたらすチャンスが相乗効果を発揮し、周囲から認められ評価されます。就職や転職も好調です。偏官のときは変化が多く、負けず嫌いになって新たな挑戦をします。正官のときは実力を評価されて昇進する可能性大。プレッシャーに打ち勝つ覚悟が必要。

比肩
がもたらす影響

**独立の機運が
舞い込む**

　組織に埋没することをよしとせず、個人として頭角をあらわしたくなるとき。独立や起業、フリーランスへの転換はこのタイミングがベストでしょう。「指示されたことをやる」というスタイルではフラストレーションがたまる一方。自主的に提案したり、新規事業の立ち上げを企画したりと、個人の力を発揮できる働き方を心がけると得るものが大きいはずです。

十二運
がもたらす影響

**エネルギーの
強い年は仕事も◎**

　十二運のうち仕事運で有利なのは、長生・冠帯・建禄・帝旺。長生は発展・繁栄、冠帯は向上心と成功、建禄は堅実な努力を促し、帝旺は最強の運をもたらします。ただしこれらの強い運は、宿命星の比肩・劫財・傷官・偏官・偏印につくと、凶作用を高める傾向があり、一概にいいことばかりではありません。なお、芸能関係など人前に出る仕事は、絶が味方します。

Q 才能を発揮できるのは?

↓

偏官 の時期

組織に属している人なら偏官の時期に仕事運が高まります。偏官は自分の個性を前面に打ち出してこそ成功します。この時期、チャンスはつかみに行くもの。待ちの姿勢にならず、組織の中でもやりたいことをどんどん提案しましょう。芸術的なセンスで勝負するクリエイターであれば、食神・傷官が巡った時期に華々しい活躍をして注目されます。

Q 転職に向いているのは

↓

冠帯 の時期

環境も対人関係も大きく変わる転職の時期は、前向きに自分の人生を切り開いていくエネルギーを与えてくれる冠帯が巡るときを選ぶと有利でしょう。成長する企業を見極める力や行動力を力強くあと押ししてくれるはず。ただしストレートな発言をしがちになり、地位が上というだけで偉そうな人には反発します。面接では要注意。

Q 出世して収入がアップするのは?

↓

つく時期

歳運に地位の星である正官が巡り、そこに帝旺がつく時期に昇進・栄転となる人はとても多いです。同じ地位の星でも、偏官に帝旺がつく場合は、自信が裏目に出て強引なやり方で孤立するなど、エネルギーが過剰に強い点が課題となります。歳運の正財に帝旺がつく場合は、出世はしても年収が思ったほど増えない可能性が高いでしょう。

Q 就活のタイミングで **空亡** が巡ってきたら?

↓

エネルギーの強い年は仕事も◎

新しいことは禁忌とされている空亡ですが、ちょうど就活の最中など避けられない可能性もあるでしょう。その場合、「就職できない」と読むのは誤り。慎重に就活に臨み、無事就職に至った場合も謙虚に「学ばせていただく」姿勢で仕事に臨むと、空亡後に発展が。

テーマ 3 健康運に気をつけたいとき

傷官 偏印 地位の星 空亡に注目しましょう

傷官 偏印がもたらす影響

フィジカル・メンタルを読む

歳運に傷官が巡る年は、事故やケガ、内臓系の病気など体に影響が出やすい時期です。持病があるとこの時期に病状が進みやすく、悪くすれば手術となる可能性も高まります。偏印が巡る年はメンタルに影響が出やすいとき。「知性の星」であるだけに、悩みを持つとあれもこれもと悪い洞察ばかりが深まります。生活のすべての面に影響を及ぼすため、早めのケアが重要です。

地位の星がもたらす影響

オーバーワークで体調を崩す

地位の星（偏官・正官）が巡る年は、役職が上がったり、部署異動を経験したり、責任も重くなるなど、環境が変わってオーバーワークになりやすい時期といえます。充実してやりがいを感じられる反面、忙しさや過剰なストレスから、メンタルに不調をきたす可能性も。特に偏官は、自分を酷使しがちなので心身をいたわりましょう。空亡は大ケガに注意が必要です。

空亡がもたらす影響

宿命星の部位の健康に要注意

空亡は悪いことばかりの時期ではないのですが、健康運では凶意が強調されます。歳運の宿命星によって異なり、比肩は遊びやスポーツでのケガ、劫財はストレス、食神は消化器のトラブル、傷官はケガや手術、偏財は長期入院、正財はストレスによる腸への影響、偏官は肝臓とケガ、正官は持病とケガ、偏印は精神的不調、印綬はストレスによるメンタルダウンです。予防に努めましょう。

生活リズムを見直すなら?

正財の時期

自分をストイックに管理するだけの精神的・時間的余裕があるのが正財の年です。ファスティングや栄養バランスの見直し、地道なトレーニングなどもばっちり継続できるでしょう。ただし、自分に厳しくしすぎる傾向もあり、過度にストイックになりすぎることも。自分を抑えつけていた反動が起きないよう、リラックスも心がけて。

Q 体を動かして鍛えるなら?

比肩 食神 印綬 の時期

比肩のときはエネルギーに満ちあふれるので運動向き。積極的に体を動かし、体力を養っておくといいでしょう。食神のときは食べ物がなんでもおいしく感じられ、太りやすい傾向が出てきます。できればシェイプアップを目指したいところです。印綬の時期はメンタルも比較的安定しているため、体を動かして気分転換を図って。

休養期間をとるなら?

空亡 の時期

空亡はただの低迷期ではなく、立ち止まって自分の足元を固める時期です。健康運でいえば基礎体力や免疫力アップ、そしてそれ以前の「心身ともに、十分にエネルギーを補給する」ことを目指したいもの。どの宿命星に空亡がつくかでも変わりますが(p.127～参照)、基本的に無理はせず、心身ともに休養をとることが肝要です。

Q メンタルをケアするなら?

傷官 偏官 偏印 ＋ 空亡 の時期

傷官と偏官、偏印の3つの星はいずれも、メンタルの調子を崩しやすい時期。巡ってきたときはいずれの時期もメンタルケアに努めていただきたいのですが、特に空亡も一緒についたときは「何もなくとも、気分転換を心がけ、心を健やかにする努力をするとき」だと思ってください。関連しそうな本を読んでみるのもいいでしょう。

テーマ 4 金運が上下するとき

財産の星 知性の星 に注目しつつ 仕事運 との関係も見ましょう

財産の星 がもたらす影響

10年に2年 必ず巡る金運

金運といえばまず、大運に巡る財産の星（偏財・正財）を見ます。偏財は流動の財で、動かしてこそ価値が生まれるとき。出入りが多く、人脈や経験などプライスレスな価値を残します。商売はうまくいき、投資や資産運用にも有利です。正財は不動の財で、堅実に貯蓄に励む年。手元に残るほか、不動産に強みを発揮します。どちらも、空亡や刑・冲・害・破などがないことが条件です。

知性の星 がもたらす影響

お金を動かすより 準備をする時期

知性の星（偏印・印綬）が巡る年は要注意。財産の星・地位の星という金運が伸びる時期が終わったあとであり、あとは翌年あるいは再来年に巡る自我の星（比肩・劫財）を生み出す準備期に。偏印の年は金運には巡りませんが、ある程度の無駄遣いは厄払いに。印綬の年は作戦を練っても資金繰りは苦労します。出費を抑え、次の比肩・劫財から始まる10年に備える必要があります。

仕事運 がもたらす影響

使ってこそ運と お金が回る時期

仕事はお金を生みますが、吐き出すものでもあります。仕事が活性化する意味では、比肩が巡る年は独立運がはたらき、大きなキャリアチェンジも。出費が増えますが、むちゃな金額でなければ好機獲得になるので無問題。偏官が巡ると仕事上の変化が大きく、出費がかさみます。社会的発展と金運が同時に巡るのは正官の年。ただ、貯金よりも交際費や設備への投資をしてこそ発展が。

Q

お金持ちになれるのは?

正財 食神 比肩 の時期

堅実に貯蓄を増やすなら正財の時期が向いています。一攫千金は狙えませんが、コツコツ貯めて財を成し、不動産もいい物件をつかめるでしょう。食神の時期は大きなお金を残せるわけではありませんが、食うに困らず気持ちに余裕があるので、額面によらない豊かさがあります。比肩は冒険の年。大きく出ますが当たり外れが大きいです。

Q

経済的に苦しくなるのは?

劫財 傷官 の時期

劫財はお金回りでツキがない時期です。稼ぐことは稼ぐのですが、うまい話で損をする、知人に貸して逃げられる、取引先が倒産して回収不可能など、運に恵まれません。たいていの場合、情をうまく利用されるので注意が必要です。傷官の時期は金運の低迷期。給料未払い、病気やケガ、天災の影響などで貯金は目減りする一方になりがちです。

Q

資産運用をするなら?

偏財 食神 の時期

偏財の年は流動の運勢ですから、お金は投資などで動かしてこそ発展が見込めます。10年の中で最も投資向きですから、土地、株、見込みのある会社への出資など積極的に検討したいところです。食神は不動産と株で強みを発揮できる年。ただし、楽観的になる時期ゆえに見通しは甘い部分があるので、ハイリスクなものは×です。

Q

サイドビジネスで収入がアップするのは?

偏財 偏官 の時期

偏財は拡大の時期。才能を発揮する形での副業が◎です。特にクリエイティブ系は最大のチャンスですが、実力不足では空回りするばかりに。環境の変化から副業を考えるのは偏官の時期。「このままではいけない」と、あえて自分にプレッシャーを与えるようにして頑張ります。偏印・印綬のときは資格取得などの“仕込み”に向きます。

テーマ
5 空亡 は 学び のとき

空亡 のときは次のステージに向けた学びのとき

空亡は「いったん立ち止まって、足元を固める時期」です。低迷期ではありますが、「足元を固める」ことにおいては、普段以上にはかどる豊かな時期です。「学び」はその代表格です。

個人的なお話ですが、私は会社員のころ、空亡の２年を利用して通信制大学に編入し、心理学を学びました。当時は30代前半で、さまざまなメディアで文章を書く仕事をしていました。今後、この仕事を続けていくためには何をすべきなのか――そこで思い出したのが「空亡のときは勉強がはかどる。ここで頑張って身につけたことは、一生役立つ」という、四柱推命の師匠の言葉です。そうだ、心理学を徹底的にやろう。それが発端でした。

結果、その後ブックライターとして心理学の本を数多く手がけ、入学金＋授業料の３倍くらいを稼ぐことに。占いと心理学は「まぜるな危険」ですが、考え方の基盤としては非常に役立っています。まさにあの空亡の２年間は、その後の運命を変えたのでした。

空亡 のときにするといいこと

「社会人大学」「通信制大学」に通う

空亡の時期は動き回らないほうがいいのですが、学びには追い風となります。ここで取り組んだことは、今後の人生で必ず役立ちますので「2年間は勉強が趣味」くらいに決めて、フルに利用してみるといいのではないかと思います。特に空亡の時期をネガティブな低迷期で終わらせてしまってはもったいない、運は活かしようだと思える方にとっては、今後のビジョンを描き、かけがえのない飛躍（の土台をつくる時期）になるはず。

資格を取る・スキルアップをする

地道な鍛錬も、空亡の2年においては「しがいがある」ものです。2年という制限を設けて資格取得やスキルアップに励めば、マイルストーン（人生プランの中間目標地点）も設定しやすく、メリハリがつけやすくなるというもの。それを取得したあとの、自分の嬉しさや充実感もイメージしながらトライしたいことを模索すると、ぴったりのものが見つかるでしょう。自分の趣味やもとから興味がある分野を学びに変えるのもアリ。

あいた時間に「やりたいこと」をやる

忙しい日々の中、「まとまった時間を確保するなんて無理！」と思う方もいらっしゃるかもしれません。その場合も、空亡は「手も足も出ないつらい時期」ではありません。細切れの時間で問題を解くことはできますし、分厚い本をじっくり読み解くのは難しくてもオーディオブックで本を聴くこともできます。空亡の時期は何をしたらダメかではなく、まずは自分が何をしたいかを掘り下げてそのための時間をつくることが、道を開きます。

テーマ
6 配偶者、パートナーの人生の読み方

お互いの運勢を知り、人生計画を共有する

今や多くの人が共働きの時代。男女による収入格差は根強いものがありますが、こうした傾向も少しずつ是正されていくことでしょう。人生をともにするパートナーは対等の存在として、互いをよく知り、互いの運のよさ・悪さを補完し合うことが、結婚が“絶対”ではなくなったこの時代において、大切なことではないでしょうか。相手を思う気持ちだけではいつか限界がきますし、的外れになることもあります。長い時間をともにするなら、相手と自分がパートナーに何を求めるかを押さえておきたいところです。

特に、パートナーが今、どんな運の中にいるかを押さえるのは大事なことです。占いは好きではないという方も多いので、「占いをベースにアドバイス」というのは相手を選ぶのですが、たとえば相手が空亡期に入ったら「一番の味方だからね」「なんでも相談してね」といったことを日々の生活の中でそれとなく伝えてみると、相手の支えになることでしょう。転職や独立の相談に乗るときも、想像で答えるだけでなく一貫性のある意見を言えるだろうと思います。

仮に相手がアドバイスに従わず、占いとは正反対の選択をされた場合は、それを尊重しつつサポートに徹するのが一番でしょう。どんなときも、やり直しの利かない人生などありません。そして、失敗したり心が折れたりした人が「もう一度頑張ってみよう」と立ち上がろうとするとき、杖になることができるのも占いの効用だと思います。

配偶者、パートナーの命式で注目すべきポイント

お互いがパートナーに求めるもの	相手と自分の日柱の宿命星を見る
相手の運気の流れ	歳運の宿命星と十二運、空亡を見る

日柱の宿命星	求めるパートナー像
比肩	独立独歩で好きなことをやりたい人
劫財	自立しつつも、温かな関係を築ける人
食神	温厚で生活を楽しめる人
傷官	優しい言葉使いをする人(ケンカに注意!)
偏財	温かなパートナーシップがある人
正財	金銭と生活の安定がある人
偏官	一番のサポーターでいてくれる人
正官	聡明で堅実な人
偏印	役割分担できる人(ルーズにならないよう注意!)
印綬	知性や教養にあふれる人

日柱の宿命星（p.15の宿命星E）は、自分がどのようなパートナーと結ばれる運命にあるのかを示します。ここから、パートナーに求め、あると満たされるものを読み解くことができるでしょう。パートナーの現状と大きく異なる場合、不満やケンカの種となりやすいはずです。それを知るだけでも、愛情や努力でお互いの不一致を克服しやすくなるでしょう。パートナーの歳運や大運は、自分の歳運の見方と同じです。今、パートナーがどんな運の中にあり（宿命星）、エネルギーが強いのか弱いのか（十二運）、低迷期が巡ってきているかどうか（空亡）を押さえるのが基本です。今と先々を読むことで、応援するにもサポートするにも、最適な接し方ができるはずです。

テーマ 7

子どもの人生の読み方

子どもの運勢も大人と同じように見ることができる

子どもがどんな個性を持っているのか、また将来はどうなるのかといったご相談は、小学生から中学生くらいのお子さんを持つ親御さんからよくいただくご相談です。学校に通い始めることでさまざまな悩みを持ち、向き不向きも見えてくるころです。中学に入ればさらに悩みは複雑なものとなり、不登校やいじめ、SNSとの向き合い方など、複合的に困難を抱えるお子さんも少なくありません。この子はどうなるのだろう、どうサポートしてあげればいいのだろうという親御さんのご心労は、ごもっともと思います。

四柱推命では、性格は月柱の宿命星（p.15の宿命星C、D）から割り出しますが、18歳までの性格や運勢には年柱の宿命星（宿命星A）——つまり、親から受け継いだものが色濃く出ると判断します。小さければ小さいほど年柱寄りの性格となります。そして学校や社会の中でさまざまな経験を経ることによって、中心星の性格が形成され、18歳以降に安定します。高校を卒業すると急に大人びた雰囲気が出るのは、年柱の時期（親の影響を受ける時期）から外れたことが大きいのです。

子どもの運勢も大人と同じように見ることができます。ただ、歳運は社会運であり、お金やパートナーに関するテーマがまだ起こらない子どもは、運を活かすにも限界があるでしょう。比肩が巡ってきた年は何事にも積極的になれる、劫財が巡った年は人間関係が充実、食神では安定など、シンプルな読み解きで十分と思います。

子どもの命式で注目すべきポイント

子どもの年柱	日干と蔵干の宿命星を見る
子どもの年柱	十二運を見る
子どもの月柱	中心星を見る

まずお子さんの年柱にある2つの宿命星で、天干の宿命星からは親から引き継いだ行動パターンや外に向ける顔を見ます。蔵干の宿命星からはお子さんの本質、誰にも見せない性格を知ることができます。特に中心星から（p.54～）の人生と運命をチェックしつつ、「（親の影響で）こういった資質が出る」と考えていただけたらと思います。

続いて見ておきたいのが年柱の十二運。これによって、18歳までのエネルギーの強さがわかります。子どもの中心星は、子どもが18歳以降、大人として軸となる性格です。成長するにしたがって、この星の要素がだんだん強くなってくるでしょう。思春期や反抗期の接し方としても参考になるかと思います。

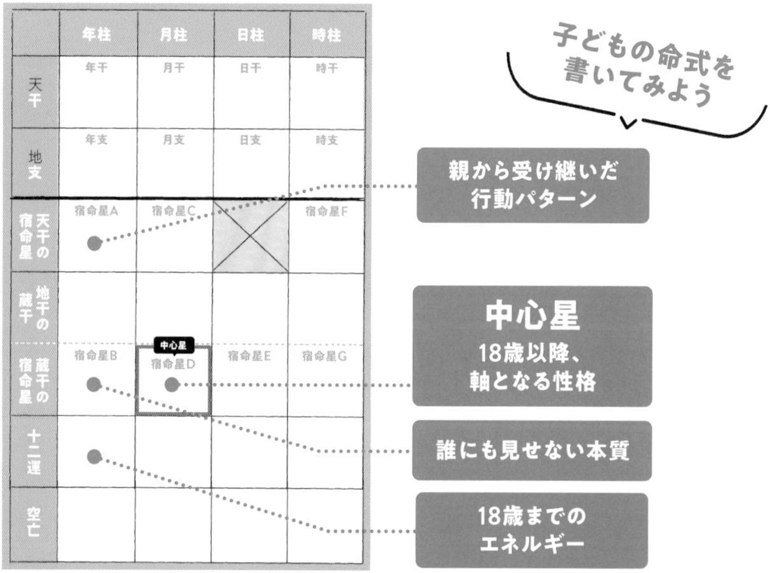

子どもの命式を書いてみよう

	年柱	月柱	日柱	時柱
天干	年干	月干	日干	時干
地支	年支	月支	日支	時支
天干の宿命星	宿命星A	宿命星C		宿命星F
地干の蔵干				
蔵干の宿命星	宿命星B	中心星 宿命星D	宿命星E	宿命星G
十二運				
空亡				

親から受け継いだ行動パターン（宿命星A）

中心星 18歳以降、軸となる性格（宿命星D）

誰にも見せない本質（宿命星B）

18歳までのエネルギー（年柱の十二運）

COLUMN 5

占いは人生の所々で あなたを助けてくれる

占いの内容に背くことをすれば、不幸になるのでしょうか。たとえば空亡の時期に結婚したり、転職したりすれば絶対にうまくいかないのか。「こうするといい」ということは、本書でもさまざまに触れてきました。それでもどうしても結婚したい人があらわれたら。その時期にずっと夢見ていた職種への転職のチャンスが巡ってきたら。

それを占うには、四柱推命という「命術」ばかりでなく、タロット占いや易といった「卜術」がヒントになるかも——というつまらないご回答はさておき、一つの例をご紹介しましょう。劫財が巡ってきた時期に、恋人に1,000万円を超えるお金を貸した女性がいました。劫財、お金に関しては要注意の年です。人に貸せばまず返ってこない、返ってきたとしても大変な心労を伴います。でも、女性は「この人なら」と思ったのです。「実家を売り飛ばしてでも返す」という、恋人の言葉を彼女は信じました。そして、恋人とは連絡が取れなくなりました。

ここまでお読みになって「バカだなあ」と思われた方、多いかと思います。そしておそらく、すでにお察しのとおりこれは私（バカ）のお話です。それはそれはもう、絶望したものでした。で、その男性の最も低迷する日時を狙って猛攻し……というのはまた別のお話ですが、思い出すとしょんぼりするくらいの勉強代を弁護士に払い、取り戻すに至りました。人生の指針も、闘い方も教えてくれる占いと愚かな自分を、私は愛しています。

CHAPTER

6

Calendar

「暦」

この章では、1955年から2035年までの期間のすべての日の年・月・日の干支と、中心星を紹介しています。命式を出したり、「全人生計画シート」や「短期計画シート」の星回りを出したりするのに役立ててください。

また、蔵干、空亡、十二運の調べ方、60干支表も掲載しています。暦から自分のデータをチェックして、四柱推命の理解に役立てましょう。

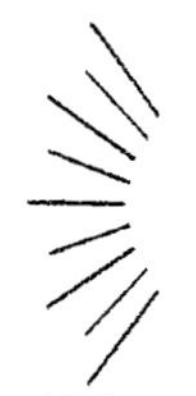

四柱推命暦 1955 - 2035

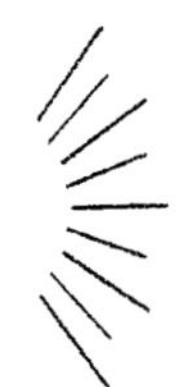

提供／株式会社アールアールジェイ

★ 表の見方

1980年12月26日生まれの例

日干は10、月干は25、中心星は比肩

	12月		
日	日干	月干	中心星
1	45	24	偏財
2	46	24	正財
26	10	25	比肩
27	11	25	印綬

暦では、年・日・月の干支を見つけるための数字と、中心星を紹介しています。年の干支（年干・年支）を示す数字は、「〇〇年生まれ」のすぐ横にあります。日の干支（日干・日支）を示す数字を「日干」の列、月の干支（月干・月支）の数字を「月干」の列に示してあります。各数字をp.206の「60干支表」と照らし合わせて、年・月・日の干と支を出しましょう。暦で地が濃い黄色になっている日は、月の切り替わり日（節入り日）です。

※四柱推命では立春が１年のスタートです。1/1 ～立春の前日生まれの人は前年の生まれとなります。切り替えは黒い太線で示しています。

1955年生まれ 年干：32 1955/2/4-1956/2/4

	1月			2月			3月			4月			5月			6月			7月			8月			9月			10月			11月			12月		
日	日干	月干	中心星	日干	月干	中心星	日干	月干	中心星	日干	月干	中心星	日干	月干	中心星	日干	月干	中心星	日干	月干	中心星	日干	月干	中心星	日干	月干	中心星	日干	月干	中心星	日干	月干	中心星	日干	月干	中心星
1	59	13	劫財	30	14	偏官	58	15	正財	29	16	傷官	59	17	偏官	30	18	正財	60	19	偏財	31	20	正財	2	21	正官	32	22	偏官	3	23	食神	33	24	偏官
2	60	13	比肩	31	14	正財	59	15	食神	30	16	食神	60	17	正官	31	18	食神	1	19	傷官	32	20	偏財	3	21	偏財	33	22	正財	4	23	傷官	34	24	正官
3	1	13	印綬	32	14	偏財	60	15	傷官	31	16	劫財	1	17	偏財	32	18	傷官	2	19	食神	33	20	傷官	4	21	正財	34	22	偏財	5	23	比肩	35	24	偏財
4	2	13	偏印	33	15	食神	1	15	比肩	32	16	比肩	2	17	正財	33	18	比肩	3	19	劫財	34	20	食神	5	21	食神	35	22	傷官	6	23	劫財	36	24	正財
5	3	13	正官	34	15	傷官	2	15	劫財	33	17	印綬	3	17	食神	34	18	劫財	4	19	比肩	35	20	劫財	6	21	傷官	36	22	食神	7	23	偏印	37	24	食神
6	4	14	偏官	35	15	比肩	3	16	偏印	34	17	偏印	4	18	傷官	35	19	偏印	5	19	印綬	36	20	比肩	7	21	比肩	37	22	劫財	8	23	印綬	38	24	傷官
7	5	14	正財	36	15	劫財	4	16	印綬	35	17	正官	5	18	比肩	36	19	印綬	6	19	偏印	37	20	印綬	8	21	劫財	38	22	比肩	9	23	偏官	39	24	比肩
8	6	14	偏財	37	15	偏印	5	16	偏官	36	17	偏官	6	18	劫財	37	19	偏官	7	20	正官	38	21	印綬	9	22	偏印	39	22	印綬	10	24	正官	40	25	劫財
9	7	14	傷官	38	15	印綬	6	16	正官	37	17	正財	7	18	偏印	38	19	正官	8	20	偏官	39	21	偏官	10	22	印綬	40	23	偏印	11	24	偏財	41	25	偏印
10	8	14	食神	39	15	偏官	7	16	偏財	38	17	偏財	8	18	印綬	39	19	偏財	9	20	正財	40	21	正官	11	22	偏官	41	23	正官	12	24	正財	42	25	印綬
11	9	14	劫財	40	15	正官	8	16	正財	39	17	傷官	9	18	偏官	40	19	正財	10	20	偏財	41	21	偏財	12	22	正官	42	23	偏官	13	24	食神	43	25	偏官
12	10	14	比肩	41	15	食神	9	16	食神	40	17	食神	10	18	正官	41	19	食神	11	20	傷官	42	21	正財	13	22	偏財	43	23	正財	14	24	傷官	44	25	正官
13	11	14	印綬	42	15	傷官	10	16	傷官	41	17	劫財	11	18	偏財	42	19	傷官	12	20	食神	43	21	食神	14	22	正財	44	23	偏財	15	24	比肩	45	25	偏財
14	12	14	偏印	43	15	比肩	11	16	比肩	42	17	比肩	12	18	正官	43	19	比肩	13	20	劫財	44	21	傷官	15	22	食神	45	23	傷官	16	24	劫財	46	25	正財
15	13	14	正官	44	15	劫財	12	16	劫財	43	17	正官	13	18	偏財	44	19	劫財	14	20	比肩	45	21	比肩	16	22	傷官	46	23	食神	17	24	偏印	47	25	食神
16	14	14	偏財	45	15	偏印	13	16	偏印	44	17	偏官	14	18	正財	45	19	偏印	15	20	印綬	46	21	正財	17	22	比肩	47	23	劫財	18	24	正財	48	25	傷官
17	15	14	傷官	46	15	印綬	14	16	偏印	45	17	正財	15	18	食神	46	19	比肩	16	20	偏印	47	21	食神	18	22	劫財	48	23	比肩	19	24	食神	49	25	比肩
18	16	14	食神	47	15	偏官	15	16	正官	46	17	劫財	16	18	傷官	47	19	印綬	17	20	正財	48	21	傷官	19	22	偏印	49	23	印綬	20	24	傷官	50	25	劫財
19	17	14	印綬	48	15	正財	16	16	偏官	47	17	偏印	17	18	比肩	48	19	偏印	18	20	偏財	49	21	比肩	20	22	偏印	50	23	偏財	21	24	比肩	51	25	印綬
20	18	14	偏印	49	15	食神	17	16	正財	48	17	印綬	18	18	劫財	49	19	正官	19	20	傷官	50	21	劫財	21	22	正官	51	23	傷官	22	24	劫財	52	25	偏印
21	19	14	正官	50	15	傷官	18	16	偏財	49	17	偏官	19	18	偏財	50	19	偏官	20	20	偏官	51	21	偏印	22	22	偏官	52	23	食神	23	24	偏官	53	25	正官
22	20	14	偏官	51	15	比肩	19	16	傷官	50	17	正官	20	18	正財	51	19	正財	21	20	正財	52	21	印綬	23	22	正財	53	23	食神	24	24	印綬	54	25	偏官
23	21	14	正財	52	15	劫財	20	16	食神	51	17	偏財	21	18	食神	52	19	偏財	22	20	偏財	53	21	偏財	24	22	偏財	54	23	傷官	25	24	偏財	55	25	正財
24	22	14	偏財	53	15	偏印	21	16	劫財	52	17	正財	22	18	傷官	53	19	傷官	23	20	傷官	54	21	正財	25	22	傷官	55	23	比肩	26	24	正財	56	25	偏財
25	23	14	傷官	54	15	印綬	22	16	比肩	53	17	食神	23	18	比肩	54	19	食神	24	20	食神	55	21	食神	26	22	食神	56	23	劫財	27	24	食神	57	25	傷官
26	24	14	食神	55	15	偏官	23	16	印綬	54	17	傷官	24	18	劫財	55	19	劫財	25	20	劫財	56	21	傷官	27	22	劫財	57	23	偏印	28	24	傷官	58	25	食神
27	25	14	劫財	56	15	正官	24	16	偏印	55	17	比肩	25	18	偏印	56	19	偏印	26	20	比肩	57	21	比肩	28	22	比肩	58	23	印綬	29	24	比肩	59	25	劫財
28	26	14	比肩	57	15	偏財	25	16	正官	56	17	劫財	26	18	印綬	57	19	正官	27	20	印綬	58	21	劫財	29	22	印綬	59	23	偏官	30	24	劫財	60	25	比肩
29	27	14	印綬				26	16	偏官	57	17	偏印	27	18	偏官	58	19	偏官	28	20	偏印	59	21	偏印	30	22	偏印	60	23	正官	31	24	偏印	1	25	印綬
30	28	14	偏印				27	16	正財	58	17	印綬	28	18	正官	59	19	正財	29	20	正官	60	21	印綬	31	22	正官	1	23	偏財	32	24	印綬	2	25	偏印
31	29	14	正官				28	16	偏財				29	18	偏財				30	20	偏官	1	21	偏官				2	23	正財				3	25	正官

1956年生まれ 年干：33 1956/2/5-1957/2/3

	1月			2月			3月			4月			5月			6月			7月			8月			9月			10月			11月			12月		
日	日干	月干	中心星	日干	月干	中心星	日干	月干	中心星	日干	月干	中心星	日干	月干	中心星	日干	月干	中心星	日干	月干	中心星	日干	月干	中心星	日干	月干	中心星	日干	月干	中心星	日干	月干	中心星	日干	月干	中心星
1	4	25	偏官	35	26	劫財	4	27	印綬	35	28	正官	5	29	比肩	36	30	印綬	6	31	偏印	37	32	印綬	8	33	劫財	38	34	比肩	9	35	偏官	39	36	比肩
2	5	25	正財	36	26	比肩	5	27	偏官	36	28	偏官	6	29	劫財	37	30	偏官	7	31	正官	38	32	偏印	9	33	偏印	39	34	印綬	10	35	正官	40	36	劫財
3	6	25	偏財	37	26	印綬	6	27	正官	37	28	正財	7	29	偏印	38	30	正官	8	31	偏官	39	32	正官	10	33	印綬	40	34	偏印	11	35	偏財	41	36	偏印
4	7	25	傷官	38	26	偏印	7	27	偏財	38	28	偏財	8	29	印綬	39	30	偏財	9	31	正財	40	32	偏官	11	33	偏官	41	34	正官	12	35	正財	42	36	印綬
5	8	25	食神	39	27	偏官	8	28	正財	39	29	傷官	9	30	偏官	40	30	正財	10	31	偏財	41	32	正財	12	33	正官	42	34	偏官	13	35	食神	43	36	偏官
6	9	26	劫財	40	27	正官	9	28	食神	40	29	食神	10	30	正官	41	31	食神	11	31	傷官	42	32	偏財	13	33	偏財	43	34	正財	14	35	傷官	44	36	正官
7	10	26	比肩	41	27	偏財	10	28	傷官	41	29	劫財	11	30	偏財	42	31	傷官	12	32	食神	43	33	食神	14	33	正財	44	34	偏財	15	36	比肩	45	37	偏財
8	11	26	印綬	42	27	正財	11	28	比肩	42	29	比肩	12	30	正財	43	31	比肩	13	32	劫財	44	33	傷官	15	34	食神	45	35	傷官	16	36	劫財	46	37	正財
9	12	26	偏印	43	27	食神	12	28	劫財	43	29	印綬	13	30	食神	44	31	劫財	14	32	比肩	45	33	比肩	16	34	傷官	46	35	食神	17	36	偏印	47	37	食神
10	13	26	正官	44	27	傷官	13	28	偏印	44	29	偏印	14	30	傷官	45	31	偏印	15	32	印綬	46	33	劫財	17	34	比肩	47	35	劫財	18	36	印綬	48	37	傷官
11	14	26	偏官	45	27	比肩	14	28	印綬	45	29	正官	15	30	比肩	46	31	印綬	16	32	偏印	47	33	偏印	18	34	劫財	48	35	比肩	19	36	偏官	49	37	比肩
12	15	26	正財	46	27	劫財	15	28	偏官	46	29	偏官	16	30	劫財	47	31	偏官	17	32	正官	48	33	印綬	19	34	偏印	49	35	印綬	20	36	正官	50	37	劫財
13	16	26	偏財	47	27	偏官	16	28	正官	47	29	正財	17	30	比肩	48	31	正官	18	32	偏官	49	33	偏官	20	34	印綬	50	35	偏印	21	36	偏財	51	37	偏印
14	17	26	傷官	48	27	正官	17	28	偏財	48	29	偏財	18	30	劫財	49	31	偏財	19	32	正財	50	33	正官	21	34	偏官	51	35	正官	22	36	正財	52	37	印綬
15	18	26	食神	49	27	偏財	18	28	正財	49	29	劫財	19	30	偏印	50	31	正財	20	32	偏財	51	33	偏印	22	34	正官	52	35	偏官	23	36	偏印	53	37	偏官
16	19	26	印綬	50	27	正財	19	28	傷官	50	29	比肩	20	30	印綬	51	31	食神	21	32	傷官	52	33	印綬	23	34	偏財	53	35	正財	24	36	印綬	54	37	正官
17	20	26	偏印	51	27	食神	20	28	食神	51	29	印綬	21	30	偏官	52	31	偏財	22	32	比肩	53	33	偏官	24	34	正財	54	35	偏財	25	36	偏官	55	37	偏財
18	21	26	正官	52	27	傷官	21	28	劫財	52	29	正財	22	30	正官	53	31	傷官	23	32	印綬	54	33	正官	25	34	食神	55	35	印綬	26	36	正官	56	37	偏財
19	22	26	偏財	53	27	比肩	22	28	比肩	53	29	食神	23	30	偏財	54	31	食神	24	32	偏印	55	33	偏財	26	34	食神	56	35	偏印	27	36	偏財	57	37	傷官
20	23	26	傷官	54	27	印綬	23	28	印綬	54	29	傷官	24	30	劫財	55	31	劫財	25	32	劫財	56	33	正財	27	34	劫財	57	35	正官	28	36	正財	58	37	食神
21	24	26	食神	55	27	偏官	24	28	偏印	55	29	比肩	25	30	偏印	56	31	比肩	26	32	比肩	57	33	食神	28	34	比肩	58	35	印綬	29	36	食神	59	37	劫財
22	25	26	劫財	56	27	正官	25	28	正官	56	29	劫財	26	30	印綬	57	31	印綬	27	32	印綬	58	33	劫財	29	34	印綬	59	35	偏官	30	36	劫財	60	37	比肩
23	26	26	比肩	57	27	偏財	26	28	偏官	57	29	偏印	27	30	偏官	58	31	偏印	28	32	偏印	59	33	偏印	30	34	偏印	60	35	正官	31	36	偏印	1	37	印綬
24	27	26	印綬	58	27	正財	27	28	正財	58	29	印綬	28	30	正官	59	31	正官	29	32	正官	60	33	印綬	31	34	正官	1	35	偏財	32	36	印綬	2	37	偏印
25	28	26	偏印	59	27	食神	28	28	偏財	59	29	偏官	29	30	偏財	60	31	偏官	30	32	偏官	1	33	偏官	32	34	偏官	2	35	正財	33	36	偏官	3	37	正官
26	29	26	正官	60	27	傷官	29	28	傷官	60	29	正官	30	30	正財	1	31	正財	31	32	正財	2	33	正官	33	34	正財	3	35	食神	34	36	正官	4	37	偏官
27	30	26	偏官	1	27	比肩	30	28	食神	1	29	偏財	31	30	食神	2	31	食神	32	32	偏財	3	33	偏財	34	34	偏財	4	35	傷官	35	36	偏財	5	37	正財
28	31	26	正財	2	27	劫財	31	28	劫財	2	29	正財	32	30	傷官	3	31	劫財	33	32	傷官	4	33	正財	35	34	傷官	5	35	比肩	36	36	正財	6	37	偏財
29	32	26	偏財	3	27	偏印	32	28	比肩	3	29	食神	33	30	比肩	4	31	比肩	34	32	食神	5	33	食神	36	34	食神	6	35	劫財	37	36	食神	7	37	傷官
30	33	26	傷官				33	28	印綬	4	29	傷官	34	30	劫財	5	31	印綬	35	32	劫財	6	33	傷官	37	34	劫財	7	35	偏印	38	36	傷官	8	37	食神
31	34	26	食神				34	28	偏印				35	30	偏印				36	32	比肩	7	33	比肩				8	35	印綬				9	37	劫財

1957年生まれ 年干：34 1957/2/4-1958/2/3

	1月			2月			3月			4月			5月			6月			7月			8月			9月			10月			11月			12月		
日	日干	月干	中心星	日干	月干	中心星	日干	月干	中心星	日干	月干	中心星	日干	月干	中心星	日干	月干	中心星	日干	月干	中心星	日干	月干	中心星	日干	月干	中心星	日干	月干	中心星	日干	月干	中心星	日干	月干	中心星
1	10	37	比肩	41	38	正財	9	39	食神	40	40	食神	10	41	正官	41	42	食神	11	43	傷官	42	44	偏財	13	45	偏財	43	46	正財	14	47	傷官	44	48	正官
2	11	37	印綬	42	38	偏財	10	39	傷官	41	40	劫財	11	41	偏財	42	42	傷官	12	43	食神	43	44	傷官	14	45	正財	44	46	偏財	15	47	比肩	45	48	偏財
3	12	37	偏印	43	38	傷官	11	39	比肩	42	40	比肩	12	41	正財	43	42	比肩	13	43	劫財	44	44	食神	15	45	食神	45	46	傷官	16	47	劫財	46	48	正財
4	13	37	正官	44	39	傷官	12	39	劫財	43	40	印綬	13	41	食神	44	42	劫財	14	43	比肩	45	44	劫財	16	45	傷官	46	46	食神	17	47	偏印	47	48	食神
5	14	38	偏官	45	39	比肩	13	39	偏印	44	41	偏印	14	41	傷官	45	42	偏印	15	43	印綬	46	44	比肩	17	45	比肩	47	46	劫財	18	47	印綬	48	48	傷官
6	15	38	正財	46	39	劫財	14	40	印綬	45	41	正官	15	42	比肩	46	43	印綬	16	44	偏印	47	44	印綬	18	45	劫財	48	46	比肩	19	47	偏官	49	48	比肩
7	16	38	偏財	47	39	偏印	15	40	偏官	46	41	偏官	16	42	劫財	47	43	偏官	17	44	正官	48	44	偏印	19	45	偏印	49	46	印綬	20	47	正官	50	49	劫財
8	17	38	傷官	48	39	印綬	16	40	正官	47	41	正財	17	42	偏印	48	43	正官	18	44	偏官	49	45	偏官	20	46	印綬	50	47	偏印	21	48	偏財	51	49	偏印
9	18	38	食神	49	39	偏官	17	40	偏財	48	41	偏財	18	42	印綬	49	43	偏財	19	44	正財	50	45	正官	21	46	偏官	51	47	正官	22	48	正財	52	49	印綬
10	19	38	劫財	50	39	正官	18	40	正財	49	41	傷官	19	42	偏官	50	43	正財	20	44	偏財	51	45	偏財	22	46	正官	52	47	偏官	23	48	食神	53	49	偏官
11	20	38	比肩	51	39	偏財	19	40	食神	50	41	食神	20	42	正官	51	43	食神	21	44	傷官	52	45	正財	23	46	偏財	53	47	正財	24	48	傷官	54	49	正官
12	21	38	印綬	52	39	傷官	20	40	傷官	51	41	劫財	21	42	偏財	52	43	傷官	22	44	食神	53	45	食神	24	46	正財	54	47	偏財	25	48	比肩	55	49	偏財
13	22	38	偏印	53	39	比肩	21	40	比肩	52	41	比肩	22	42	正財	53	43	比肩	23	44	劫財	54	45	傷官	25	46	食神	55	47	傷官	26	48	劫財	56	49	正財
14	23	38	正官	54	39	劫財	22	40	劫財	53	41	印綬	23	42	偏財	54	43	劫財	24	44	比肩	55	45	比肩	26	46	傷官	56	47	食神	27	48	偏印	57	49	食神
15	24	38	偏財	55	39	偏印	23	40	偏印	54	41	偏官	24	42	正財	55	43	偏印	25	44	印綬	56	45	劫財	27	46	比肩	57	47	劫財	28	48	印綬	58	49	傷官
16	25	38	傷官	56	39	印綬	24	40	印綬	55	41	正財	25	42	食神	56	43	印綬	26	44	偏印	57	45	食神	28	46	劫財	58	47	比肩	29	48	食神	59	49	比肩
17	26	38	食神	57	39	偏官	25	40	正官	56	41	偏財	26	42	傷官	57	43	印綬	27	44	正財	58	45	傷官	29	46	偏印	59	47	印綬	30	48	傷官	60	49	劫財
18	27	38	印綬	58	39	正官	26	40	偏官	57	41	偏印	27	42	比肩	58	43	偏印	28	44	偏財	59	45	比肩	30	46	印綬	60	47	偏財	31	48	比肩	1	49	印綬
19	28	38	偏印	59	39	食神	27	40	正財	58	41	印綬	28	42	劫財	59	43	正官	29	44	正官	60	45	劫財	31	46	正官	1	47	傷官	32	48	劫財	2	49	偏印
20	29	38	正官	60	39	傷官	28	40	偏財	59	41	偏官	29	42	偏印	60	43	偏官	30	44	偏官	1	45	偏印	32	46	偏官	2	47	食神	33	48	偏印	3	49	正官
21	30	38	偏官	1	39	比肩	29	40	傷官	60	41	正官	30	42	正財	1	43	正財	31	44	正財	2	45	印綬	33	46	正財	3	47	食神	34	48	印綬	4	49	偏官
22	31	38	正財	2	39	劫財	30	40	食神	1	41	偏財	31	42	食神	2	43	偏財	32	44	偏財	3	45	偏官	34	46	偏財	4	47	傷官	35	48	偏官	5	49	正財
23	32	38	偏財	3	39	偏印	31	40	劫財	2	41	正財	32	42	傷官	3	43	傷官	33	44	傷官	4	45	正財	35	46	傷官	5	47	比肩	36	48	正財	6	49	偏財
24	33	38	傷官	4	39	印綬	32	40	比肩	3	41	食神	33	42	比肩	4	43	食神	34	44	食神	5	45	食神	36	46	食神	6	47	劫財	37	48	食神	7	49	傷官
25	34	38	食神	5	39	偏官	33	40	印綬	4	41	傷官	34	42	劫財	5	43	劫財	35	44	劫財	6	45	傷官	37	46	劫財	7	47	偏印	38	48	傷官	8	49	食神
26	35	38	劫財	6	39	正官	34	40	偏印	5	41	比肩	35	42	偏印	6	43	比肩	36	44	比肩	7	45	比肩	38	46	比肩	8	47	印綬	39	48	比肩	9	49	劫財
27	36	38	比肩	7	39	偏財	35	40	正官	6	41	劫財	36	42	印綬	7	43	正官	37	44	印綬	8	45	劫財	39	46	印綬	9	47	偏官	40	48	劫財	10	49	比肩
28	37	38	印綬	8	39	正財	36	40	偏官	7	41	偏印	37	42	偏官	8	43	偏官	38	44	偏印	9	45	偏印	40	46	偏印	10	47	正官	41	48	偏印	11	49	印綬
29	38	38	偏印				37	40	正財	8	41	印綬	38	42	正官	9	43	正財	39	44	正官	10	45	印綬	41	46	正官	11	47	偏財	42	48	印綬	12	49	偏印
30	39	38	正官				38	40	偏財	9	41	偏官	39	42	偏財	10	43	偏財	40	44	偏官	11	45	偏官	42	46	偏官	12	47	正財	43	48	偏官	13	49	正官
31	40	38	偏官				39	40	傷官				40	42	正財				41	44	正財	12	45	正官				13	47	食神				14	49	偏官

1958年生まれ 年干:35 1958/2/4-1959/2/3

	1月			2月			3月			4月			5月			6月			7月			8月			9月			10月			11月			12月		
日	日干	月干	中心星	日干	月干	中心星	日干	月干	中心星	日干	月干	中心星	日干	月干	中心星	日干	月干	中心星	日干	月干	中心星	日干	月干	中心星	日干	月干	中心星	日干	月干	中心星	日干	月干	中心星	日干	月干	中心星
1	15	49	正財	46	50	比肩	14	51	印綬	45	52	正官	15	53	比肩	46	54	印綬	16	55	偏印	47	56	印綬	18	57	劫財	48	58	比肩	19	59	偏官	49	60	比肩
2	16	49	偏財	47	50	印綬	15	51	偏官	46	52	偏官	16	53	劫財	47	54	偏官	17	55	正官	48	56	偏印	19	57	偏印	49	58	印綬	20	59	正官	50	60	劫財
3	17	49	傷官	48	50	偏印	16	51	正官	47	52	正財	17	53	偏印	48	54	正官	18	55	偏官	49	56	正官	20	57	印綬	50	58	偏印	21	59	偏財	51	60	偏印
4	18	49	食神	49	51	偏官	17	51	偏財	48	52	偏財	18	53	印綬	49	54	偏財	19	55	正財	50	56	偏官	21	57	偏官	51	58	正官	22	59	正財	52	60	印綬
5	19	49	劫財	50	51	正官	18	51	正財	49	53	傷官	19	53	偏官	50	54	正財	20	55	偏財	51	56	正財	22	57	正官	52	58	偏官	23	59	食神	53	60	偏官
6	20	50	比肩	51	51	偏財	19	52	食神	50	53	食神	20	54	正官	51	55	食神	21	55	傷官	52	56	偏財	23	57	偏財	53	58	正財	24	59	傷官	54	60	正官
7	21	50	印綬	52	51	正財	20	52	傷官	51	53	劫財	21	54	偏財	52	55	傷官	22	55	食神	53	56	傷官	24	57	正財	54	58	偏財	25	59	比肩	55	1	偏財
8	22	50	偏印	53	51	食神	21	52	比肩	52	53	比肩	22	54	正財	53	55	比肩	23	56	劫財	54	57	傷官	25	58	食神	55	58	傷官	26	60	劫財	56	1	正財
9	23	50	正官	54	51	傷官	22	52	劫財	53	53	印綬	23	54	食神	54	55	劫財	24	56	比肩	55	57	比肩	26	58	傷官	56	59	食神	27	60	偏印	57	1	食神
10	24	50	偏官	55	51	比肩	23	52	偏印	54	53	偏印	24	54	傷官	55	55	偏印	25	56	印綬	56	57	劫財	27	58	比肩	57	59	劫財	28	60	印綬	58	1	傷官
11	25	50	正財	56	51	劫財	24	52	印綬	55	53	正官	25	54	比肩	56	55	印綬	26	56	偏印	57	57	偏印	28	58	劫財	58	59	比肩	29	60	偏官	59	1	比肩
12	26	50	偏財	57	51	偏官	25	52	偏官	56	53	偏官	26	54	劫財	57	55	偏官	27	56	正官	58	57	印綬	29	58	偏印	59	59	印綬	30	60	正官	60	1	劫財
13	27	50	傷官	58	51	正官	26	52	正官	57	53	正財	27	54	偏印	58	55	正官	28	56	偏官	59	57	偏官	30	58	印綬	60	59	偏印	31	60	偏財	1	1	偏印
14	28	50	食神	59	51	偏財	27	52	偏財	58	53	偏財	28	54	劫財	59	55	偏財	29	56	正財	60	57	正官	31	58	偏官	1	59	正官	32	60	正財	2	1	印綬
15	29	50	劫財	60	51	正財	28	52	正財	59	53	劫財	29	54	偏印	60	55	正財	30	56	偏財	1	57	偏財	32	58	正官	2	59	偏官	33	60	食神	3	1	偏官
16	30	50	偏印	1	51	食神	29	52	食神	60	53	比肩	30	54	印綬	1	55	食神	31	56	傷官	2	57	印綬	33	58	偏財	3	59	正財	34	60	印綬	4	1	正官
17	31	50	正官	2	51	傷官	30	52	食神	1	53	印綬	31	54	偏官	2	55	偏財	32	56	食神	3	57	偏官	34	58	正財	4	59	偏財	35	60	偏官	5	1	偏財
18	32	50	偏官	3	51	比肩	31	52	劫財	2	53	正財	32	54	正官	3	55	傷官	33	56	印綬	4	57	正官	35	58	食神	5	59	傷官	36	60	正官	6	1	偏財
19	33	50	傷官	4	51	印綬	32	52	比肩	3	53	食神	33	54	偏財	4	55	食神	34	56	偏印	5	57	偏財	36	58	食神	6	59	偏印	37	60	偏財	7	1	傷官
20	34	50	食神	5	51	偏官	33	52	印綬	4	53	傷官	34	54	正財	5	55	劫財	35	56	正官	6	57	正財	37	58	劫財	7	59	正官	38	60	正財	8	1	食神
21	35	50	劫財	6	51	正官	34	52	偏印	5	53	比肩	35	54	偏印	6	55	比肩	36	56	比肩	7	57	食神	38	58	比肩	8	59	偏官	39	60	食神	9	1	劫財
22	36	50	比肩	7	51	偏財	35	52	正官	6	53	劫財	36	54	印綬	7	55	印綬	37	56	印綬	8	57	傷官	39	58	印綬	9	59	偏官	40	60	傷官	10	1	比肩
23	37	50	印綬	8	51	正財	36	52	偏官	7	53	偏印	37	54	偏官	8	55	偏印	38	56	偏印	9	57	偏印	40	58	偏印	10	59	正官	41	60	偏印	11	1	印綬
24	38	50	偏印	9	51	食神	37	52	正財	8	53	印綬	38	54	正官	9	55	正官	39	56	正官	10	57	印綬	41	58	正官	11	59	偏財	42	60	印綬	12	1	偏印
25	39	50	正官	10	51	傷官	38	52	偏財	9	53	偏官	39	54	偏財	10	55	偏官	40	56	偏官	11	57	偏官	42	58	偏官	12	59	正財	43	60	偏官	13	1	正官
26	40	50	偏官	11	51	比肩	39	52	傷官	10	53	正官	40	54	正財	11	55	正財	41	56	正財	12	57	正官	43	58	正財	13	59	食神	44	60	正官	14	1	偏官
27	41	50	正財	12	51	劫財	40	52	食神	11	53	偏財	41	54	食神	12	55	食神	42	56	偏財	13	57	偏財	44	58	偏財	14	59	傷官	45	60	偏財	15	1	正財
28	42	50	偏財	13	51	偏印	41	52	劫財	12	53	正財	42	54	傷官	13	55	劫財	43	56	傷官	14	57	正財	45	58	傷官	15	59	比肩	46	60	正財	16	1	偏財
29	43	50	傷官				42	52	比肩	13	53	食神	43	54	比肩	14	55	比肩	44	56	食神	15	57	食神	46	58	食神	16	59	劫財	47	60	食神	17	1	傷官
30	44	50	食神				43	52	印綬	14	53	傷官	44	54	劫財	15	55	印綬	45	56	劫財	16	57	傷官	47	58	劫財	17	59	偏印	48	60	傷官	18	1	食神
31	45	50	劫財				44	52	偏印				45	54	偏印				46	56	比肩	17	57	比肩				18	59	印綬				19	1	劫財

1959年生まれ 年干:36 1959/2/4-1960/2/4

	1月			2月			3月			4月			5月			6月			7月			8月			9月			10月			11月			12月		
日	日干	月干	中心星	日干	月干	中心星	日干	月干	中心星	日干	月干	中心星	日干	月干	中心星	日干	月干	中心星	日干	月干	中心星	日干	月干	中心星	日干	月干	中心星	日干	月干	中心星	日干	月干	中心星	日干	月干	中心星
1	20	1	比肩	51	2	正財	19	3	食神	50	4	食神	20	5	正官	51	6	食神	21	7	傷官	52	8	偏財	23	9	偏財	53	10	正財	24	11	傷官	54	12	正官
2	21	1	印綬	52	2	偏財	20	3	傷官	51	4	劫財	21	5	偏財	52	6	傷官	22	7	食神	53	8	傷官	24	9	正財	54	10	偏財	25	11	比肩	55	12	偏財
3	22	1	偏印	53	2	傷官	21	3	比肩	52	4	比肩	22	5	正財	53	6	比肩	23	7	劫財	54	8	食神	25	9	食神	55	10	傷官	26	11	劫財	56	12	正財
4	23	1	正官	54	3	傷官	22	3	劫財	53	4	印綬	23	5	食神	54	6	劫財	24	7	比肩	55	8	劫財	26	9	傷官	56	10	食神	27	11	偏印	57	12	食神
5	24	1	偏官	55	3	比肩	23	3	偏印	54	5	偏印	24	5	傷官	55	6	偏印	25	7	印綬	56	8	比肩	27	9	比肩	57	10	劫財	28	11	印綬	58	12	傷官
6	25	2	正財	56	3	劫財	24	4	印綬	55	5	正官	25	6	比肩	56	7	印綬	26	7	偏印	57	8	印綬	28	9	劫財	58	10	比肩	29	11	偏官	59	12	比肩
7	26	2	偏財	57	3	偏印	25	4	偏官	56	5	偏官	26	6	劫財	57	7	偏官	27	7	正官	58	8	偏印	29	9	偏印	59	10	印綬	30	11	正官	60	12	劫財
8	27	2	傷官	58	3	印綬	26	4	正官	57	5	正財	27	6	偏印	58	7	正官	28	8	偏官	59	9	偏官	30	10	印綬	60	10	偏印	31	12	偏財	1	13	偏印
9	28	2	食神	59	3	偏官	27	4	偏財	58	5	偏財	28	6	印綬	59	7	偏財	29	8	正財	60	9	正官	31	10	偏官	1	11	正官	32	12	正財	2	13	印綬
10	29	2	劫財	60	3	正官	28	4	正財	59	5	傷官	29	6	偏官	60	7	正財	30	8	偏財	1	9	偏財	32	10	正官	2	11	偏官	33	12	食神	3	13	偏官
11	30	2	比肩	1	3	偏財	29	4	食神	60	5	食神	30	6	正官	1	7	食神	31	8	傷官	2	9	正財	33	10	偏財	3	11	正財	34	12	傷官	4	13	正官
12	31	2	印綬	2	3	傷官	30	4	傷官	1	5	劫財	31	6	偏財	2	7	傷官	32	8	食神	3	9	食神	34	10	正財	4	11	偏財	35	12	比肩	5	13	偏財
13	32	2	偏印	3	3	比肩	31	4	比肩	2	5	比肩	32	6	正財	3	7	比肩	33	8	劫財	4	9	傷官	35	10	食神	5	11	傷官	36	12	劫財	6	13	正財
14	33	2	正官	4	3	劫財	32	4	劫財	3	5	印綬	33	6	偏財	4	7	劫財	34	8	比肩	5	9	比肩	36	10	傷官	6	11	食神	37	12	偏印	7	13	食神
15	34	2	偏官	5	3	偏印	33	4	偏印	4	5	偏官	34	6	正財	5	7	偏印	35	8	印綬	6	9	劫財	37	10	比肩	7	11	劫財	38	12	印綬	8	13	傷官
16	35	2	傷官	6	3	印綬	34	4	印綬	5	5	正財	35	6	食神	6	7	印綬	36	8	偏印	7	9	食神	38	10	劫財	8	11	比肩	39	12	食神	9	13	比肩
17	36	2	食神	7	3	偏官	35	4	正官	6	5	偏財	36	6	傷官	7	7	印綬	37	8	正官	8	9	傷官	39	10	偏印	9	11	印綬	40	12	傷官	10	13	劫財
18	37	2	劫財	8	3	正官	36	4	偏官	7	5	偏印	37	6	比肩	8	7	偏印	38	8	偏財	9	9	比肩	40	10	印綬	10	11	偏印	41	12	比肩	11	13	偏印
19	38	2	偏印	9	3	食神	37	4	正財	8	5	印綬	38	6	劫財	9	7	正官	39	8	傷官	10	9	劫財	41	10	正官	11	11	傷官	42	12	劫財	12	13	偏印
20	39	2	正官	10	3	傷官	38	4	偏財	9	5	偏官	39	6	偏印	10	7	偏官	40	8	食神	11	9	偏印	42	10	偏官	12	11	食神	43	12	偏印	13	13	正官
21	40	2	偏官	11	3	比肩	39	4	傷官	10	5	正官	40	6	正財	11	7	正財	41	8	正財	12	9	印綬	43	10	正財	13	11	劫財	44	12	印綬	14	13	偏官
22	41	2	正財	12	3	劫財	40	4	食神	11	5	偏財	41	6	食神	12	7	偏財	42	8	偏財	13	9	偏官	44	10	偏財	14	11	傷官	45	12	偏官	15	13	正財
23	42	2	偏財	13	3	偏印	41	4	劫財	12	5	正財	42	6	傷官	13	7	偏財	43	8	傷官	14	9	正財	45	10	傷官	15	11	比肩	46	12	正財	16	13	偏財
24	43	2	傷官	14	3	印綬	42	4	比肩	13	5	食神	43	6	比肩	14	7	食神	44	8	食神	15	9	食神	46	10	食神	16	11	劫財	47	12	食神	17	13	傷官
25	44	2	食神	15	3	偏官	43	4	印綬	14	5	傷官	44	6	劫財	15	7	劫財	45	8	劫財	16	9	傷官	47	10	劫財	17	11	偏印	48	12	傷官	18	13	食神
26	45	2	劫財	16	3	正官	44	4	偏印	15	5	比肩	45	6	偏印	16	7	比肩	46	8	比肩	17	9	比肩	48	10	比肩	18	11	印綬	49	12	比肩	19	13	劫財
27	46	2	比肩	17	3	偏財	45	4	正官	16	5	劫財	46	6	印綬	17	7	正官	47	8	印綬	18	9	劫財	49	10	印綬	19	11	偏官	50	12	劫財	20	13	比肩
28	47	2	印綬	18	3	正財	46	4	偏官	17	5	偏印	47	6	偏官	18	7	偏官	48	8	偏印	19	9	偏印	50	10	偏印	20	11	正官	51	12	偏印	21	13	印綬
29	48	2	偏印				47	4	正財	18	5	印綬	48	6	正官	19	7	正財	49	8	正官	20	9	印綬	51	10	正官	21	11	偏財	52	12	印綬	22	13	偏印
30	49	2	正官				48	4	偏財	19	5	偏官	49	6	偏財	20	7	偏財	50	8	偏官	21	9	偏官	52	10	偏官	22	11	正財	53	12	偏官	23	13	正官
31	50	2	偏官				49	4	傷官				50	6	正財				51	8	正財	22	9	正官				23	11	食神				24	13	偏官

1960年生まれ 年干：37 1960/2/5-1961/2/3

	1月			2月			3月			4月			5月			6月			7月			8月			9月			10月			11月			12月		
日	日干	月干	中心星	日干	月干	中心星	日干	月干	中心星	日干	月干	中心星	日干	月干	中心星	日干	月干	中心星	日干	月干	中心星	日干	月干	中心星	日干	月干	中心星	日干	月干	中心星	日干	月干	中心星	日干	月干	中心星
1	25	13	正財	56	14	比肩	25	15	偏官	56	16	偏官	26	17	劫財	57	18	偏官	27	19	正官	58	20	偏印	29	21	偏印	59	22	印綬	30	23	正官	60	24	劫財
2	26	13	偏財	57	14	印綬	26	15	正官	57	16	正財	27	17	偏印	58	18	正官	28	19	偏官	59	20	正官	30	21	印綬	60	22	偏印	31	23	偏財	1	24	偏印
3	27	13	傷官	58	14	偏印	27	15	偏財	58	16	偏財	28	17	印綬	59	18	偏財	29	19	正財	60	20	偏官	31	21	偏官	1	22	正官	32	23	正財	2	24	印綬
4	28	13	食神	59	14	正官	28	15	正財	59	16	傷官	29	17	偏官	60	18	正財	30	19	偏財	1	20	正財	32	21	正官	2	22	偏官	33	23	食神	3	24	偏官
5	29	13	劫財	60	15	正官	29	16	食神	60	17	食神	30	18	正官	1	18	食神	31	19	傷官	2	20	偏財	33	21	偏財	3	22	正財	34	23	傷官	4	24	正官
6	30	14	比肩	1	15	偏財	30	16	傷官	1	17	劫財	31	18	偏財	2	19	傷官	32	19	食神	3	20	傷官	34	21	正財	4	22	偏財	35	23	比肩	5	24	偏財
7	31	14	印綬	2	15	正財	31	16	比肩	2	17	比肩	32	18	正財	3	19	比肩	33	20	劫財	4	21	傷官	35	21	食神	5	22	傷官	36	24	劫財	6	25	正財
8	32	14	偏印	3	15	食神	32	16	劫財	3	17	印綬	33	18	食神	4	19	劫財	34	20	比肩	5	21	比肩	36	22	傷官	6	23	食神	37	24	偏印	7	25	食神
9	33	14	正官	4	15	傷官	33	16	偏印	4	17	偏印	34	18	傷官	5	19	偏印	35	20	印綬	6	21	劫財	37	22	比肩	7	23	劫財	38	24	印綬	8	25	傷官
10	34	14	偏官	5	15	比肩	34	16	印綬	5	17	正官	35	18	比肩	6	19	印綬	36	20	偏印	7	21	偏印	38	22	劫財	8	23	比肩	39	24	偏官	9	25	比肩
11	35	14	正財	6	15	劫財	35	16	偏官	6	17	偏官	36	18	劫財	7	19	偏官	37	20	正官	8	21	印綬	39	22	偏印	9	23	印綬	40	24	正官	10	25	劫財
12	36	14	偏財	7	15	偏印	36	16	正官	7	17	正財	37	18	偏印	8	19	正官	38	20	偏官	9	21	偏官	40	22	印綬	10	23	偏印	41	24	偏財	11	25	偏印
13	37	14	傷官	8	15	正官	37	16	偏財	8	17	偏財	38	18	劫財	9	19	偏財	39	20	正財	10	21	正官	41	22	偏官	11	23	正官	42	24	正財	12	25	印綬
14	38	14	食神	9	15	偏財	38	16	正財	9	17	傷官	39	18	偏印	10	19	正財	40	20	偏財	11	21	偏財	42	22	正官	12	23	偏官	43	24	食神	13	25	偏官
15	39	14	劫財	10	15	正財	39	16	食神	10	17	比肩	40	18	印綬	11	19	食神	41	20	傷官	12	21	印綬	43	22	偏財	13	23	正財	44	24	印綬	14	25	正官
16	40	14	偏印	11	15	食神	40	16	食神	11	17	印綬	41	18	偏官	12	19	傷官	42	20	食神	13	21	偏官	44	22	正財	14	23	偏財	45	24	偏官	15	25	偏財
17	41	14	正官	12	15	傷官	41	16	劫財	12	17	偏印	42	18	正官	13	19	傷官	43	20	印綬	14	21	正官	45	22	食神	15	23	傷官	46	24	正官	16	25	正財
18	42	14	偏官	13	15	比肩	42	16	比肩	13	17	食神	43	18	偏財	14	19	食神	44	20	偏印	15	21	偏財	46	22	傷官	16	23	偏印	47	24	偏財	17	25	傷官
19	43	14	傷官	14	15	劫財	43	16	印綬	14	17	傷官	44	18	正財	15	19	劫財	45	20	正官	16	21	正財	47	22	劫財	17	23	正官	48	24	正財	18	25	食神
20	44	14	食神	15	15	偏官	44	16	偏印	15	17	比肩	45	18	偏印	16	19	比肩	46	20	比肩	17	21	食神	48	22	比肩	18	23	偏官	49	24	食神	19	25	劫財
21	45	14	劫財	16	15	正官	45	16	正官	16	17	劫財	46	18	印綬	17	19	印綬	47	20	印綬	18	21	傷官	49	22	印綬	19	23	偏官	50	24	傷官	20	25	比肩
22	46	14	比肩	17	15	偏財	46	16	偏官	17	17	偏印	47	18	偏官	18	19	偏印	48	20	偏印	19	21	偏印	50	22	偏印	20	23	正官	51	24	偏印	21	25	印綬
23	47	14	印綬	18	15	正財	47	16	正財	18	17	印綬	48	18	正官	19	19	正官	49	20	正官	20	21	印綬	51	22	正官	21	23	偏財	52	24	印綬	22	25	偏印
24	48	14	偏印	19	15	食神	48	16	偏財	19	17	偏官	49	18	偏財	20	19	偏官	50	20	偏官	21	21	偏官	52	22	偏官	22	23	正財	53	24	偏官	23	25	正官
25	49	14	正官	20	15	傷官	49	16	傷官	20	17	正官	50	18	正財	21	19	正財	51	20	正財	22	21	正官	53	22	正財	23	23	食神	54	24	正官	24	25	偏官
26	50	14	偏官	21	15	比肩	50	16	食神	21	17	偏財	51	18	食神	22	19	偏財	52	20	偏財	23	21	偏財	54	22	偏財	24	23	傷官	55	24	偏財	25	25	正財
27	51	14	正財	22	15	劫財	51	16	劫財	22	17	正財	52	18	傷官	23	19	劫財	53	20	傷官	24	21	正財	55	22	傷官	25	23	比肩	56	24	正財	26	25	偏財
28	52	14	偏財	23	15	偏印	52	16	比肩	23	17	食神	53	18	比肩	24	19	比肩	54	20	食神	25	21	食神	56	22	食神	26	23	劫財	57	24	食神	27	25	傷官
29	53	14	傷官	24	15	印綬	53	16	印綬	24	17	傷官	54	18	劫財	25	19	印綬	55	20	劫財	26	21	傷官	57	22	劫財	27	23	偏印	58	24	傷官	28	25	食神
30	54	14	食神				54	16	偏印	25	17	比肩	55	18	偏印	26	19	偏印	56	20	比肩	27	21	比肩	58	22	比肩	28	23	印綬	59	24	比肩	29	25	劫財
31	55	14	劫財				55	16	正官				56	18	印綬				57	20	印綬	28	21	劫財				29	23	偏官				30	25	比肩

1961年生まれ 年干：38 1961/2/4-1962/2/3

	1月			2月			3月			4月			5月			6月			7月			8月			9月			10月			11月			12月		
日	日干	月干	中心星	日干	月干	中心星	日干	月干	中心星	日干	月干	中心星	日干	月干	中心星	日干	月干	中心星	日干	月干	中心星	日干	月干	中心星	日干	月干	中心星	日干	月干	中心星	日干	月干	中心星	日干	月干	中心星
1	31	25	印綬	2	26	偏財	30	27	傷官	1	28	劫財	31	29	偏財	2	30	傷官	32	31	食神	3	32	傷官	34	33	正財	4	34	偏財	35	35	比肩	5	36	偏財
2	32	25	偏印	3	26	傷官	31	27	比肩	2	28	比肩	32	29	正財	3	30	比肩	33	31	劫財	4	32	食神	35	33	食神	5	34	傷官	36	35	劫財	6	36	正財
3	33	25	正官	4	26	食神	32	27	劫財	3	28	印綬	33	29	食神	4	30	劫財	34	31	比肩	5	32	劫財	36	33	傷官	6	34	食神	37	35	偏印	7	36	食神
4	34	25	偏官	5	27	比肩	33	27	偏印	4	28	偏印	34	29	傷官	5	30	偏印	35	31	印綬	6	32	比肩	37	33	比肩	7	34	劫財	38	35	印綬	8	36	傷官
5	35	26	正財	6	27	劫財	34	27	印綬	5	29	正官	35	29	比肩	6	30	印綬	36	31	偏印	7	32	印綬	38	33	劫財	8	34	比肩	39	35	偏官	9	36	比肩
6	36	26	偏財	7	27	偏印	35	28	偏官	6	29	偏官	36	30	劫財	7	31	偏官	37	31	正官	8	32	偏印	39	33	偏印	9	34	印綬	40	35	正官	10	36	劫財
7	37	26	傷官	8	27	印綬	36	28	正官	7	29	正財	37	30	偏印	8	31	正官	38	32	偏官	9	32	正官	40	33	印綬	10	34	偏印	41	35	偏財	11	37	偏印
8	38	26	食神	9	27	偏官	37	28	偏財	8	29	偏財	38	30	印綬	9	31	偏財	39	32	正財	10	33	正官	41	34	偏官	11	35	正官	42	36	正財	12	37	印綬
9	39	26	劫財	10	27	正官	38	28	正財	9	29	傷官	39	30	偏官	10	31	正財	40	32	偏財	11	33	偏財	42	34	正官	12	35	偏官	43	36	食神	13	37	偏官
10	40	26	比肩	11	27	偏財	39	28	食神	10	29	食神	40	30	正官	11	31	食神	41	32	傷官	12	33	正財	43	34	偏財	13	35	正財	44	36	傷官	14	37	正官
11	41	26	印綬	12	27	正財	40	28	傷官	11	29	劫財	41	30	偏財	12	31	傷官	42	32	食神	13	33	食神	44	34	正財	14	35	偏財	45	36	比肩	15	37	偏財
12	42	26	偏印	13	27	比肩	41	28	比肩	12	29	比肩	42	30	正財	13	31	比肩	43	32	劫財	14	33	傷官	45	34	食神	15	35	傷官	46	36	劫財	16	37	正財
13	43	26	正官	14	27	劫財	42	28	劫財	13	29	印綬	43	30	食神	14	31	劫財	44	32	比肩	15	33	比肩	46	34	傷官	16	35	食神	47	36	偏印	17	37	食神
14	44	26	偏官	15	27	偏印	43	28	偏印	14	29	偏印	44	30	正財	15	31	偏印	45	32	印綬	16	33	劫財	47	34	比肩	17	35	劫財	48	36	印綬	18	37	傷官
15	45	26	傷官	16	27	印綬	44	28	印綬	15	29	正財	45	30	食神	16	31	印綬	46	32	偏印	17	33	偏印	48	34	劫財	18	35	比肩	49	36	偏官	19	37	比肩
16	46	26	食神	17	27	偏官	45	28	偏官	16	29	偏財	46	30	傷官	17	31	偏官	47	32	正官	18	33	傷官	49	34	偏印	19	35	印綬	50	36	傷官	20	37	劫財
17	47	26	劫財	18	27	正官	46	28	偏官	17	29	傷官	47	30	比肩	18	31	偏印	48	32	偏財	19	33	比肩	50	34	印綬	20	35	偏印	51	36	比肩	21	37	偏印
18	48	26	偏印	19	27	偏財	47	28	正財	18	29	印綬	48	30	劫財	19	31	正官	49	32	傷官	20	33	劫財	51	34	偏官	21	35	傷官	52	36	劫財	22	37	偏印
19	49	26	正官	20	27	傷官	48	28	偏財	19	29	偏官	49	30	偏印	20	31	偏官	50	32	食神	21	33	偏印	52	34	偏官	22	35	食神	53	36	偏印	23	37	正官
20	50	26	偏官	21	27	比肩	49	28	傷官	20	29	正官	50	30	印綬	21	31	正財	51	32	正財	22	33	印綬	53	34	正財	23	35	劫財	54	36	印綬	24	37	偏官
21	51	26	正財	22	27	劫財	50	28	食神	21	29	偏財	51	30	食神	22	31	偏財	52	32	偏財	23	33	偏官	54	34	偏財	24	35	傷官	55	36	正財	25	37	正財
22	52	26	偏財	23	27	偏印	51	28	劫財	22	29	正財	52	30	傷官	23	31	傷官	53	32	傷官	24	33	正官	55	34	傷官	25	35	比肩	56	36	偏財	26	37	偏財
23	53	26	傷官	24	27	印綬	52	28	比肩	23	29	食神	53	30	比肩	24	31	食神	54	32	食神	25	33	食神	56	34	食神	26	35	劫財	57	36	食神	27	37	傷官
24	54	26	食神	25	27	偏官	53	28	印綬	24	29	傷官	54	30	劫財	25	31	劫財	55	32	劫財	26	33	傷官	57	34	劫財	27	35	偏印	58	36	傷官	28	37	食神
25	55	26	劫財	26	27	正官	54	28	偏印	25	29	比肩	55	30	偏印	26	31	比肩	56	32	比肩	27	33	比肩	58	34	比肩	28	35	印綬	59	36	比肩	29	37	劫財
26	56	26	比肩	27	27	偏財	55	28	正官	26	29	劫財	56	30	印綬	27	31	印綬	57	32	印綬	28	33	劫財	59	34	印綬	29	35	偏官	60	36	劫財	30	37	比肩
27	57	26	印綬	28	27	正財	56	28	偏官	27	29	偏印	57	30	偏官	28	31	偏官	58	32	偏印	29	33	偏印	60	34	偏印	30	35	正官	1	36	偏印	31	37	印綬
28	58	26	偏印	29	27	食神	57	28	正財	28	29	印綬	58	30	正官	29	31	正財	59	32	正官	30	33	印綬	1	34	正官	31	35	偏財	2	36	印綬	32	37	偏印
29	59	26	正官				58	28	偏財	29	29	偏官	59	30	偏財	30	31	偏財	60	32	偏官	31	33	偏官	2	34	偏官	32	35	正財	3	36	偏官	33	37	正官
30	60	26	偏官				59	28	傷官	30	29	正官	60	30	正財	31	31	傷官	1	32	正財	32	33	正官	3	34	正財	33	35	食神	4	36	正官	34	37	偏官
31	1	26	正財				60	28	食神				1	30	食神				2	32	偏財	33	33	偏財				34	35	傷官				35	37	正財

1962年生まれ 年干:39 1962/2/4-1963/2/3

	1月			2月			3月			4月			5月			6月			7月			8月			9月			10月			11月			12月		
日	日干	月干	中心星	日干	月干	中心星	日干	月干	中心星	日干	月干	中心星	日干	月干	中心星	日干	月干	中心星	日干	月干	中心星	日干	月干	中心星	日干	月干	中心星	日干	月干	中心星	日干	月干	中心星	日干	月干	中心星
1	36	37	偏財	7	38	印綬	35	39	偏官	6	40	偏官	36	41	劫財	7	42	偏官	37	43	正官	8	44	偏印	39	45	偏印	9	46	印綬	40	47	正官	10	48	劫財
2	37	37	傷官	8	38	偏印	36	39	正官	7	40	正財	37	41	偏印	8	42	正官	38	43	偏官	9	44	正官	40	45	印綬	10	46	偏印	41	47	偏財	11	48	偏印
3	38	37	食神	9	38	正官	37	39	偏財	8	40	偏財	38	41	印綬	9	42	偏財	39	43	正財	10	44	偏官	41	45	偏官	11	46	正官	42	47	正財	12	48	印綬
4	39	37	劫財	10	39	正官	38	39	正財	9	40	傷官	39	41	偏官	10	42	正財	40	43	偏財	11	44	正財	42	45	正官	12	46	偏官	43	47	食神	13	48	偏官
5	40	37	比肩	11	39	偏財	39	39	食神	10	41	食神	40	41	正官	11	42	食神	41	43	傷官	12	44	偏財	43	45	偏財	13	46	正財	44	47	傷官	14	48	正官
6	41	38	印綬	12	39	正財	40	40	傷官	11	41	劫財	41	42	偏財	12	43	傷官	42	43	食神	13	44	傷官	44	45	正財	14	46	偏財	45	47	比肩	15	48	偏財
7	42	38	偏印	13	39	食神	41	40	比肩	12	41	比肩	42	42	正財	13	43	比肩	43	44	劫財	14	44	食神	45	45	食神	15	46	傷官	46	47	劫財	16	49	正財
8	43	38	正官	14	39	傷官	42	40	劫財	13	41	印綬	43	42	食神	14	43	劫財	44	44	比肩	15	45	比肩	46	46	傷官	16	46	食神	47	48	偏印	17	49	食神
9	44	38	偏官	15	39	比肩	43	40	偏印	14	41	偏印	44	42	傷官	15	43	偏印	45	44	印綬	16	45	劫財	47	46	比肩	17	47	劫財	48	48	印綬	18	49	傷官
10	45	38	正財	16	39	劫財	44	40	印綬	15	41	正官	45	42	比肩	16	43	印綬	46	44	偏印	17	45	偏印	48	46	劫財	18	47	比肩	49	48	偏官	19	49	比肩
11	46	38	偏財	17	39	偏印	45	40	偏官	16	41	偏官	46	42	劫財	17	43	偏官	47	44	正官	18	45	印綬	49	46	偏印	19	47	印綬	50	48	正官	20	49	劫財
12	47	38	傷官	18	39	正官	46	40	正官	17	41	正財	47	42	偏印	18	43	正官	48	44	偏官	19	45	偏官	50	46	印綬	20	47	偏印	51	48	偏財	21	49	偏印
13	48	38	食神	19	39	偏財	47	40	偏財	18	41	偏財	48	42	印綬	19	43	偏財	49	44	正財	20	45	正官	51	46	偏官	21	47	正官	52	48	正財	22	49	印綬
14	49	38	劫財	20	39	正財	48	40	正財	19	41	傷官	49	42	偏印	20	43	正財	50	44	偏財	21	45	偏財	52	46	正官	22	47	偏官	53	48	食神	23	49	偏官
15	50	38	比肩	21	39	食神	49	40	食神	20	41	比肩	50	42	印綬	21	43	食神	51	44	傷官	22	45	正財	53	46	偏財	23	47	正財	54	48	傷官	24	49	正官
16	51	38	正官	22	39	傷官	50	40	傷官	21	41	印綬	51	42	偏官	22	43	傷官	52	44	食神	23	45	偏官	54	46	正財	24	47	偏財	55	48	偏官	25	49	偏財
17	52	38	偏官	23	39	比肩	51	40	劫財	22	41	偏印	52	42	正官	23	43	傷官	53	44	印綬	24	45	正官	55	46	食神	25	47	傷官	56	48	正官	26	49	正財
18	53	38	正財	24	39	劫財	52	40	比肩	23	41	食神	53	42	偏財	24	43	食神	54	44	偏印	25	45	偏財	56	46	傷官	26	47	食神	57	48	偏財	27	49	傷官
19	54	38	食神	25	39	偏官	53	40	印綬	24	41	傷官	54	42	正財	25	43	劫財	55	44	正官	26	45	正財	57	46	劫財	27	47	正官	58	48	正財	28	49	食神
20	55	38	劫財	26	39	正官	54	40	偏印	25	41	比肩	55	42	食神	26	43	比肩	56	44	比肩	27	45	食神	58	46	比肩	28	47	偏官	59	48	食神	29	49	劫財
21	56	38	比肩	27	39	偏財	55	40	正官	26	41	劫財	56	42	印綬	27	43	印綬	57	44	印綬	28	45	傷官	59	46	印綬	29	47	正財	60	48	傷官	30	49	比肩
22	57	38	印綬	28	39	正財	56	40	偏官	27	41	偏印	57	42	偏官	28	43	偏印	58	44	偏印	29	45	比肩	60	46	偏印	30	47	正官	1	48	比肩	31	49	印綬
23	58	38	偏印	29	39	食神	57	40	正財	28	41	印綬	58	42	正官	29	43	正官	59	44	正官	30	45	印綬	1	46	正官	31	47	偏財	2	48	印綬	32	49	偏印
24	59	38	正官	30	39	傷官	58	40	偏財	29	41	偏官	59	42	偏財	30	43	偏官	60	44	偏官	31	45	偏官	2	46	偏官	32	47	正財	3	48	偏官	33	49	正官
25	60	38	偏官	31	39	比肩	59	40	傷官	30	41	正官	60	42	正財	31	43	正財	1	44	正財	32	45	正官	3	46	正財	33	47	食神	4	48	正官	34	49	偏官
26	1	38	正財	32	39	劫財	60	40	食神	31	41	偏財	1	42	食神	32	43	偏財	2	44	偏財	33	45	偏財	4	46	偏財	34	47	傷官	5	48	偏財	35	49	正財
27	2	38	偏財	33	39	偏印	1	40	劫財	32	41	正財	2	42	傷官	33	43	劫財	3	44	傷官	34	45	正財	5	46	傷官	35	47	比肩	6	48	正財	36	49	偏財
28	3	38	傷官	34	39	印綬	2	40	比肩	33	41	食神	3	42	比肩	34	43	比肩	4	44	食神	35	45	食神	6	46	食神	36	47	劫財	7	48	食神	37	49	傷官
29	4	38	食神				3	40	印綬	34	41	傷官	4	42	劫財	35	43	印綬	5	44	劫財	36	45	傷官	7	46	劫財	37	47	偏印	8	48	傷官	38	49	食神
30	5	38	劫財				4	40	偏印	35	41	比肩	5	42	偏印	36	43	偏印	6	44	比肩	37	45	比肩	8	46	比肩	38	47	印綬	9	48	比肩	39	49	劫財
31	6	38	比肩				5	40	正官				6	42	印綬				7	44	印綬	38	45	劫財				39	47	偏官				40	49	比肩

1963年生まれ 年干:40 1963/2/4-1964/2/4

	1月			2月			3月			4月			5月			6月			7月			8月			9月			10月			11月			12月		
日	日干	月干	中心星	日干	月干	中心星	日干	月干	中心星	日干	月干	中心星	日干	月干	中心星	日干	月干	中心星	日干	月干	中心星	日干	月干	中心星	日干	月干	中心星	日干	月干	中心星	日干	月干	中心星	日干	月干	中心星
1	41	49	印綬	12	50	偏財	40	51	傷官	11	52	劫財	41	53	偏財	12	54	傷官	42	55	食神	13	56	傷官	44	57	正財	14	58	偏財	45	59	比肩	15	60	偏財
2	42	49	偏印	13	50	傷官	41	51	比肩	12	52	比肩	42	53	正財	13	54	比肩	43	55	劫財	14	56	食神	45	57	食神	15	58	傷官	46	59	劫財	16	60	正財
3	43	49	正官	14	50	食神	42	51	劫財	13	52	印綬	43	53	食神	14	54	劫財	44	55	比肩	15	56	劫財	46	57	傷官	16	58	食神	47	59	偏印	17	60	食神
4	44	49	偏官	15	51	比肩	43	51	偏印	14	52	偏印	44	53	傷官	15	54	偏印	45	55	印綬	16	56	比肩	47	57	比肩	17	58	劫財	48	59	印綬	18	60	傷官
5	45	49	正財	16	51	劫財	44	51	印綬	15	53	正官	45	53	比肩	16	54	印綬	46	55	偏印	17	56	印綬	48	57	劫財	18	58	比肩	49	59	偏官	19	60	比肩
6	46	50	偏財	17	51	偏印	45	52	偏官	16	53	偏官	46	54	劫財	17	55	偏官	47	55	正官	18	56	偏印	49	57	偏印	19	58	印綬	50	59	正官	20	60	劫財
7	47	50	傷官	18	51	印綬	46	52	正官	17	53	正財	47	54	偏印	18	55	正官	48	55	偏官	19	56	正官	50	57	印綬	20	58	偏印	51	59	偏財	21	60	偏印
8	48	50	食神	19	51	偏官	47	52	偏財	18	53	偏財	48	54	印綬	19	55	偏財	49	56	正財	20	57	正官	51	58	偏官	21	58	正官	52	60	正財	22	1	印綬
9	49	50	劫財	20	51	正官	48	52	正財	19	53	傷官	49	54	偏官	20	55	正財	50	56	偏財	21	57	偏財	52	58	正官	22	59	偏官	53	60	食神	23	1	偏官
10	50	50	比肩	21	51	偏財	49	52	食神	20	53	食神	50	54	正官	21	55	食神	51	56	傷官	22	57	正財	53	58	偏財	23	59	正財	54	60	傷官	24	1	正官
11	51	50	印綬	22	51	正財	50	52	傷官	21	53	劫財	51	54	偏財	22	55	傷官	52	56	食神	23	57	食神	54	58	正財	24	59	偏財	55	60	比肩	25	1	偏財
12	52	50	偏印	23	51	比肩	51	52	比肩	22	53	比肩	52	54	正財	23	55	比肩	53	56	劫財	24	57	傷官	55	58	食神	25	59	傷官	56	60	劫財	26	1	正財
13	53	50	正官	24	51	劫財	52	52	劫財	23	53	印綬	53	54	食神	24	55	劫財	54	56	比肩	25	57	比肩	56	58	傷官	26	59	食神	57	60	偏印	27	1	食神
14	54	50	偏官	25	51	偏印	53	52	偏印	24	53	偏印	54	54	正財	25	55	偏印	55	56	印綬	26	57	劫財	57	58	比肩	27	59	劫財	58	60	印綬	28	1	傷官
15	55	50	正財	26	51	印綬	54	52	印綬	25	53	正財	55	54	食神	26	55	印綬	56	56	偏印	27	57	偏印	58	58	劫財	28	59	比肩	59	60	偏官	29	1	比肩
16	56	50	食神	27	51	偏官	55	52	偏官	26	53	偏財	56	54	傷官	27	55	偏官	57	56	正官	28	57	傷官	59	58	偏印	29	59	印綬	60	60	傷官	30	1	劫財
17	57	50	劫財	28	51	正官	56	52	偏官	27	53	傷官	57	54	比肩	28	55	偏印	58	56	偏官	29	57	比肩	60	58	印綬	30	59	偏印	1	60	比肩	31	1	偏印
18	58	50	比肩	29	51	偏財	57	52	正財	28	53	印綬	58	54	劫財	29	55	正官	59	56	傷官	30	57	劫財	1	58	偏官	31	59	正官	2	60	劫財	32	1	印綬
19	59	50	正官	30	51	傷官	58	52	偏財	29	53	偏官	59	54	偏印	30	55	偏官	60	56	食神	31	57	偏印	2	58	偏官	32	59	食神	3	60	偏印	33	1	正官
20	60	50	偏官	31	51	比肩	59	52	傷官	30	53	正官	60	54	印綬	31	55	正財	1	56	劫財	32	57	印綬	3	58	正財	33	59	劫財	4	60	印綬	34	1	偏官
21	1	50	正財	32	51	劫財	60	52	食神	31	53	偏財	1	54	食神	32	55	偏財	2	56	偏財	33	57	偏官	4	58	偏財	34	59	比肩	5	60	偏官	35	1	正財
22	2	50	偏財	33	51	偏印	1	52	劫財	32	53	正財	2	54	傷官	33	55	傷官	3	56	傷官	34	57	正官	5	58	傷官	35	59	比肩	6	60	正官	36	1	偏財
23	3	50	傷官	34	51	印綬	2	52	比肩	33	53	食神	3	54	比肩	34	55	食神	4	56	食神	35	57	食神	6	58	食神	36	59	劫財	7	60	食神	37	1	傷官
24	4	50	食神	35	51	偏官	3	52	印綬	34	53	傷官	4	54	劫財	35	55	劫財	5	56	劫財	36	57	傷官	7	58	劫財	37	59	偏印	8	60	傷官	38	1	食神
25	5	50	劫財	36	51	正官	4	52	偏印	35	53	比肩	5	54	偏印	36	55	比肩	6	56	比肩	37	57	比肩	8	58	比肩	38	59	印綬	9	60	比肩	39	1	劫財
26	6	50	比肩	37	51	偏財	5	52	正官	36	53	劫財	6	54	印綬	37	55	印綬	7	56	印綬	38	57	劫財	9	58	印綬	39	59	偏官	10	60	劫財	40	1	比肩
27	7	50	印綬	38	51	正財	6	52	偏官	37	53	偏印	7	54	偏官	38	55	偏官	8	56	偏印	39	57	偏印	10	58	偏印	40	59	正官	11	60	偏印	41	1	印綬
28	8	50	偏印	39	51	食神	7	52	正財	38	53	印綬	8	54	正官	39	55	正財	9	56	正官	40	57	印綬	11	58	正官	41	59	偏財	12	60	印綬	42	1	偏印
29	9	50	正官				8	52	偏財	39	53	偏官	9	54	偏財	40	55	偏財	10	56	偏官	41	57	偏官	12	58	偏官	42	59	正財	13	60	偏官	43	1	正官
30	10	50	偏官				9	52	傷官	40	53	正官	10	54	正財	41	55	傷官	11	56	正財	42	57	正官	13	58	正財	43	59	食神	14	60	正官	44	1	偏官
31	11	50	正財				10	52	食神				11	54	食神				12	56	偏財	43	57	偏財				44	59	傷官				45	1	正財

1964年生まれ 年干:41 1964/2/5-1965/2/3

	1月			2月			3月			4月			5月			6月			7月			8月			9月			10月			11月			12月		
日	日干	月干	中心星	日干	月干	中心星	日干	月干	中心星	日干	月干	中心星	日干	月干	中心星	日干	月干	中心星	日干	月干	中心星	日干	月干	中心星	日干	月干	中心星	日干	月干	中心星	日干	月干	中心星	日干	月干	中心星
1	46	1	偏財	17	2	印綬	46	3	正官	17	4	正財	47	5	偏印	18	6	正官	48	7	偏官	19	8	正官	50	9	印綬	20	10	偏印	51	11	偏財	21	12	偏印
2	47	1	傷官	18	2	偏印	47	3	偏財	18	4	偏財	48	5	印綬	19	6	偏財	49	7	正財	20	8	偏官	51	9	偏官	21	10	正官	52	11	正財	22	12	印綬
3	48	1	食神	19	2	正官	48	3	正財	19	4	傷官	49	5	偏官	20	6	正財	50	7	偏財	21	8	正財	52	9	正官	22	10	偏官	53	11	食神	23	12	偏官
4	49	1	劫財	20	2	偏官	49	3	食神	20	4	食神	50	5	正官	21	6	食神	51	7	傷官	22	8	偏財	53	9	偏財	23	10	正財	54	11	傷官	24	12	正官
5	50	1	比肩	21	3	偏財	50	4	傷官	21	5	劫財	51	6	偏財	22	6	傷官	52	7	食神	23	8	傷官	54	9	正財	24	10	偏財	55	11	比肩	25	12	偏財
6	51	2	印綬	22	3	正財	51	4	比肩	22	5	比肩	52	6	正財	23	7	比肩	53	7	劫財	24	8	食神	55	9	食神	25	10	傷官	56	11	劫財	26	12	正財
7	52	2	偏印	23	3	食神	52	4	劫財	23	5	印綬	53	6	食神	24	7	劫財	54	8	比肩	25	9	比肩	56	10	傷官	26	10	食神	57	12	偏印	27	13	食神
8	53	2	正官	24	3	傷官	53	4	偏印	24	5	偏印	54	6	傷官	25	7	偏印	55	8	印綬	26	9	劫財	57	10	比肩	27	11	劫財	58	12	印綬	28	13	傷官
9	54	2	偏官	25	3	比肩	54	4	印綬	25	5	正官	55	6	比肩	26	7	印綬	56	8	偏印	27	9	偏印	58	10	劫財	28	11	比肩	59	12	偏官	29	13	比肩
10	55	2	正財	26	3	劫財	55	4	偏官	26	5	偏官	56	6	劫財	27	7	偏官	57	8	正官	28	9	印綬	59	10	偏印	29	11	印綬	60	12	正官	30	13	劫財
11	56	2	偏財	27	3	偏印	56	4	正官	27	5	正財	57	6	偏印	28	7	正官	58	8	偏官	29	9	偏官	60	10	印綬	30	11	偏印	1	12	偏財	31	13	偏印
12	57	2	傷官	28	3	印綬	57	4	偏財	28	5	偏財	58	6	印綬	29	7	偏財	59	8	正財	30	9	正官	1	10	偏官	31	11	正官	2	12	正財	32	13	印綬
13	58	2	食神	29	3	偏財	58	4	正財	29	5	傷官	59	6	偏印	30	7	正財	60	8	偏財	31	9	偏財	2	10	正官	32	11	偏官	3	12	食神	33	13	偏官
14	59	2	劫財	30	3	正財	59	4	食神	30	5	食神	60	6	印綬	31	7	食神	1	8	傷官	32	9	正財	3	10	偏財	33	11	正財	4	12	傷官	34	13	正官
15	60	2	比肩	31	3	食神	60	4	傷官	31	5	印綬	1	6	偏官	32	7	傷官	2	8	食神	33	9	偏官	4	10	正財	34	11	偏財	5	12	偏官	35	13	偏財
16	1	2	正官	32	3	傷官	1	4	劫財	32	5	偏印	2	6	正官	33	7	比肩	3	8	劫財	34	9	正官	5	10	食神	35	11	傷官	6	12	正官	36	13	正財
17	2	2	偏官	33	3	比肩	2	4	比肩	33	5	正官	3	6	偏財	34	7	食神	4	8	偏印	35	9	偏財	6	10	傷官	36	11	食神	7	12	偏財	37	13	食神
18	3	2	正財	34	3	劫財	3	4	印綬	34	5	傷官	4	6	正財	35	7	劫財	5	8	正官	36	9	正財	7	10	劫財	37	11	正官	8	12	正財	38	13	食神
19	4	2	食神	35	3	偏印	4	4	偏印	35	5	比肩	5	6	食神	36	7	比肩	6	8	偏官	37	9	食神	8	10	比肩	38	11	偏官	9	12	食神	39	13	劫財
20	5	2	劫財	36	3	正官	5	4	正官	36	5	劫財	6	6	印綬	37	7	印綬	7	8	印綬	38	9	傷官	9	10	印綬	39	11	正財	10	12	傷官	40	13	比肩
21	6	2	比肩	37	3	偏財	6	4	偏官	37	5	偏印	7	6	偏官	38	7	偏印	8	8	偏印	39	9	比肩	10	10	偏印	40	11	正官	11	12	比肩	41	13	印綬
22	7	2	印綬	38	3	正財	7	4	正財	38	5	印綬	8	6	正官	39	7	正官	9	8	正官	40	9	印綬	11	10	正官	41	11	偏財	12	12	印綬	42	13	偏印
23	8	2	偏印	39	3	食神	8	4	偏財	39	5	偏官	9	6	偏財	40	7	偏官	10	8	偏官	41	9	偏官	12	10	偏官	42	11	正財	13	12	偏官	43	13	正官
24	9	2	正官	40	3	傷官	9	4	傷官	40	5	正官	10	6	正財	41	7	正財	11	8	正財	42	9	正官	13	10	正財	43	11	食神	14	12	正官	44	13	偏官
25	10	2	偏官	41	3	比肩	10	4	食神	41	5	偏財	11	6	食神	42	7	偏財	12	8	偏財	43	9	偏財	14	10	偏財	44	11	傷官	15	12	偏財	45	13	正財
26	11	2	正財	42	3	劫財	11	4	劫財	42	5	正財	12	6	傷官	43	7	傷官	13	8	傷官	44	9	正財	15	10	傷官	45	11	比肩	16	12	正財	46	13	偏財
27	12	2	偏財	43	3	偏印	12	4	比肩	43	5	食神	13	6	比肩	44	7	比肩	14	8	食神	45	9	食神	16	10	食神	46	11	劫財	17	12	食神	47	13	傷官
28	13	2	傷官	44	3	印綬	13	4	印綬	44	5	傷官	14	6	劫財	45	7	印綬	15	8	劫財	46	9	傷官	17	10	劫財	47	11	偏印	18	12	傷官	48	13	食神
29	14	2	食神	45	3	偏官	14	4	偏印	45	5	比肩	15	6	偏印	46	7	偏印	16	8	比肩	47	9	比肩	18	10	比肩	48	11	印綬	19	12	比肩	49	13	劫財
30	15	2	劫財				15	4	正官	46	5	劫財	16	6	印綬	47	7	正官	17	8	印綬	48	9	劫財	19	10	印綬	49	11	偏官	20	12	劫財	50	13	比肩
31	16	2	比肩				16	4	偏官				17	6	偏官				18	8	偏印	49	9	偏印				50	11	正官				51	13	印綬

1965年生まれ 年干:42 1965/2/4-1966/2/3

	1月			2月			3月			4月			5月			6月			7月			8月			9月			10月			11月			12月		
日	日干	月干	中心星	日干	月干	中心星	日干	月干	中心星	日干	月干	中心星	日干	月干	中心星	日干	月干	中心星	日干	月干	中心星	日干	月干	中心星	日干	月干	中心星	日干	月干	中心星	日干	月干	中心星	日干	月干	中心星
1	52	13	偏印	23	14	傷官	51	15	比肩	22	16	比肩	52	17	正財	23	18	比肩	53	19	劫財	24	20	食神	55	21	食神	25	22	傷官	56	23	劫財	26	24	正財
2	53	13	正官	24	14	食神	52	15	劫財	23	16	印綬	53	17	食神	24	18	劫財	54	19	比肩	25	20	劫財	56	21	傷官	26	22	食神	57	23	偏印	27	24	食神
3	54	13	偏官	25	14	劫財	53	15	偏印	24	16	偏印	54	17	傷官	25	18	偏印	55	19	印綬	26	20	比肩	57	21	比肩	27	22	劫財	58	23	印綬	28	24	傷官
4	55	13	正財	26	15	劫財	54	15	印綬	25	16	正官	55	17	比肩	26	18	印綬	56	19	偏印	27	20	印綬	58	21	劫財	28	22	比肩	59	23	偏官	29	24	比肩
5	56	14	偏財	27	15	偏印	55	15	偏官	26	17	偏官	56	17	劫財	27	18	偏官	57	19	正官	28	20	偏印	59	21	偏印	29	22	印綬	60	23	正官	30	24	劫財
6	57	14	傷官	28	15	印綬	56	16	正官	27	17	正財	57	18	偏印	28	19	正官	58	19	偏官	29	20	正官	60	21	印綬	30	22	偏印	1	23	偏財	31	24	偏印
7	58	14	食神	29	15	偏官	57	16	偏財	28	17	偏財	58	18	印綬	29	19	偏財	59	20	正財	30	20	偏官	1	21	偏官	31	22	正官	2	23	正財	32	25	印綬
8	59	14	劫財	30	15	正官	58	16	正財	29	17	傷官	59	18	偏官	30	19	正財	60	20	偏財	31	21	偏財	2	22	正官	32	23	偏官	3	24	食神	33	25	偏官
9	60	14	比肩	31	15	偏財	59	16	食神	30	17	食神	60	18	正官	31	19	食神	1	20	傷官	32	21	正財	3	22	偏財	33	23	正財	4	24	傷官	34	25	正官
10	1	14	印綬	32	15	正財	60	16	傷官	31	17	劫財	1	18	偏財	32	19	傷官	2	20	食神	33	21	食神	4	22	正財	34	23	偏財	5	24	比肩	35	25	偏財
11	2	14	偏印	33	15	食神	1	16	比肩	32	17	比肩	2	18	正財	33	19	比肩	3	20	劫財	34	21	傷官	5	22	食神	35	23	傷官	6	24	劫財	36	25	正財
12	3	14	正官	34	15	劫財	2	16	劫財	33	17	印綬	3	18	食神	34	19	劫財	4	20	比肩	35	21	比肩	6	22	傷官	36	23	食神	7	24	偏印	37	25	食神
13	4	14	偏官	35	15	偏印	3	16	偏印	34	17	偏印	4	18	傷官	35	19	偏印	5	20	印綬	36	21	劫財	7	22	比肩	37	23	劫財	8	24	印綬	38	25	傷官
14	5	14	正財	36	15	印綬	4	16	印綬	35	17	正官	5	18	食神	36	19	印綬	6	20	偏印	37	21	偏印	8	22	劫財	38	23	比肩	9	24	偏官	39	25	比肩
15	6	14	食神	37	15	偏官	5	16	偏官	36	17	偏財	6	18	傷官	37	19	偏官	7	20	正官	38	21	印綬	9	22	偏印	39	23	印綬	10	24	正官	40	25	劫財
16	7	14	劫財	38	15	正官	6	16	正官	37	17	傷官	7	18	比肩	38	19	正官	8	20	偏官	39	21	比肩	10	22	印綬	40	23	偏印	11	24	比肩	41	25	偏印
17	8	14	比肩	39	15	偏財	7	16	正財	38	17	食神	8	18	劫財	39	19	正官	9	20	傷官	40	21	劫財	11	22	偏官	41	23	正官	12	24	劫財	42	25	印綬
18	9	14	正官	40	15	正財	8	16	偏財	39	17	偏官	9	18	偏印	40	19	偏官	10	20	食神	41	21	偏印	12	22	正官	42	23	食神	13	24	偏印	43	25	正官
19	10	14	偏官	41	15	比肩	9	16	傷官	40	17	正官	10	18	印綬	41	19	正財	11	20	劫財	42	21	印綬	13	22	正財	43	23	劫財	14	24	印綬	44	25	偏官
20	11	14	正財	42	15	劫財	10	16	食神	41	17	偏財	11	18	偏官	42	19	偏財	12	20	偏財	43	21	偏官	14	22	偏財	44	23	比肩	15	24	偏官	45	25	正財
21	12	14	偏財	43	15	偏印	11	16	劫財	42	17	正財	12	18	傷官	43	19	傷官	13	20	傷官	44	21	正官	15	22	傷官	45	23	比肩	16	24	正官	46	25	偏財
22	13	14	傷官	44	15	印綬	12	16	比肩	43	17	食神	13	18	比肩	44	19	食神	14	20	食神	45	21	偏財	16	22	食神	46	23	劫財	17	24	偏財	47	25	傷官
23	14	14	食神	45	15	偏官	13	16	印綬	44	17	傷官	14	18	劫財	45	19	劫財	15	20	劫財	46	21	傷官	17	22	劫財	47	23	偏印	18	24	傷官	48	25	食神
24	15	14	劫財	46	15	正官	14	16	偏印	45	17	比肩	15	18	偏印	46	19	比肩	16	20	比肩	47	21	比肩	18	22	比肩	48	23	印綬	19	24	比肩	49	25	劫財
25	16	14	比肩	47	15	偏財	15	16	正官	46	17	劫財	16	18	印綬	47	19	印綬	17	20	印綬	48	21	劫財	19	22	印綬	49	23	偏官	20	24	劫財	50	25	比肩
26	17	14	印綬	48	15	正財	16	16	偏官	47	17	偏印	17	18	偏官	48	19	偏印	18	20	偏印	49	21	偏印	20	22	偏印	50	23	正官	21	24	偏印	51	25	印綬
27	18	14	偏印	49	15	食神	17	16	正財	48	17	印綬	18	18	正官	49	19	正財	19	20	正官	50	21	印綬	21	22	正官	51	23	偏財	22	24	印綬	52	25	偏印
28	19	14	正官	50	15	傷官	18	16	偏財	49	17	偏官	19	18	偏財	50	19	偏財	20	20	偏官	51	21	偏官	22	22	偏官	52	23	正財	23	24	偏官	53	25	正官
29	20	14	偏官				19	16	傷官	50	17	正官	20	18	正財	51	19	傷官	21	20	正財	52	21	正官	23	22	正財	53	23	食神	24	24	正官	54	25	偏官
30	21	14	正財				20	16	食神	51	17	偏財	21	18	食神	52	19	食神	22	20	偏財	53	21	偏財	24	22	偏財	54	23	傷官	25	24	偏財	55	25	正財
31	22	14	偏財				21	16	劫財				22	18	傷官				23	20	傷官	54	21	正財				55	23	比肩				56	25	偏財

1966年生まれ 年干：43 1966/2/4-1967/2/3

	1月			2月			3月			4月			5月			6月			7月			8月			9月			10月			11月			12月		
日	日干	月干	中心星	日干	月干	中心星	日干	月干	中心星	日干	月干	中心星	日干	月干	中心星	日干	月干	中心星	日干	月干	中心星	日干	月干	中心星	日干	月干	中心星	日干	月干	中心星	日干	月干	中心星	日干	月干	中心星
1	57	25	傷官	28	26	偏印	56	27	正官	27	28	正財	57	29	偏印	28	30	正官	58	31	偏官	29	32	正官	60	33	印綬	30	34	偏印	1	35	偏財	31	36	偏印
2	58	25	食神	29	26	正官	57	27	偏財	28	28	偏財	58	29	印綬	29	30	偏財	59	31	正財	30	32	偏官	1	33	偏官	31	34	正官	2	35	正財	32	36	印綬
3	59	25	劫財	30	26	偏官	58	27	正財	29	28	傷官	59	29	偏官	30	30	正官	60	31	偏財	31	32	正財	2	33	正官	32	34	偏官	3	35	食神	33	36	偏官
4	60	25	比肩	31	27	偏財	59	27	食神	30	28	食神	60	29	正官	31	30	食神	1	31	傷官	32	32	偏財	3	33	偏財	33	34	正財	4	35	傷官	34	36	正官
5	1	25	印綬	32	27	正財	60	27	傷官	31	29	劫財	1	29	偏財	32	30	傷官	2	31	食神	33	32	傷官	4	33	正財	34	34	偏財	5	35	比肩	35	36	偏財
6	2	26	偏印	33	27	食神	1	28	比肩	32	29	比肩	2	30	正財	33	31	比肩	3	31	劫財	34	32	食神	5	33	食神	35	34	傷官	6	35	劫財	36	36	正財
7	3	26	正官	34	27	傷官	2	28	劫財	33	29	印綬	3	30	食神	34	31	劫財	4	32	比肩	35	32	劫財	6	33	偏官	36	34	食神	7	35	偏印	37	37	食神
8	4	26	偏官	35	27	比肩	3	28	偏印	34	29	偏印	4	30	傷官	35	31	偏印	5	32	印綬	36	33	劫財	7	34	比肩	37	34	劫財	8	36	印綬	38	37	傷官
9	5	26	正財	36	27	劫財	4	28	印綬	35	29	正官	5	30	比肩	36	31	印綬	6	32	偏印	37	33	偏印	8	34	劫財	38	35	比肩	9	36	偏官	39	37	比肩
10	6	26	偏財	37	27	偏印	5	28	偏官	36	29	偏官	6	30	劫財	37	31	偏官	7	32	正官	38	33	印綬	9	34	偏印	39	35	印綬	10	36	正官	40	37	劫財
11	7	26	傷官	38	27	印綬	6	28	正官	37	29	正財	7	30	偏印	38	31	正官	8	32	偏官	39	33	偏官	10	34	印綬	40	35	偏印	11	36	偏財	41	37	偏印
12	8	26	食神	39	27	偏財	7	28	偏財	38	29	偏財	8	30	印綬	39	31	偏財	9	32	正財	40	33	正官	11	34	偏官	41	35	正官	12	36	正財	42	37	印綬
13	9	26	劫財	40	27	正財	8	28	正財	39	29	傷官	9	30	偏官	40	31	正財	10	32	偏財	41	33	偏財	12	34	正官	42	35	偏官	13	36	食神	43	37	偏官
14	10	26	比肩	41	27	食神	9	28	食神	40	29	食神	10	30	印綬	41	31	食神	11	32	傷官	42	33	正財	13	34	偏財	43	35	正財	14	36	傷官	44	37	正官
15	11	26	印綬	42	27	傷官	10	28	傷官	41	29	印綬	11	30	偏官	42	31	傷官	12	32	食神	43	33	食神	14	34	正財	44	35	偏財	15	36	比肩	45	37	偏財
16	12	26	偏官	43	27	比肩	11	28	比肩	42	29	偏印	12	30	正官	43	31	比肩	13	32	劫財	44	33	正官	15	34	食神	45	35	傷官	16	36	正官	46	37	正財
17	13	26	正財	44	27	劫財	12	28	比肩	43	29	正官	13	30	偏財	44	31	食神	14	32	偏印	45	33	偏財	16	34	傷官	46	35	食神	17	36	偏財	47	37	食神
18	14	26	偏財	45	27	偏印	13	28	印綬	44	29	傷官	14	30	正財	45	31	劫財	15	32	正官	46	33	正財	17	34	比肩	47	35	劫財	18	36	正財	48	37	食神
19	15	26	劫財	46	27	正官	14	28	偏印	45	29	比肩	15	30	食神	46	31	比肩	16	32	偏官	47	33	食神	18	34	比肩	48	35	偏官	19	36	食神	49	37	劫財
20	16	26	比肩	47	27	偏財	15	28	正官	46	29	劫財	16	30	傷官	47	31	印綬	17	32	印綬	48	33	傷官	19	34	印綬	49	35	正財	20	36	傷官	50	37	比肩
21	17	26	印綬	48	27	正財	16	28	偏官	47	29	偏印	17	30	偏官	48	31	偏印	18	32	偏印	49	33	比肩	20	34	偏印	50	35	偏財	21	36	比肩	51	37	印綬
22	18	26	偏印	49	27	食神	17	28	正財	48	29	印綬	18	30	正官	49	31	正官	19	32	正官	50	33	劫財	21	34	正官	51	35	偏財	22	36	劫財	52	37	偏印
23	19	26	正官	50	27	傷官	18	28	偏財	49	29	偏官	19	30	偏財	50	31	偏官	20	32	偏官	51	33	偏官	22	34	偏官	52	35	正財	23	36	偏官	53	37	正官
24	20	26	偏官	51	27	比肩	19	28	傷官	50	29	正官	20	30	正財	51	31	正財	21	32	正財	52	33	正官	23	34	正財	53	35	食神	24	36	正官	54	37	偏官
25	21	26	正財	52	27	劫財	20	28	食神	51	29	偏財	21	30	食神	52	31	偏財	22	32	偏財	53	33	偏財	24	34	偏財	54	35	傷官	25	36	偏財	55	37	正財
26	22	26	偏財	53	27	偏印	21	28	劫財	52	29	正財	22	30	傷官	53	31	傷官	23	32	傷官	54	33	正財	25	34	傷官	55	35	比肩	26	36	正財	56	37	偏財
27	23	26	傷官	54	27	印綬	22	28	比肩	53	29	食神	23	30	比肩	54	31	比肩	24	32	食神	55	33	食神	26	34	食神	56	35	劫財	27	36	食神	57	37	傷官
28	24	26	食神	55	27	偏官	23	28	印綬	54	29	傷官	24	30	劫財	55	31	印綬	25	32	劫財	56	33	傷官	27	34	劫財	57	35	偏印	28	36	傷官	58	37	食神
29	25	26	劫財				24	28	偏印	55	29	比肩	25	30	偏印	56	31	偏印	26	32	比肩	57	33	比肩	28	34	比肩	58	35	印綬	29	36	比肩	59	37	劫財
30	26	26	比肩				25	28	正官	56	29	劫財	26	30	印綬	57	31	正官	27	32	印綬	58	33	劫財	29	34	印綬	59	35	偏官	30	36	劫財	60	37	比肩
31	27	26	印綬				26	28	偏官				27	30	偏官				28	32	偏印	59	33	偏印				60	35	正官				1	37	印綬

1967年生まれ 年干：44 1967/2/4-1968/2/4

	1月			2月			3月			4月			5月			6月			7月			8月			9月			10月			11月			12月		
日	日干	月干	中心星	日干	月干	中心星	日干	月干	中心星	日干	月干	中心星	日干	月干	中心星	日干	月干	中心星	日干	月干	中心星	日干	月干	中心星	日干	月干	中心星	日干	月干	中心星	日干	月干	中心星	日干	月干	中心星
1	2	37	偏印	33	38	傷官	1	39	比肩	32	40	比肩	2	41	正財	33	42	比肩	3	43	劫財	34	44	食神	5	45	食神	35	46	傷官	6	47	劫財	36	48	正財
2	3	37	正官	34	38	食神	2	39	劫財	33	40	印綬	3	41	食神	34	42	劫財	4	43	比肩	35	44	劫財	6	45	傷官	36	46	食神	7	47	偏印	37	48	食神
3	4	37	偏官	35	38	劫財	3	39	偏印	34	40	偏印	4	41	傷官	35	42	偏印	5	43	印綬	36	44	比肩	7	45	比肩	37	46	劫財	8	47	印綬	38	48	傷官
4	5	37	正財	36	39	劫財	4	39	印綬	35	40	正官	5	41	比肩	36	42	印綬	6	43	偏印	37	44	印綬	8	45	劫財	38	46	比肩	9	47	偏官	39	48	比肩
5	6	37	偏財	37	39	偏印	5	39	偏官	36	41	偏官	6	41	劫財	37	42	偏官	7	43	正官	38	44	偏印	9	45	偏印	39	46	印綬	10	47	正官	40	48	劫財
6	7	38	傷官	38	39	印綬	6	40	正官	37	41	正財	7	42	偏印	38	43	正官	8	43	偏官	39	44	正官	10	45	印綬	40	46	偏印	11	47	偏財	41	48	偏印
7	8	38	食神	39	39	偏官	7	40	偏財	38	41	偏財	8	42	印綬	39	43	偏財	9	43	正財	40	44	偏官	11	45	偏官	41	46	正官	12	47	正財	42	48	印綬
8	9	38	劫財	40	39	正官	8	40	正財	39	41	傷官	9	42	偏官	40	43	正財	10	44	偏財	41	45	偏財	12	46	正官	42	46	偏官	13	48	食神	43	49	偏官
9	10	38	比肩	41	39	偏財	9	40	食神	40	41	食神	10	42	正官	41	43	食神	11	44	傷官	42	45	正財	13	46	偏財	43	47	正財	14	48	傷官	44	49	正官
10	11	38	印綬	42	39	正財	10	40	傷官	41	41	劫財	11	42	偏財	42	43	傷官	12	44	食神	43	45	食神	14	46	正財	44	47	偏財	15	48	比肩	45	49	偏財
11	12	38	偏印	43	39	食神	11	40	比肩	42	41	比肩	12	42	正財	43	43	比肩	13	44	劫財	44	45	傷官	15	46	食神	45	47	傷官	16	48	劫財	46	49	正財
12	13	38	正官	44	39	劫財	12	40	劫財	43	41	印綬	13	42	食神	44	43	劫財	14	44	比肩	45	45	比肩	16	46	傷官	46	47	食神	17	48	偏印	47	49	食神
13	14	38	偏官	45	39	偏印	13	40	偏印	44	41	偏印	14	42	傷官	45	43	偏印	15	44	印綬	46	45	劫財	17	46	比肩	47	47	劫財	18	48	印綬	48	49	傷官
14	15	38	正財	46	39	印綬	14	40	印綬	45	41	正官	15	42	食神	46	43	印綬	16	44	偏印	47	45	偏印	18	46	劫財	48	47	比肩	19	48	偏官	49	49	比肩
15	16	38	偏財	47	39	偏官	15	40	偏官	46	41	偏財	16	42	傷官	47	43	偏官	17	44	正官	48	45	印綬	19	46	偏印	49	47	印綬	20	48	正官	50	49	劫財
16	17	38	劫財	48	39	正官	16	40	正官	47	41	傷官	17	42	比肩	48	43	正官	18	44	偏官	49	45	比肩	20	46	印綬	50	47	偏印	21	48	比肩	51	49	偏印
17	18	38	比肩	49	39	偏財	17	40	正財	48	41	食神	18	42	劫財	49	43	正官	19	44	正財	50	45	劫財	21	46	偏官	51	47	正官	22	48	劫財	52	49	印綬
18	19	38	印綬	50	39	正財	18	40	偏財	49	41	偏官	19	42	偏印	50	43	偏官	20	44	食神	51	45	偏印	22	46	正官	52	47	偏官	23	48	偏印	53	49	偏官
19	20	38	偏官	51	39	比肩	19	40	偏官	50	41	正官	20	42	印綬	51	43	正財	21	44	劫財	52	45	印綬	23	46	正財	53	47	劫財	24	48	印綬	54	49	偏官
20	21	38	正財	52	39	劫財	20	40	食神	51	41	偏財	21	42	偏官	52	43	偏財	22	44	比肩	53	45	偏官	24	46	偏財	54	47	比肩	25	48	偏官	55	49	正財
21	22	38	偏財	53	39	偏印	21	40	劫財	52	41	正財	22	42	傷官	53	43	傷官	23	44	傷官	54	45	正官	25	46	傷官	55	47	印綬	26	48	正官	56	49	偏財
22	23	38	傷官	54	39	印綬	22	40	比肩	53	41	食神	23	42	比肩	54	43	食神	24	44	食神	55	45	偏財	26	46	食神	56	47	劫財	27	48	偏財	57	49	傷官
23	24	38	食神	55	39	偏官	23	40	印綬	54	41	傷官	24	42	劫財	55	43	劫財	25	44	劫財	56	45	傷官	27	46	劫財	57	47	偏印	28	48	傷官	58	49	食神
24	25	38	劫財	56	39	正官	24	40	偏印	55	41	比肩	25	42	偏印	56	43	比肩	26	44	比肩	57	45	比肩	28	46	比肩	58	47	印綬	29	48	比肩	59	49	劫財
25	26	38	比肩	57	39	偏財	25	40	正官	56	41	劫財	26	42	印綬	57	43	印綬	27	44	印綬	58	45	劫財	29	46	印綬	59	47	偏官	30	48	劫財	60	49	比肩
26	27	38	印綬	58	39	正財	26	40	偏官	57	41	偏印	27	42	偏官	58	43	偏印	28	44	偏印	59	45	偏印	30	46	偏印	60	47	正官	31	48	偏印	1	49	印綬
27	28	38	偏印	59	39	食神	27	40	正財	58	41	印綬	28	42	正官	59	43	正財	29	44	正官	60	45	印綬	31	46	正官	1	47	偏財	32	48	印綬	2	49	偏印
28	29	38	正官	60	39	傷官	28	40	偏財	59	41	偏官	29	42	偏財	60	43	偏財	30	44	偏財	1	45	偏官	32	46	偏官	2	47	正財	33	48	偏官	3	49	正官
29	30	38	偏官				29	40	傷官	60	41	正官	30	42	正財	1	43	傷官	31	44	正財	2	45	正官	33	46	正財	3	47	食神	34	48	正官	4	49	偏官
30	31	38	正財				30	40	食神	1	41	偏財	31	42	食神	2	43	食神	32	44	偏財	3	45	偏財	34	46	偏財	4	47	傷官	35	48	偏財	5	49	正財
31	32	38	偏財				31	40	劫財				32	42	傷官				33	44	偏官	4	45	正財				5	47	比肩				6	49	偏財

1968年生まれ 年干：45 1968/2/5-1969/2/3

	1月			2月			3月			4月			5月			6月			7月			8月			9月			10月			11月			12月		
日	日干	月干	中心星	日干	月干	中心星	日干	月干	中心星	日干	月干	中心星	日干	月干	中心星	日干	月干	中心星	日干	月干	中心星	日干	月干	中心星	日干	月干	中心星	日干	月干	中心星	日干	月干	中心星	日干	月干	中心星
1	7	49	傷官	38	50	偏印	7	51	偏財	38	52	偏財	8	53	印綬	39	54	偏財	9	55	正財	40	56	傷官	11	57	傷官	41	58	正官	12	59	正財	42	60	印綬
2	8	49	食神	39	50	正官	8	51	正財	39	52	傷官	9	53	偏官	40	54	正財	10	55	偏財	41	56	正財	12	57	正官	42	58	偏官	13	59	食神	43	60	偏官
3	9	49	劫財	40	50	偏官	9	51	食神	40	52	食神	10	53	正官	41	54	食神	11	55	偏官	42	56	偏財	13	57	偏財	43	58	正財	14	59	傷官	44	60	正官
4	10	49	比肩	41	50	正財	10	51	傷官	41	52	劫財	11	53	偏財	42	54	傷官	12	55	正官	43	56	傷官	14	57	正財	44	58	偏財	15	59	比肩	45	60	偏財
5	11	49	印綬	42	51	正財	11	52	比肩	42	53	比肩	12	54	正財	43	54	比肩	13	55	劫財	44	56	食神	15	57	食神	45	58	傷官	16	59	劫財	46	60	正財
6	12	50	偏印	43	51	食神	12	52	劫財	43	53	印綬	13	54	食神	44	55	劫財	14	55	比肩	45	56	劫財	16	57	傷官	46	58	食神	17	59	偏印	47	60	食神
7	13	50	正官	44	51	傷官	13	52	偏印	44	53	偏印	14	54	傷官	45	55	偏印	15	56	印綬	46	57	劫財	17	58	比肩	47	58	劫財	18	60	印綬	48	1	傷官
8	14	50	偏官	45	51	比肩	14	52	印綬	45	53	正官	15	54	比肩	46	55	印綬	16	56	偏印	47	57	偏印	18	58	劫財	48	59	比肩	19	60	偏官	49	1	比肩
9	15	50	正財	46	51	劫財	15	52	偏官	46	53	偏官	16	54	劫財	47	55	偏官	17	56	正官	48	57	印綬	19	58	偏印	49	59	印綬	20	60	正官	50	1	劫財
10	16	50	偏財	47	51	偏印	16	52	正官	47	53	正財	17	54	偏印	48	55	正官	18	56	偏官	49	57	偏官	20	58	印綬	50	59	偏印	21	60	偏財	51	1	偏印
11	17	50	傷官	48	51	印綬	17	52	偏財	48	53	偏財	18	54	印綬	49	55	偏財	19	56	正財	50	57	正官	21	58	偏官	51	59	正官	22	60	正財	52	1	印綬
12	18	50	食神	49	51	偏官	18	52	正財	49	53	傷官	19	54	偏官	50	55	正財	20	56	偏財	51	57	偏財	22	58	正官	52	59	偏官	23	60	食神	53	1	偏官
13	19	50	劫財	50	51	正財	19	52	食神	50	53	食神	20	54	印綬	51	55	食神	21	56	傷官	52	57	正財	23	58	偏財	53	59	正財	24	60	傷官	54	1	正官
14	20	50	比肩	51	51	食神	20	52	傷官	51	53	劫財	21	54	偏官	52	55	傷官	22	56	食神	53	57	食神	24	58	正財	54	59	偏財	25	60	比肩	55	1	偏財
15	21	50	印綬	52	51	傷官	21	52	比肩	52	53	偏印	22	54	正官	53	55	比肩	23	56	劫財	54	57	正官	25	58	食神	55	59	傷官	26	60	正官	56	1	正財
16	22	50	偏官	53	51	比肩	22	52	比肩	53	53	正官	23	54	偏財	54	55	劫財	24	56	比肩	55	57	偏財	26	58	傷官	56	59	食神	27	60	偏財	57	1	食神
17	23	50	正財	54	51	劫財	23	52	印綬	54	53	偏官	24	54	正財	55	55	劫財	25	56	正官	56	57	正財	27	58	比肩	57	59	劫財	28	60	正財	58	1	傷官
18	24	50	偏財	55	51	偏印	24	52	偏印	55	53	比肩	25	54	食神	56	55	比肩	26	56	偏官	57	57	食神	28	58	比肩	58	59	偏官	29	60	食神	59	1	劫財
19	25	50	劫財	56	51	印綬	25	52	正官	56	53	劫財	26	54	傷官	57	55	印綬	27	56	正財	58	57	傷官	29	58	印綬	59	59	正財	30	60	傷官	60	1	比肩
20	26	50	比肩	57	51	偏財	26	52	偏官	57	53	偏印	27	54	偏官	58	55	偏印	28	56	偏印	59	57	比肩	30	58	偏印	60	59	偏財	31	60	比肩	1	1	印綬
21	27	50	印綬	58	51	正財	27	52	正財	58	53	印綬	28	54	正官	59	55	正官	29	56	正官	60	57	劫財	31	58	正官	1	59	偏財	32	60	劫財	2	1	偏印
22	28	50	偏印	59	51	食神	28	52	偏財	59	53	偏官	29	54	偏財	60	55	偏官	30	56	偏官	1	57	偏官	32	58	偏官	2	59	正財	33	60	偏官	3	1	正官
23	29	50	正官	60	51	傷官	29	52	傷官	60	53	正官	30	54	正財	1	55	正財	31	56	正財	2	57	正官	33	58	正財	3	59	食神	34	60	正官	4	1	偏官
24	30	50	偏官	1	51	比肩	30	52	食神	1	53	偏財	31	54	食神	2	55	偏財	32	56	偏財	3	57	偏財	34	58	偏財	4	59	傷官	35	60	偏財	5	1	正財
25	31	50	正財	2	51	劫財	31	52	劫財	2	53	正財	32	54	傷官	3	55	傷官	33	56	傷官	4	57	正財	35	58	傷官	5	59	比肩	36	60	正財	6	1	偏財
26	32	50	偏財	3	51	偏印	32	52	比肩	3	53	食神	33	54	比肩	4	55	食神	34	56	食神	5	57	食神	36	58	食神	6	59	劫財	37	60	食神	7	1	傷官
27	33	50	傷官	4	51	印綬	33	52	印綬	4	53	傷官	34	54	劫財	5	55	印綬	35	56	劫財	6	57	傷官	37	58	劫財	7	59	偏印	38	60	傷官	8	1	食神
28	34	50	食神	5	51	偏官	34	52	偏印	5	53	比肩	35	54	偏印	6	55	偏印	36	56	比肩	7	57	比肩	38	58	比肩	8	59	印綬	39	60	比肩	9	1	劫財
29	35	50	劫財	6	51	正官	35	52	正官	6	53	劫財	36	54	印綬	7	55	正官	37	56	印綬	8	57	劫財	39	58	印綬	9	59	偏官	40	60	劫財	10	1	比肩
30	36	50	比肩				36	52	偏官	7	53	偏印	37	54	偏官	8	55	偏官	38	56	偏印	9	57	偏印	40	58	偏印	10	59	正官	41	60	偏印	11	1	印綬
31	37	50	印綬				37	52	正財				38	54	正官				39	56	正官	10	57	印綬				11	59	偏財				12	1	偏印

1969年生まれ 年干：46 1969/2/4-1970/2/3

	1月			2月			3月			4月			5月			6月			7月			8月			9月			10月			11月			12月		
日	日干	月干	中心星	日干	月干	中心星	日干	月干	中心星	日干	月干	中心星	日干	月干	中心星	日干	月干	中心星	日干	月干	中心星	日干	月干	中心星	日干	月干	中心星	日干	月干	中心星	日干	月干	中心星	日干	月干	中心星
1	13	1	正官	44	2	食神	12	3	劫財	43	4	印綬	13	5	食神	44	6	劫財	14	7	比肩	45	8	劫財	16	9	傷官	46	10	食神	17	11	偏印	47	12	食神
2	14	1	偏官	45	2	劫財	13	3	偏印	44	4	偏印	14	5	傷官	45	6	偏印	15	7	印綬	46	8	比肩	17	9	比肩	47	10	劫財	18	11	印綬	48	12	傷官
3	15	1	正財	46	2	比肩	14	3	印綬	45	4	正官	15	5	比肩	46	6	印綬	16	7	偏印	47	8	印綬	18	9	劫財	48	10	比肩	19	11	偏官	49	12	比肩
4	16	1	偏財	47	3	偏印	15	3	偏官	46	4	偏官	16	5	劫財	47	6	偏官	17	7	正官	48	8	偏印	19	9	偏印	49	10	印綬	20	11	正官	50	12	劫財
5	17	2	傷官	48	3	印綬	16	3	正官	47	5	正財	17	5	偏印	48	6	正官	18	7	偏官	49	8	正官	20	9	印綬	50	10	偏印	21	11	偏財	51	12	偏印
6	18	2	食神	49	3	偏官	17	4	偏財	48	5	偏財	18	6	印綬	49	7	偏財	19	7	正財	50	8	偏官	21	9	偏官	51	10	正官	22	11	正財	52	12	印綬
7	19	2	劫財	50	3	正官	18	4	正財	49	5	傷官	19	6	偏官	50	7	正財	20	8	偏財	51	8	正財	22	9	正官	52	10	偏官	23	12	食神	53	13	偏官
8	20	2	比肩	51	3	偏財	19	4	食神	50	5	食神	20	6	正官	51	7	食神	21	8	傷官	52	9	正財	23	10	偏財	53	11	正財	24	12	傷官	54	13	正官
9	21	2	印綬	52	3	正財	20	4	傷官	51	5	劫財	21	6	偏財	52	7	傷官	22	8	食神	53	9	食神	24	10	正財	54	11	偏財	25	12	比肩	55	13	偏財
10	22	2	偏印	53	3	食神	21	4	比肩	52	5	比肩	22	6	正財	53	7	比肩	23	8	劫財	54	9	傷官	25	10	食神	55	11	傷官	26	12	劫財	56	13	正財
11	23	2	正官	54	3	傷官	22	4	劫財	53	5	印綬	23	6	食神	54	7	劫財	24	8	比肩	55	9	比肩	26	10	傷官	56	11	食神	27	12	偏印	57	13	食神
12	24	2	偏官	55	3	偏印	23	4	偏印	54	5	偏印	24	6	傷官	55	7	偏印	25	8	印綬	56	9	劫財	27	10	比肩	57	11	劫財	28	12	印綬	58	13	傷官
13	25	2	正財	56	3	印綬	24	4	印綬	55	5	正官	25	6	比肩	56	7	印綬	26	8	偏印	57	9	偏印	28	10	劫財	58	11	比肩	29	12	偏官	59	13	比肩
14	26	2	偏財	57	3	偏官	25	4	偏官	56	5	偏官	26	6	傷官	57	7	偏官	27	8	正官	58	9	印綬	29	10	偏印	59	11	印綬	30	12	正官	60	13	劫財
15	27	2	劫財	58	3	正官	26	4	正官	57	5	傷官	27	6	比肩	58	7	正官	28	8	偏官	59	9	偏官	30	10	印綬	60	11	偏印	31	12	比肩	1	13	偏印
16	28	2	比肩	59	3	偏財	27	4	偏財	58	5	食神	28	6	劫財	59	7	偏財	29	8	正財	60	9	劫財	31	10	偏官	1	11	正官	32	12	劫財	2	13	印綬
17	29	2	印綬	60	3	正財	28	4	偏財	59	5	劫財	29	6	偏印	60	7	偏官	30	8	食神	1	9	偏印	32	10	正官	2	11	偏官	33	12	偏印	3	13	偏官
18	30	2	偏官	1	3	食神	29	4	傷官	60	5	正官	30	6	印綬	1	7	正財	31	8	劫財	2	9	印綬	33	10	偏財	3	11	劫財	34	12	印綬	4	13	偏官
19	31	2	正財	2	3	劫財	30	4	食神	1	5	偏財	31	6	偏官	2	7	偏財	32	8	比肩	3	9	偏官	34	10	偏財	4	11	比肩	35	12	偏官	5	13	正財
20	32	2	偏財	3	3	偏印	31	4	劫財	2	5	正財	32	6	正官	3	7	傷官	33	8	傷官	4	9	正官	35	10	傷官	5	11	印綬	36	12	正官	6	13	偏財
21	33	2	傷官	4	3	印綬	32	4	比肩	3	5	食神	33	6	比肩	4	7	食神	34	8	食神	5	9	偏財	36	10	食神	6	11	劫財	37	12	偏財	7	13	傷官
22	34	2	食神	5	3	偏官	33	4	印綬	4	5	傷官	34	6	劫財	5	7	劫財	35	8	劫財	6	9	正財	37	10	劫財	7	11	偏印	38	12	傷官	8	13	食神
23	35	2	劫財	6	3	正官	34	4	偏印	5	5	比肩	35	6	偏印	6	7	比肩	36	8	比肩	7	9	比肩	38	10	比肩	8	11	印綬	39	12	比肩	9	13	劫財
24	36	2	比肩	7	3	偏財	35	4	正官	6	5	劫財	36	6	印綬	7	7	印綬	37	8	印綬	8	9	劫財	39	10	印綬	9	11	偏官	40	12	劫財	10	13	比肩
25	37	2	印綬	8	3	正財	36	4	偏官	7	5	偏印	37	6	偏官	8	7	偏印	38	8	偏印	9	9	偏印	40	10	偏印	10	11	正官	41	12	偏印	11	13	印綬
26	38	2	偏印	9	3	食神	37	4	正財	8	5	印綬	38	6	正官	9	7	正官	39	8	正官	10	9	印綬	41	10	正官	11	11	偏財	42	12	印綬	12	13	偏印
27	39	2	正官	10	3	傷官	38	4	偏財	9	5	偏官	39	6	偏財	10	7	偏財	40	8	偏官	11	9	偏官	42	10	偏官	12	11	正財	43	12	偏官	13	13	正官
28	40	2	偏官	11	3	比肩	39	4	傷官	10	5	正官	40	6	正財	11	7	傷官	41	8	正財	12	9	正官	43	10	正財	13	11	食神	44	12	正官	14	13	偏官
29	41	2	正財				40	4	食神	11	5	偏財	41	6	食神	12	7	食神	42	8	偏財	13	9	偏財	44	10	偏財	14	11	傷官	45	12	偏財	15	13	正財
30	42	2	偏財				41	4	劫財	12	5	正財	42	6	傷官	13	7	劫財	43	8	傷官	14	9	正財	45	10	傷官	15	11	比肩	46	12	正財	16	13	偏財
31	43	2	傷官				42	4	比肩				43	6	比肩				44	8	食神	15	9	食神				16	11	劫財				17	13	傷官

1970年生まれ 年干:47 1970/2/4-1971/2/3

	1月			2月			3月			4月			5月			6月			7月			8月			9月			10月			11月			12月		
日	日干	月干	中心星	日干	月干	中心星	日干	月干	中心星	日干	月干	中心星	日干	月干	中心星	日干	月干	中心星	日干	月干	中心星	日干	月干	中心星	日干	月干	中心星	日干	月干	中心星	日干	月干	中心星	日干	月干	中心星
1	18	13	食神	49	14	正官	17	15	偏財	48	16	偏財	18	17	印綬	49	18	偏財	19	19	正財	50	20	傷官	21	21	傷官	51	22	正官	22	23	正財	52	24	印綬
2	19	13	劫財	50	14	傷官	18	15	正財	49	16	傷官	19	17	偏官	50	18	正財	20	19	偏財	51	20	正財	22	21	正官	52	22	偏官	23	23	食神	53	24	偏官
3	20	13	比肩	51	14	正財	19	15	食神	50	16	食神	20	17	正官	51	18	食神	21	19	傷官	52	20	偏財	23	21	偏財	53	22	正財	24	23	傷官	54	24	正官
4	21	13	印綬	52	15	正財	20	15	傷官	51	16	劫財	21	17	偏財	52	18	傷官	22	19	食神	53	20	傷官	24	21	正財	54	22	偏財	25	23	比肩	55	24	偏財
5	22	13	偏印	53	15	食神	21	15	比肩	52	17	比肩	22	17	正財	53	18	比肩	23	19	劫財	54	20	食神	25	21	食神	55	22	傷官	26	23	劫財	56	24	正財
6	23	14	正官	54	15	傷官	22	16	劫財	53	17	印綬	23	18	食神	54	19	劫財	24	19	比肩	55	20	劫財	26	21	傷官	56	22	食神	27	23	偏印	57	24	食神
7	24	14	偏官	55	15	比肩	23	16	偏印	54	17	偏印	24	18	傷官	55	19	偏印	25	20	印綬	56	20	比肩	27	21	比肩	57	22	劫財	28	23	印綬	58	25	傷官
8	25	14	正財	56	15	劫財	24	16	印綬	55	17	正官	25	18	比肩	56	19	印綬	26	20	偏印	57	21	偏印	28	22	劫財	58	22	比肩	29	24	偏官	59	25	比肩
9	26	14	偏財	57	15	偏印	25	16	偏官	56	17	偏官	26	18	劫財	57	19	偏官	27	20	正官	58	21	印綬	29	22	偏印	59	23	印綬	30	24	正官	60	25	劫財
10	27	14	傷官	58	15	印綬	26	16	正官	57	17	正財	27	18	偏印	58	19	正官	28	20	偏官	59	21	偏官	30	22	印綬	60	23	偏印	31	24	偏財	1	25	偏印
11	28	14	食神	59	15	偏官	27	16	偏財	58	17	偏財	28	18	印綬	59	19	偏財	29	20	正財	60	21	正官	31	22	偏官	1	23	正官	32	24	正財	2	25	印綬
12	29	14	劫財	60	15	正財	28	16	正財	59	17	傷官	29	18	偏官	60	19	正財	30	20	偏財	1	21	偏財	32	22	正官	2	23	偏官	33	24	食神	3	25	偏官
13	30	14	比肩	1	15	食神	29	16	食神	60	17	食神	30	18	正官	1	19	食神	31	20	傷官	2	21	正財	33	22	偏財	3	23	正財	34	24	傷官	4	25	正官
14	31	14	印綬	2	15	傷官	30	16	傷官	1	17	劫財	31	18	偏官	2	19	傷官	32	20	食神	3	21	食神	34	22	正財	4	23	偏財	35	24	比肩	5	25	偏財
15	32	14	偏印	3	15	比肩	31	16	比肩	2	17	偏印	32	18	正官	3	19	比肩	33	20	劫財	4	21	傷官	35	22	食神	5	23	傷官	36	24	劫財	6	25	正財
16	33	14	正財	4	15	劫財	32	16	劫財	3	17	正官	33	18	偏財	4	19	劫財	34	20	比肩	5	21	偏財	36	22	傷官	6	23	食神	37	24	偏財	7	25	食神
17	34	14	偏財	5	15	偏印	33	16	印綬	4	17	偏官	34	18	正財	5	19	偏財	35	20	正官	6	21	正財	37	22	比肩	7	23	劫財	38	24	正財	8	25	傷官
18	35	14	傷官	6	15	印綬	34	16	偏印	5	17	比肩	35	18	食神	6	19	比肩	36	20	偏官	7	21	食神	38	22	劫財	8	23	偏印	39	24	食神	9	25	劫財
19	36	14	比肩	7	15	偏財	35	16	正官	6	17	劫財	36	18	傷官	7	19	印綬	37	20	正財	8	21	傷官	39	22	印綬	9	23	正財	40	24	傷官	10	25	比肩
20	37	14	印綬	8	15	正財	36	16	偏官	7	17	偏印	37	18	比肩	8	19	偏印	38	20	偏印	9	21	比肩	40	22	偏印	10	23	偏財	41	24	比肩	11	25	印綬
21	38	14	偏印	9	15	食神	37	16	正財	8	17	印綬	38	18	正官	9	19	正官	39	20	正官	10	21	劫財	41	22	正官	11	23	傷官	42	24	劫財	12	25	偏印
22	39	14	正官	10	15	傷官	38	16	偏財	9	17	偏官	39	18	偏財	10	19	偏官	40	20	偏官	11	21	偏印	42	22	偏官	12	23	正財	43	24	偏印	13	25	正官
23	40	14	偏官	11	15	比肩	39	16	傷官	10	17	正官	40	18	正財	11	19	正財	41	20	正財	12	21	正官	43	22	正財	13	23	食神	44	24	正官	14	25	偏官
24	41	14	正財	12	15	劫財	40	16	食神	11	17	偏財	41	18	食神	12	19	偏財	42	20	偏財	13	21	偏財	44	22	偏財	14	23	傷官	45	24	偏財	15	25	正財
25	42	14	偏財	13	15	偏印	41	16	劫財	12	17	正財	42	18	傷官	13	19	傷官	43	20	傷官	14	21	正財	45	22	傷官	15	23	比肩	46	24	正財	16	25	偏財
26	43	14	傷官	14	15	印綬	42	16	比肩	13	17	食神	43	18	比肩	14	19	食神	44	20	食神	15	21	食神	46	22	食神	16	23	劫財	47	24	食神	17	25	傷官
27	44	14	食神	15	15	偏官	43	16	印綬	14	17	傷官	44	18	劫財	15	19	印綬	45	20	劫財	16	21	傷官	47	22	劫財	17	23	偏印	48	24	傷官	18	25	食神
28	45	14	劫財	16	15	正官	44	16	偏印	15	17	比肩	45	18	偏印	16	19	偏印	46	20	比肩	17	21	比肩	48	22	比肩	18	23	印綬	49	24	比肩	19	25	劫財
29	46	14	比肩				45	16	正官	16	17	劫財	46	18	印綬	17	19	正官	47	20	印綬	18	21	劫財	49	22	印綬	19	23	偏官	50	24	劫財	20	25	比肩
30	47	14	印綬				46	16	偏官	17	17	偏印	47	18	偏官	18	19	偏官	48	20	偏印	19	21	偏印	50	22	偏印	20	23	正官	51	24	偏印	21	25	印綬
31	48	14	偏印				47		正財				48	18	正官				49	20	正官	20	21	印綬				21	23	偏財				22	25	偏印

1971年生まれ 年干:48 1971/2/4-1972/2/4

	1月			2月			3月			4月			5月			6月			7月			8月			9月			10月			11月			12月		
日	日干	月干	中心星	日干	月干	中心星	日干	月干	中心星	日干	月干	中心星	日干	月干	中心星	日干	月干	中心星	日干	月干	中心星	日干	月干	中心星	日干	月干	中心星	日干	月干	中心星	日干	月干	中心星	日干	月干	中心星
1	23	25	正官	54	26	食神	22	27	劫財	53	28	印綬	23	29	食神	54	30	劫財	24	31	比肩	55	32	劫財	26	33	偏官	56	34	食神	27	35	偏印	57	36	食神
2	24	25	偏官	55	26	劫財	23	27	偏印	54	28	偏印	24	29	傷官	55	30	偏印	25	31	印綬	56	32	比肩	27	33	比肩	57	34	劫財	28	35	印綬	58	36	傷官
3	25	25	正財	56	26	比肩	24	27	印綬	55	28	正官	25	29	比肩	56	30	印綬	26	31	偏印	57	32	印綬	28	33	劫財	58	34	比肩	29	35	偏官	59	36	比肩
4	26	25	偏財	57	27	偏印	25	27	偏官	56	28	偏官	26	29	劫財	57	30	偏官	27	31	正官	58	32	偏印	29	33	偏印	59	34	印綬	30	35	正官	60	36	劫財
5	27	25	傷官	58	27	印綬	26	27	正官	57	29	正財	27	29	偏印	58	30	正官	28	31	偏官	59	32	正官	30	33	印綬	60	34	偏印	31	35	偏財	1	36	偏印
6	28	26	食神	59	27	偏官	27	28	偏財	58	29	偏財	28	30	印綬	59	31	偏財	29	31	正財	60	32	偏官	31	33	偏官	1	34	正官	32	35	正財	2	36	印綬
7	29	26	劫財	60	27	正官	28	28	正財	59	29	傷官	29	30	偏官	60	31	正財	30	31	偏財	1	32	正財	32	33	正官	2	34	偏官	33	35	食神	3	36	偏官
8	30	26	比肩	1	27	偏財	29	28	食神	60	29	食神	30	30	正官	1	31	食神	31	32	傷官	2	33	正財	33	34	偏財	3	34	正財	34	36	傷官	4	37	正官
9	31	26	印綬	2	27	正財	30	28	傷官	1	29	劫財	31	30	偏財	2	31	傷官	32	32	食神	3	33	食神	34	34	正財	4	35	偏財	35	36	比肩	5	37	偏財
10	32	26	偏印	3	27	食神	31	28	比肩	2	29	比肩	32	30	正財	3	31	比肩	33	32	劫財	4	33	傷官	35	34	食神	5	35	傷官	36	36	劫財	6	37	正財
11	33	26	正官	4	27	傷官	32	28	劫財	3	29	印綬	33	30	食神	4	31	劫財	34	32	比肩	5	33	比肩	36	34	傷官	6	35	食神	37	36	偏印	7	37	食神
12	34	26	偏官	5	27	偏印	33	28	偏印	4	29	偏印	34	30	傷官	5	31	偏印	35	32	印綬	6	33	劫財	37	34	比肩	7	35	劫財	38	36	印綬	8	37	傷官
13	35	26	正財	6	27	印綬	34	28	印綬	5	29	正官	35	30	比肩	6	31	印綬	36	32	偏印	7	33	偏印	38	34	劫財	8	35	比肩	39	36	偏官	9	37	比肩
14	36	26	偏財	7	27	偏官	35	28	偏官	6	29	偏官	36	30	傷官	7	31	偏官	37	32	正官	8	33	印綬	39	34	偏印	9	35	印綬	40	36	正官	10	37	劫財
15	37	26	傷官	8	27	正官	36	28	正官	7	29	傷官	37	30	比肩	8	31	正官	38	32	偏官	9	33	偏官	40	34	印綬	10	35	偏印	41	36	偏財	11	37	偏印
16	38	26	比肩	9	27	偏財	37	28	偏財	8	29	食神	38	30	劫財	9	31	偏財	39	32	正財	10	33	劫財	41	34	偏官	11	35	正官	42	36	劫財	12	37	印綬
17	39	26	印綬	10	27	正財	38	28	傷官	9	29	劫財	39	30	偏印	10	31	偏官	40	32	偏財	11	33	偏印	42	34	正官	12	35	傷官	43	36	偏印	13	37	偏官
18	40	26	偏印	11	27	食神	39	28	傷官	10	29	正官	40	30	印綬	11	31	正財	41	32	劫財	12	33	印綬	43	34	偏財	13	35	正財	44	36	印綬	14	37	正官
19	41	26	正財	12	27	劫財	40	28	食神	11	29	偏財	41	30	偏官	12	31	偏財	42	32	比肩	13	33	偏官	44	34	偏財	14	35	比肩	45	36	偏官	15	37	正財
20	42	26	偏財	13	27	偏印	41	28	劫財	12	29	正財	42	30	正官	13	31	傷官	43	32	印綬	14	33	正官	45	34	傷官	15	35	印綬	46	36	正官	16	37	偏財
21	43	26	傷官	14	27	印綬	42	28	比肩	13	29	食神	43	30	比肩	14	31	食神	44	32	食神	15	33	偏財	46	34	食神	16	35	正財	47	36	偏財	17	37	傷官
22	44	26	食神	15	27	偏官	43	28	印綬	14	29	傷官	44	30	劫財	15	31	劫財	45	32	劫財	16	33	正財	47	34	劫財	17	35	偏印	48	36	正財	18	37	食神
23	45	26	劫財	16	27	正官	44	28	偏印	15	29	比肩	45	30	偏印	16	31	比肩	46	32	比肩	17	33	比肩	48	34	比肩	18	35	印綬	49	36	比肩	19	37	劫財
24	46	26	比肩	17	27	偏財	45	28	偏官	16	29	劫財	46	30	印綬	17	31	印綬	47	32	印綬	18	33	劫財	49	34	印綬	19	35	偏官	50	36	劫財	20	37	比肩
25	47	26	印綬	18	27	正財	46	28	正官	17	29	偏印	47	30	偏官	18	31	偏印	48	32	偏印	19	33	偏印	50	34	偏印	20	35	正官	51	36	偏印	21	37	印綬
26	48	26	偏印	19	27	食神	47	28	正財	18	29	印綬	48	30	正官	19	31	正官	49	32	正官	20	33	印綬	51	34	正官	21	35	偏財	52	36	印綬	22	37	偏印
27	49	26	正官	20	27	傷官	48	28	偏財	19	29	偏官	49	30	偏財	20	31	偏財	50	32	偏財	21	33	偏官	52	34	偏官	22	35	正財	53	36	偏官	23	37	正官
28	50	26	偏官	21	27	比肩	49	28	傷官	20	29	正官	50	30	正財	21	31	傷官	51	32	正財	22	33	正官	53	34	正財	23	35	食神	54	36	正官	24	37	偏官
29	51	26	正財				50	28	食神	21	29	偏財	51	30	食神	22	31	食神	52	32	偏財	23	33	偏財	54	34	偏財	24	35	傷官	55	36	偏財	25	37	正財
30	52	26	偏財				51	28	劫財	22	29	正財	52	30	傷官	23	31	劫財	53	32	傷官	24	33	正財	55	34	傷官	25	35	比肩	56	36	正財	26	37	偏財
31	53	26	傷官				52	28	比肩				53	30	比肩				54	32	食神	25	33	食神				26	35	劫財				27	37	傷官

1972年生まれ 年干:49 1972/2/5-1973/2/3

	1月			2月			3月			4月			5月			6月			7月			8月			9月			10月			11月			12月		
日	日干	月干	中心星	日干	月干	中心星	日干	月干	中心星	日干	月干	中心星	日干	月干	中心星	日干	月干	中心星	日干	月干	中心星	日干	月干	中心星	日干	月干	中心星	日干	月干	中心星	日干	月干	中心星	日干	月干	中心星
1	28	37	食神	59	38	正官	28	39	正財	59	40	傷官	29	41	偏官	60	42	正財	30	43	偏財	1	44	正財	32	45	正官	2	46	偏官	33	47	食神	3	48	偏官
2	29	37	劫財	60	38	偏官	29	39	食神	60	40	食神	30	41	正官	1	42	食神	31	43	傷官	2	44	偏財	33	45	偏財	3	46	正財	34	47	傷官	4	48	正官
3	30	37	比肩	1	38	正財	30	39	傷官	1	40	劫財	31	41	偏財	2	42	傷官	32	43	食神	3	44	傷官	34	45	正財	4	46	偏財	35	47	比肩	5	48	偏財
4	31	37	印綬	2	38	偏財	31	39	比肩	2	40	比肩	32	41	正財	3	42	比肩	33	43	劫財	4	44	食神	35	45	食神	5	46	傷官	36	47	劫財	6	48	正財
5	32	37	偏印	3	39	食神	32	40	劫財	3	41	印綬	33	42	食神	4	43	劫財	34	43	比肩	5	44	劫財	36	45	傷官	6	46	食神	37	47	偏印	7	48	食神
6	33	38	正官	4	39	傷官	33	40	偏印	4	41	偏印	34	42	傷官	5	43	偏印	35	43	印綬	6	44	比肩	37	45	比肩	7	46	劫財	38	47	印綬	8	48	傷官
7	34	38	偏官	5	39	比肩	34	40	印綬	5	41	正官	35	42	比肩	6	43	印綬	36	44	偏印	7	45	偏印	38	46	劫財	8	46	比肩	39	48	偏官	9	49	比肩
8	35	38	正財	6	39	劫財	35	40	偏官	6	41	偏官	36	42	劫財	7	43	偏官	37	44	正官	8	45	印綬	39	46	偏印	9	47	印綬	40	48	正官	10	49	劫財
9	36	38	偏財	7	39	偏印	36	40	正官	7	41	正財	37	42	偏印	8	43	正官	38	44	偏官	9	45	偏官	40	46	印綬	10	47	偏印	41	48	偏財	11	49	偏印
10	37	38	傷官	8	39	印綬	37	40	偏財	8	41	偏財	38	42	印綬	9	43	偏財	39	44	正財	10	45	正官	41	46	偏官	11	47	正官	42	48	正財	12	49	印綬
11	38	38	食神	9	39	偏官	38	40	正財	9	41	傷官	39	42	偏官	10	43	正財	40	44	偏財	11	45	偏財	42	46	正官	12	47	偏官	43	48	食神	13	49	偏官
12	39	38	劫財	10	39	正官	39	40	食神	10	41	食神	40	42	正官	11	43	食神	41	44	傷官	12	45	正財	43	46	偏財	13	47	正財	44	48	傷官	14	49	正官
13	40	38	比肩	11	39	食神	40	40	傷官	11	41	劫財	41	42	偏官	12	43	傷官	42	44	食神	13	45	食神	44	46	正財	14	47	偏財	45	48	比肩	15	49	偏財
14	41	38	印綬	12	39	傷官	41	40	比肩	12	41	比肩	42	42	正官	13	43	比肩	43	44	劫財	14	45	傷官	45	46	食神	15	47	傷官	46	48	劫財	16	49	正財
15	42	38	偏印	13	39	比肩	42	40	劫財	13	41	正官	43	42	偏財	14	43	劫財	44	44	比肩	15	45	偏財	46	46	傷官	16	47	食神	47	48	偏財	17	49	食神
16	43	38	正財	14	39	劫財	43	40	印綬	14	41	偏官	44	42	正財	15	43	劫財	45	44	印綬	16	45	正財	47	46	比肩	17	47	劫財	48	48	正財	18	49	傷官
17	44	38	偏財	15	39	偏印	44	40	偏印	15	41	正財	45	42	食神	16	43	比肩	46	44	偏官	17	45	食神	48	46	劫財	18	47	比肩	49	48	食神	19	49	比肩
18	45	38	傷官	16	39	印綬	45	40	正官	16	41	劫財	46	42	傷官	17	43	印綬	47	44	正財	18	45	傷官	49	46	印綬	19	47	正財	50	48	傷官	20	49	比肩
19	46	38	比肩	17	39	偏官	46	40	偏官	17	41	偏印	47	42	比肩	18	43	偏印	48	44	偏財	19	45	比肩	50	46	偏印	20	47	偏財	51	48	比肩	21	49	印綬
20	47	38	印綬	18	39	正財	47	40	正財	18	41	印綬	48	42	正官	19	43	正官	49	44	正官	20	45	劫財	51	46	正官	21	47	傷官	52	48	劫財	22	49	偏印
21	48	38	偏印	19	39	食神	48	40	偏財	19	41	偏官	49	42	偏財	20	43	偏官	50	44	偏官	21	45	偏印	52	46	偏官	22	47	正財	53	48	偏印	23	49	正官
22	49	38	正官	20	39	傷官	49	40	傷官	20	41	正官	50	42	正財	21	43	正財	51	44	正財	22	45	正官	53	46	正財	23	47	食神	54	48	正官	24	49	偏官
23	50	38	偏官	21	39	比肩	50	40	食神	21	41	偏財	51	42	食神	22	43	偏財	52	44	偏財	23	45	偏財	54	46	偏財	24	47	傷官	55	48	偏財	25	49	正財
24	51	38	正財	22	39	劫財	51	40	劫財	22	41	正財	52	42	傷官	23	43	傷官	53	44	傷官	24	45	正財	55	46	傷官	25	47	比肩	56	48	正財	26	49	偏財
25	52	38	偏財	23	39	偏印	52	40	比肩	23	41	食神	53	42	比肩	24	43	食神	54	44	食神	25	45	食神	56	46	食神	26	47	劫財	57	48	食神	27	49	傷官
26	53	38	傷官	24	39	印綬	53	40	印綬	24	41	傷官	54	42	劫財	25	43	印綬	55	44	劫財	26	45	傷官	57	46	劫財	27	47	偏印	58	48	傷官	28	49	食神
27	54	38	食神	25	39	偏官	54	40	偏印	25	41	比肩	55	42	偏印	26	43	偏印	56	44	比肩	27	45	比肩	58	46	比肩	28	47	印綬	59	48	比肩	29	49	劫財
28	55	38	劫財	26	39	正官	55	40	正官	26	41	劫財	56	42	印綬	27	43	正官	57	44	印綬	28	45	劫財	59	46	印綬	29	47	偏官	60	48	劫財	30	49	比肩
29	56	38	比肩	27	39	偏財	56	40	偏官	27	41	偏印	57	42	偏官	28	43	偏官	58	44	偏印	29	45	偏印	60	46	偏印	30	47	正官	1	48	偏印	31	49	印綬
30	57	38	印綬				57	40	正財	28	41	印綬	58	42	正官	29	43	正財	59	44	正官	30	45	印綬	1	46	正官	31	47	偏財	2	48	印綬	32	49	偏印
31	58	38	偏印				58	40	偏財				59	42	偏財				60	44	偏官	31	45	偏官				32	47	正財				33	49	正官

1973年生まれ 年干:50 1973/2/4-1974/2/3

	1月			2月			3月			4月			5月			6月			7月			8月			9月			10月			11月			12月		
日	日干	月干	中心星	日干	月干	中心星	日干	月干	中心星	日干	月干	中心星	日干	月干	中心星	日干	月干	中心星	日干	月干	中心星	日干	月干	中心星	日干	月干	中心星	日干	月干	中心星	日干	月干	中心星	日干	月干	中心星
1	34	49	偏官	5	50	劫財	33	51	偏印	4	52	偏印	34	53	傷官	5	54	偏印	35	55	印綬	6	56	比肩	37	57	比肩	7	58	劫財	38	59	印綬	8	60	傷官
2	35	49	正財	6	50	比肩	34	51	印綬	5	52	正官	35	53	比肩	6	54	印綬	36	55	偏印	7	56	印綬	38	57	劫財	8	58	比肩	39	59	偏官	9	60	比肩
3	36	49	偏財	7	50	印綬	35	51	偏官	6	52	偏官	36	53	劫財	7	54	偏官	37	55	正官	8	56	偏印	39	57	偏印	9	58	印綬	40	59	正官	10	60	劫財
4	37	49	傷官	8	51	印綬	36	51	正官	7	52	正財	37	53	偏印	8	54	正官	38	55	偏官	9	56	正官	40	57	印綬	10	58	偏印	41	59	偏財	11	60	偏印
5	38	50	食神	9	51	偏官	37	51	偏財	8	53	偏財	38	53	印綬	9	54	偏財	39	55	正財	10	56	偏官	41	57	偏官	11	58	正官	42	59	正財	12	60	印綬
6	39	50	劫財	10	51	正官	38	52	正財	9	53	傷官	39	54	偏官	10	55	正財	40	55	偏財	11	56	正財	42	57	正官	12	58	偏官	43	59	食神	13	60	偏官
7	40	50	比肩	11	51	偏財	39	52	食神	10	53	食神	40	54	正官	11	55	食神	41	56	傷官	12	56	偏財	43	57	偏財	13	58	正財	44	60	傷官	14	1	正官
8	41	50	印綬	12	51	正財	40	52	傷官	11	53	劫財	41	54	偏財	12	55	傷官	42	56	食神	13	57	食神	44	58	正財	14	59	偏財	45	60	比肩	15	1	偏財
9	42	50	偏印	13	51	食神	41	52	比肩	12	53	比肩	42	54	正財	13	55	比肩	43	56	劫財	14	57	傷官	45	58	食神	15	59	傷官	46	60	劫財	16	1	正財
10	43	50	正官	14	51	傷官	42	52	劫財	13	53	印綬	43	54	食神	14	55	劫財	44	56	比肩	15	57	比肩	46	58	傷官	16	59	食神	47	60	偏印	17	1	食神
11	44	50	偏官	15	51	比肩	43	52	偏印	14	53	偏印	44	54	傷官	15	55	偏印	45	56	印綬	16	57	劫財	47	58	比肩	17	59	劫財	48	60	印綬	18	1	傷官
12	45	50	正財	16	51	印綬	44	52	印綬	15	53	正官	45	54	比肩	16	55	印綬	46	56	偏印	17	57	偏印	48	58	劫財	18	59	比肩	49	60	偏官	19	1	比肩
13	46	50	偏財	17	51	偏官	45	52	偏官	16	53	偏官	46	54	劫財	17	55	偏官	47	56	正官	18	57	印綬	49	58	偏印	19	59	印綬	50	60	正官	20	1	劫財
14	47	50	傷官	18	51	正官	46	52	正官	17	53	正財	47	54	比肩	18	55	正官	48	56	偏官	19	57	偏官	50	58	印綬	20	59	偏印	51	60	偏財	21	1	偏印
15	48	50	比肩	19	51	偏財	47	52	偏財	18	53	食神	48	54	劫財	19	55	偏財	49	56	正財	20	57	正官	51	58	偏官	21	59	正官	52	60	劫財	22	1	印綬
16	49	50	印綬	20	51	正財	48	52	正財	19	53	劫財	49	54	偏印	20	55	正財	50	56	偏財	21	57	偏印	52	58	正官	22	59	偏官	53	60	偏印	23	1	偏官
17	50	50	偏印	21	51	食神	49	52	傷官	20	53	比肩	50	54	印綬	21	55	正財	51	56	劫財	22	57	印綬	53	58	偏財	23	59	正財	54	60	印綬	24	1	正官
18	51	50	正財	22	51	傷官	50	52	食神	21	53	偏財	51	54	偏官	22	55	偏財	52	56	比肩	23	57	偏官	54	58	正財	24	59	比肩	55	60	偏官	25	1	正財
19	52	50	偏財	23	51	偏印	51	52	劫財	22	53	正財	52	54	正官	23	55	傷官	53	56	印綬	24	57	正官	55	58	傷官	25	59	印綬	56	60	正官	26	1	偏財
20	53	50	傷官	24	51	印綬	52	52	比肩	23	53	食神	53	54	偏財	24	55	食神	54	56	食神	25	57	偏財	56	58	食神	26	59	偏印	57	60	偏財	27	1	傷官
21	54	50	食神	25	51	偏官	53	52	印綬	24	53	傷官	54	54	劫財	25	55	劫財	55	56	劫財	26	57	正財	57	58	劫財	27	59	偏印	58	60	正財	28	1	食神
22	55	50	劫財	26	51	正官	54	52	偏印	25	53	比肩	55	54	偏印	26	55	比肩	56	56	比肩	27	57	食神	58	58	比肩	28	59	印綬	59	60	比肩	29	1	劫財
23	56	50	比肩	27	51	偏財	55	52	正官	26	53	劫財	56	54	印綬	27	55	印綬	57	56	印綬	28	57	劫財	59	58	印綬	29	59	偏官	60	60	劫財	30	1	比肩
24	57	50	印綬	28	51	正財	56	52	偏官	27	53	偏印	57	54	偏官	28	55	偏印	58	56	偏印	29	57	偏印	60	58	偏印	30	59	正官	1	60	偏印	31	1	印綬
25	58	50	偏印	29	51	食神	57	52	正財	28	53	印綬	58	54	正官	29	55	正官	59	56	正官	30	57	印綬	1	58	正官	31	59	偏財	2	60	印綬	32	1	偏印
26	59	50	正官	30	51	傷官	58	52	偏財	29	53	偏官	59	54	偏財	30	55	偏官	60	56	偏官	31	57	偏官	2	58	偏官	32	59	正財	3	60	偏官	33	1	正官
27	60	50	偏官	31	51	比肩	59	52	傷官	30	53	正官	60	54	正財	31	55	傷官	1	56	正財	32	57	正官	3	58	正財	33	59	食神	4	60	正官	34	1	偏官
28	1	50	正財	32	51	劫財	60	52	食神	31	53	偏財	1	54	食神	32	55	食神	2	56	偏財	33	57	偏財	4	58	偏財	34	59	傷官	5	60	偏財	35	1	正財
29	2	50	偏財				1	52	劫財	32	53	正財	2	54	傷官	33	55	劫財	3	56	傷官	34	57	正財	5	58	傷官	35	59	比肩	6	60	正財	36	1	偏財
30	3	50	傷官				2	52	比肩	33	53	食神	3	54	比肩	34	55	比肩	4	56	食神	35	57	食神	6	58	食神	36	59	劫財	7	60	食神	37	1	傷官
31	4	50	食神				3	52	印綬				4	54	劫財				5	56	劫財	36	57	傷官				37	59	偏印				38	1	食神

INDEX
1 四柱推命とは
2 四柱推命で使う用語解説
3 自分を知る
4 未来を知る
5 未来を流れでつかむ
6 暦

1974年生まれ 年干:51 1974/2/4-1975/2/3

	1月			2月			3月			4月			5月			6月			7月			8月			9月			10月			11月			12月		
日	日干	月干	中心星	日干	月干	中心星	日干	月干	中心星	日干	月干	中心星	日干	月干	中心星	日干	月干	中心星	日干	月干	中心星	日干	月干	中心星	日干	月干	中心星	日干	月干	中心星	日干	月干	中心星	日干	月干	中心星
1	39	1	劫財	10	2	偏官	38	3	正財	9	4	傷官	39	5	偏官	10	6	正財	40	7	偏財	11	8	正財	42	9	正官	12	10	偏官	43	11	食神	13	12	偏官
2	40	1	比肩	11	2	正財	39	3	食神	10	4	食神	40	5	正官	11	6	食神	41	7	傷官	12	8	偏財	43	9	偏財	13	10	正財	44	11	傷官	14	12	正官
3	41	1	印綬	12	2	偏財	40	3	傷官	11	4	劫財	41	5	偏財	12	6	傷官	42	7	食神	13	8	傷官	44	9	正財	14	10	偏財	45	11	比肩	15	12	偏財
4	42	1	偏印	13	3	食神	41	3	比肩	12	4	比肩	42	5	正財	13	6	比肩	43	7	劫財	14	8	食神	45	9	食神	15	10	傷官	46	11	劫財	16	12	正財
5	43	1	正官	14	3	傷官	42	3	劫財	13	5	印綬	43	5	食神	14	6	劫財	44	7	比肩	15	8	劫財	46	9	傷官	16	10	食神	47	11	偏印	17	12	食神
6	44	2	偏官	15	3	比肩	43	4	偏印	14	5	偏印	44	6	傷官	15	7	偏印	45	7	印綬	16	8	比肩	47	9	比肩	17	10	劫財	48	11	印綬	18	12	傷官
7	45	2	正財	16	3	劫財	44	4	印綬	15	5	正官	45	6	比肩	16	7	印綬	46	8	偏印	17	8	印綬	48	9	劫財	18	10	比肩	49	11	偏官	19	13	比肩
8	46	2	偏財	17	3	偏印	45	4	偏官	16	5	偏官	46	6	劫財	17	7	偏官	47	8	正官	18	9	印綬	49	10	偏印	19	10	印綬	50	12	正官	20	13	劫財
9	47	2	傷官	18	3	印綬	46	4	正官	17	5	正財	47	6	偏印	18	7	正官	48	8	偏官	19	9	偏官	50	10	印綬	20	11	偏印	51	12	偏財	21	13	偏印
10	48	2	食神	19	3	偏官	47	4	偏財	18	5	偏財	48	6	印綬	19	7	偏財	49	8	正財	20	9	正官	51	10	偏官	21	11	正官	52	12	正財	22	13	印綬
11	49	2	劫財	20	3	正官	48	4	正財	19	5	傷官	49	6	偏官	20	7	正財	50	8	偏財	21	9	偏財	52	10	正官	22	11	偏官	53	12	食神	23	13	偏官
12	50	2	比肩	21	3	食神	49	4	食神	20	5	食神	50	6	正官	21	7	食神	51	8	傷官	22	9	正財	53	10	偏財	23	11	正財	54	12	傷官	24	13	正官
13	51	2	印綬	22	3	傷官	50	4	傷官	21	5	劫財	51	6	偏財	22	7	傷官	52	8	食神	23	9	食神	54	10	正財	24	11	偏財	55	12	比肩	25	13	偏財
14	52	2	偏印	23	3	比肩	51	4	比肩	22	5	比肩	52	6	正官	23	7	比肩	53	8	劫財	24	9	傷官	55	10	食神	25	11	傷官	56	12	劫財	26	13	正財
15	53	2	正官	24	3	劫財	52	4	劫財	23	5	正官	53	6	偏財	24	7	劫財	54	8	比肩	25	9	比肩	56	10	傷官	26	11	食神	57	12	偏印	27	13	食神
16	54	2	偏財	25	3	偏印	53	4	偏印	24	5	偏官	54	6	正財	25	7	偏印	55	8	印綬	26	9	正財	57	10	比肩	27	11	劫財	58	12	正財	28	13	傷官
17	55	2	傷官	26	3	印綬	54	4	偏印	25	5	正財	55	6	食神	26	7	比肩	56	8	偏官	27	9	食神	58	10	劫財	28	11	比肩	59	12	食神	29	13	比肩
18	56	2	食神	27	3	偏官	55	4	正官	26	5	劫財	56	6	傷官	27	7	印綬	57	8	正財	28	9	傷官	59	10	偏印	29	11	印綬	60	12	傷官	30	13	比肩
19	57	2	印綬	28	3	正財	56	4	偏官	27	5	偏印	57	6	比肩	28	7	偏印	58	8	偏財	29	9	比肩	60	10	偏印	30	11	偏財	1	12	比肩	31	13	印綬
20	58	2	偏印	29	3	食神	57	4	正財	28	5	印綬	58	6	劫財	29	7	正官	59	8	正官	30	9	劫財	1	10	正官	31	11	傷官	2	12	劫財	32	13	偏印
21	59	2	正官	30	3	傷官	58	4	偏財	29	5	偏官	59	6	偏財	30	7	偏官	60	8	偏官	31	9	偏印	2	10	偏官	32	11	食神	3	12	偏印	33	13	正官
22	60	2	偏官	31	3	比肩	59	4	傷官	30	5	正官	60	6	正財	31	7	正財	1	8	正財	32	9	印綬	3	10	正財	33	11	食神	4	12	印綬	34	13	偏官
23	1	2	正財	32	3	劫財	60	4	食神	31	5	偏財	1	6	食神	32	7	偏財	2	8	偏財	33	9	偏財	4	10	偏財	34	11	傷官	5	12	偏財	35	13	正財
24	2	2	偏財	33	3	偏印	1	4	劫財	32	5	正財	2	6	傷官	33	7	傷官	3	8	傷官	34	9	正財	5	10	傷官	35	11	比肩	6	12	正財	36	13	偏財
25	3	2	傷官	34	3	印綬	2	4	比肩	33	5	食神	3	6	比肩	34	7	食神	4	8	食神	35	9	食神	6	10	食神	36	11	劫財	7	12	食神	37	13	傷官
26	4	2	食神	35	3	偏官	3	4	印綬	34	5	傷官	4	6	劫財	35	7	劫財	5	8	劫財	36	9	傷官	7	10	劫財	37	11	偏印	8	12	傷官	38	13	食神
27	5	2	劫財	36	3	正官	4	4	偏印	35	5	比肩	5	6	偏印	36	7	偏印	6	8	比肩	37	9	比肩	8	10	比肩	38	11	印綬	9	12	比肩	39	13	劫財
28	6	2	比肩	37	3	偏財	5	4	正官	36	5	劫財	6	6	印綬	37	7	正官	7	8	印綬	38	9	劫財	9	10	印綬	39	11	偏官	10	12	劫財	40	13	比肩
29	7	2	印綬				6	4	偏官	37	5	偏印	7	6	偏官	38	7	偏官	8	8	偏印	39	9	偏印	10	10	偏印	40	11	正官	11	12	偏印	41	13	印綬
30	8	2	偏印				7	4	正財	38	5	印綬	8	6	正官	39	7	正財	9	8	正官	40	9	印綬	11	10	正官	41	11	偏財	12	12	印綬	42	13	偏印
31	9	2	正官				8	4	偏財				9	6	偏財				10	8	偏官	41	9	偏官				42	11	正財				43	13	正官

1975年生まれ 年干:52 1975/2/4-1976/2/4

	1月			2月			3月			4月			5月			6月			7月			8月			9月			10月			11月			12月		
日	日干	月干	中心星	日干	月干	中心星	日干	月干	中心星	日干	月干	中心星	日干	月干	中心星	日干	月干	中心星	日干	月干	中心星	日干	月干	中心星	日干	月干	中心星	日干	月干	中心星	日干	月干	中心星	日干	月干	中心星
1	44	13	偏官	15	14	劫財	43	15	偏印	14	16	偏印	44	17	傷官	15	18	偏印	45	19	印綬	16	20	比肩	47	21	比肩	17	22	劫財	48	23	印綬	18	24	傷官
2	45	13	正財	16	14	比肩	44	15	印綬	15	16	正官	45	17	比肩	16	18	印綬	46	19	偏印	17	20	印綬	48	21	劫財	18	22	比肩	49	23	偏官	19	24	比肩
3	46	13	偏財	17	14	印綬	45	15	偏官	16	16	偏官	46	17	劫財	17	18	偏官	47	19	正官	18	20	偏印	49	21	偏印	19	22	印綬	50	23	正官	20	24	劫財
4	47	13	傷官	18	15	印綬	46	15	正官	17	16	正財	47	17	偏印	18	18	正官	48	19	偏官	19	20	正官	50	21	印綬	20	22	偏印	51	23	偏財	21	24	偏印
5	48	13	食神	19	15	偏官	47	15	偏財	18	17	偏財	48	17	印綬	19	18	偏財	49	19	正財	20	20	偏官	51	21	偏官	21	22	正官	52	23	正財	22	24	印綬
6	49	14	劫財	20	15	正官	48	16	正財	19	17	傷官	49	18	偏官	20	19	正財	50	19	偏財	21	20	正財	52	21	正官	22	22	偏官	53	23	食神	23	24	偏官
7	50	14	比肩	21	15	偏財	49	16	食神	20	17	食神	50	18	正官	21	19	食神	51	19	傷官	22	20	偏財	53	21	偏財	23	22	正財	54	23	傷官	24	24	正官
8	51	14	印綬	22	15	正財	50	16	傷官	21	17	劫財	51	18	偏財	22	19	傷官	52	20	食神	23	21	食神	54	22	正財	24	22	偏財	55	24	比肩	25	25	偏財
9	52	14	偏印	23	15	食神	51	16	比肩	22	17	比肩	52	18	正財	23	19	比肩	53	20	劫財	24	21	傷官	55	22	食神	25	23	傷官	56	24	劫財	26	25	正財
10	53	14	正官	24	15	傷官	52	16	劫財	23	17	印綬	53	18	食神	24	19	劫財	54	20	比肩	25	21	比肩	56	22	傷官	26	23	食神	57	24	偏印	27	25	食神
11	54	14	偏官	25	15	比肩	53	16	偏印	24	17	偏印	54	18	傷官	25	19	偏印	55	20	印綬	26	21	劫財	57	22	比肩	27	23	劫財	58	24	印綬	28	25	傷官
12	55	14	正財	26	15	印綬	54	16	印綬	25	17	正官	55	18	比肩	26	19	印綬	56	20	偏印	27	21	偏印	58	22	劫財	28	23	比肩	59	24	偏官	29	25	比肩
13	56	14	偏財	27	15	偏官	55	16	偏官	26	17	偏官	56	18	劫財	27	19	偏官	57	20	正官	28	21	印綬	59	22	偏印	29	23	印綬	60	24	正官	30	25	劫財
14	57	14	傷官	28	15	正官	56	16	正官	27	17	正財	57	18	比肩	28	19	正官	58	20	偏官	29	21	偏官	60	22	印綬	30	23	偏印	1	24	偏財	31	25	偏印
15	58	14	食神	29	15	偏財	57	16	偏財	28	17	食神	58	18	劫財	29	19	偏財	59	20	正財	30	21	正官	1	22	偏官	31	23	正官	2	24	正財	32	25	印綬
16	59	14	印綬	30	15	正財	58	16	正財	29	17	劫財	59	18	偏印	30	19	正財	60	20	偏財	31	21	偏印	2	22	正官	32	23	偏官	3	24	偏印	33	25	偏官
17	60	14	偏印	31	15	食神	59	16	傷官	30	17	比肩	60	18	印綬	31	19	正財	1	20	傷官	32	21	印綬	3	22	偏財	33	23	正財	4	24	印綬	34	25	正官
18	1	14	正官	32	15	傷官	60	16	食神	31	17	偏財	1	18	偏官	32	19	偏財	2	20	比肩	33	21	偏官	4	22	正財	34	23	偏財	5	24	偏官	35	25	偏財
19	2	14	偏財	33	15	偏印	1	16	劫財	32	17	正財	2	18	正官	33	19	傷官	3	20	印綬	34	21	正官	5	22	傷官	35	23	印綬	6	24	正官	36	25	偏財
20	3	14	傷官	34	15	印綬	2	16	比肩	33	17	食神	3	18	偏財	34	19	食神	4	20	偏印	35	21	偏財	6	22	食神	36	23	偏印	7	24	偏財	37	25	傷官
21	4	14	食神	35	15	偏官	3	16	印綬	34	17	傷官	4	18	劫財	35	19	劫財	5	20	劫財	36	21	正財	7	22	劫財	37	23	正官	8	24	正財	38	25	食神
22	5	14	劫財	36	15	正官	4	16	偏印	35	17	比肩	5	18	偏印	36	19	比肩	6	20	比肩	37	21	食神	8	22	比肩	38	23	印綬	9	24	食神	39	25	劫財
23	6	14	比肩	37	15	偏財	5	16	正官	36	17	劫財	6	18	印綬	37	19	印綬	7	20	印綬	38	21	劫財	9	22	印綬	39	23	偏官	10	24	劫財	40	25	比肩
24	7	14	印綬	38	15	正財	6	16	偏官	37	17	偏印	7	18	偏官	38	19	偏印	8	20	偏印	39	21	偏印	10	22	偏印	40	23	正官	11	24	偏印	41	25	印綬
25	8	14	偏印	39	15	食神	7	16	正財	38	17	印綬	8	18	正官	39	19	正官	9	20	正官	40	21	印綬	11	22	正官	41	23	偏財	12	24	印綬	42	25	偏印
26	9	14	正官	40	15	傷官	8	16	偏財	39	17	偏官	9	18	偏財	40	19	偏官	10	20	偏官	41	21	偏官	12	22	偏官	42	23	正財	13	24	偏官	43	25	正官
27	10	14	偏官	41	15	比肩	9	16	傷官	40	17	正官	10	18	正財	41	19	傷官	11	20	正財	42	21	正官	13	22	正財	43	23	食神	14	24	正官	44	25	偏官
28	11	14	正財	42	15	劫財	10	16	食神	41	17	偏財	11	18	食神	42	19	食神	12	20	偏財	43	21	偏財	14	22	偏財	44	23	傷官	15	24	偏財	45	25	正財
29	12	14	偏財				11	16	劫財	42	17	正財	12	18	傷官	43	19	劫財	13	20	傷官	44	21	正財	15	22	傷官	45	23	比肩	16	24	正財	46	25	偏財
30	13	14	傷官				12	16	比肩	43	17	食神	13	18	比肩	44	19	比肩	14	20	食神	45	21	食神	16	22	食神	46	23	劫財	17	24	食神	47	25	傷官
31	14	14	食神				13	16	印綬				14	18	劫財				15	20	劫財	46	21	傷官				47	23	偏印				48	25	食神

1976年生まれ 年干:53 1976/2/5-1977/2/3

	1月			2月			3月			4月			5月			6月			7月			8月			9月			10月			11月			12月		
日	日干	月干	中心星	日干	月干	中心星	日干	月干	中心星	日干	月干	中心星	日干	月干	中心星	日干	月干	中心星	日干	月干	中心星	日干	月干	中心星	日干	月干	中心星	日干	月干	中心星	日干	月干	中心星	日干	月干	中心星
1	49	25	劫財	20	26	偏官	49	27	食神	20	28	食神	50	29	正官	21	30	食神	51	31	傷官	22	32	偏財	53	33	偏財	23	34	正財	54	35	傷官	24	36	正官
2	50	25	比肩	21	26	正財	50	27	傷官	21	28	劫財	51	29	偏財	22	30	傷官	52	31	食神	23	32	傷官	54	33	正財	24	34	偏財	55	35	比肩	25	36	偏財
3	51	25	印綬	22	26	偏財	51	27	比肩	22	28	比肩	52	29	正財	23	30	比肩	53	31	劫財	24	32	食神	55	33	食神	25	34	傷官	56	35	劫財	26	36	正財
4	52	25	偏印	23	26	傷官	52	27	劫財	23	28	印綬	53	29	食神	24	30	劫財	54	31	比肩	25	32	劫財	56	33	傷官	26	34	食神	57	35	偏印	27	36	食神
5	53	25	正官	24	27	傷官	53	28	偏印	24	29	偏印	54	30	傷官	25	31	偏印	55	31	印綬	26	32	比肩	57	33	比肩	27	34	劫財	58	35	印綬	28	36	傷官
6	54	26	偏官	25	27	比肩	54	28	印綬	25	29	正官	55	30	比肩	26	31	印綬	56	31	偏印	27	32	印綬	58	33	劫財	28	34	比肩	59	35	偏官	29	36	比肩
7	55	26	正財	26	27	劫財	55	28	偏官	26	29	偏官	56	30	劫財	27	31	偏官	57	32	正官	28	33	印綬	59	34	偏印	29	34	印綬	60	36	正官	30	37	劫財
8	56	26	偏財	27	27	偏印	56	28	正官	27	29	正財	57	30	偏印	28	31	正官	58	32	偏官	29	33	偏官	60	34	印綬	30	35	偏印	1	36	偏財	31	37	偏印
9	57	26	傷官	28	27	印綬	57	28	偏財	28	29	偏財	58	30	印綬	29	31	偏財	59	32	正財	30	33	正官	1	34	偏官	31	35	正官	2	36	正財	32	37	印綬
10	58	26	食神	29	27	偏官	58	28	正財	29	29	傷官	59	30	偏官	30	31	正財	60	32	偏財	31	33	偏財	2	34	正官	32	35	偏官	3	36	食神	33	37	偏官
11	59	26	劫財	30	27	正官	59	28	食神	30	29	食神	60	30	正官	31	31	食神	1	32	傷官	32	33	正財	3	34	偏財	33	35	正財	4	36	傷官	34	37	正官
12	60	26	比肩	31	27	偏財	60	28	傷官	31	29	劫財	1	30	偏財	32	31	傷官	2	32	食神	33	33	食神	4	34	正財	34	35	偏財	5	36	比肩	35	37	偏財
13	1	26	印綬	32	27	傷官	1	28	比肩	32	29	比肩	2	30	正官	33	31	比肩	3	32	劫財	34	33	傷官	5	34	食神	35	35	傷官	6	36	劫財	36	37	正財
14	2	26	偏印	33	27	比肩	2	28	劫財	33	29	印綬	3	30	偏財	34	31	劫財	4	32	比肩	35	33	比肩	6	34	傷官	36	35	食神	7	36	偏印	37	37	食神
15	3	26	正官	34	27	劫財	3	28	偏印	34	29	偏官	4	30	正財	35	31	偏印	5	32	印綬	36	33	正財	7	34	比肩	37	35	劫財	8	36	正財	38	37	傷官
16	4	26	偏財	35	27	偏印	4	28	偏印	35	29	正財	5	30	食神	36	31	比肩	6	32	偏印	37	33	食神	8	34	劫財	38	35	比肩	9	36	食神	39	37	比肩
17	5	26	傷官	36	27	印綬	5	28	正官	36	29	偏財	6	30	傷官	37	31	印綬	7	32	正財	38	33	傷官	9	34	偏印	39	35	印綬	10	36	傷官	40	37	劫財
18	6	26	食神	37	27	偏官	6	28	偏官	37	29	偏印	7	30	比肩	38	31	偏印	8	32	偏財	39	33	比肩	10	34	偏印	40	35	偏財	11	36	比肩	41	37	印綬
19	7	26	印綬	38	27	正官	7	28	正財	38	29	印綬	8	30	劫財	39	31	正官	9	32	傷官	40	33	劫財	11	34	正官	41	35	傷官	12	36	劫財	42	37	偏印
20	8	26	偏印	39	27	食神	8	28	偏財	39	29	偏官	9	30	偏財	40	31	偏官	10	32	傷官	41	33	偏印	12	34	偏官	42	35	食神	13	36	偏印	43	37	正官
21	9	26	正官	40	27	傷官	9	28	傷官	40	29	正官	10	30	正財	41	31	正財	11	32	正財	42	33	印綬	13	34	正財	43	35	食神	14	36	印綬	44	37	偏官
22	10	26	偏官	41	27	比肩	10	28	食神	41	29	偏財	11	30	食神	42	31	偏財	12	32	偏財	43	33	偏財	14	34	偏財	44	35	傷官	15	36	偏財	45	37	正財
23	11	26	正財	42	27	劫財	11	28	劫財	42	29	正財	12	30	傷官	43	31	傷官	13	32	傷官	44	33	正財	15	34	傷官	45	35	比肩	16	36	正財	46	37	偏財
24	12	26	偏財	43	27	偏印	12	28	比肩	43	29	食神	13	30	比肩	44	31	食神	14	32	食神	45	33	食神	16	34	食神	46	35	劫財	17	36	食神	47	37	傷官
25	13	26	傷官	44	27	印綬	13	28	印綬	44	29	傷官	14	30	劫財	45	31	劫財	15	32	劫財	46	33	傷官	17	34	劫財	47	35	偏印	18	36	傷官	48	37	食神
26	14	26	食神	45	27	偏官	14	28	偏印	45	29	比肩	15	30	偏印	46	31	偏印	16	32	比肩	47	33	比肩	18	34	比肩	48	35	印綬	19	36	比肩	49	37	劫財
27	15	26	劫財	46	27	正官	15	28	正官	46	29	劫財	16	30	印綬	47	31	正官	17	32	印綬	48	33	劫財	19	34	印綬	49	35	偏官	20	36	劫財	50	37	比肩
28	16	26	比肩	47	27	偏財	16	28	偏官	47	29	偏印	17	30	偏官	48	31	偏官	18	32	偏印	49	33	偏印	20	34	偏印	50	35	正官	21	36	偏印	51	37	印綬
29	17	26	印綬	48	27	正財	17	28	正財	48	29	印綬	18	30	正官	49	31	正財	19	32	正官	50	33	印綬	21	34	正官	51	35	偏財	22	36	印綬	52	37	偏印
30	18	26	偏印				18	28	偏財	49	29	偏官	19	30	偏財	50	31	偏財	20	32	偏官	51	33	偏官	22	34	偏官	52	35	正財	23	36	偏官	53	37	正官
31	19	26	正官				19	28	傷官				20	30	正財				21	32	正財	52	33	正官				53	35	食神				54	37	偏官

1977年生まれ 年干:54 1977/2/4-1978/2/3

	1月			2月			3月			4月			5月			6月			7月			8月			9月			10月			11月			12月		
日	日干	月干	中心星	日干	月干	中心星	日干	月干	中心星	日干	月干	中心星	日干	月干	中心星	日干	月干	中心星	日干	月干	中心星	日干	月干	中心星	日干	月干	中心星	日干	月干	中心星	日干	月干	中心星	日干	月干	中心星
1	55	37	正財	26	38	比肩	54	39	印綬	25	40	正官	55	41	比肩	26	42	印綬	56	43	偏印	27	44	印綬	58	45	劫財	28	46	比肩	59	47	偏官	29	48	比肩
2	56	37	偏財	27	38	印綬	55	39	偏官	26	40	偏官	56	41	劫財	27	42	偏官	57	43	正官	28	44	偏印	59	45	偏印	29	46	印綬	60	47	正官	30	48	劫財
3	57	37	傷官	28	38	偏印	56	39	正官	27	40	正財	57	41	偏印	28	42	正官	58	43	偏官	29	44	正官	60	45	印綬	30	46	偏印	1	47	偏財	31	48	偏印
4	58	37	食神	29	39	偏官	57	39	偏財	28	40	偏財	58	41	印綬	29	42	偏財	59	43	正財	30	44	偏官	1	45	偏官	31	46	正官	2	47	正財	32	48	印綬
5	59	38	劫財	30	39	正官	58	39	正財	29	41	傷官	59	41	偏官	30	42	正財	60	43	偏財	31	44	正財	2	45	正官	32	46	偏官	3	47	食神	33	48	偏官
6	60	38	比肩	31	39	偏財	59	40	食神	30	41	食神	60	42	正官	31	43	食神	1	43	傷官	32	44	偏財	3	45	偏財	33	46	正財	4	47	傷官	34	48	正官
7	1	38	印綬	32	39	正財	60	40	傷官	31	41	劫財	1	42	偏財	32	43	傷官	2	44	食神	33	44	傷官	4	45	正財	34	46	偏財	5	48	比肩	35	49	偏財
8	2	38	偏印	33	39	食神	1	40	比肩	32	41	比肩	2	42	正財	33	43	比肩	3	44	劫財	34	45	傷官	5	46	食神	35	47	傷官	6	48	劫財	36	49	正財
9	3	38	正官	34	39	傷官	2	40	劫財	33	41	印綬	3	42	食神	34	43	劫財	4	44	比肩	35	45	比肩	6	46	傷官	36	47	食神	7	48	偏印	37	49	食神
10	4	38	偏官	35	39	比肩	3	40	偏印	34	41	偏印	4	42	傷官	35	43	偏印	5	44	印綬	36	45	劫財	7	46	比肩	37	47	劫財	8	48	印綬	38	49	傷官
11	5	38	正財	36	39	劫財	4	40	印綬	35	41	正官	5	42	比肩	36	43	印綬	6	44	偏印	37	45	偏印	8	46	劫財	38	47	比肩	9	48	偏官	39	49	比肩
12	6	38	偏財	37	39	偏官	5	40	偏官	36	41	偏官	6	42	劫財	37	43	偏官	7	44	正官	38	45	印綬	9	46	偏印	39	47	印綬	10	48	正官	40	49	劫財
13	7	38	傷官	38	39	正官	6	40	正官	37	41	正財	7	42	偏印	38	43	正官	8	44	偏官	39	45	偏官	10	46	印綬	40	47	偏印	11	48	偏財	41	49	偏印
14	8	38	食神	39	39	偏財	7	40	偏財	38	41	偏財	8	42	劫財	39	43	偏財	9	44	正財	40	45	正官	11	46	偏官	41	47	正官	12	48	正財	42	49	印綬
15	9	38	印綬	40	39	正財	8	40	正財	39	41	劫財	9	42	偏印	40	43	正財	10	44	偏財	41	45	偏財	12	46	正官	42	47	偏官	13	48	偏印	43	49	偏官
16	10	38	偏印	41	39	食神	9	40	食神	40	41	比肩	10	42	印綬	41	43	食神	11	44	傷官	42	45	印綬	13	46	偏財	43	47	正財	14	48	印綬	44	49	正官
17	11	38	正官	42	39	傷官	10	40	食神	41	41	印綬	11	42	偏官	42	43	偏財	12	44	比肩	43	45	偏官	14	46	正財	44	47	偏財	15	48	偏官	45	49	偏財
18	12	38	偏財	43	39	比肩	11	40	劫財	42	41	正財	12	42	正官	43	43	傷官	13	44	印綬	44	45	正官	15	46	食神	45	47	印綬	16	48	正官	46	49	偏財
19	13	38	傷官	44	39	印綬	12	40	比肩	43	41	食神	13	42	偏財	44	43	食神	14	44	偏印	45	45	偏財	16	46	食神	46	47	偏印	17	48	偏財	47	49	傷官
20	14	38	食神	45	39	偏官	13	40	印綬	44	41	傷官	14	42	劫財	45	43	劫財	15	44	劫財	46	45	正財	17	46	劫財	47	47	正官	18	48	正財	48	49	食神
21	15	38	劫財	46	39	正官	14	40	偏印	45	41	比肩	15	42	偏印	46	43	比肩	16	44	比肩	47	45	食神	18	46	比肩	48	47	印綬	19	48	食神	49	49	劫財
22	16	38	比肩	47	39	偏財	15	40	正官	46	41	劫財	16	42	印綬	47	43	印綬	17	44	印綬	48	45	傷官	19	46	印綬	49	47	偏官	20	48	劫財	50	49	比肩
23	17	38	印綬	48	39	正財	16	40	偏官	47	41	偏印	17	42	偏官	48	43	偏印	18	44	偏印	49	45	偏印	20	46	偏印	50	47	正官	21	48	偏印	51	49	印綬
24	18	38	偏印	49	39	食神	17	40	正財	48	41	印綬	18	42	正官	49	43	正官	19	44	正官	50	45	印綬	21	46	正官	51	47	偏財	22	48	印綬	52	49	偏印
25	19	38	正官	50	39	傷官	18	40	偏財	49	41	偏官	19	42	偏財	50	43	偏官	20	44	偏官	51	45	偏官	22	46	偏官	52	47	正財	23	48	偏官	53	49	正官
26	20	38	偏官	51	39	比肩	19	40	傷官	50	41	正官	20	42	正財	51	43	正財	21	44	正財	52	45	正官	23	46	正財	53	47	食神	24	48	正官	54	49	偏官
27	21	38	正財	52	39	劫財	20	40	食神	51	41	偏財	21	42	食神	52	43	食神	22	44	偏財	53	45	偏財	24	46	偏財	54	47	傷官	25	48	偏財	55	49	正財
28	22	38	偏財	53	39	偏印	21	40	劫財	52	41	正財	22	42	傷官	53	43	劫財	23	44	傷官	54	45	正財	25	46	傷官	55	47	比肩	26	48	正財	56	49	偏財
29	23	38	傷官				22	40	比肩	53	41	食神	23	42	比肩	54	43	比肩	24	44	食神	55	45	食神	26	46	食神	56	47	劫財	27	48	食神	57	49	傷官
30	24	38	食神				23	40	印綬	54	41	傷官	24	42	劫財	55	43	印綬	25	44	劫財	56	45	傷官	27	46	劫財	57	47	偏印	28	48	傷官	58	49	食神
31	25	38	劫財				24	40	偏印				25	42	偏印				26	44	比肩	57	45	比肩				58	47	印綬				59	49	劫財

1978年生まれ 年干:55 1978/2/4-1979/2/3

	1月			2月			3月			4月			5月			6月			7月			8月			9月			10月			11月			12月		
日	日干	月干	中心星	日干	月干	中心星	日干	月干	中心星	日干	月干	中心星	日干	月干	中心星	日干	月干	中心星	日干	月干	中心星	日干	月干	中心星	日干	月干	中心星	日干	月干	中心星	日干	月干	中心星	日干	月干	中心星
1	60	49	比肩	31	50	正財	59	51	食神	30	52	食神	60	53	正官	31	54	食神	1	55	傷官	32	56	偏財	3	57	偏財	33	58	正財	4	59	傷官	34	60	正官
2	1	49	印綬	32	50	偏財	60	51	傷官	31	52	劫財	1	53	偏財	32	54	傷官	2	55	食神	33	56	傷官	4	57	正財	34	58	偏財	5	59	比肩	35	60	偏財
3	2	49	偏印	33	50	傷官	1	51	比肩	32	52	比肩	2	53	正財	33	54	比肩	3	55	劫財	34	56	食神	5	57	食神	35	58	傷官	6	59	劫財	36	60	正財
4	3	49	正官	34	51	傷官	2	51	劫財	33	52	印綬	3	53	食神	34	54	劫財	4	55	比肩	35	56	劫財	6	57	傷官	36	58	食神	7	59	偏印	37	60	食神
5	4	49	偏官	35	51	比肩	3	51	偏印	34	53	偏印	4	53	傷官	35	54	偏印	5	55	印綬	36	56	比肩	7	57	比肩	37	58	劫財	8	59	印綬	38	60	傷官
6	5	50	正財	36	51	劫財	4	52	印綬	35	53	正官	5	54	比肩	36	55	印綬	6	55	偏印	37	56	印綬	8	57	劫財	38	58	比肩	9	59	偏官	39	60	比肩
7	6	50	偏財	37	51	偏印	5	52	偏官	36	53	偏官	6	54	劫財	37	55	偏官	7	56	正官	38	56	偏印	9	57	偏印	39	58	印綬	10	59	正官	40	1	劫財
8	7	50	傷官	38	51	印綬	6	52	正官	37	53	正財	7	54	偏印	38	55	正官	8	56	偏官	39	57	偏官	10	58	印綬	40	58	偏印	11	60	偏財	41	1	偏印
9	8	50	食神	39	51	偏官	7	52	偏財	38	53	偏財	8	54	印綬	39	55	偏財	9	56	正財	40	57	正官	11	58	偏官	41	59	正官	12	60	正財	42	1	印綬
10	9	50	劫財	40	51	正官	8	52	正財	39	53	傷官	9	54	偏官	40	55	正財	10	56	偏財	41	57	偏財	12	58	正官	42	59	偏官	13	60	食神	43	1	偏官
11	10	50	比肩	41	51	偏財	9	52	食神	40	53	食神	10	54	正官	41	55	食神	11	56	傷官	42	57	正財	13	58	偏財	43	59	正財	14	60	傷官	44	1	正官
12	11	50	印綬	42	51	傷官	10	52	傷官	41	53	劫財	11	54	偏財	42	55	傷官	12	56	食神	43	57	食神	14	58	正財	44	59	偏財	15	60	比肩	45	1	偏財
13	12	50	偏印	43	51	比肩	11	52	比肩	42	53	比肩	12	54	正財	43	55	比肩	13	56	劫財	44	57	傷官	15	58	食神	45	59	傷官	16	60	劫財	46	1	正財
14	13	50	正官	44	51	劫財	12	52	劫財	43	53	印綬	13	54	偏財	44	55	劫財	14	56	比肩	45	57	比肩	16	58	傷官	46	59	食神	17	60	偏印	47	1	食神
15	14	50	偏官	45	51	偏印	13	52	偏印	44	53	偏官	14	54	正財	45	55	偏印	15	56	印綬	46	57	劫財	17	58	比肩	47	59	劫財	18	60	印綬	48	1	傷官
16	15	50	傷官	46	51	印綬	14	52	印綬	45	53	正財	15	54	食神	46	55	印綬	16	56	偏印	47	57	食神	18	58	劫財	48	59	比肩	19	60	食神	49	1	比肩
17	16	50	食神	47	51	偏官	15	52	正官	46	53	偏財	16	54	傷官	47	55	印綬	17	56	正財	48	57	傷官	19	58	偏印	49	59	印綬	20	60	傷官	50	1	劫財
18	17	50	劫財	48	51	正官	16	52	偏官	47	53	偏印	17	54	比肩	48	55	偏印	18	56	偏財	49	57	比肩	20	58	印綬	50	59	偏印	21	60	比肩	51	1	印綬
19	18	50	偏印	49	51	食神	17	52	正財	48	53	印綬	18	54	劫財	49	55	正官	19	56	傷官	50	57	劫財	21	58	正官	51	59	傷官	22	60	劫財	52	1	偏印
20	19	50	正官	50	51	傷官	18	52	偏財	49	53	偏官	19	54	偏印	50	55	偏官	20	56	偏官	51	57	偏印	22	58	偏官	52	59	食神	23	60	偏印	53	1	正官
21	20	50	偏官	51	51	比肩	19	52	傷官	50	53	正官	20	54	正財	51	55	正財	21	56	正財	52	57	印綬	23	58	正財	53	59	劫財	24	60	印綬	54	1	偏官
22	21	50	正財	52	51	劫財	20	52	食神	51	53	偏財	21	54	食神	52	55	偏財	22	56	偏財	53	57	偏官	24	58	偏財	54	59	傷官	25	60	偏官	55	1	正財
23	22	50	偏財	53	51	偏印	21	52	劫財	52	53	正財	22	54	傷官	53	55	傷官	23	56	傷官	54	57	正財	25	58	傷官	55	59	比肩	26	60	正財	56	1	偏財
24	23	50	傷官	54	51	印綬	22	52	比肩	53	53	食神	23	54	比肩	54	55	食神	24	56	食神	55	57	食神	26	58	食神	56	59	劫財	27	60	食神	57	1	傷官
25	24	50	食神	55	51	偏官	23	52	印綬	54	53	傷官	24	54	劫財	55	55	劫財	25	56	劫財	56	57	傷官	27	58	劫財	57	59	偏印	28	60	傷官	58	1	食神
26	25	50	劫財	56	51	正官	24	52	偏印	55	53	比肩	25	54	偏印	56	55	比肩	26	56	比肩	57	57	比肩	28	58	比肩	58	59	印綬	29	60	比肩	59	1	劫財
27	26	50	比肩	57	51	偏財	25	52	正官	56	53	劫財	26	54	印綬	57	55	正官	27	56	印綬	58	57	劫財	29	58	印綬	59	59	偏官	30	60	劫財	60	1	比肩
28	27	50	印綬	58	51	正財	26	52	偏官	57	53	偏印	27	54	偏官	58	55	偏官	28	56	偏印	59	57	偏印	30	58	偏印	60	59	正官	31	60	偏印	1	1	印綬
29	28	50	偏印				27	52	正財	58	53	印綬	28	54	正官	59	55	正財	29	56	正官	60	57	印綬	31	58	正官	1	59	偏財	32	60	印綬	2	1	偏印
30	29	50	正官				28	52	偏財	59	53	偏官	29	54	偏財	60	55	偏財	30	56	偏官	1	57	偏官	32	58	偏官	2	59	正財	33	60	偏官	3	1	正官
31	30	50	偏官				29	52	傷官				30	54	正財				31	56	正財	2	57	正官				3	59	食神				4	1	偏官

1979年生まれ 年干:56 1979/2/4-1980/2/4

	1月			2月			3月			4月			5月			6月			7月			8月			9月			10月			11月			12月		
日	日干	月干	中心星	日干	月干	中心星	日干	月干	中心星	日干	月干	中心星	日干	月干	中心星	日干	月干	中心星	日干	月干	中心星	日干	月干	中心星	日干	月干	中心星	日干	月干	中心星	日干	月干	中心星	日干	月干	中心星
1	5	1	正財	36	2	比肩	4	3	印綬	35	4	正官	5	5	比肩	36	6	印綬	6	7	偏印	37	8	印綬	8	9	劫財	38	10	比肩	9	11	偏官	39	12	比肩
2	6	1	偏財	37	2	印綬	5	3	偏官	36	4	偏官	6	5	劫財	37	6	偏官	7	7	正官	38	8	偏印	9	9	偏印	39	10	印綬	10	11	正官	40	12	劫財
3	7	1	傷官	38	2	偏印	6	3	正官	37	4	正財	7	5	偏印	38	6	正官	8	7	偏官	39	8	正官	10	9	印綬	40	10	偏印	11	11	偏財	41	12	偏印
4	8	1	食神	39	3	偏官	7	3	偏財	38	4	偏財	8	5	印綬	39	6	偏財	9	7	正財	40	8	偏官	11	9	偏官	41	10	正官	12	11	正財	42	12	印綬
5	9	1	劫財	40	3	正官	8	3	正財	39	5	傷官	9	5	偏官	40	6	正財	10	7	偏財	41	8	正財	12	9	正官	42	10	偏官	13	11	食神	43	12	偏官
6	10	2	比肩	41	3	偏財	9	4	食神	40	5	食神	10	6	正官	41	7	食神	11	7	傷官	42	8	偏財	13	9	偏財	43	10	正財	14	11	傷官	44	12	正官
7	11	2	印綬	42	3	正財	10	4	傷官	41	5	劫財	11	6	偏財	42	7	傷官	12	7	食神	43	8	傷官	14	9	正財	44	10	偏財	15	11	比肩	45	12	偏財
8	12	2	偏印	43	3	食神	11	4	比肩	42	5	比肩	12	6	正財	43	7	比肩	13	8	劫財	44	9	傷官	15	10	食神	45	10	傷官	16	12	劫財	46	13	正財
9	13	2	正官	44	3	傷官	12	4	劫財	43	5	印綬	13	6	食神	44	7	劫財	14	8	比肩	45	9	比肩	16	10	傷官	46	11	食神	17	12	偏印	47	13	食神
10	14	2	偏官	45	3	比肩	13	4	偏印	44	5	偏印	14	6	傷官	45	7	偏印	15	8	印綬	46	9	劫財	17	10	比肩	47	11	劫財	18	12	印綬	48	13	傷官
11	15	2	正財	46	3	劫財	14	4	印綬	45	5	正官	15	6	比肩	46	7	印綬	16	8	偏印	47	9	偏印	18	10	劫財	48	11	比肩	19	12	偏官	49	13	比肩
12	16	2	偏財	47	3	偏官	15	4	偏官	46	5	偏官	16	6	劫財	47	7	偏官	17	8	正官	48	9	印綬	19	10	偏印	49	11	印綬	20	12	正官	50	13	劫財
13	17	2	傷官	48	3	正官	16	4	正官	47	5	正財	17	6	偏印	48	7	正官	18	8	偏官	49	9	偏官	20	10	印綬	50	11	偏印	21	12	偏財	51	13	偏印
14	18	2	食神	49	3	偏財	17	4	偏財	48	5	偏財	18	6	劫財	49	7	偏財	19	8	正財	50	9	正官	21	10	偏官	51	11	正官	22	12	正財	52	13	印綬
15	19	2	劫財	50	3	正財	18	4	正財	49	5	劫財	19	6	偏印	50	7	正財	20	8	偏財	51	9	偏財	22	10	正官	52	11	偏官	23	12	食神	53	13	偏官
16	20	2	偏印	51	3	食神	19	4	食神	50	5	比肩	20	6	印綬	51	7	食神	21	8	傷官	52	9	印綬	23	10	偏財	53	11	正財	24	12	印綬	54	13	正官
17	21	2	正官	52	3	傷官	20	4	食神	51	5	印綬	21	6	偏官	52	7	偏財	22	8	食神	53	9	偏官	24	10	正財	54	11	偏財	25	12	偏官	55	13	偏財
18	22	2	偏官	53	3	比肩	21	4	劫財	52	5	正財	22	6	正官	53	7	傷官	23	8	印綬	54	9	正官	25	10	食神	55	11	傷官	26	12	正官	56	13	正財
19	23	2	傷官	54	3	印綬	22	4	比肩	53	5	食神	23	6	偏財	54	7	食神	24	8	偏印	55	9	偏財	26	10	食神	56	11	偏印	27	12	偏財	57	13	傷官
20	24	2	食神	55	3	偏官	23	4	印綬	54	5	傷官	24	6	正財	55	7	劫財	25	8	正官	56	9	正財	27	10	劫財	57	11	正官	28	12	正財	58	13	食神
21	25	2	劫財	56	3	正官	24	4	偏印	55	5	比肩	25	6	偏印	56	7	比肩	26	8	比肩	57	9	食神	28	10	比肩	58	11	偏官	29	12	食神	59	13	劫財
22	26	2	比肩	57	3	偏財	25	4	正官	56	5	劫財	26	6	印綬	57	7	印綬	27	8	印綬	58	9	傷官	29	10	印綬	59	11	偏官	30	12	傷官	60	13	比肩
23	27	2	印綬	58	3	正財	26	4	偏官	57	5	偏印	27	6	偏官	58	7	偏印	28	8	偏印	59	9	偏印	30	10	偏印	60	11	正官	31	12	偏印	1	13	印綬
24	28	2	偏印	59	3	食神	27	4	正財	58	5	印綬	28	6	正官	59	7	正官	29	8	正官	60	9	印綬	31	10	正官	1	11	偏財	32	12	印綬	2	13	偏印
25	29	2	正官	60	3	傷官	28	4	偏財	59	5	偏官	29	6	偏財	60	7	偏官	30	8	偏官	1	9	偏官	32	10	偏官	2	11	正財	33	12	偏官	3	13	正官
26	30	2	偏官	1	3	比肩	29	4	傷官	60	5	正官	30	6	正財	1	7	正財	31	8	正財	2	9	正官	33	10	正財	3	11	食神	34	12	正官	4	13	偏官
27	31	2	正財	2	3	劫財	30	4	食神	1	5	偏財	31	6	食神	2	7	食神	32	8	偏財	3	9	偏財	34	10	偏財	4	11	傷官	35	12	偏財	5	13	正財
28	32	2	偏財	3	3	偏印	31	4	劫財	2	5	正財	32	6	傷官	3	7	劫財	33	8	傷官	4	9	正財	35	10	傷官	5	11	比肩	36	12	正財	6	13	偏財
29	33	2	傷官				32	4	比肩	3	5	食神	33	6	比肩	4	7	比肩	34	8	食神	5	9	食神	36	10	食神	6	11	劫財	37	12	食神	7	13	傷官
30	34	2	食神				33	4	印綬	4	5	傷官	34	6	劫財	5	7	印綬	35	8	劫財	6	9	傷官	37	10	劫財	7	11	偏印	38	12	傷官	8	13	食神
31	35	2	劫財				34	4	偏印				35	6	偏印				36	8	比肩	7	9	比肩				8	11	印綬				9	13	劫財

1980年生まれ 年干:57 1980/2/5-1981/2/3

日	1月			2月			3月			4月			5月			6月			7月			8月			9月			10月			11月			12月		
	日干	月干	中心星	日干	月干	中心星	日干	月干	中心星	日干	月干	中心星	日干	月干	中心星	日干	月干	中心星	日干	月干	中心星	日干	月干	中心星	日干	月干	中心星	日干	月干	中心星	日干	月干	中心星	日干	月干	中心星
1	10	13	比肩	41	14	正財	10	15	傷官	41	16	劫財	11	17	偏財	42	18	傷官	12	19	食神	43	20	傷官	14	21	正財	44	22	偏財	15	23	比肩	45	24	偏財
2	11	13	印綬	42	14	偏財	11	15	比肩	42	16	比肩	12	17	正財	43	18	比肩	13	19	劫財	44	20	食神	15	21	食神	45	22	傷官	16	23	劫財	46	24	正財
3	12	13	偏印	43	14	傷官	12	15	劫財	43	16	印綬	13	17	食神	44	18	劫財	14	19	比肩	45	20	劫財	16	21	傷官	46	22	食神	17	23	偏印	47	24	食神
4	13	13	正官	44	14	食神	13	15	偏印	44	16	偏印	14	17	傷官	45	18	偏印	15	19	印綬	46	20	比肩	17	21	比肩	47	22	劫財	18	23	印綬	48	24	傷官
5	14	13	偏官	45	15	比肩	14	16	印綬	45	17	正官	15	18	比肩	46	19	印綬	16	19	偏印	47	20	印綬	18	21	劫財	48	22	比肩	19	23	偏官	49	24	比肩
6	15	14	正財	46	15	劫財	15	16	偏官	46	17	偏官	16	18	劫財	47	19	偏官	17	19	正官	48	20	偏印	19	21	偏印	49	22	印綬	20	23	正官	50	24	劫財
7	16	14	偏財	47	15	偏印	16	16	正官	47	17	正財	17	18	偏印	48	19	正官	18	20	偏官	49	21	偏官	20	22	印綬	50	22	偏印	21	24	偏財	51	25	偏印
8	17	14	傷官	48	15	印綬	17	16	偏財	48	17	偏財	18	18	印綬	49	19	偏財	19	20	正財	50	21	正官	21	22	偏官	51	23	正官	22	24	正財	52	25	印綬
9	18	14	食神	49	15	偏官	18	16	正財	49	17	傷官	19	18	偏官	50	19	正財	20	20	偏財	51	21	偏財	22	22	正官	52	23	偏官	23	24	食神	53	25	偏官
10	19	14	劫財	50	15	正官	19	16	食神	50	17	食神	20	18	正官	51	19	食神	21	20	傷官	52	21	正財	23	22	偏財	53	23	正財	24	24	傷官	54	25	正官
11	20	14	比肩	51	15	偏財	20	16	傷官	51	17	劫財	21	18	偏財	52	19	傷官	22	20	食神	53	21	食神	24	22	正財	54	23	偏財	25	24	比肩	55	25	偏財
12	21	14	印綬	52	15	正財	21	16	比肩	52	17	比肩	22	18	正財	53	19	比肩	23	20	劫財	54	21	傷官	25	22	食神	55	23	傷官	26	24	劫財	56	25	正財
13	22	14	偏印	53	15	比肩	22	16	劫財	53	17	印綬	23	18	偏財	54	19	劫財	24	20	比肩	55	21	比肩	26	22	傷官	56	23	食神	27	24	偏印	57	25	食神
14	23	14	正官	54	15	劫財	23	16	偏印	54	17	偏印	24	18	正財	55	19	偏印	25	20	印綬	56	21	劫財	27	22	比肩	57	23	劫財	28	24	印綬	58	25	傷官
15	24	14	偏官	55	15	偏印	24	16	印綬	55	17	正財	25	18	食神	56	19	印綬	26	20	偏印	57	21	食神	28	22	劫財	58	23	比肩	29	24	食神	59	25	比肩
16	25	14	傷官	56	15	印綬	25	16	正官	56	17	偏財	26	18	傷官	57	19	印綬	27	20	正官	58	21	傷官	29	22	偏印	59	23	印綬	30	24	傷官	60	25	劫財
17	26	14	食神	57	15	偏官	26	16	偏官	57	17	傷官	27	18	比肩	58	19	偏印	28	20	偏財	59	21	比肩	30	22	印綬	60	23	偏印	31	24	比肩	1	25	偏印
18	27	14	劫財	58	15	正官	27	16	正財	58	17	印綬	28	18	劫財	59	19	正官	29	20	傷官	60	21	劫財	31	22	正官	1	23	傷官	32	24	劫財	2	25	偏印
19	28	14	偏印	59	15	偏財	28	16	偏財	59	17	偏官	29	18	偏印	60	19	偏官	30	20	食神	1	21	偏印	32	22	偏官	2	23	食神	33	24	偏印	3	25	正官
20	29	14	正官	60	15	傷官	29	16	傷官	60	17	正官	30	18	正財	1	19	正財	31	20	正財	2	21	印綬	33	22	正財	3	23	劫財	34	24	印綬	4	25	偏官
21	30	14	偏官	1	15	比肩	30	16	食神	1	17	偏財	31	18	食神	2	19	偏財	32	20	偏財	3	21	偏官	34	22	偏財	4	23	偏官	35	24	偏官	5	25	正財
22	31	14	正財	2	15	劫財	31	16	劫財	2	17	正財	32	18	傷官	3	19	傷官	33	20	傷官	4	21	正財	35	22	傷官	5	23	比肩	36	24	正財	6	25	偏財
23	32	14	偏財	3	15	偏印	32	16	比肩	3	17	食神	33	18	比肩	4	19	食神	34	20	食神	5	21	食神	36	22	食神	6	23	劫財	37	24	食神	7	25	傷官
24	33	14	傷官	4	15	印綬	33	16	印綬	4	17	傷官	34	18	劫財	5	19	劫財	35	20	劫財	6	21	傷官	37	22	劫財	7	23	偏印	38	24	傷官	8	25	食神
25	34	14	食神	5	15	偏官	34	16	偏印	5	17	比肩	35	18	偏印	6	19	比肩	36	20	比肩	7	21	比肩	38	22	比肩	8	23	印綬	39	24	比肩	9	25	劫財
26	35	14	劫財	6	15	正官	35	16	正官	6	17	劫財	36	18	印綬	7	19	正官	37	20	印綬	8	21	劫財	39	22	印綬	9	23	偏官	40	24	劫財	10	25	比肩
27	36	14	比肩	7	15	偏財	36	16	偏官	7	17	偏印	37	18	偏官	8	19	偏官	38	20	偏印	9	21	偏印	40	22	偏印	10	23	正官	41	24	偏印	11	25	印綬
28	37	14	印綬	8	15	正財	37	16	正財	8	17	印綬	38	18	正官	9	19	正財	39	20	正官	10	21	印綬	41	22	正官	11	23	偏財	42	24	印綬	12	25	偏印
29	38	14	偏印	9	15	食神	38	16	偏財	9	17	偏官	39	18	偏財	10	19	偏財	40	20	偏官	11	21	偏官	42	22	偏官	12	23	正財	43	24	偏官	13	25	正官
30	39	14	正官				39	16	傷官	10	17	正官	40	18	正財	11	19	傷官	41	20	正財	12	21	正官	43	22	正財	13	23	食神	44	24	正官	14	25	偏官
31	40	14	偏官				40	16	食神				41	18	食神				42	20	偏財	13	21	偏財				14	23	傷官				15	25	正財

1981年生まれ 年干:58 1981/2/4-1982/2/3

日	1月			2月			3月			4月			5月			6月			7月			8月			9月			10月			11月			12月		
	日干	月干	中心星	日干	月干	中心星	日干	月干	中心星	日干	月干	中心星	日干	月干	中心星	日干	月干	中心星	日干	月干	中心星	日干	月干	中心星	日干	月干	中心星	日干	月干	中心星	日干	月干	中心星	日干	月干	中心星
1	16	25	偏財	47	26	印綬	15	27	偏官	46	28	偏官	16	29	劫財	47	30	偏官	17	31	正官	48	32	偏印	19	33	偏印	49	34	印綬	20	35	正官	50	36	劫財
2	17	25	傷官	48	26	偏印	16	27	正官	47	28	正財	17	29	偏印	48	30	正官	18	31	偏官	49	32	正官	20	33	印綬	50	34	偏印	21	35	偏財	51	36	偏印
3	18	25	食神	49	26	正官	17	27	偏財	48	28	偏財	18	29	印綬	49	30	偏財	19	31	正財	50	32	偏官	21	33	偏官	51	34	正官	22	35	正財	52	36	印綬
4	19	25	劫財	50	27	正官	18	27	正財	49	28	傷官	19	29	偏官	50	30	正財	20	31	偏財	51	32	正財	22	33	正官	52	34	偏官	23	35	食神	53	36	偏官
5	20	26	比肩	51	27	偏財	19	27	食神	50	29	食神	20	30	正官	51	30	食神	21	31	傷官	52	32	偏財	23	33	偏財	53	34	正財	24	35	傷官	54	36	正官
6	21	26	印綬	52	27	正財	20	28	傷官	51	29	劫財	21	30	偏財	52	31	傷官	22	31	食神	53	32	傷官	24	33	正財	54	34	偏財	25	35	比肩	55	36	偏財
7	22	26	偏印	53	27	食神	21	28	比肩	52	29	比肩	22	30	正財	53	31	比肩	23	32	劫財	54	33	傷官	25	33	食神	55	34	傷官	26	36	劫財	56	37	正財
8	23	26	正官	54	27	傷官	22	28	劫財	53	29	印綬	23	30	食神	54	31	劫財	24	32	比肩	55	33	比肩	26	34	傷官	56	35	食神	27	36	偏印	57	37	食神
9	24	26	偏官	55	27	比肩	23	28	偏印	54	29	偏印	24	30	傷官	55	31	偏印	25	32	印綬	56	33	劫財	27	34	比肩	57	35	劫財	28	36	印綬	58	37	傷官
10	25	26	正財	56	27	劫財	24	28	印綬	55	29	正官	25	30	比肩	56	31	印綬	26	32	偏印	57	33	偏印	28	34	劫財	58	35	比肩	29	36	偏官	59	37	比肩
11	26	26	偏財	57	27	偏印	25	28	偏官	56	29	偏官	26	30	劫財	57	31	偏官	27	32	正官	58	33	印綬	29	34	偏印	59	35	印綬	30	36	正官	60	37	劫財
12	27	26	傷官	58	27	正官	26	28	正官	57	29	正財	27	30	偏印	58	31	正官	28	32	偏官	59	33	偏官	30	34	印綬	60	35	偏印	31	36	偏財	1	37	偏印
13	28	26	食神	59	27	偏財	27	28	偏財	58	29	偏財	28	30	劫財	59	31	偏財	29	32	正財	60	33	正官	31	34	偏官	1	35	正官	32	36	正財	2	37	印綬
14	29	26	劫財	60	27	正財	28	28	正財	59	29	傷官	29	30	偏印	60	31	正財	30	32	偏財	1	33	偏財	32	34	正官	2	35	偏官	33	36	食神	3	37	偏官
15	30	26	偏印	1	27	食神	29	28	食神	60	29	比肩	30	30	印綬	1	31	食神	31	32	傷官	2	33	印綬	33	34	偏財	3	35	正財	34	36	印綬	4	37	正官
16	31	26	正官	2	27	傷官	30	28	傷官	1	29	印綬	31	30	偏官	2	31	傷官	32	32	食神	3	33	偏官	34	34	正財	4	35	偏財	35	36	偏官	5	37	偏財
17	32	26	偏官	3	27	比肩	31	28	劫財	2	29	偏印	32	30	正官	3	31	偏官	33	32	印綬	4	33	正官	35	34	食神	5	35	傷官	36	36	正官	6	37	正財
18	33	26	傷官	4	27	劫財	32	28	比肩	3	29	食神	33	30	偏財	4	31	食神	34	32	偏印	5	33	偏財	36	34	傷官	6	35	偏印	37	36	偏財	7	37	偏官
19	34	26	食神	5	27	偏官	33	28	印綬	4	29	傷官	34	30	正財	5	31	劫財	35	32	正官	6	33	正財	37	34	劫財	7	35	正官	38	36	正財	8	37	食神
20	35	26	劫財	6	27	正官	34	28	偏印	5	29	比肩	35	30	偏印	6	31	比肩	36	32	比肩	7	33	食神	38	34	比肩	8	35	偏官	39	36	食神	9	37	劫財
21	36	26	比肩	7	27	偏財	35	28	正官	6	29	劫財	36	30	印綬	7	31	印綬	37	32	印綬	8	33	傷官	39	34	印綬	9	35	偏官	40	36	傷官	10	37	比肩
22	37	26	印綬	8	27	正財	36	28	偏官	7	29	偏印	37	30	偏官	8	31	偏印	38	32	偏印	9	33	偏印	40	34	偏印	10	35	正官	41	36	偏印	11	37	印綬
23	38	26	偏印	9	27	食神	37	28	正財	8	29	印綬	38	30	正官	9	31	正官	39	32	正官	10	33	印綬	41	34	正官	11	35	偏財	42	36	印綬	12	37	偏印
24	39	26	正官	10	27	偏官	38	28	偏財	9	29	偏官	39	30	偏財	10	31	偏官	40	32	偏官	11	33	偏官	42	34	偏官	12	35	正財	43	36	偏官	13	37	正官
25	40	26	偏官	11	27	比肩	39	28	傷官	10	29	正官	40	30	正財	11	31	正財	41	32	正財	12	33	正官	43	34	正財	13	35	食神	44	36	正官	14	37	偏官
26	41	26	正財	12	27	劫財	40	28	食神	11	29	偏財	41	30	食神	12	31	偏財	42	32	偏財	13	33	偏財	44	34	偏財	14	35	傷官	45	36	偏財	15	37	正財
27	42	26	偏財	13	27	偏印	41	28	劫財	12	29	正財	42	30	傷官	13	31	劫財	43	32	傷官	14	33	正財	45	34	傷官	15	35	比肩	46	36	正財	16	37	偏財
28	43	26	傷官	14	27	印綬	42	28	比肩	13	29	食神	43	30	比肩	14	31	比肩	44	32	食神	15	33	食神	46	34	食神	16	35	劫財	47	36	食神	17	37	傷官
29	44	26	食神				43	28	印綬	14	29	傷官	44	30	劫財	15	31	印綬	45	32	劫財	16	33	傷官	47	34	劫財	17	35	偏印	48	36	傷官	18	37	食神
30	45	26	劫財				44	28	偏印	15	29	比肩	45	30	偏印	16	31	偏印	46	32	比肩	17	33	比肩	48	34	比肩	18	35	印綬	49	36	比肩	19	37	劫財
31	46	26	比肩				45	28	正官				46	30	印綬				47	32	印綬	18	33	劫財				19	35	偏官				20	37	比肩

1982年生まれ 年干:59 1982/2/4-1983/2/3

	1月			2月			3月			4月			5月			6月			7月			8月			9月			10月			11月			12月		
日	日干	月干	中心星	日干	月干	中心星	日干	月干	中心星	日干	月干	中心星	日干	月干	中心星	日干	月干	中心星	日干	月干	中心星	日干	月干	中心星	日干	月干	中心星	日干	月干	中心星	日干	月干	中心星	日干	月干	中心星
1	21	37	印綬	52	38	偏財	20	39	傷官	51	40	劫財	21	41	偏財	52	42	傷官	22	43	食神	53	44	傷官	24	45	正財	54	46	偏財	25	47	比肩	55	48	偏財
2	22	37	偏印	53	38	傷官	21	39	比肩	52	40	比肩	22	41	正財	53	42	比肩	23	43	劫財	54	44	食神	25	45	食神	55	46	傷官	26	47	劫財	56	48	正財
3	23	37	正官	54	38	食神	22	39	劫財	53	40	印綬	23	41	食神	54	42	劫財	24	43	比肩	55	44	劫財	26	45	傷官	56	46	食神	27	47	偏印	57	48	食神
4	24	37	偏官	55	39	比肩	23	39	偏印	54	40	偏印	24	41	傷官	55	42	偏印	25	43	印綬	56	44	比肩	27	45	比肩	57	46	劫財	28	47	印綬	58	48	傷官
5	25	37	正財	56	39	劫財	24	39	印綬	55	41	正官	25	41	比肩	56	42	印綬	26	43	偏印	57	44	印綬	28	45	劫財	58	46	比肩	29	47	偏官	59	48	比肩
6	26	38	偏財	57	39	偏印	25	40	偏官	56	41	偏官	26	42	劫財	57	43	偏官	27	43	正官	58	44	偏印	29	45	偏印	59	46	印綬	30	47	正官	60	48	劫財
7	27	38	傷官	58	39	印綬	26	40	正官	57	41	正財	27	42	偏印	58	43	正官	28	44	偏官	59	44	正官	30	45	印綬	60	46	偏印	31	47	偏財	1	49	偏印
8	28	38	食神	59	39	偏官	27	40	偏財	58	41	偏財	28	42	印綬	59	43	偏財	29	44	正財	60	45	正官	31	46	偏官	1	46	正官	32	48	正財	2	49	印綬
9	29	38	劫財	60	39	正官	28	40	正財	59	41	傷官	29	42	偏官	60	43	正財	30	44	偏財	1	45	偏財	32	46	正官	2	47	偏官	33	48	食神	3	49	偏官
10	30	38	比肩	1	39	偏財	29	40	食神	60	41	食神	30	42	正官	1	43	食神	31	44	傷官	2	45	正財	33	46	偏財	3	47	正財	34	48	傷官	4	49	正官
11	31	38	印綬	2	39	正財	30	40	傷官	1	41	劫財	31	42	偏財	2	43	傷官	32	44	食神	3	45	食神	34	46	正財	4	47	偏財	35	48	比肩	5	49	偏財
12	32	38	偏印	3	39	比肩	31	40	比肩	2	41	比肩	32	42	正財	3	43	比肩	33	44	劫財	4	45	傷官	35	46	食神	5	47	傷官	36	48	劫財	6	49	正財
13	33	38	正官	4	39	劫財	32	40	劫財	3	41	印綬	33	42	食神	4	43	劫財	34	44	比肩	5	45	比肩	36	46	傷官	6	47	食神	37	48	偏印	7	49	食神
14	34	38	偏官	5	39	偏印	33	40	偏印	4	41	偏印	34	42	正財	5	43	偏印	35	44	印綬	6	45	劫財	37	46	比肩	7	47	劫財	38	48	印綬	8	49	傷官
15	35	38	正財	6	39	印綬	34	40	印綬	5	41	正財	35	42	食神	6	43	印綬	36	44	偏印	7	45	偏印	38	46	劫財	8	47	比肩	39	48	偏官	9	49	比肩
16	36	38	食神	7	39	偏官	35	40	偏官	6	41	偏財	36	42	傷官	7	43	偏官	37	44	正官	8	45	傷官	39	46	偏印	9	47	印綬	40	48	傷官	10	49	劫財
17	37	38	劫財	8	39	正官	36	40	偏官	7	41	傷官	37	42	比肩	8	43	偏印	38	44	偏財	9	45	比肩	40	46	印綬	10	47	偏印	41	48	比肩	11	49	偏印
18	38	38	比肩	9	39	偏財	37	40	正財	8	41	印綬	38	42	劫財	9	43	正官	39	44	傷官	10	45	劫財	41	46	偏官	11	47	正官	42	48	劫財	12	49	偏印
19	39	38	正官	10	39	傷官	38	40	偏財	9	41	偏官	39	42	偏印	10	43	偏官	40	44	食神	11	45	偏印	42	46	偏官	12	47	食神	43	48	偏印	13	49	正官
20	40	38	偏官	11	39	比肩	39	40	偏官	10	41	正官	40	42	印綬	11	43	正財	41	44	正財	12	45	印綬	43	46	正財	13	47	劫財	44	48	印綬	14	49	偏官
21	41	38	正財	12	39	劫財	40	40	食神	11	41	偏財	41	42	食神	12	43	偏財	42	44	偏財	13	45	偏官	44	46	偏財	14	47	比肩	45	48	偏官	15	49	正財
22	42	38	偏財	13	39	偏印	41	40	劫財	12	41	正財	42	42	傷官	13	43	傷官	43	44	偏官	14	45	正官	45	46	傷官	15	47	比肩	46	48	正官	16	49	偏財
23	43	38	傷官	14	39	印綬	42	40	比肩	13	41	食神	43	42	比肩	14	43	食神	44	44	食神	15	45	食神	46	46	食神	16	47	劫財	47	48	食神	17	49	傷官
24	44	38	食神	15	39	偏官	43	40	印綬	14	41	傷官	44	42	劫財	15	43	劫財	45	44	劫財	16	45	傷官	47	46	劫財	17	47	偏印	48	48	傷官	18	49	食神
25	45	38	劫財	16	39	正官	44	40	偏印	15	41	比肩	45	42	偏印	16	43	比肩	46	44	比肩	17	45	比肩	48	46	比肩	18	47	印綬	49	48	傷官	19	49	劫財
26	46	38	比肩	17	39	偏財	45	40	正官	16	41	劫財	46	42	印綬	17	43	印綬	47	44	印綬	18	45	劫財	49	46	印綬	19	47	偏官	50	48	劫財	20	49	比肩
27	47	38	印綬	18	39	正財	46	40	偏官	17	41	偏印	47	42	偏官	18	43	偏官	48	44	偏印	19	45	偏印	50	46	偏印	20	47	正官	51	48	偏印	21	49	印綬
28	48	38	偏印	19	39	食神	47	40	正財	18	41	印綬	48	42	正官	19	43	正財	49	44	正官	20	45	印綬	51	46	正官	21	47	偏財	52	48	印綬	22	49	偏印
29	49	38	正官				48	40	偏財	19	41	偏官	49	42	偏財	20	43	偏財	50	44	偏官	21	45	偏官	52	46	偏官	22	47	正財	53	48	偏官	23	49	正官
30	50	38	偏官				49	40	傷官	20	41	正官	50	42	正財	21	43	傷官	51	44	正財	22	45	正官	53	46	正財	23	47	食神	54	48	正官	24	49	偏官
31	51	38	正財				50	40	食神				51	42	食神				52	44	偏財	23	45	偏財				24	47	傷官				25	49	正財

1983年生まれ 年干:60 1983/2/4-1984/2/4

	1月			2月			3月			4月			5月			6月			7月			8月			9月			10月			11月			12月		
日	日干	月干	中心星	日干	月干	中心星	日干	月干	中心星	日干	月干	中心星	日干	月干	中心星	日干	月干	中心星	日干	月干	中心星	日干	月干	中心星	日干	月干	中心星	日干	月干	中心星	日干	月干	中心星	日干	月干	中心星
1	26	49	偏財	57	50	印綬	25	51	偏官	56	52	偏官	26	53	劫財	57	54	偏官	27	55	正官	58	56	偏印	29	57	偏印	59	58	印綬	30	59	正官	60	60	劫財
2	27	49	傷官	58	50	偏印	26	51	正官	57	52	正財	27	53	偏印	58	54	正官	28	55	偏官	59	56	正官	30	57	印綬	60	58	偏印	31	59	偏財	1	60	偏印
3	28	49	食神	59	50	正官	27	51	偏財	58	52	偏財	28	53	印綬	59	54	偏財	29	55	正財	60	56	偏官	31	57	偏官	1	58	正官	32	59	正財	2	60	印綬
4	29	49	劫財	60	51	正官	28	51	正財	59	52	傷官	29	53	偏官	60	54	正財	30	55	偏財	1	56	正財	32	57	正官	2	58	偏官	33	59	食神	3	60	偏官
5	30	49	比肩	1	51	偏財	29	51	食神	60	53	食神	30	53	正官	1	54	食神	31	55	傷官	2	56	偏財	33	57	偏財	3	58	正財	34	59	傷官	4	60	正官
6	31	50	印綬	2	51	正財	30	52	傷官	1	53	劫財	31	54	偏財	2	55	傷官	32	55	食神	3	56	傷官	34	57	正財	4	58	偏財	35	59	比肩	5	60	偏財
7	32	50	偏印	3	51	食神	31	52	比肩	2	53	比肩	32	54	正財	3	55	比肩	33	55	劫財	4	56	食神	35	57	食神	5	58	傷官	36	59	劫財	6	60	正財
8	33	50	正官	4	51	傷官	32	52	劫財	3	53	印綬	33	54	食神	4	55	劫財	34	56	比肩	5	57	比肩	36	58	傷官	6	58	食神	37	60	偏印	7	1	食神
9	34	50	偏官	5	51	比肩	33	52	偏印	4	53	偏印	34	54	傷官	5	55	偏印	35	56	印綬	6	57	劫財	37	58	比肩	7	59	劫財	38	60	印綬	8	1	傷官
10	35	50	正財	6	51	劫財	34	52	印綬	5	53	正官	35	54	比肩	6	55	印綬	36	56	偏印	7	57	偏印	38	58	劫財	8	59	比肩	39	60	偏官	9	1	比肩
11	36	50	偏財	7	51	偏印	35	52	偏官	6	53	偏官	36	54	劫財	7	55	偏官	37	56	正官	8	57	印綬	39	58	偏印	9	59	印綬	40	60	正官	10	1	劫財
12	37	50	傷官	8	51	正官	36	52	正官	7	53	正財	37	54	偏印	8	55	正官	38	56	偏官	9	57	偏官	40	58	印綬	10	59	偏印	41	60	偏財	11	1	偏印
13	38	50	食神	9	51	偏財	37	52	偏財	8	53	偏財	38	54	印綬	9	55	偏財	39	56	正財	10	57	正官	41	58	偏官	11	59	正官	42	60	正財	12	1	印綬
14	39	50	劫財	10	51	正財	38	52	正財	9	53	傷官	39	54	偏印	10	55	正財	40	56	偏財	11	57	偏財	42	58	正官	12	59	偏官	43	60	食神	13	1	偏官
15	40	50	比肩	11	51	食神	39	52	食神	10	53	比肩	40	54	印綬	11	55	食神	41	56	傷官	12	57	正財	43	58	偏財	13	59	正財	44	60	傷官	14	1	正官
16	41	50	正官	12	51	傷官	40	52	傷官	11	53	印綬	41	54	偏官	12	55	傷官	42	56	食神	13	57	偏官	44	58	正財	14	59	偏財	45	60	偏官	15	1	偏財
17	42	50	偏官	13	51	比肩	41	52	劫財	12	53	偏印	42	54	正官	13	55	傷官	43	56	劫財	14	57	正官	45	58	食神	15	59	傷官	46	60	正官	16	1	正財
18	43	50	正財	14	51	劫財	42	52	比肩	13	53	食神	43	54	偏財	14	55	食神	44	56	偏印	15	57	偏財	46	58	傷官	16	59	食神	47	60	偏財	17	1	食神
19	44	50	食神	15	51	偏官	43	52	印綬	14	53	傷官	44	54	正財	15	55	劫財	45	56	正官	16	57	正財	47	58	劫財	17	59	正官	48	60	正財	18	1	食神
20	45	50	劫財	16	51	正官	44	52	偏印	15	53	比肩	45	54	食神	16	55	比肩	46	56	偏官	17	57	食神	48	58	比肩	18	59	偏官	49	60	食神	19	1	劫財
21	46	50	比肩	17	51	偏財	45	52	正官	16	53	劫財	46	54	印綬	17	55	印綬	47	56	印綬	18	57	傷官	49	58	印綬	19	59	正財	50	60	傷官	20	1	比肩
22	47	50	印綬	18	51	正財	46	52	偏官	17	53	偏印	47	54	偏官	18	55	偏印	48	56	偏印	19	57	比肩	50	58	偏印	20	59	正官	51	60	比肩	21	1	印綬
23	48	50	偏印	19	51	食神	47	52	正財	18	53	印綬	48	54	正官	19	55	正官	49	56	正官	20	57	印綬	51	58	正官	21	59	偏財	52	60	印綬	22	1	偏印
24	49	50	正官	20	51	傷官	48	52	偏財	19	53	偏官	49	54	偏財	20	55	偏官	50	56	偏官	21	57	偏官	52	58	偏官	22	59	正財	53	60	偏官	23	1	正官
25	50	50	偏官	21	51	比肩	49	52	傷官	20	53	正官	50	54	正財	21	55	正財	51	56	正財	22	57	正官	53	58	正財	23	59	食神	54	60	正官	24	1	偏官
26	51	50	正財	22	51	劫財	50	52	食神	21	53	偏財	51	54	食神	22	55	偏財	52	56	偏財	23	57	偏財	54	58	偏財	24	59	傷官	55	60	偏財	25	1	正財
27	52	50	偏財	23	51	偏印	51	52	劫財	22	53	正財	52	54	傷官	23	55	劫財	53	56	傷官	24	57	正財	55	58	傷官	25	59	比肩	56	60	正財	26	1	偏財
28	53	50	傷官	24	51	印綬	52	52	比肩	23	53	食神	53	54	比肩	24	55	比肩	54	56	食神	25	57	食神	56	58	食神	26	59	劫財	57	60	食神	27	1	傷官
29	54	50	食神				53	52	印綬	24	53	傷官	54	54	劫財	25	55	印綬	55	56	劫財	26	57	傷官	57	58	劫財	27	59	偏印	58	60	傷官	28	1	食神
30	55	50	劫財				54	52	偏印	25	53	比肩	55	54	偏印	26	55	偏印	56	56	比肩	27	57	比肩	58	58	比肩	28	59	印綬	59	60	比肩	29	1	劫財
31	56	50	比肩				55	52	正官				56	54	印綬				57	56	印綬	28	57	劫財				29	59	偏官				30	1	比肩

1984年生まれ 年干:1 1984/2/5-1985/2/3

	1月			2月			3月			4月			5月			6月			7月			8月			9月			10月			11月			12月		
日	日干	月干	中心星	日干	月干	中心星	日干	月干	中心星	日干	月干	中心星	日干	月干	中心星	日干	月干	中心星	日干	月干	中心星	日干	月干	中心星	日干	月干	中心星	日干	月干	中心星	日干	月干	中心星	日干	月干	中心星
1	31	1	印綬	2	2	偏財	31	3	比肩	2	4	比肩	32	5	正財	3	6	比肩	33	7	劫財	4	8	食神	35	9	食神	5	10	傷官	36	11	劫財	6	12	正財
2	32	1	偏印	3	2	傷官	32	3	劫財	3	4	印綬	33	5	食神	4	6	劫財	34	7	比肩	5	8	劫財	36	9	傷官	6	10	食神	37	11	偏印	7	12	食神
3	33	1	正官	4	2	食神	33	3	偏印	4	4	偏印	34	5	傷官	5	6	偏印	35	7	印綬	6	8	比肩	37	9	比肩	7	10	劫財	38	11	印綬	8	12	傷官
4	34	1	偏官	5	2	劫財	34	3	印綬	5	5	正官	35	5	比肩	6	6	印綬	36	7	偏印	7	8	印綬	38	9	劫財	8	10	比肩	39	11	偏官	9	12	比肩
5	35	1	正財	6	3	劫財	35	4	偏官	6	5	偏官	36	6	劫財	7	7	偏官	37	7	正官	8	8	偏印	39	9	偏印	9	10	印綬	40	11	正官	10	12	劫財
6	36	2	偏財	7	3	偏印	36	4	正官	7	5	正財	37	6	偏印	8	7	正官	38	7	偏官	9	8	正官	40	9	印綬	10	10	偏印	41	11	偏財	11	12	偏印
7	37	2	傷官	8	3	印綬	37	4	偏財	8	5	偏財	38	6	印綬	9	7	偏財	39	8	正財	10	9	正官	41	10	偏官	11	10	正官	42	12	正財	12	13	印綬
8	38	2	食神	9	3	偏官	38	4	正財	9	5	傷官	39	6	偏官	10	7	正財	40	8	偏財	11	9	偏財	42	10	正官	12	11	偏官	43	12	食神	13	13	偏官
9	39	2	劫財	10	3	正官	39	4	食神	10	5	食神	40	6	正官	11	7	食神	41	8	傷官	12	9	正財	43	10	偏財	13	11	正財	44	12	傷官	14	13	正官
10	40	2	比肩	11	3	偏財	40	4	傷官	11	5	劫財	41	6	偏財	12	7	傷官	42	8	食神	13	9	食神	44	10	正財	14	11	偏財	45	12	比肩	15	13	偏財
11	41	2	印綬	12	3	正財	41	4	比肩	12	5	比肩	42	6	正財	13	7	比肩	43	8	劫財	14	9	傷官	45	10	食神	15	11	傷官	46	12	劫財	16	13	正財
12	42	2	偏印	13	3	食神	42	4	劫財	13	5	印綬	43	6	食神	14	7	劫財	44	8	比肩	15	9	比肩	46	10	傷官	16	11	食神	47	12	偏印	17	13	食神
13	43	2	正官	14	3	劫財	43	4	偏印	14	5	偏印	44	6	正財	15	7	偏印	45	8	印綬	16	9	劫財	47	10	比肩	17	11	劫財	48	12	印綬	18	13	傷官
14	44	2	偏官	15	3	偏印	44	4	印綬	15	5	正財	45	6	食神	16	7	印綬	46	8	偏印	17	9	偏印	48	10	劫財	18	11	比肩	49	12	偏官	19	13	比肩
15	45	2	正財	16	3	印綬	45	4	偏官	16	5	偏財	46	6	傷官	17	7	偏官	47	8	正官	18	9	傷官	49	10	偏印	19	11	印綬	50	12	傷官	20	13	劫財
16	46	2	食神	17	3	偏官	46	4	偏官	17	5	傷官	47	6	比肩	18	7	偏印	48	8	偏官	19	9	比肩	50	10	印綬	20	11	偏印	51	12	比肩	21	13	偏印
17	47	2	劫財	18	3	正官	47	4	正財	18	5	印綬	48	6	劫財	19	7	正官	49	8	傷官	20	9	劫財	51	10	偏官	21	11	正官	52	12	劫財	22	13	印綬
18	48	2	比肩	19	3	偏財	48	4	偏財	19	5	偏官	49	6	偏印	20	7	偏官	50	8	食神	21	9	偏印	52	10	偏官	22	11	食神	53	12	偏印	23	13	正官
19	49	2	正官	20	3	正財	49	4	傷官	20	5	正官	50	6	印綬	21	7	正財	51	8	劫財	22	9	印綬	53	10	正財	23	11	劫財	54	12	印綬	24	13	偏官
20	50	2	偏官	21	3	比肩	50	4	食神	21	5	偏財	51	6	食神	22	7	偏財	52	8	偏財	23	9	偏官	54	10	偏財	24	11	比肩	55	12	偏官	25	13	正財
21	51	2	正財	22	3	劫財	51	4	劫財	22	5	正財	52	6	傷官	23	7	傷官	53	8	傷官	24	9	正官	55	10	傷官	25	11	比肩	56	12	正官	26	13	偏財
22	52	2	偏財	23	3	偏印	52	4	比肩	23	5	食神	53	6	比肩	24	7	食神	54	8	食神	25	9	食神	56	10	食神	26	11	劫財	57	12	食神	27	13	傷官
23	53	2	傷官	24	3	印綬	53	4	印綬	24	5	傷官	54	6	劫財	25	7	劫財	55	8	劫財	26	9	傷官	57	10	劫財	27	11	偏印	58	12	傷官	28	13	食神
24	54	2	食神	25	3	偏官	54	4	偏印	25	5	比肩	55	6	偏印	26	7	比肩	56	8	比肩	27	9	比肩	58	10	比肩	28	11	印綬	59	12	比肩	29	13	劫財
25	55	2	劫財	26	3	正官	55	4	正官	26	5	劫財	56	6	印綬	27	7	印綬	57	8	印綬	28	9	劫財	59	10	印綬	29	11	偏官	60	12	劫財	30	13	比肩
26	56	2	比肩	27	3	偏財	56	4	偏官	27	5	偏印	57	6	偏官	28	7	偏官	58	8	偏印	29	9	偏印	60	10	偏印	30	11	正官	1	12	偏印	31	13	印綬
27	57	2	印綬	28	3	正財	57	4	正財	28	5	印綬	58	6	正官	29	7	正財	59	8	正官	30	9	印綬	1	10	正官	31	11	偏財	2	12	印綬	32	13	偏印
28	58	2	偏印	29	3	食神	58	4	偏財	29	5	偏官	59	6	偏財	30	7	偏財	60	8	偏官	31	9	偏官	2	10	偏官	32	11	正財	3	12	偏官	33	13	正官
29	59	2	正官	30	3	傷官	59	4	傷官	30	5	正官	60	6	正財	31	7	傷官	1	8	正財	32	9	正官	3	10	正財	33	11	食神	4	12	正官	34	13	偏官
30	60	2	偏官				60	4	食神	31	5	偏財	1	6	食神	32	7	食神	2	8	偏財	33	9	偏財	4	10	偏財	34	11	傷官	5	12	偏財	35	13	正財
31	1	2	正財				1	4	劫財				2	6	傷官				3	8	傷官	34	9	正財				35	11	比肩				36	13	偏財

1985年生まれ 年干:2 1985/2/4-1986/2/3

	1月			2月			3月			4月			5月			6月			7月			8月			9月			10月			11月			12月		
日	日干	月干	中心星	日干	月干	中心星	日干	月干	中心星	日干	月干	中心星	日干	月干	中心星	日干	月干	中心星	日干	月干	中心星	日干	月干	中心星	日干	月干	中心星	日干	月干	中心星	日干	月干	中心星	日干	月干	中心星
1	37	13	傷官	8	14	偏印	36	15	正官	7	16	正財	37	17	偏印	8	18	正官	38	19	偏官	9	20	正官	40	21	印綬	10	22	偏印	41	23	偏財	11	24	偏印
2	38	13	食神	9	14	正官	37	15	偏財	8	16	偏財	38	17	印綬	9	18	偏財	39	19	正財	10	20	偏官	41	21	偏官	11	22	正官	42	23	正財	12	24	印綬
3	39	13	劫財	10	14	偏官	38	15	正財	9	16	傷官	39	17	偏官	10	18	正財	40	19	偏財	11	20	正財	42	21	正官	12	22	偏官	43	23	食神	13	24	偏官
4	40	13	比肩	11	15	偏財	39	15	食神	10	16	食神	40	17	正官	11	18	食神	41	19	傷官	12	20	偏財	43	21	偏財	13	22	正財	44	23	傷官	14	24	正官
5	41	14	印綬	12	15	正財	40	15	傷官	11	17	劫財	41	18	偏財	12	18	傷官	42	19	食神	13	20	傷官	44	21	正財	14	22	偏財	45	23	比肩	15	24	偏財
6	42	14	偏印	13	15	食神	41	16	比肩	12	17	比肩	42	18	正財	13	19	比肩	43	19	劫財	14	20	食神	45	21	食神	15	22	傷官	46	23	劫財	16	24	正財
7	43	14	正官	14	15	傷官	42	16	劫財	13	17	印綬	43	18	食神	14	19	劫財	44	20	比肩	15	21	比肩	46	21	傷官	16	22	食神	47	24	偏印	17	25	食神
8	44	14	偏官	15	15	比肩	43	16	偏印	14	17	偏印	44	18	傷官	15	19	偏印	45	20	印綬	16	21	劫財	47	22	比肩	17	23	劫財	48	24	印綬	18	25	傷官
9	45	14	正財	16	15	劫財	44	16	印綬	15	17	正官	45	18	比肩	16	19	印綬	46	20	偏印	17	21	偏印	48	22	劫財	18	23	比肩	49	24	偏官	19	25	比肩
10	46	14	偏財	17	15	偏印	45	16	偏官	16	17	偏官	46	18	劫財	17	19	偏官	47	20	正官	18	21	印綬	49	22	偏印	19	23	印綬	50	24	正官	20	25	劫財
11	47	14	傷官	18	15	印綬	46	16	正官	17	17	正財	47	18	偏印	18	19	正官	48	20	偏官	19	21	偏官	50	22	印綬	20	23	偏印	51	24	偏財	21	25	偏印
12	48	14	食神	19	15	偏財	47	16	偏財	18	17	偏財	48	18	印綬	19	19	偏財	49	20	正財	20	21	正官	51	22	偏官	21	23	正官	52	24	正財	22	25	印綬
13	49	14	劫財	20	15	正財	48	16	正財	19	17	傷官	49	18	偏印	20	19	正財	50	20	偏財	21	21	偏財	52	22	正官	22	23	偏官	53	24	食神	23	25	偏官
14	50	14	比肩	21	15	食神	49	16	食神	20	17	食神	50	18	印綬	21	19	食神	51	20	傷官	22	21	正財	53	22	偏財	23	23	正財	54	24	傷官	24	25	正官
15	51	14	正官	22	15	傷官	50	16	傷官	21	17	印綬	51	18	偏官	22	19	傷官	52	20	食神	23	21	偏官	54	22	正財	24	23	偏財	55	24	偏官	25	25	偏財
16	52	14	偏官	23	15	比肩	51	16	比肩	22	17	偏印	52	18	正官	23	19	比肩	53	20	劫財	24	21	正官	55	22	食神	25	23	傷官	56	24	正官	26	25	正財
17	53	14	正財	24	15	劫財	52	16	比肩	23	17	正官	53	18	偏財	24	19	食神	54	20	偏印	25	21	偏財	56	22	傷官	26	23	食神	57	24	偏財	27	25	食神
18	54	14	食神	25	15	偏印	53	16	印綬	24	17	傷官	54	18	正財	25	19	劫財	55	20	正官	26	21	正財	57	22	比肩	27	23	正官	58	24	正財	28	25	食神
19	55	14	劫財	26	15	正官	54	16	偏印	25	17	比肩	55	18	食神	26	19	比肩	56	20	偏官	27	21	食神	58	22	比肩	28	23	偏官	59	24	食神	29	25	劫財
20	56	14	比肩	27	15	偏財	55	16	正官	26	17	劫財	56	18	印綬	27	19	印綬	57	20	印綬	28	21	傷官	59	22	印綬	29	23	正財	60	24	傷官	30	25	比肩
21	57	14	印綬	28	15	正財	56	16	偏官	27	17	偏印	57	18	偏官	28	19	偏印	58	20	偏印	29	21	比肩	60	22	偏印	30	23	正官	1	24	比肩	31	25	印綬
22	58	14	偏印	29	15	食神	57	16	正財	28	17	印綬	58	18	正官	29	19	正官	59	20	正官	30	21	印綬	1	22	正官	31	23	偏財	2	24	印綬	32	25	偏印
23	59	14	正官	30	15	傷官	58	16	偏財	29	17	偏官	59	18	偏財	30	19	偏官	60	20	偏官	31	21	偏官	2	22	偏官	32	23	正財	3	24	偏官	33	25	正官
24	60	14	偏官	31	15	比肩	59	16	傷官	30	17	正官	60	18	正財	31	19	正財	1	20	正財	32	21	正官	3	22	正財	33	23	食神	4	24	正官	34	25	偏官
25	1	14	正財	32	15	劫財	60	16	食神	31	17	偏財	1	18	食神	32	19	偏財	2	20	偏財	33	21	偏財	4	22	偏財	34	23	傷官	5	24	偏財	35	25	正財
26	2	14	偏財	33	15	偏印	1	16	劫財	32	17	正財	2	18	傷官	33	19	傷官	3	20	傷官	34	21	正財	5	22	傷官	35	23	比肩	6	24	正財	36	25	偏財
27	3	14	傷官	34	15	印綬	2	16	比肩	33	17	食神	3	18	比肩	34	19	比肩	4	20	食神	35	21	食神	6	22	食神	36	23	劫財	7	24	食神	37	25	傷官
28	4	14	食神	35	15	偏官	3	16	印綬	34	17	傷官	4	18	劫財	35	19	印綬	5	20	劫財	36	21	傷官	7	22	劫財	37	23	偏印	8	24	傷官	38	25	食神
29	5	14	劫財				4	16	偏印	35	17	比肩	5	18	偏印	36	19	偏印	6	20	比肩	37	21	比肩	8	22	比肩	38	23	印綬	9	24	比肩	39	25	劫財
30	6	14	比肩				5	16	正官	36	17	劫財	6	18	印綬	37	19	正官	7	20	印綬	38	21	劫財	9	22	印綬	39	23	偏官	10	24	劫財	40	25	比肩
31	7	14	印綬				6	16	偏官				7	18	偏官				8	20	偏印	39	21	偏印				40	23	正官				41	25	印綬

1986年生まれ 年干：3 1986/2/4-1987/2/3

	1月			2月			3月			4月			5月			6月			7月			8月			9月			10月			11月			12月		
日	日干	月干	中心星	日干	月干	中心星	日干	月干	中心星	日干	月干	中心星	日干	月干	中心星	日干	月干	中心星	日干	月干	中心星	日干	月干	中心星	日干	月干	中心星	日干	月干	中心星	日干	月干	中心星	日干	月干	中心星
1	42	25	偏印	13	26	傷官	41	27	比肩	12	28	比肩	42	29	正財	13	30	比肩	43	31	劫財	14	32	食神	45	33	食神	15	34	傷官	46	35	劫財	16	36	正財
2	43	25	正官	14	26	食神	42	27	劫財	13	28	印綬	43	29	食神	14	30	劫財	44	31	比肩	15	32	劫財	46	33	傷官	16	34	食神	47	35	偏印	17	36	食神
3	44	25	偏官	15	26	劫財	43	27	偏印	14	28	偏印	44	29	傷官	15	30	偏印	45	31	印綬	16	32	比肩	47	33	比肩	17	34	劫財	48	35	印綬	18	36	傷官
4	45	25	正財	16	27	劫財	44	27	印綬	15	28	正官	45	29	比肩	16	30	印綬	46	31	偏印	17	32	印綬	48	33	劫財	18	34	比肩	49	35	偏官	19	36	比肩
5	46	25	偏財	17	27	偏印	45	27	偏官	16	29	偏官	46	29	劫財	17	30	偏官	47	31	正官	18	32	偏印	49	33	偏印	19	34	印綬	50	35	正官	20	36	劫財
6	47	26	傷官	18	27	印綬	46	28	正官	17	29	正財	47	30	偏印	18	31	正官	48	31	偏官	19	32	正官	50	33	印綬	20	34	偏印	51	35	偏財	21	36	偏印
7	48	26	食神	19	27	偏官	47	28	偏財	18	29	偏財	48	30	印綬	19	31	偏財	49	32	正財	20	32	偏官	51	33	偏官	21	34	正官	52	35	正財	22	37	印綬
8	49	26	劫財	20	27	正官	48	28	正財	19	29	傷官	49	30	偏官	20	31	正財	50	32	偏財	21	33	偏財	52	34	正官	22	35	偏官	53	36	食神	23	37	偏官
9	50	26	比肩	21	27	偏財	49	28	食神	20	29	食神	50	30	正官	21	31	食神	51	32	傷官	22	33	正財	53	34	偏財	23	35	正財	54	36	傷官	24	37	正官
10	51	26	印綬	22	27	正財	50	28	傷官	21	29	劫財	51	30	偏財	22	31	傷官	52	32	食神	23	33	食神	54	34	正財	24	35	偏財	55	36	比肩	25	37	偏財
11	52	26	偏印	23	27	食神	51	28	比肩	22	29	比肩	52	30	正財	23	31	比肩	53	32	劫財	24	33	傷官	55	34	食神	25	35	傷官	56	36	劫財	26	37	正財
12	53	26	正官	24	27	劫財	52	28	劫財	23	29	印綬	53	30	食神	24	31	劫財	54	32	比肩	25	33	比肩	56	34	傷官	26	35	食神	57	36	偏印	27	37	食神
13	54	26	偏官	25	27	偏印	53	28	偏印	24	29	偏印	54	30	傷官	25	31	偏印	55	32	印綬	26	33	劫財	57	34	比肩	27	35	劫財	58	36	印綬	28	37	傷官
14	55	26	正財	26	27	印綬	54	28	印綬	25	29	正官	55	30	食神	26	31	印綬	56	32	偏印	27	33	偏印	58	34	劫財	28	35	比肩	59	36	偏官	29	37	比肩
15	56	26	偏財	27	27	偏官	55	28	偏官	26	29	偏財	56	30	傷官	27	31	偏官	57	32	正官	28	33	印綬	59	34	偏印	29	35	印綬	60	36	正官	30	37	劫財
16	57	26	劫財	28	27	正官	56	28	正官	27	29	傷官	57	30	比肩	28	31	正官	58	32	偏官	29	33	比肩	60	34	印綬	30	35	偏印	1	36	比肩	31	37	偏印
17	58	26	比肩	29	27	偏財	57	28	正財	28	29	食神	58	30	劫財	29	31	正官	59	32	傷官	30	33	劫財	1	34	偏官	31	35	正官	2	36	劫財	32	37	印綬
18	59	26	印綬	30	27	正財	58	28	偏財	29	29	偏官	59	30	偏印	30	31	偏官	60	32	食神	31	33	偏印	2	34	正官	32	35	食神	3	36	偏印	33	37	正官
19	60	26	偏官	31	27	比肩	59	28	傷官	30	29	正官	60	30	印綬	31	31	正財	1	32	劫財	32	33	印綬	3	34	正財	33	35	劫財	4	36	印綬	34	37	偏官
20	1	26	正財	32	27	劫財	60	28	食神	31	29	偏財	1	30	偏官	32	31	偏財	2	32	偏財	33	33	偏官	4	34	偏財	34	35	比肩	5	36	偏官	35	37	正財
21	2	26	偏財	33	27	偏印	1	28	劫財	32	29	正財	2	30	傷官	33	31	傷官	3	32	傷官	34	33	正官	5	34	傷官	35	35	比肩	6	36	正官	36	37	偏財
22	3	26	傷官	34	27	印綬	2	28	比肩	33	29	食神	3	30	比肩	34	31	食神	4	32	食神	35	33	偏財	6	34	食神	36	35	劫財	7	36	偏財	37	37	傷官
23	4	26	食神	35	27	偏官	3	28	印綬	34	29	傷官	4	30	劫財	35	31	劫財	5	32	劫財	36	33	傷官	7	34	劫財	37	35	偏印	8	36	傷官	38	37	食神
24	5	26	劫財	36	27	正官	4	28	偏印	35	29	比肩	5	30	偏印	36	31	比肩	6	32	比肩	37	33	比肩	8	34	比肩	38	35	印綬	9	36	比肩	39	37	劫財
25	6	26	比肩	37	27	偏財	5	28	正官	36	29	劫財	6	30	印綬	37	31	印綬	7	32	印綬	38	33	劫財	9	34	印綬	39	35	偏官	10	36	劫財	40	37	比肩
26	7	26	印綬	38	27	正財	6	28	偏官	37	29	偏印	7	30	偏官	38	31	偏印	8	32	偏印	39	33	偏印	10	34	偏印	40	35	正官	11	36	偏印	41	37	印綬
27	8	26	偏印	39	27	食神	7	28	正財	38	29	印綬	8	30	正官	39	31	正財	9	32	正官	40	33	印綬	11	34	正官	41	35	偏財	12	36	印綬	42	37	偏印
28	9	26	正官	40	27	傷官	8	28	偏財	39	29	偏官	9	30	偏財	40	31	偏財	10	32	偏官	41	33	偏官	12	34	偏官	42	35	正財	13	36	偏官	43	37	正官
29	10	26	偏官				9	28	傷官	40	29	正官	10	30	正財	41	31	傷官	11	32	正財	42	33	正官	13	34	正財	43	35	食神	14	36	正官	44	37	偏官
30	11	26	正財				10	28	食神	41	29	偏財	11	30	食神	42	31	食神	12	32	偏財	43	33	偏財	14	34	偏財	44	35	傷官	15	36	偏財	45	37	正財
31	12	26	偏財				11	28	劫財				12	30	傷官				13	32	傷官	44	33	正財				45	35	比肩				46	37	偏財

1987年生まれ 年干：4 1987/2/4-1988/2/3

	1月			2月			3月			4月			5月			6月			7月			8月			9月			10月			11月			12月		
日	日干	月干	中心星	日干	月干	中心星	日干	月干	中心星	日干	月干	中心星	日干	月干	中心星	日干	月干	中心星	日干	月干	中心星	日干	月干	中心星	日干	月干	中心星	日干	月干	中心星	日干	月干	中心星	日干	月干	中心星
1	47	37	傷官	18	38	偏印	46	39	正官	17	40	正財	47	41	偏印	18	42	正官	48	43	偏官	19	44	正官	50	45	印綬	20	46	偏印	51	47	偏財	21	48	偏印
2	48	37	食神	19	38	正官	47	39	偏財	18	40	偏財	48	41	印綬	19	42	偏財	49	43	正財	20	44	偏官	51	45	偏官	21	46	正官	52	47	正財	22	48	印綬
3	49	37	劫財	20	38	偏官	48	39	正財	19	40	傷官	49	41	偏官	20	42	正財	50	43	偏財	21	44	正財	52	45	正官	22	46	偏官	53	47	食神	23	48	偏官
4	50	37	比肩	21	39	偏財	49	39	食神	20	40	食神	50	41	正官	21	42	食神	51	43	傷官	22	44	偏財	53	45	偏財	23	46	正財	54	47	傷官	24	48	正官
5	51	37	印綬	22	39	正財	50	39	傷官	21	41	劫財	51	41	偏財	22	42	傷官	52	43	食神	23	44	傷官	54	45	正財	24	46	偏財	55	47	比肩	25	48	偏財
6	52	38	偏印	23	39	食神	51	40	比肩	22	41	比肩	52	42	正財	23	43	比肩	53	43	劫財	24	44	食神	55	45	食神	25	46	傷官	56	47	劫財	26	48	正財
7	53	38	正官	24	39	傷官	52	40	劫財	23	41	印綬	53	42	食神	24	43	劫財	54	43	比肩	25	44	劫財	56	45	傷官	26	46	食神	57	47	偏印	27	48	食神
8	54	38	偏官	25	39	比肩	53	40	偏印	24	41	偏印	54	42	傷官	25	43	偏印	55	44	印綬	26	45	劫財	57	46	比肩	27	46	劫財	58	48	印綬	28	49	傷官
9	55	38	正財	26	39	劫財	54	40	印綬	25	41	正官	55	42	比肩	26	43	印綬	56	44	偏印	27	45	偏印	58	46	劫財	28	47	比肩	59	48	偏官	29	49	比肩
10	56	38	偏財	27	39	偏印	55	40	偏官	26	41	偏官	56	42	劫財	27	43	偏官	57	44	正官	28	45	印綬	59	46	偏印	29	47	印綬	60	48	正官	30	49	劫財
11	57	38	傷官	28	39	印綬	56	40	正官	27	41	正財	57	42	偏印	28	43	正官	58	44	偏官	29	45	偏官	60	46	印綬	30	47	偏印	1	48	偏財	31	49	偏印
12	58	38	食神	29	39	偏財	57	40	偏財	28	41	偏財	58	42	印綬	29	43	偏財	59	44	正財	30	45	正官	1	46	偏官	31	47	正官	2	48	正財	32	49	印綬
13	59	38	劫財	30	39	正財	58	40	正財	29	41	傷官	59	42	偏官	30	43	正財	60	44	偏財	31	45	偏財	2	46	正官	32	47	偏官	3	48	食神	33	49	偏官
14	60	38	比肩	31	39	食神	59	40	食神	30	41	食神	60	42	印綬	31	43	食神	1	44	傷官	32	45	正財	3	46	偏財	33	47	正財	4	48	傷官	34	49	正官
15	1	38	印綬	32	39	傷官	60	40	傷官	31	41	印綬	1	42	偏官	32	43	傷官	2	44	食神	33	45	食神	4	46	正財	34	47	偏財	5	48	比肩	35	49	偏財
16	2	38	偏官	33	39	比肩	1	40	比肩	32	41	偏印	2	42	正官	33	43	比肩	3	44	劫財	34	45	正官	5	46	食神	35	47	傷官	6	48	正官	36	49	正財
17	3	38	正財	34	39	劫財	2	40	比肩	33	41	正官	3	42	偏財	34	43	食神	4	44	比肩	35	45	偏財	6	46	傷官	36	47	食神	7	48	偏財	37	49	食神
18	4	38	偏財	35	39	偏印	3	40	印綬	34	41	傷官	4	42	正財	35	43	劫財	5	44	正官	36	45	正財	7	46	比肩	37	47	劫財	8	48	正財	38	49	傷官
19	5	38	劫財	36	39	正官	4	40	偏印	35	41	比肩	5	42	食神	36	43	比肩	6	44	偏官	37	45	食神	8	46	比肩	38	47	偏官	9	48	食神	39	49	劫財
20	6	38	比肩	37	39	偏財	5	40	正官	36	41	劫財	6	42	傷官	37	43	印綬	7	44	正財	38	45	傷官	9	46	印綬	39	47	正財	10	48	傷官	40	49	比肩
21	7	38	印綬	38	39	正財	6	40	偏官	37	41	偏印	7	42	偏官	38	43	偏印	8	44	偏印	39	45	比肩	10	46	偏印	40	47	偏財	11	48	比肩	41	49	印綬
22	8	38	偏印	39	39	食神	7	40	正財	38	41	印綬	8	42	正官	39	43	正官	9	44	正官	40	45	劫財	11	46	正官	41	47	偏財	12	48	劫財	42	49	偏印
23	9	38	正官	40	39	傷官	8	40	偏財	39	41	偏官	9	42	偏財	40	43	偏官	10	44	偏官	41	45	偏官	12	46	偏官	42	47	正財	13	48	偏官	43	49	正官
24	10	38	偏官	41	39	比肩	9	40	傷官	40	41	正官	10	42	正財	41	43	正財	11	44	正財	42	45	正官	13	46	正財	43	47	食神	14	48	正官	44	49	偏官
25	11	38	正財	42	39	劫財	10	40	食神	41	41	偏財	11	42	食神	42	43	偏財	12	44	偏財	43	45	偏財	14	46	偏財	44	47	傷官	15	48	偏財	45	49	正財
26	12	38	偏財	43	39	偏印	11	40	劫財	42	41	正財	12	42	傷官	43	43	傷官	13	44	傷官	44	45	正財	15	46	傷官	45	47	比肩	16	48	正財	46	49	偏財
27	13	38	傷官	44	39	印綬	12	40	比肩	43	41	食神	13	42	比肩	44	43	比肩	14	44	食神	45	45	食神	16	46	食神	46	47	劫財	17	48	食神	47	49	傷官
28	14	38	食神	45	39	偏官	13	40	印綬	44	41	傷官	14	42	劫財	45	43	印綬	15	44	劫財	46	45	傷官	17	46	劫財	47	47	偏印	18	48	傷官	48	49	食神
29	15	38	劫財				14	40	偏印	45	41	比肩	15	42	偏印	46	43	偏印	16	44	比肩	47	45	比肩	18	46	比肩	48	47	印綬	19	48	比肩	49	49	劫財
30	16	38	比肩				15	40	正官	46	41	劫財	16	42	印綬	47	43	正官	17	44	印綬	48	45	劫財	19	46	印綬	49	47	偏官	20	48	劫財	50	49	比肩
31	17	38	印綬				16	40	偏官				17	42	偏官				18	44	偏印	49	45	偏印				50	47	正官				51	49	印綬

1988年生まれ 年干：5 1988/2/4-1989/2/3

	1月			2月			3月			4月			5月			6月			7月			8月			9月			10月			11月			12月		
日	日干	月干	中心星	日干	月干	中心星	日干	月干	中心星	日干	月干	中心星	日干	月干	中心星	日干	月干	中心星	日干	月干	中心星	日干	月干	中心星	日干	月干	中心星	日干	月干	中心星	日干	月干	中心星	日干	月干	中心星
1	52	49	偏印	23	50	傷官	52	51	劫財	23	52	印綬	53	53	食神	24	54	劫財	54	55	比肩	25	56	劫財	56	57	傷官	26	58	食神	57	59	偏印	27	60	食神
2	53	49	正官	24	50	食神	53	51	偏印	24	52	偏印	54	53	傷官	25	54	偏印	55	55	印綬	26	56	比肩	57	57	比肩	27	58	劫財	58	59	印綬	28	60	傷官
3	54	49	偏官	25	50	劫財	54	51	印綬	25	52	正官	55	53	比肩	26	54	印綬	56	55	偏印	27	56	印綬	58	57	劫財	28	58	比肩	59	59	偏官	29	60	比肩
4	55	49	正財	26	51	劫財	55	51	偏官	26	53	偏官	56	53	劫財	27	54	偏官	57	55	正官	28	56	偏印	59	57	偏印	29	58	印綬	60	59	正官	30	60	劫財
5	56	49	偏財	27	51	偏印	56	52	正官	27	53	正財	57	54	偏印	28	55	正官	58	55	偏官	29	56	正官	60	57	印綬	30	58	偏印	1	59	偏財	31	60	偏印
6	57	50	傷官	28	51	印綬	57	52	偏財	28	53	偏財	58	54	印綬	29	55	偏財	59	55	正財	30	56	偏官	1	57	偏官	31	58	正官	2	59	正財	32	60	印綬
7	58	50	食神	29	51	偏官	58	52	正財	29	53	傷官	59	54	偏官	30	55	正財	60	56	偏財	31	57	偏財	2	58	正官	32	58	偏官	3	60	食神	33	1	偏官
8	59	50	劫財	30	51	正官	59	52	食神	30	53	食神	60	54	正官	31	55	食神	1	56	傷官	32	57	正財	3	58	偏財	33	59	正財	4	60	傷官	34	1	正官
9	60	50	比肩	31	51	偏財	60	52	傷官	31	53	劫財	1	54	偏財	32	55	傷官	2	56	食神	33	57	食神	4	58	正財	34	59	偏財	5	60	比肩	35	1	偏財
10	1	50	印綬	32	51	正財	1	52	比肩	32	53	比肩	2	54	正財	33	55	比肩	3	56	劫財	34	57	傷官	5	58	食神	35	59	傷官	6	60	劫財	36	1	正財
11	2	50	偏印	33	51	食神	2	52	劫財	33	53	印綬	3	54	食神	34	55	劫財	4	56	比肩	35	57	比肩	6	58	傷官	36	59	食神	7	60	偏印	37	1	食神
12	3	50	正官	34	51	劫財	3	52	偏印	34	53	偏印	4	54	傷官	35	55	偏印	5	56	印綬	36	57	劫財	7	58	比肩	37	59	劫財	8	60	印綬	38	1	傷官
13	4	50	偏官	35	51	偏印	4	52	印綬	35	53	正官	5	54	食神	36	55	印綬	6	56	偏印	37	57	偏印	8	58	劫財	38	59	比肩	9	60	偏官	39	1	比肩
14	5	50	正財	36	51	印綬	5	52	偏官	36	53	偏財	6	54	傷官	37	55	偏官	7	56	正官	38	57	印綬	9	58	偏印	39	59	印綬	10	60	正官	40	1	劫財
15	6	50	偏財	37	51	偏官	6	52	正官	37	53	傷官	7	54	比肩	38	55	正官	8	56	偏官	39	57	比肩	10	58	印綬	40	59	偏印	11	60	比肩	41	1	偏印
16	7	50	劫財	38	51	正官	7	52	正財	38	53	食神	8	54	劫財	39	55	正官	9	56	正財	40	57	劫財	11	58	偏官	41	59	正官	12	60	劫財	42	1	印綬
17	8	50	比肩	39	51	偏財	8	52	偏財	39	53	偏官	9	54	偏印	40	55	偏官	10	56	食神	41	57	偏印	12	58	正官	42	59	偏官	13	60	偏印	43	1	偏官
18	9	50	印綬	40	51	正財	9	52	傷官	40	53	正官	10	54	印綬	41	55	正財	11	56	劫財	42	57	印綬	13	58	正財	43	59	劫財	14	60	印綬	44	1	偏官
19	10	50	偏官	41	51	比肩	10	52	食神	41	53	偏財	11	54	偏官	42	55	偏財	12	56	比肩	43	57	偏官	14	58	偏財	44	59	比肩	15	60	偏官	45	1	正財
20	11	50	正財	42	51	劫財	11	52	劫財	42	53	正財	12	54	傷官	43	55	傷官	13	56	傷官	44	57	正官	15	58	傷官	45	59	印綬	16	60	正官	46	1	偏財
21	12	50	偏財	43	51	偏印	12	52	比肩	43	53	食神	13	54	比肩	44	55	食神	14	56	食神	45	57	偏財	16	58	食神	46	59	劫財	17	60	偏財	47	1	傷官
22	13	50	傷官	44	51	印綬	13	52	印綬	44	53	傷官	14	54	劫財	45	55	劫財	15	56	劫財	46	57	傷官	17	58	劫財	47	59	偏印	18	60	傷官	48	1	食神
23	14	50	食神	45	51	偏官	14	52	偏印	45	53	比肩	15	54	偏印	46	55	比肩	16	56	比肩	47	57	比肩	18	58	比肩	48	59	印綬	19	60	比肩	49	1	劫財
24	15	50	劫財	46	51	正官	15	52	正官	46	53	劫財	16	54	印綬	47	55	印綬	17	56	印綬	48	57	劫財	19	58	印綬	49	59	偏官	20	60	劫財	50	1	比肩
25	16	50	比肩	47	51	偏財	16	52	偏官	47	53	偏印	17	54	偏官	48	55	偏印	18	56	偏印	49	57	偏印	20	58	偏印	50	59	正官	21	60	偏印	51	1	印綬
26	17	50	印綬	48	51	正財	17	52	正財	48	53	印綬	18	54	正官	49	55	正財	19	56	正官	50	57	印綬	21	58	正官	51	59	偏財	22	60	印綬	52	1	偏印
27	18	50	偏印	49	51	食神	18	52	偏財	49	53	偏官	19	54	偏財	50	55	偏財	20	56	偏官	51	57	偏官	22	58	偏官	52	59	正財	23	60	偏官	53	1	正官
28	19	50	正官	50	51	傷官	19	52	傷官	50	53	正官	20	54	正財	51	55	傷官	21	56	正財	52	57	正官	23	58	正財	53	59	食神	24	60	正官	54	1	偏官
29	20	50	偏官	51	51	比肩	20	52	食神	51	53	偏財	21	54	食神	52	55	食神	22	56	偏財	53	57	偏財	24	58	偏財	54	59	傷官	25	60	偏財	55	1	正財
30	21	50	正財				21	52	劫財	52	53	正財	22	54	傷官	53	55	劫財	23	56	傷官	54	57	正財	25	58	傷官	55	59	比肩	26	60	正財	56	1	偏財
31	22	50	偏財				22	52	比肩				23	54	比肩				24	56	食神	55	57	食神				56	59	劫財				57	1	傷官

1989年生まれ 年干：6 1989/2/4-1990/2/3

	1月			2月			3月			4月			5月			6月			7月			8月			9月			10月			11月			12月		
日	日干	月干	中心星	日干	月干	中心星	日干	月干	中心星	日干	月干	中心星	日干	月干	中心星	日干	月干	中心星	日干	月干	中心星	日干	月干	中心星	日干	月干	中心星	日干	月干	中心星	日干	月干	中心星	日干	月干	中心星
1	58	1	食神	29	2	正官	57	3	偏財	28	4	偏財	58	5	印綬	29	6	偏財	59	7	正財	30	8	偏官	1	9	偏官	31	10	正官	2	11	正財	32	12	印綬
2	59	1	劫財	30	2	偏官	58	3	正財	29	4	傷官	59	5	偏官	30	6	正財	60	7	偏財	31	8	正財	2	9	正官	32	10	偏官	3	11	食神	33	12	偏官
3	60	1	比肩	31	2	正財	59	3	食神	30	4	食神	60	5	正官	31	6	食神	1	7	傷官	32	8	偏財	3	9	偏財	33	10	正財	4	11	傷官	34	12	正官
4	1	1	印綬	32	3	正財	60	3	傷官	31	4	劫財	1	5	偏財	32	6	傷官	2	7	食神	33	8	傷官	4	9	正財	34	10	偏財	5	11	比肩	35	12	偏財
5	2	2	偏印	33	3	食神	1	4	比肩	32	5	比肩	2	6	正財	33	6	比肩	3	7	劫財	34	8	食神	5	9	食神	35	10	傷官	6	11	劫財	36	12	正財
6	3	2	正官	34	3	傷官	2	4	劫財	33	5	印綬	3	6	食神	34	7	劫財	4	7	比肩	35	8	劫財	6	9	傷官	36	10	食神	7	11	偏印	37	12	食神
7	4	2	偏官	35	3	比肩	3	4	偏印	34	5	偏印	4	6	傷官	35	7	偏印	5	8	印綬	36	9	劫財	7	9	比肩	37	10	劫財	8	12	印綬	38	13	傷官
8	5	2	正財	36	3	劫財	4	4	印綬	35	5	正官	5	6	比肩	36	7	印綬	6	8	偏印	37	9	偏印	8	10	劫財	38	11	比肩	9	12	偏官	39	13	比肩
9	6	2	偏財	37	3	偏印	5	4	偏官	36	5	偏官	6	6	劫財	37	7	偏官	7	8	正官	38	9	印綬	9	10	偏印	39	11	印綬	10	12	正官	40	13	劫財
10	7	2	傷官	38	3	印綬	6	4	正官	37	5	正財	7	6	偏印	38	7	正官	8	8	偏官	39	9	偏官	10	10	印綬	40	11	偏印	11	12	偏財	41	13	偏印
11	8	2	食神	39	3	偏官	7	4	偏財	38	5	偏財	8	6	印綬	39	7	偏財	9	8	正財	40	9	正官	11	10	偏官	41	11	正官	12	12	正財	42	13	印綬
12	9	2	劫財	40	3	正財	8	4	正財	39	5	傷官	9	6	偏官	40	7	正財	10	8	偏財	41	9	偏財	12	10	正官	42	11	偏官	13	12	食神	43	13	偏官
13	10	2	比肩	41	3	食神	9	4	食神	40	5	食神	10	6	印綬	41	7	食神	11	8	傷官	42	9	正財	13	10	偏財	43	11	正財	14	12	傷官	44	13	正官
14	11	2	印綬	42	3	傷官	10	4	傷官	41	5	劫財	11	6	偏官	42	7	傷官	12	8	食神	43	9	食神	14	10	正財	44	11	偏財	15	12	比肩	45	13	偏財
15	12	2	偏官	43	3	比肩	11	4	比肩	42	5	偏印	12	6	正官	43	7	比肩	13	8	劫財	44	9	正官	15	10	食神	45	11	傷官	16	12	正官	46	13	正財
16	13	2	正財	44	3	劫財	12	4	比肩	43	5	正官	13	6	偏財	44	7	劫財	14	8	比肩	45	9	偏財	16	10	傷官	46	11	食神	17	12	偏財	47	13	食神
17	14	2	偏財	45	3	偏印	13	4	印綬	44	5	偏官	14	6	正財	45	7	劫財	15	8	正官	46	9	正財	17	10	比肩	47	11	劫財	18	12	正財	48	13	傷官
18	15	2	劫財	46	3	印綬	14	4	偏印	45	5	比肩	15	6	食神	46	7	比肩	16	8	偏官	47	9	食神	18	10	劫財	48	11	偏官	19	12	食神	49	13	劫財
19	16	2	比肩	47	3	偏財	15	4	正官	46	5	劫財	16	6	傷官	47	7	印綬	17	8	正財	48	9	傷官	19	10	印綬	49	11	正財	20	12	傷官	50	13	比肩
20	17	2	印綬	48	3	正財	16	4	偏官	47	5	偏印	17	6	偏官	48	7	偏印	18	8	偏印	49	9	比肩	20	10	偏印	50	11	偏財	21	12	比肩	51	13	印綬
21	18	2	偏印	49	3	食神	17	4	正財	48	5	印綬	18	6	正官	49	7	正官	19	8	正官	50	9	劫財	21	10	正官	51	11	偏財	22	12	劫財	52	13	偏印
22	19	2	正官	50	3	傷官	18	4	偏財	49	5	偏官	19	6	偏財	50	7	偏官	20	8	偏官	51	9	偏官	22	10	偏官	52	11	正財	23	12	偏官	53	13	正官
23	20	2	偏官	51	3	比肩	19	4	傷官	50	5	正官	20	6	正財	51	7	正財	21	8	正財	52	9	正官	23	10	正財	53	11	食神	24	12	正官	54	13	偏官
24	21	2	正財	52	3	劫財	20	4	食神	51	5	偏財	21	6	食神	52	7	偏財	22	8	偏財	53	9	偏財	24	10	偏財	54	11	傷官	25	12	偏財	55	13	正財
25	22	2	偏財	53	3	偏印	21	4	劫財	52	5	正財	22	6	傷官	53	7	傷官	23	8	傷官	54	9	正財	25	10	傷官	55	11	比肩	26	12	正財	56	13	偏財
26	23	2	傷官	54	3	印綬	22	4	比肩	53	5	食神	23	6	比肩	54	7	食神	24	8	食神	55	9	食神	26	10	食神	56	11	劫財	27	12	食神	57	13	傷官
27	24	2	食神	55	3	偏官	23	4	印綬	54	5	傷官	24	6	劫財	55	7	印綬	25	8	劫財	56	9	傷官	27	10	劫財	57	11	偏印	28	12	傷官	58	13	食神
28	25	2	劫財	56	3	正官	24	4	偏印	55	5	比肩	25	6	偏印	56	7	偏印	26	8	比肩	57	9	比肩	28	10	比肩	58	11	印綬	29	12	比肩	59	13	劫財
29	26	2	比肩				25	4	正官	56	5	劫財	26	6	印綬	57	7	正官	27	8	印綬	58	9	劫財	29	10	印綬	59	11	偏官	30	12	劫財	60	13	比肩
30	27	2	印綬				26	4	偏官	57	5	偏印	27	6	偏官	58	7	偏官	28	8	偏印	59	9	偏印	30	10	偏印	60	11	正官	31	12	偏印	1	13	印綬
31	28	2	偏印				27	4	正財				28	6	正官				29	8	正官	60	9	印綬				1	11	偏財				2	13	偏印

1990年生まれ 年干:7 1990/2/4-1991/2/3

	1月			2月			3月			4月			5月			6月			7月			8月			9月			10月			11月			12月		
日	日干	月干	中心星	日干	月干	中心星	日干	月干	中心星	日干	月干	中心星	日干	月干	中心星	日干	月干	中心星	日干	月干	中心星	日干	月干	中心星	日干	月干	中心星	日干	月干	中心星	日干	月干	中心星	日干	月干	中心星
1	3	13	正官	34	14	食神	2	15	劫財	33	16	印綬	3	17	食神	34	18	劫財	4	19	比肩	35	20	劫財	6	21	傷官	36	22	食神	7	23	偏印	37	24	食神
2	4	13	偏官	35	14	劫財	3	15	偏印	34	16	偏印	4	17	傷官	35	18	偏印	5	19	印綬	36	20	比肩	7	21	比肩	37	22	劫財	8	23	印綬	38	24	傷官
3	5	13	正財	36	14	比肩	4	15	印綬	35	16	正官	5	17	比肩	36	18	印綬	6	19	偏印	37	20	印綬	8	21	劫財	38	22	比肩	9	23	偏官	39	24	比肩
4	6	13	偏財	37	15	偏印	5	15	偏官	36	16	偏官	6	17	劫財	37	18	偏官	7	19	正官	38	20	偏印	9	21	偏印	39	22	印綬	10	23	正官	40	24	劫財
5	7	14	傷官	38	15	印綬	6	15	正官	37	17	正財	7	17	偏印	38	18	正官	8	19	偏官	39	20	正官	10	21	印綬	40	22	偏印	11	23	偏財	41	24	偏印
6	8	14	食神	39	15	偏官	7	16	偏財	38	17	偏財	8	18	印綬	39	19	偏財	9	19	正財	40	20	偏官	11	21	偏官	41	22	正官	12	23	正財	42	24	印綬
7	9	14	劫財	40	15	正官	8	16	正財	39	17	傷官	9	18	偏官	40	19	正財	10	20	偏財	41	20	正財	12	21	正官	42	22	偏官	13	23	食神	43	25	偏官
8	10	14	比肩	41	15	偏財	9	16	食神	40	17	食神	10	18	正官	41	19	食神	11	20	傷官	42	21	正財	13	22	偏財	43	23	正財	14	24	傷官	44	25	正官
9	11	14	印綬	42	15	正財	10	16	傷官	41	17	劫財	11	18	偏財	42	19	傷官	12	20	食神	43	21	食神	14	22	正財	44	23	偏財	15	24	比肩	45	25	偏財
10	12	14	偏印	43	15	食神	11	16	比肩	42	17	比肩	12	18	正財	43	19	比肩	13	20	劫財	44	21	傷官	15	22	食神	45	23	傷官	16	24	劫財	46	25	正財
11	13	14	正官	44	15	傷官	12	16	劫財	43	17	印綬	13	18	食神	44	19	劫財	14	20	比肩	45	21	比肩	16	22	傷官	46	23	食神	17	24	偏印	47	25	食神
12	14	14	偏官	45	15	偏印	13	16	偏印	44	17	偏印	14	18	傷官	45	19	偏印	15	20	印綬	46	21	劫財	17	22	比肩	47	23	劫財	18	24	印綬	48	25	傷官
13	15	14	正財	46	15	印綬	14	16	印綬	45	17	正官	15	18	比肩	46	19	印綬	16	20	偏印	47	21	偏印	18	22	劫財	48	23	比肩	19	24	偏官	49	25	比肩
14	16	14	偏財	47	15	偏官	15	16	偏官	46	17	偏官	16	18	傷官	47	19	偏官	17	20	正官	48	21	印綬	19	22	偏印	49	23	印綬	20	24	正官	50	25	劫財
15	17	14	劫財	48	15	正官	16	16	正官	47	17	傷官	17	18	比肩	48	19	正官	18	20	偏官	49	21	偏官	20	22	印綬	50	23	偏印	21	24	偏財	51	25	偏印
16	18	14	比肩	49	15	偏財	17	16	偏財	48	17	食神	18	18	劫財	49	19	偏財	19	20	正財	50	21	劫財	21	22	偏官	51	23	正官	22	24	劫財	52	25	印綬
17	19	14	印綬	50	15	正財	18	16	偏財	49	17	劫財	19	18	偏印	50	19	偏官	20	20	食神	51	21	偏印	22	22	正官	52	23	偏官	23	24	偏印	53	25	偏官
18	20	14	偏官	51	15	食神	19	16	傷官	50	17	正官	20	18	印綬	51	19	正財	21	20	劫財	52	21	印綬	23	22	偏財	53	23	劫財	24	24	印綬	54	25	偏官
19	21	14	正財	52	15	劫財	20	16	食神	51	17	偏財	21	18	偏官	52	19	偏財	22	20	比肩	53	21	偏官	24	22	偏財	54	23	比肩	25	24	偏官	55	25	正財
20	22	14	偏財	53	15	偏印	21	16	劫財	52	17	正財	22	18	正官	53	19	傷官	23	20	傷官	54	21	正官	25	22	傷官	55	23	印綬	26	24	正官	56	25	偏財
21	23	14	傷官	54	15	印綬	22	16	比肩	53	17	食神	23	18	比肩	54	19	食神	24	20	食神	55	21	偏財	26	22	食神	56	23	劫財	27	24	偏財	57	25	傷官
22	24	14	食神	55	15	偏官	23	16	印綬	54	17	傷官	24	18	劫財	55	19	劫財	25	20	劫財	56	21	正財	27	22	劫財	57	23	偏印	28	24	正財	58	25	食神
23	25	14	劫財	56	15	正官	24	16	偏印	55	17	比肩	25	18	偏印	56	19	比肩	26	20	比肩	57	21	比肩	28	22	比肩	58	23	印綬	29	24	比肩	59	25	劫財
24	26	14	比肩	57	15	偏財	25	16	正官	56	17	劫財	26	18	印綬	57	19	印綬	27	20	印綬	58	21	劫財	29	22	印綬	59	23	偏官	30	24	劫財	60	25	比肩
25	27	14	印綬	58	15	正財	26	16	偏官	57	17	偏印	27	18	偏官	58	19	偏印	28	20	偏印	59	21	偏印	30	22	偏印	60	23	正官	31	24	偏印	1	25	印綬
26	28	14	偏印	59	15	食神	27	16	正財	58	17	印綬	28	18	正官	59	19	正官	29	20	正官	60	21	印綬	31	22	正官	1	23	偏財	32	24	印綬	2	25	偏印
27	29	14	正官	60	15	傷官	28	16	偏財	59	17	偏官	29	18	偏財	60	19	偏財	30	20	偏官	1	21	偏官	32	22	偏官	2	23	正財	33	24	偏官	3	25	正官
28	30	14	偏官	1	15	比肩	29	16	傷官	60	17	正官	30	18	正財	1	19	傷官	31	20	正財	2	21	正官	33	22	正財	3	23	食神	34	24	正官	4	25	偏官
29	31	14	正財				30	16	食神	1	17	偏財	31	18	食神	2	19	食神	32	20	偏財	3	21	偏財	34	22	偏財	4	23	傷官	35	24	偏財	5	25	正財
30	32	14	偏財				31	16	劫財	2	17	正財	32	18	傷官	3	19	劫財	33	20	傷官	4	21	正財	35	22	傷官	5	23	比肩	36	24	正財	6	25	偏財
31	33	14	傷官				32	16	比肩				33	18	比肩				34	20	食神	5	21	食神				6	23	劫財				7	25	傷官

1991年生まれ 年干:8 1991/2/4-1992/2/3

	1月			2月			3月			4月			5月			6月			7月			8月			9月			10月			11月			12月		
日	日干	月干	中心星	日干	月干	中心星	日干	月干	中心星	日干	月干	中心星	日干	月干	中心星	日干	月干	中心星	日干	月干	中心星	日干	月干	中心星	日干	月干	中心星	日干	月干	中心星	日干	月干	中心星	日干	月干	中心星
1	8	25	食神	39	26	正官	7	27	偏財	38	28	偏財	8	29	印綬	39	30	偏財	9	31	正財	40	32	偏官	11	33	偏官	41	34	正官	12	35	正財	42	36	印綬
2	9	25	劫財	40	26	偏官	8	27	正財	39	28	傷官	9	29	偏官	40	30	正財	10	31	偏財	41	32	正財	12	33	正官	42	34	偏官	13	35	食神	43	36	偏官
3	10	25	比肩	41	26	正財	9	27	食神	40	28	食神	10	29	正官	41	30	食神	11	31	傷官	42	32	偏財	13	33	偏財	43	34	正財	14	35	傷官	44	36	正官
4	11	25	印綬	42	27	正財	10	27	傷官	41	28	劫財	11	29	偏財	42	30	傷官	12	31	食神	43	32	傷官	14	33	正財	44	34	偏財	15	35	比肩	45	36	偏財
5	12	25	偏印	43	27	食神	11	27	比肩	42	29	比肩	12	29	正財	43	30	比肩	13	31	劫財	44	32	食神	15	33	食神	45	34	傷官	16	35	劫財	46	36	正財
6	13	26	正官	44	27	傷官	12	28	劫財	43	29	印綬	13	30	食神	44	31	劫財	14	31	比肩	45	32	劫財	16	33	傷官	46	34	食神	17	35	偏印	47	36	食神
7	14	26	偏官	45	27	比肩	13	28	偏印	44	29	偏印	14	30	傷官	45	31	偏印	15	32	印綬	46	32	比肩	17	33	比肩	47	34	劫財	18	35	印綬	48	37	傷官
8	15	26	正財	46	27	劫財	14	28	印綬	45	29	正官	15	30	比肩	46	31	印綬	16	32	偏印	47	33	偏印	18	34	劫財	48	34	比肩	19	36	偏官	49	37	比肩
9	16	26	偏財	47	27	偏印	15	28	偏官	46	29	偏官	16	30	劫財	47	31	偏官	17	32	正官	48	33	印綬	19	34	偏印	49	35	印綬	20	36	正官	50	37	劫財
10	17	26	傷官	48	27	印綬	16	28	正官	47	29	正財	17	30	偏印	48	31	正官	18	32	偏官	49	33	偏官	20	34	印綬	50	35	偏印	21	36	偏財	51	37	偏印
11	18	26	食神	49	27	偏官	17	28	偏財	48	29	偏財	18	30	印綬	49	31	偏財	19	32	正財	50	33	正官	21	34	偏官	51	35	正官	22	36	正財	52	37	印綬
12	19	26	劫財	50	27	正財	18	28	正財	49	29	傷官	19	30	偏官	50	31	正財	20	32	偏財	51	33	偏財	22	34	正官	52	35	偏官	23	36	食神	53	37	偏官
13	20	26	比肩	51	27	食神	19	28	食神	50	29	食神	20	30	正官	51	31	食神	21	32	傷官	52	33	正財	23	34	偏財	53	35	正財	24	36	傷官	54	37	正官
14	21	26	印綬	52	27	傷官	20	28	傷官	51	29	劫財	21	30	偏官	52	31	傷官	22	32	食神	53	33	食神	24	34	正財	54	35	偏財	25	36	比肩	55	37	偏財
15	22	26	偏印	53	27	比肩	21	28	比肩	52	29	偏印	22	30	正官	53	31	比肩	23	32	劫財	54	33	傷官	25	34	食神	55	35	傷官	26	36	劫財	56	37	正財
16	23	26	正財	54	27	劫財	22	28	劫財	53	29	正官	23	30	偏財	54	31	劫財	24	32	比肩	55	33	偏財	26	34	傷官	56	35	食神	27	36	偏財	57	37	食神
17	24	26	偏財	55	27	偏印	23	28	印綬	54	29	偏官	24	30	正財	55	31	劫財	25	32	正官	56	33	正財	27	34	比肩	57	35	劫財	28	36	正財	58	37	傷官
18	25	26	傷官	56	27	印綬	24	28	偏印	55	29	比肩	25	30	食神	56	31	比肩	26	32	偏官	57	33	食神	28	34	劫財	58	35	比肩	29	36	食神	59	37	劫財
19	26	26	比肩	57	27	偏財	25	28	正官	56	29	劫財	26	30	傷官	57	31	印綬	27	32	正財	58	33	傷官	29	34	印綬	59	35	正財	30	36	傷官	60	37	比肩
20	27	26	印綬	58	27	正財	26	28	偏官	57	29	偏印	27	30	比肩	58	31	偏印	28	32	偏印	59	33	比肩	30	34	偏印	60	35	偏財	31	36	比肩	1	37	印綬
21	28	26	偏印	59	27	食神	27	28	正財	58	29	印綬	28	30	正官	59	31	正官	29	32	正官	60	33	劫財	31	34	正官	1	35	傷官	32	36	劫財	2	37	偏印
22	29	26	正官	60	27	傷官	28	28	偏財	59	29	偏官	29	30	偏財	60	31	偏官	30	32	偏官	1	33	偏印	32	34	偏官	2	35	正財	33	36	偏印	3	37	正官
23	30	26	偏官	1	27	比肩	29	28	傷官	60	29	正官	30	30	正財	1	31	正財	31	32	正財	2	33	正官	33	34	正財	3	35	食神	34	36	正官	4	37	偏官
24	31	26	正財	2	27	劫財	30	28	食神	1	29	偏財	31	30	食神	2	31	偏財	32	32	偏財	3	33	偏財	34	34	偏財	4	35	傷官	35	36	偏財	5	37	正財
25	32	26	偏財	3	27	偏印	31	28	劫財	2	29	正財	32	30	傷官	3	31	傷官	33	32	傷官	4	33	正財	35	34	傷官	5	35	比肩	36	36	正財	6	37	偏財
26	33	26	傷官	4	27	印綬	32	28	比肩	3	29	食神	33	30	比肩	4	31	食神	34	32	食神	5	33	食神	36	34	食神	6	35	劫財	37	36	食神	7	37	傷官
27	34	26	食神	5	27	偏官	33	28	印綬	4	29	傷官	34	30	劫財	5	31	印綬	35	32	劫財	6	33	傷官	37	34	劫財	7	35	偏印	38	36	傷官	8	37	食神
28	35	26	劫財	6	27	正官	34	28	偏印	5	29	比肩	35	30	偏印	6	31	偏印	36	32	比肩	7	33	比肩	38	34	比肩	8	35	印綬	39	36	比肩	9	37	劫財
29	36	26	比肩				35	28	正官	6	29	劫財	36	30	印綬	7	31	正官	37	32	印綬	8	33	劫財	39	34	印綬	9	35	偏官	40	36	劫財	10	37	比肩
30	37	26	印綬				36	28	偏官	7	29	偏印	37	30	偏官	8	31	偏官	38	32	偏印	9	33	偏印	40	34	偏印	10	35	正官	41	36	偏印	11	37	印綬
31	38	26	偏印				37	28	正財				38	30	正官				39	32	正官	10	33	印綬				11	35	偏財				12	37	偏印

1992年生まれ 年干:9 1992/2/4-1993/2/3

	1月			2月			3月			4月			5月			6月			7月			8月			9月			10月			11月			12月		
日	日干	月干	中心星	日干	月干	中心星	日干	月干	中心星	日干	月干	中心星	日干	月干	中心星	日干	月干	中心星	日干	月干	中心星	日干	月干	中心星	日干	月干	中心星	日干	月干	中心星	日干	月干	中心星	日干	月干	中心星
1	13	37	正官	44	38	食神	13	39	偏印	44	40	偏印	14	41	傷官	45	42	偏印	15	43	印綬	46	44	比肩	17	45	比肩	47	46	劫財	18	47	印綬	48	48	傷官
2	14	37	偏官	45	38	劫財	14	39	印綬	45	40	正官	15	41	比肩	46	42	印綬	16	43	偏印	47	44	印綬	18	45	劫財	48	46	比肩	19	47	偏官	49	48	比肩
3	15	37	正財	46	38	比肩	15	39	偏官	46	40	偏官	16	41	劫財	47	42	偏官	17	43	正官	48	44	偏印	19	45	偏印	49	46	印綬	20	47	正官	50	48	劫財
4	16	37	偏財	47	39	偏印	16	39	正官	47	41	正財	17	41	偏印	48	42	正官	18	43	偏官	49	44	正官	20	45	印綬	50	46	偏印	21	47	偏財	51	48	偏印
5	17	37	傷官	48	39	印綬	17	40	偏財	48	41	偏財	18	42	印綬	49	43	偏財	19	43	正財	50	44	偏官	21	45	偏官	51	46	正官	22	47	正財	52	48	印綬
6	18	38	食神	49	39	偏官	18	40	正財	49	41	傷官	19	42	偏官	50	43	正財	20	43	偏財	51	44	正財	22	45	正官	52	46	偏官	23	47	食神	53	48	偏官
7	19	38	劫財	50	39	正官	19	40	食神	50	41	食神	20	42	正官	51	43	食神	21	44	傷官	52	45	正財	23	46	偏財	53	46	正財	24	48	傷官	54	49	正官
8	20	38	比肩	51	39	偏財	20	40	傷官	51	41	劫財	21	42	偏財	52	43	傷官	22	44	食神	53	45	食神	24	46	正財	54	47	偏財	25	48	比肩	55	49	偏財
9	21	38	印綬	52	39	正財	21	40	比肩	52	41	比肩	22	42	正財	53	43	比肩	23	44	劫財	54	45	傷官	25	46	食神	55	47	傷官	26	48	劫財	56	49	正財
10	22	38	偏印	53	39	食神	22	40	劫財	53	41	印綬	23	42	食神	54	43	劫財	24	44	比肩	55	45	比肩	26	46	傷官	56	47	食神	27	48	偏印	57	49	食神
11	23	38	正官	54	39	傷官	23	40	偏印	54	41	偏印	24	42	傷官	55	43	偏印	25	44	印綬	56	45	劫財	27	46	比肩	57	47	劫財	28	48	印綬	58	49	傷官
12	24	38	偏官	55	39	偏印	24	40	印綬	55	41	正官	25	42	比肩	56	43	印綬	26	44	偏印	57	45	偏印	28	46	劫財	58	47	比肩	29	48	偏官	59	49	比肩
13	25	38	正財	56	39	印綬	25	40	偏官	56	41	偏官	26	42	傷官	57	43	偏官	27	44	正官	58	45	印綬	29	46	偏印	59	47	印綬	30	48	正官	60	49	劫財
14	26	38	偏財	57	39	偏官	26	40	正官	57	41	傷官	27	42	比肩	58	43	正官	28	44	偏官	59	45	偏官	30	46	印綬	60	47	偏印	31	48	偏財	1	49	偏印
15	27	38	傷官	58	39	正官	27	40	偏財	58	41	食神	28	42	劫財	59	43	偏財	29	44	正財	60	45	劫財	31	46	偏官	1	47	正官	32	48	劫財	2	49	印綬
16	28	38	比肩	59	39	偏財	28	40	偏財	59	41	劫財	29	42	偏印	60	43	偏官	30	44	偏財	1	45	偏印	32	46	正官	2	47	偏官	33	48	偏印	3	49	偏官
17	29	38	印綬	60	39	正財	29	40	傷官	60	41	正官	30	42	印綬	1	43	正財	31	44	劫財	2	45	印綬	33	46	偏財	3	47	正財	34	48	印綬	4	49	正官
18	30	38	偏印	1	39	食神	30	40	食神	1	41	偏財	31	42	偏官	2	43	偏財	32	44	比肩	3	45	偏官	34	46	偏財	4	47	比肩	35	48	偏官	5	49	正財
19	31	38	正財	2	39	劫財	31	40	劫財	2	41	正財	32	42	正官	3	43	傷官	33	44	印綬	4	45	正官	35	46	傷官	5	47	印綬	36	48	正官	6	49	偏財
20	32	38	偏財	3	39	偏印	32	40	比肩	3	41	食神	33	42	比肩	4	43	食神	34	44	食神	5	45	偏財	36	46	食神	6	47	偏印	37	48	偏財	7	49	傷官
21	33	38	傷官	4	39	印綬	33	40	印綬	4	41	傷官	34	42	劫財	5	43	劫財	35	44	劫財	6	45	正財	37	46	劫財	7	47	偏印	38	48	正財	8	49	食神
22	34	38	食神	5	39	偏官	34	40	偏印	5	41	比肩	35	42	偏印	6	43	比肩	36	44	比肩	7	45	比肩	38	46	比肩	8	47	印綬	39	48	比肩	9	49	劫財
23	35	38	劫財	6	39	正官	35	40	正官	6	41	劫財	36	42	印綬	7	43	印綬	37	44	印綬	8	45	劫財	39	46	印綬	9	47	偏官	40	48	劫財	10	49	比肩
24	36	38	比肩	7	39	偏財	36	40	偏官	7	41	偏印	37	42	偏官	8	43	偏印	38	44	偏印	9	45	偏印	40	46	偏印	10	47	正官	41	48	偏印	11	49	印綬
25	37	38	印綬	8	39	正財	37	40	正財	8	41	印綬	38	42	正官	9	43	正官	39	44	正官	10	45	印綬	41	46	正官	11	47	偏財	42	48	印綬	12	49	偏印
26	38	38	偏印	9	39	食神	38	40	偏財	9	41	偏官	39	42	偏財	10	43	偏財	40	44	偏官	11	45	偏官	42	46	偏官	12	47	正財	43	48	偏官	13	49	正官
27	39	38	正官	10	39	傷官	39	40	傷官	10	41	正官	40	42	正財	11	43	傷官	41	44	正財	12	45	正官	43	46	正財	13	47	食神	44	48	正官	14	49	偏官
28	40	38	偏官	11	39	比肩	40	40	食神	11	41	偏財	41	42	食神	12	43	食神	42	44	偏財	13	45	偏財	44	46	偏財	14	47	傷官	45	48	偏財	15	49	正財
29	41	38	正財	12	39	劫財	41	40	劫財	12	41	正財	42	42	傷官	13	43	劫財	43	44	傷官	14	45	正財	45	46	傷官	15	47	比肩	46	48	正財	16	49	偏財
30	42	38	偏財				42	40	比肩	13	41	食神	43	42	比肩	14	43	比肩	44	44	食神	15	45	食神	46	46	食神	16	47	劫財	47	48	食神	17	49	傷官
31	43	38	傷官				43	40	印綬				44	42	劫財				45	44	劫財	16	45	傷官				17	47	偏印				18	49	食神

1993年生まれ 年干:10 1993/2/4-1994/2/3

	1月			2月			3月			4月			5月			6月			7月			8月			9月			10月			11月			12月		
日	日干	月干	中心星	日干	月干	中心星	日干	月干	中心星	日干	月干	中心星	日干	月干	中心星	日干	月干	中心星	日干	月干	中心星	日干	月干	中心星	日干	月干	中心星	日干	月干	中心星	日干	月干	中心星	日干	月干	中心星
1	19	49	劫財	50	50	偏官	18	51	正財	49	52	傷官	19	53	偏官	50	54	正財	20	55	偏財	51	56	正財	22	57	正官	52	58	偏官	23	59	食神	53	60	偏官
2	20	49	比肩	51	50	正財	19	51	食神	50	52	食神	20	53	正官	51	54	食神	21	55	傷官	52	56	偏財	23	57	偏財	53	58	正財	24	59	傷官	54	60	正官
3	21	49	印綬	52	50	偏財	20	51	傷官	51	52	劫財	21	53	偏財	52	54	傷官	22	55	食神	53	56	傷官	24	57	正財	54	58	偏財	25	59	比肩	55	60	偏財
4	22	49	偏印	53	51	食神	21	51	比肩	52	52	比肩	22	53	正財	53	54	比肩	23	55	劫財	54	56	食神	25	57	食神	55	58	傷官	26	59	劫財	56	60	正財
5	23	50	正官	54	51	傷官	22	52	劫財	53	53	印綬	23	54	食神	54	54	劫財	24	55	比肩	55	56	劫財	26	57	傷官	56	58	食神	27	59	偏印	57	60	食神
6	24	50	偏官	55	51	比肩	23	52	偏印	54	53	偏印	24	54	傷官	55	55	偏印	25	55	印綬	56	56	比肩	27	57	比肩	57	58	劫財	28	59	印綬	58	60	傷官
7	25	50	正財	56	51	劫財	24	52	印綬	55	53	正官	25	54	比肩	56	55	印綬	26	56	偏印	57	57	偏印	28	57	劫財	58	58	比肩	29	60	偏官	59	1	比肩
8	26	50	偏財	57	51	偏印	25	52	偏官	56	53	偏官	26	54	劫財	57	55	偏官	27	56	正官	58	57	印綬	29	58	偏印	59	59	印綬	30	60	正官	60	1	劫財
9	27	50	傷官	58	51	印綬	26	52	正官	57	53	正財	27	54	偏印	58	55	正官	28	56	偏官	59	57	偏官	30	58	印綬	60	59	偏印	31	60	偏財	1	1	偏印
10	28	50	食神	59	51	偏官	27	52	偏財	58	53	偏財	28	54	印綬	59	55	偏財	29	56	正財	60	57	正官	31	58	偏官	1	59	正官	32	60	正財	2	1	印綬
11	29	50	劫財	60	51	正官	28	52	正財	59	53	傷官	29	54	偏官	60	55	正財	30	56	偏財	1	57	偏財	32	58	正官	2	59	偏官	33	60	食神	3	1	偏官
12	30	50	比肩	1	51	食神	29	52	食神	60	53	食神	30	54	正官	1	55	食神	31	56	傷官	2	57	正財	33	58	偏財	3	59	正財	34	60	傷官	4	1	正官
13	31	50	印綬	2	51	傷官	30	52	傷官	1	53	劫財	31	54	偏官	2	55	傷官	32	56	食神	3	57	食神	34	58	正財	4	59	偏財	35	60	比肩	5	1	偏財
14	32	50	偏印	3	51	比肩	31	52	比肩	2	53	比肩	32	54	正官	3	55	比肩	33	56	劫財	4	57	傷官	35	58	食神	5	59	傷官	36	60	劫財	6	1	正財
15	33	50	正財	4	51	劫財	32	52	劫財	3	53	正官	33	54	偏財	4	55	劫財	34	56	比肩	5	57	偏財	36	58	傷官	6	59	食神	37	60	偏財	7	1	食神
16	34	50	偏財	5	51	偏印	33	52	印綬	4	53	偏官	34	54	正財	5	55	偏印	35	56	印綬	6	57	正財	37	58	比肩	7	59	劫財	38	60	正財	8	1	傷官
17	35	50	傷官	6	51	印綬	34	52	偏印	5	53	正財	35	54	食神	6	55	比肩	36	56	偏官	7	57	食神	38	58	劫財	8	59	比肩	39	60	食神	9	1	比肩
18	36	50	比肩	7	51	偏官	35	52	正官	6	53	劫財	36	54	傷官	7	55	印綬	37	56	正財	8	57	傷官	39	58	偏印	9	59	正財	40	60	傷官	10	1	比肩
19	37	50	印綬	8	51	正財	36	52	偏官	7	53	偏印	37	54	比肩	8	55	偏印	38	56	偏財	9	57	比肩	40	58	偏印	10	59	偏財	41	60	比肩	11	1	印綬
20	38	50	偏印	9	51	食神	37	52	正財	8	53	印綬	38	54	正官	9	55	正官	39	56	正官	10	57	劫財	41	58	正官	11	59	傷官	42	60	劫財	12	1	偏印
21	39	50	正官	10	51	傷官	38	52	偏財	9	53	偏官	39	54	偏財	10	55	偏官	40	56	偏官	11	57	偏印	42	58	偏官	12	59	正財	43	60	偏印	13	1	正官
22	40	50	偏官	11	51	比肩	39	52	傷官	10	53	正官	40	54	正財	11	55	正財	41	56	正財	12	57	正官	43	58	正財	13	59	食神	44	60	正官	14	1	偏官
23	41	50	正財	12	51	劫財	40	52	食神	11	53	偏財	41	54	食神	12	55	偏財	42	56	偏財	13	57	偏財	44	58	偏財	14	59	傷官	45	60	偏財	15	1	正財
24	42	50	偏財	13	51	偏印	41	52	劫財	12	53	正財	42	54	傷官	13	55	傷官	43	56	傷官	14	57	正財	45	58	傷官	15	59	比肩	46	60	正財	16	1	偏財
25	43	50	傷官	14	51	印綬	42	52	比肩	13	53	食神	43	54	比肩	14	55	食神	44	56	食神	15	57	食神	46	58	食神	16	59	劫財	47	60	食神	17	1	傷官
26	44	50	食神	15	51	偏官	43	52	印綬	14	53	傷官	44	54	劫財	15	55	劫財	45	56	劫財	16	57	傷官	47	58	劫財	17	59	偏印	48	60	傷官	18	1	食神
27	45	50	劫財	16	51	正官	44	52	偏印	15	53	比肩	45	54	偏印	16	55	偏印	46	56	比肩	17	57	比肩	48	58	比肩	18	59	印綬	49	60	比肩	19	1	劫財
28	46	50	比肩	17	51	偏財	45	52	正官	16	53	劫財	46	54	印綬	17	55	正官	47	56	印綬	18	57	劫財	49	58	印綬	19	59	偏官	50	60	劫財	20	1	比肩
29	47	50	印綬				46	52	偏官	17	53	偏印	47	54	偏官	18	55	偏官	48	56	偏印	19	57	偏印	50	58	偏印	20	59	正官	51	60	偏印	21	1	印綬
30	48	50	偏印				47	52	正財	18	53	印綬	48	54	正官	19	55	正財	49	56	正官	20	57	印綬	51	58	正官	21	59	偏財	52	60	印綬	22	1	偏印
31	49	50	正官				48	52	偏財				49	54	偏財				50	56	偏官	21	57	偏官				22	59	正財				23	1	正官

1994年生まれ 年干:11 1994/2/4-1995/2/3

	1月			2月			3月			4月			5月			6月			7月			8月			9月			10月			11月			12月		
日	日干	月干	中心星	日干	月干	中心星	日干	月干	中心星	日干	月干	中心星	日干	月干	中心星	日干	月干	中心星	日干	月干	中心星	日干	月干	中心星	日干	月干	中心星	日干	月干	中心星	日干	月干	中心星	日干	月干	中心星
1	24	1	偏官	55	2	劫財	23	3	偏印	54	4	偏印	24	5	傷官	55	6	偏印	25	7	印綬	56	8	比肩	27	9	比肩	57	10	劫財	28	11	印綬	58	12	傷官
2	25	1	正財	56	2	比肩	24	3	印綬	55	4	正官	25	5	比肩	56	6	印綬	26	7	偏印	57	8	印綬	28	9	劫財	58	10	比肩	29	11	偏官	59	12	比肩
3	26	1	偏財	57	2	印綬	25	3	偏官	56	4	偏官	26	5	劫財	57	6	偏官	27	7	正官	58	8	偏印	29	9	偏印	59	10	印綬	30	11	正官	60	12	劫財
4	27	1	傷官	58	3	印綬	26	3	正官	57	4	正財	27	5	偏印	58	6	正官	28	7	偏官	59	8	正官	30	9	印綬	60	10	偏印	31	11	偏財	1	12	偏印
5	28	2	食神	59	3	偏官	27	3	偏財	58	5	偏財	28	5	印綬	59	6	偏財	29	7	正財	60	8	偏官	31	9	偏官	1	10	正官	32	11	正財	2	12	印綬
6	29	2	劫財	60	3	正官	28	4	正財	59	5	傷官	29	6	偏官	60	7	正財	30	7	偏財	1	8	正財	32	9	正官	2	10	偏官	33	11	食神	3	12	偏官
7	30	2	比肩	1	3	偏財	29	4	食神	60	5	食神	30	6	正官	1	7	食神	31	8	傷官	2	8	偏財	33	9	偏財	3	10	正財	34	11	傷官	4	13	正官
8	31	2	印綬	2	3	正財	30	4	傷官	1	5	劫財	31	6	偏財	2	7	傷官	32	8	食神	3	9	食神	34	10	正財	4	11	偏財	35	12	比肩	5	13	偏財
9	32	2	偏印	3	3	食神	31	4	比肩	2	5	比肩	32	6	正財	3	7	比肩	33	8	劫財	4	9	傷官	35	10	食神	5	11	傷官	36	12	劫財	6	13	正財
10	33	2	正官	4	3	傷官	32	4	劫財	3	5	印綬	33	6	食神	4	7	劫財	34	8	比肩	5	9	比肩	36	10	傷官	6	11	食神	37	12	偏印	7	13	食神
11	34	2	偏官	5	3	比肩	33	4	偏印	4	5	偏印	34	6	傷官	5	7	偏印	35	8	印綬	6	9	劫財	37	10	比肩	7	11	劫財	38	12	印綬	8	13	傷官
12	35	2	正財	6	3	印綬	34	4	印綬	5	5	正官	35	6	比肩	6	7	印綬	36	8	偏印	7	9	偏印	38	10	劫財	8	11	比肩	39	12	偏官	9	13	比肩
13	36	2	偏財	7	3	偏官	35	4	偏官	6	5	偏官	36	6	劫財	7	7	偏官	37	8	正官	8	9	印綬	39	10	偏印	9	11	印綬	40	12	正官	10	13	劫財
14	37	2	傷官	8	3	正官	36	4	正官	7	5	正財	37	6	比肩	8	7	正官	38	8	偏官	9	9	偏官	40	10	印綬	10	11	偏印	41	12	偏財	11	13	偏印
15	38	2	比肩	9	3	偏財	37	4	偏財	8	5	食神	38	6	劫財	9	7	偏財	39	8	正財	10	9	正官	41	10	偏官	11	11	正官	42	12	正財	12	13	印綬
16	39	2	印綬	10	3	正財	38	4	正財	9	5	劫財	39	6	偏印	10	7	正財	40	8	偏財	11	9	偏印	42	10	正官	12	11	偏官	43	12	偏印	13	13	偏官
17	40	2	偏印	11	3	食神	39	4	傷官	10	5	比肩	40	6	印綬	11	7	正財	41	8	劫財	12	9	印綬	43	10	偏財	13	11	正財	44	12	印綬	14	13	正官
18	41	2	正財	12	3	傷官	40	4	食神	11	5	偏財	41	6	偏官	12	7	偏財	42	8	比肩	13	9	偏官	44	10	正財	14	11	比肩	45	12	偏官	15	13	正財
19	42	2	偏財	13	3	偏印	41	4	劫財	12	5	正財	42	6	正官	13	7	傷官	43	8	印綬	14	9	正官	45	10	傷官	15	11	印綬	46	12	正官	16	13	偏財
20	43	2	傷官	14	3	印綬	42	4	比肩	13	5	食神	43	6	偏財	14	7	食神	44	8	食神	15	9	偏財	46	10	食神	16	11	偏印	47	12	偏財	17	13	傷官
21	44	2	食神	15	3	偏官	43	4	印綬	14	5	傷官	44	6	劫財	15	7	劫財	45	8	劫財	16	9	正財	47	10	劫財	17	11	偏印	48	12	正財	18	13	食神
22	45	2	劫財	16	3	正官	44	4	偏印	15	5	比肩	45	6	偏印	16	7	比肩	46	8	比肩	17	9	食神	48	10	比肩	18	11	印綬	49	12	食神	19	13	劫財
23	46	2	比肩	17	3	偏財	45	4	正官	16	5	劫財	46	6	印綬	17	7	印綬	47	8	印綬	18	9	劫財	49	10	印綬	19	11	偏官	50	12	劫財	20	13	比肩
24	47	2	印綬	18	3	正財	46	4	偏官	17	5	偏印	47	6	偏官	18	7	偏印	48	8	偏印	19	9	偏印	50	10	偏印	20	11	正官	51	12	偏印	21	13	印綬
25	48	2	偏印	19	3	食神	47	4	正財	18	5	印綬	48	6	正官	19	7	正官	49	8	正官	20	9	印綬	51	10	正官	21	11	偏財	52	12	印綬	22	13	偏印
26	49	2	正官	20	3	傷官	48	4	偏財	19	5	偏官	49	6	偏財	20	7	偏官	50	8	偏官	21	9	偏官	52	10	偏官	22	11	正財	53	12	偏官	23	13	正官
27	50	2	偏官	21	3	比肩	49	4	傷官	20	5	正官	50	6	正財	21	7	傷官	51	8	正財	22	9	正官	53	10	正財	23	11	食神	54	12	正官	24	13	偏官
28	51	2	正財	22	3	劫財	50	4	食神	21	5	偏財	51	6	食神	22	7	食神	52	8	偏財	23	9	偏財	54	10	偏財	24	11	傷官	55	12	偏財	25	13	正財
29	52	2	偏財				51	4	劫財	22	5	正財	52	6	傷官	23	7	劫財	53	8	傷官	24	9	正財	55	10	傷官	25	11	比肩	56	12	正財	26	13	偏財
30	53	2	傷官				52	4	比肩	23	5	食神	53	6	比肩	24	7	比肩	54	8	食神	25	9	食神	56	10	食神	26	11	劫財	57	12	食神	27	13	傷官
31	54	2	食神				53	4	印綬				54	6	劫財				55	8	劫財	26	9	傷官				27	11	偏印				28	13	食神

1995年生まれ 年干:12 1995/2/4-1996/2/3

	1月			2月			3月			4月			5月			6月			7月			8月			9月			10月			11月			12月		
日	日干	月干	中心星	日干	月干	中心星	日干	月干	中心星	日干	月干	中心星	日干	月干	中心星	日干	月干	中心星	日干	月干	中心星	日干	月干	中心星	日干	月干	中心星	日干	月干	中心星	日干	月干	中心星	日干	月干	中心星
1	29	13	劫財	60	14	偏官	28	15	正財	59	16	傷官	29	17	偏官	60	18	正財	30	19	偏財	1	20	正財	32	21	正官	2	22	偏官	33	23	食神	3	24	偏官
2	30	13	比肩	1	14	正財	29	15	食神	60	16	食神	30	17	正官	1	18	食神	31	19	偏官	2	20	偏財	33	21	偏財	3	22	正財	34	23	傷官	4	24	正官
3	31	13	印綬	2	14	偏財	30	15	傷官	1	16	劫財	31	17	偏財	2	18	傷官	32	19	食神	3	20	傷官	34	21	正財	4	22	偏財	35	23	比肩	5	24	偏財
4	32	13	偏印	3	15	食神	31	15	比肩	2	16	比肩	32	17	正財	3	18	比肩	33	19	劫財	4	20	食神	35	21	食神	5	22	傷官	36	23	劫財	6	24	正財
5	33	13	正官	4	15	傷官	32	15	劫財	3	17	印綬	33	17	食神	4	18	劫財	34	19	比肩	5	20	劫財	36	21	傷官	6	22	食神	37	23	偏印	7	24	食神
6	34	14	偏官	5	15	比肩	33	16	偏印	4	17	偏印	34	18	傷官	5	19	偏印	35	19	印綬	6	20	比肩	37	21	比肩	7	22	劫財	38	23	印綬	8	24	傷官
7	35	14	正財	6	15	劫財	34	16	印綬	5	17	正官	35	18	比肩	6	19	印綬	36	20	偏印	7	20	印綬	38	21	劫財	8	22	比肩	39	23	偏官	9	25	比肩
8	36	14	偏財	7	15	偏印	35	16	偏官	6	17	偏官	36	18	劫財	7	19	偏官	37	20	正官	8	21	印綬	39	22	偏印	9	22	印綬	40	24	正官	10	25	劫財
9	37	14	傷官	8	15	印綬	36	16	正官	7	17	正財	37	18	偏印	8	19	正官	38	20	偏官	9	21	偏官	40	22	印綬	10	23	偏印	41	24	偏財	11	25	偏印
10	38	14	食神	9	15	偏官	37	16	偏財	8	17	偏財	38	18	印綬	9	19	偏財	39	20	正財	10	21	正官	41	22	偏官	11	23	正官	42	24	正財	12	25	印綬
11	39	14	劫財	10	15	正官	38	16	正財	9	17	傷官	39	18	偏官	10	19	正財	40	20	偏財	11	21	偏財	42	22	正官	12	23	偏官	43	24	食神	13	25	偏官
12	40	14	比肩	11	15	食神	39	16	食神	10	17	食神	40	18	正官	11	19	食神	41	20	傷官	12	21	正財	43	22	偏財	13	23	正財	44	24	傷官	14	25	正官
13	41	14	印綬	12	15	傷官	40	16	傷官	11	17	劫財	41	18	偏財	12	19	傷官	42	20	食神	13	21	食神	44	22	正財	14	23	偏財	45	24	比肩	15	25	偏財
14	42	14	偏印	13	15	比肩	41	16	比肩	12	17	比肩	42	18	正官	13	19	比肩	43	20	劫財	14	21	傷官	45	22	食神	15	23	傷官	46	24	劫財	16	25	正財
15	43	14	正官	14	15	劫財	42	16	劫財	13	17	正官	43	18	偏財	14	19	劫財	44	20	比肩	15	21	比肩	46	22	傷官	16	23	食神	47	24	偏印	17	25	食神
16	44	14	偏財	15	15	偏印	43	16	偏印	14	17	偏官	44	18	正財	15	19	偏印	45	20	印綬	16	21	正財	47	22	比肩	17	23	劫財	48	24	正財	18	25	傷官
17	45	14	傷官	16	15	印綬	44	16	偏印	15	17	正財	45	18	食神	16	19	比肩	46	20	偏官	17	21	食神	48	22	劫財	18	23	比肩	49	24	食神	19	25	比肩
18	46	14	食神	17	15	偏官	45	16	正官	16	17	劫財	46	18	傷官	17	19	印綬	47	20	正財	18	21	傷官	49	22	偏印	19	23	印綬	50	24	傷官	20	25	比肩
19	47	14	印綬	18	15	正財	46	16	偏官	17	17	偏印	47	18	比肩	18	19	偏印	48	20	偏財	19	21	比肩	50	22	偏印	20	23	偏財	51	24	比肩	21	25	印綬
20	48	14	偏印	19	15	食神	47	16	正財	18	17	印綬	48	18	劫財	19	19	正官	49	20	正官	20	21	劫財	51	22	正官	21	23	傷官	52	24	劫財	22	25	偏印
21	49	14	正官	20	15	傷官	48	16	偏財	19	17	偏官	49	18	偏財	20	19	偏官	50	20	偏官	21	21	偏印	52	22	偏官	22	23	食神	53	24	偏印	23	25	正官
22	50	14	偏官	21	15	比肩	49	16	傷官	20	17	正官	50	18	正財	21	19	正財	51	20	正財	22	21	印綬	53	22	正財	23	23	食神	54	24	印綬	24	25	偏官
23	51	14	正財	22	15	劫財	50	16	食神	21	17	偏財	51	18	食神	22	19	偏財	52	20	偏財	23	21	偏財	54	22	偏財	24	23	傷官	55	24	偏財	25	25	正財
24	52	14	偏財	23	15	偏印	51	16	劫財	22	17	正財	52	18	傷官	23	19	傷官	53	20	傷官	24	21	正財	55	22	傷官	25	23	比肩	56	24	正財	26	25	偏財
25	53	14	傷官	24	15	印綬	52	16	比肩	23	17	食神	53	18	比肩	24	19	食神	54	20	食神	25	21	食神	56	22	食神	26	23	劫財	57	24	食神	27	25	傷官
26	54	14	食神	25	15	偏官	53	16	印綬	24	17	傷官	54	18	劫財	25	19	劫財	55	20	劫財	26	21	傷官	57	22	劫財	27	23	偏印	58	24	傷官	28	25	食神
27	55	14	劫財	26	15	正官	54	16	偏印	25	17	比肩	55	18	偏印	26	19	偏印	56	20	比肩	27	21	比肩	58	22	比肩	28	23	印綬	59	24	比肩	29	25	劫財
28	56	14	比肩	27	15	偏財	55	16	正官	26	17	劫財	56	18	印綬	27	19	正官	57	20	印綬	28	21	劫財	59	22	印綬	29	23	偏官	60	24	劫財	30	25	比肩
29	57	14	印綬				56	16	偏官	27	17	偏印	57	18	偏官	28	19	偏官	58	20	偏印	29	21	偏印	60	22	偏印	30	23	正官	1	24	偏印	31	25	印綬
30	58	14	偏印				57	16	正財	28	17	印綬	58	18	正官	29	19	正財	59	20	正官	30	21	印綬	1	22	正官	31	23	偏財	2	24	印綬	32	25	偏印
31	59	14	正官				58	16	偏財				59	18	偏財				60	20	偏官	31	21	偏官				32	23	正財				33	25	正官

1996年生まれ 年干:13 1996/2/4-1997/2/3

	1月			2月			3月			4月			5月			6月			7月			8月			9月			10月			11月			12月		
日	日干	月干	中心星	日干	月干	中心星	日干	月干	中心星	日干	月干	中心星	日干	月干	中心星	日干	月干	中心星	日干	月干	中心星	日干	月干	中心星	日干	月干	中心星	日干	月干	中心星	日干	月干	中心星	日干	月干	中心星
1	34	25	偏官	5	26	劫財	34	27	印綬	5	28	正官	35	29	比肩	6	30	印綬	36	31	偏印	7	32	印綬	38	33	劫財	8	34	比肩	39	35	偏官	9	36	比肩
2	35	25	正財	6	26	比肩	35	27	偏官	6	28	偏官	36	29	劫財	7	30	偏官	37	31	正官	8	32	偏印	39	33	偏印	9	34	印綬	40	35	正官	10	36	劫財
3	36	25	偏財	7	26	印綬	36	27	正官	7	28	正財	37	29	偏印	8	30	正官	38	31	偏官	9	32	正官	40	33	印綬	10	34	偏印	41	35	偏財	11	36	偏印
4	37	25	傷官	8	27	印綬	37	27	偏財	8	29	偏財	38	29	印綬	9	30	偏財	39	31	正財	10	32	偏官	41	33	偏官	11	34	正官	42	35	正財	12	36	印綬
5	38	25	食神	9	27	偏官	38	28	正財	9	29	傷官	39	30	偏官	10	31	正財	40	31	偏財	11	32	正財	42	33	正官	12	34	偏官	43	35	食神	13	36	偏官
6	39	26	劫財	10	27	正官	39	28	食神	10	29	食神	40	30	正官	11	31	食神	41	31	傷官	12	32	偏財	43	33	偏財	13	34	正財	44	35	傷官	14	36	正官
7	40	26	比肩	11	27	偏財	40	28	傷官	11	29	劫財	41	30	偏財	12	31	傷官	42	32	食神	13	33	食神	44	34	正財	14	34	偏財	45	36	比肩	15	37	偏財
8	41	26	印綬	12	27	正財	41	28	比肩	12	29	比肩	42	30	正財	13	31	比肩	43	32	劫財	14	33	傷官	45	34	食神	15	35	傷官	46	36	劫財	16	37	正財
9	42	26	偏印	13	27	食神	42	28	劫財	13	29	印綬	43	30	食神	14	31	劫財	44	32	比肩	15	33	比肩	46	34	傷官	16	35	食神	47	36	偏印	17	37	食神
10	43	26	正官	14	27	傷官	43	28	偏印	14	29	偏印	44	30	傷官	15	31	偏印	45	32	印綬	16	33	劫財	47	34	比肩	17	35	劫財	48	36	印綬	18	37	傷官
11	44	26	偏官	15	27	比肩	44	28	印綬	15	29	正官	45	30	比肩	16	31	印綬	46	32	偏印	17	33	偏印	48	34	劫財	18	35	比肩	49	36	偏官	19	37	比肩
12	45	26	正財	16	27	印綬	45	28	偏官	16	29	偏官	46	30	劫財	17	31	偏官	47	32	正官	18	33	印綬	49	34	偏印	19	35	印綬	50	36	正官	20	37	劫財
13	46	26	偏財	17	27	偏官	46	28	正官	17	29	正財	47	30	比肩	18	31	正官	48	32	偏官	19	33	偏官	50	34	印綬	20	35	偏印	51	36	偏財	21	37	偏印
14	47	26	傷官	18	27	正官	47	28	偏財	18	29	食神	48	30	劫財	19	31	偏財	49	32	正財	20	33	正官	51	34	偏官	21	35	正官	52	36	正財	22	37	印綬
15	48	26	食神	19	27	偏財	48	28	正財	19	29	劫財	49	30	偏印	20	31	正財	50	32	偏財	21	33	偏印	52	34	正官	22	35	偏官	53	36	偏印	23	37	偏官
16	49	26	印綬	20	27	正財	49	28	傷官	20	29	比肩	50	30	印綬	21	31	正財	51	32	傷官	22	33	印綬	53	34	偏財	23	35	正財	54	36	印綬	24	37	正官
17	50	26	偏印	21	27	食神	50	28	食神	21	29	偏財	51	30	偏官	22	31	偏財	52	32	比肩	23	33	偏官	54	34	正財	24	35	偏財	55	36	偏官	25	37	偏財
18	51	26	正官	22	27	傷官	51	28	劫財	22	29	正財	52	30	正官	23	31	傷官	53	32	印綬	24	33	正官	55	34	傷官	25	35	印綬	56	36	正官	26	37	偏財
19	52	26	偏財	23	27	偏印	52	28	比肩	23	29	食神	53	30	偏財	24	31	食神	54	32	偏印	25	33	偏財	56	34	食神	26	35	偏印	57	36	偏財	27	37	傷官
20	53	26	傷官	24	27	印綬	53	28	印綬	24	29	傷官	54	30	劫財	25	31	劫財	55	32	劫財	26	33	正財	57	34	劫財	27	35	正官	58	36	正財	28	37	食神
21	54	26	食神	25	27	偏官	54	28	偏印	25	29	比肩	55	30	偏印	26	31	比肩	56	32	比肩	27	33	食神	58	34	比肩	28	35	印綬	59	36	食神	29	37	劫財
22	55	26	劫財	26	27	正官	55	28	正官	26	29	劫財	56	30	印綬	27	31	印綬	57	32	印綬	28	33	劫財	59	34	印綬	29	35	偏官	60	36	劫財	30	37	比肩
23	56	26	比肩	27	27	偏財	56	28	偏官	27	29	偏印	57	30	偏官	28	31	偏印	58	32	偏印	29	33	偏印	60	34	偏印	30	35	正官	1	36	偏印	31	37	印綬
24	57	26	印綬	28	27	正財	57	28	正財	28	29	印綬	58	30	正官	29	31	正官	59	32	正官	30	33	印綬	1	34	正官	31	35	偏財	2	36	印綬	32	37	偏印
25	58	26	偏印	29	27	食神	58	28	偏財	29	29	偏官	59	30	偏財	30	31	偏官	60	32	偏官	31	33	偏官	2	34	偏官	32	35	正財	3	36	偏官	33	37	正官
26	59	26	正官	30	27	傷官	59	28	傷官	30	29	正官	60	30	正財	31	31	傷官	1	32	正財	32	33	正官	3	34	正財	33	35	食神	4	36	正官	34	37	偏官
27	60	26	偏官	31	27	比肩	60	28	食神	31	29	偏財	1	30	食神	32	31	食神	2	32	偏財	33	33	偏財	4	34	偏財	34	35	傷官	5	36	偏財	35	37	正財
28	1	26	正財	32	27	劫財	1	28	劫財	32	29	正財	2	30	傷官	33	31	劫財	3	32	傷官	34	33	正財	5	34	傷官	35	35	比肩	6	36	正財	36	37	偏財
29	2	26	偏財	33	27	偏印	2	28	比肩	33	29	食神	3	30	比肩	34	31	比肩	4	32	食神	35	33	食神	6	34	食神	36	35	劫財	7	36	食神	37	37	傷官
30	3	26	傷官				3	28	印綬	34	29	傷官	4	30	劫財	35	31	印綬	5	32	劫財	36	33	傷官	7	34	劫財	37	35	偏印	8	36	傷官	38	37	食神
31	4	26	食神				4	28	偏印				5	30	偏印				6	32	比肩	37	33	比肩				38	35	印綬				39	37	劫財

1997年生まれ 年干:14 1997/2/4-1998/2/3

	1月			2月			3月			4月			5月			6月			7月			8月			9月			10月			11月			12月		
日	日干	月干	中心星	日干	月干	中心星	日干	月干	中心星	日干	月干	中心星	日干	月干	中心星	日干	月干	中心星	日干	月干	中心星	日干	月干	中心星	日干	月干	中心星	日干	月干	中心星	日干	月干	中心星	日干	月干	中心星
1	40	37	比肩	11	38	正財	39	39	食神	10	40	食神	40	41	正官	11	42	食神	41	43	傷官	12	44	偏財	43	45	偏財	13	46	正財	44	47	傷官	14	48	正官
2	41	37	印綬	12	38	偏財	40	39	傷官	11	40	劫財	41	41	偏財	12	42	傷官	42	43	食神	13	44	傷官	44	45	正財	14	46	偏財	45	47	比肩	15	48	偏財
3	42	37	偏印	13	38	傷官	41	39	比肩	12	40	比肩	42	41	正財	13	42	比肩	43	43	劫財	14	44	食神	45	45	食神	15	46	傷官	46	47	劫財	16	48	正財
4	43	37	正官	14	39	傷官	42	39	劫財	13	40	印綬	43	41	食神	14	42	劫財	44	43	比肩	15	44	劫財	46	45	傷官	16	46	食神	47	47	偏印	17	48	食神
5	44	38	偏官	15	39	比肩	43	40	偏印	14	41	偏印	44	42	傷官	15	42	偏印	45	43	印綬	16	44	比肩	47	45	比肩	17	46	劫財	48	47	印綬	18	48	傷官
6	45	38	正財	16	39	劫財	44	40	印綬	15	41	正官	45	42	比肩	16	43	印綬	46	43	偏印	17	44	印綬	48	45	劫財	18	46	比肩	49	47	偏官	19	48	比肩
7	46	38	偏財	17	39	偏印	45	40	偏官	16	41	偏官	46	42	劫財	17	43	偏官	47	44	正官	18	45	印綬	49	46	偏印	19	46	印綬	50	48	正官	20	49	劫財
8	47	38	傷官	18	39	印綬	46	40	正官	17	41	正財	47	42	偏印	18	43	正官	48	44	偏官	19	45	偏官	50	46	印綬	20	47	偏印	51	48	偏財	21	49	偏印
9	48	38	食神	19	39	偏官	47	40	偏財	18	41	偏財	48	42	印綬	19	43	偏財	49	44	正財	20	45	正官	51	46	偏官	21	47	正官	52	48	正財	22	49	印綬
10	49	38	劫財	20	39	正官	48	40	正財	19	41	傷官	49	42	偏官	20	43	正財	50	44	偏財	21	45	偏財	52	46	正官	22	47	偏官	53	48	食神	23	49	偏官
11	50	38	比肩	21	39	偏財	49	40	食神	20	41	食神	50	42	正官	21	43	食神	51	44	傷官	22	45	正財	53	46	偏財	23	47	正財	54	48	傷官	24	49	正官
12	51	38	印綬	22	39	傷官	50	40	傷官	21	41	劫財	51	42	偏財	22	43	傷官	52	44	食神	23	45	食神	54	46	正財	24	47	偏財	55	48	比肩	25	49	偏財
13	52	38	偏印	23	39	比肩	51	40	比肩	22	41	比肩	52	42	正官	23	43	比肩	53	44	劫財	24	45	傷官	55	46	食神	25	47	傷官	56	48	劫財	26	49	正財
14	53	38	正官	24	39	劫財	52	40	劫財	23	41	印綬	53	42	偏財	24	43	劫財	54	44	比肩	25	45	比肩	56	46	傷官	26	47	食神	57	48	偏印	27	49	食神
15	54	38	偏財	25	39	偏印	53	40	偏印	24	41	偏官	54	42	正財	25	43	偏印	55	44	印綬	26	45	正財	57	46	比肩	27	47	劫財	58	48	正財	28	49	傷官
16	55	38	傷官	26	39	印綬	54	40	偏印	25	41	正財	55	42	食神	26	43	印綬	56	44	偏印	27	45	食神	58	46	劫財	28	47	比肩	59	48	食神	29	49	比肩
17	56	38	食神	27	39	偏官	55	40	正官	26	41	偏財	56	42	傷官	27	43	印綬	57	44	正財	28	45	傷官	59	46	偏印	29	47	印綬	60	48	傷官	30	49	劫財
18	57	38	印綬	28	39	正官	56	40	偏官	27	41	偏印	57	42	比肩	28	43	偏印	58	44	偏財	29	45	比肩	60	46	偏印	30	47	偏財	1	48	比肩	31	49	印綬
19	58	38	偏印	29	39	食神	57	40	正財	28	41	印綬	58	42	劫財	29	43	正官	59	44	傷官	30	45	劫財	1	46	正官	31	47	傷官	2	48	劫財	32	49	偏印
20	59	38	正官	30	39	傷官	58	40	偏財	29	41	偏官	59	42	偏財	30	43	偏官	60	44	偏官	31	45	偏印	2	46	偏官	32	47	食神	3	48	偏印	33	49	正官
21	60	38	偏官	31	39	比肩	59	40	傷官	30	41	正官	60	42	正財	31	43	正財	1	44	正財	32	45	印綬	3	46	正財	33	47	食神	4	48	印綬	34	49	偏官
22	1	38	正財	32	39	劫財	60	40	食神	31	41	偏財	1	42	食神	32	43	偏財	2	44	偏財	33	45	偏財	4	46	偏財	34	47	傷官	5	48	偏財	35	49	正財
23	2	38	偏財	33	39	偏印	1	40	劫財	32	41	正財	2	42	傷官	33	43	傷官	3	44	傷官	34	45	正財	5	46	傷官	35	47	比肩	6	48	正財	36	49	偏財
24	3	38	傷官	34	39	印綬	2	40	比肩	33	41	食神	3	42	比肩	34	43	食神	4	44	食神	35	45	食神	6	46	食神	36	47	劫財	7	48	食神	37	49	傷官
25	4	38	食神	35	39	偏官	3	40	印綬	34	41	傷官	4	42	劫財	35	43	劫財	5	44	劫財	36	45	傷官	7	46	劫財	37	47	偏印	8	48	傷官	38	49	食神
26	5	38	劫財	36	39	正官	4	40	偏印	35	41	比肩	5	42	偏印	36	43	比肩	6	44	比肩	37	45	比肩	8	46	比肩	38	47	印綬	9	48	比肩	39	49	劫財
27	6	38	比肩	37	39	偏財	5	40	正官	36	41	劫財	6	42	印綬	37	43	正官	7	44	印綬	38	45	劫財	9	46	印綬	39	47	偏官	10	48	劫財	40	49	比肩
28	7	38	印綬	38	39	正財	6	40	偏官	37	41	偏印	7	42	偏官	38	43	偏官	8	44	偏印	39	45	偏印	10	46	偏印	40	47	正官	11	48	偏印	41	49	印綬
29	8	38	偏印				7	40	正財	38	41	印綬	8	42	正官	39	43	正財	9	44	正官	40	45	印綬	11	46	正官	41	47	偏財	12	48	印綬	42	49	偏印
30	9	38	正官				8	40	偏財	39	41	偏官	9	42	偏財	40	43	偏財	10	44	偏官	41	45	偏官	12	46	偏官	42	47	正財	13	48	偏官	43	49	正官
31	10	38	偏官				9	40	傷官				10	42	正財				11	44	正財	42	45	正官				43	47	食神				44	49	偏官

1998年生まれ 年干:15 1998/2/4-1999/2/3

	1月			2月			3月			4月			5月			6月			7月			8月			9月			10月			11月			12月		
日	日干	月干	中心星	日干	月干	中心星	日干	月干	中心星	日干	月干	中心星	日干	月干	中心星	日干	月干	中心星	日干	月干	中心星	日干	月干	中心星	日干	月干	中心星	日干	月干	中心星	日干	月干	中心星	日干	月干	中心星
1	45	49	正財	16	50	比肩	44	51	印綬	15	52	正官	45	53	比肩	16	54	印綬	46	55	偏印	17	56	印綬	48	57	劫財	18	58	比肩	49	59	偏官	19	60	比肩
2	46	49	偏財	17	50	印綬	45	51	偏官	16	52	偏官	46	53	劫財	17	54	偏官	47	55	正官	18	56	偏印	49	57	偏印	19	58	印綬	50	59	正官	20	60	劫財
3	47	49	傷官	18	50	偏印	46	51	正官	17	52	正財	47	53	偏印	18	54	正官	48	55	偏官	19	56	正官	50	57	印綬	20	58	偏印	51	59	偏財	21	60	偏印
4	48	49	食神	19	51	偏官	47	51	偏財	18	52	偏財	48	53	印綬	19	54	偏財	49	55	正財	20	56	偏官	51	57	偏官	21	58	正官	52	59	正財	22	60	印綬
5	49	50	劫財	20	51	正官	48	51	正財	19	53	傷官	49	53	偏官	20	54	正財	50	55	偏財	21	56	正財	52	57	正官	22	58	偏官	53	59	食神	23	60	偏官
6	50	50	比肩	21	51	偏財	49	52	食神	20	53	食神	50	54	正官	21	55	食神	51	55	傷官	22	56	偏財	53	57	偏財	23	58	正財	54	59	傷官	24	60	正官
7	51	50	印綬	22	51	正財	50	52	傷官	21	53	劫財	51	54	偏財	22	55	傷官	52	56	食神	23	56	傷官	54	57	正財	24	58	偏財	55	59	比肩	25	1	偏財
8	52	50	偏印	23	51	食神	51	52	比肩	22	53	比肩	52	54	正財	23	55	比肩	53	56	劫財	24	57	傷官	55	58	食神	25	59	傷官	56	60	劫財	26	1	正財
9	53	50	正官	24	51	傷官	52	52	劫財	23	53	印綬	53	54	食神	24	55	劫財	54	56	比肩	25	57	比肩	56	58	傷官	26	59	食神	57	60	偏印	27	1	食神
10	54	50	偏官	25	51	比肩	53	52	偏印	24	53	偏印	54	54	傷官	25	55	偏印	55	56	印綬	26	57	劫財	57	58	比肩	27	59	劫財	58	60	印綬	28	1	傷官
11	55	50	正財	26	51	劫財	54	52	印綬	25	53	正官	55	54	比肩	26	55	印綬	56	56	偏印	27	57	偏印	58	58	劫財	28	59	比肩	59	60	偏官	29	1	比肩
12	56	50	偏財	27	51	偏官	55	52	偏官	26	53	偏官	56	54	劫財	27	55	偏官	57	56	正官	28	57	印綬	59	58	偏印	29	59	印綬	60	60	正官	30	1	劫財
13	57	50	傷官	28	51	正官	56	52	正官	27	53	正財	57	54	偏印	28	55	正官	58	56	偏官	29	57	偏官	60	58	印綬	30	59	偏印	1	60	偏財	31	1	偏印
14	58	50	食神	29	51	偏財	57	52	偏財	28	53	偏財	58	54	劫財	29	55	偏財	59	56	正財	30	57	正官	1	58	偏官	31	59	正官	2	60	正財	32	1	印綬
15	59	50	印綬	30	51	正財	58	52	正財	29	53	劫財	59	54	偏印	30	55	正財	60	56	偏財	31	57	偏財	2	58	正官	32	59	偏官	3	60	食神	33	1	偏官
16	60	50	偏印	31	51	食神	59	52	食神	30	53	比肩	60	54	印綬	31	55	食神	1	56	傷官	32	57	印綬	3	58	偏財	33	59	正財	4	60	印綬	34	1	正官
17	1	50	正官	32	51	傷官	60	52	食神	31	53	印綬	1	54	偏官	32	55	偏財	2	56	比肩	33	57	偏官	4	58	正財	34	59	偏財	5	60	偏官	35	1	偏財
18	2	50	偏財	33	51	比肩	1	52	劫財	32	53	正財	2	54	正官	33	55	傷官	3	56	印綬	34	57	正官	5	58	食神	35	59	印綬	6	60	正官	36	1	偏財
19	3	50	傷官	34	51	印綬	2	52	比肩	33	53	食神	3	54	偏財	34	55	食神	4	56	偏印	35	57	偏財	6	58	食神	36	59	偏印	7	60	偏財	37	1	傷官
20	4	50	食神	35	51	偏官	3	52	印綬	34	53	傷官	4	54	正財	35	55	劫財	5	56	劫財	36	57	正財	7	58	劫財	37	59	正官	8	60	正財	38	1	食神
21	5	50	劫財	36	51	正官	4	52	偏印	35	53	比肩	5	54	偏印	36	55	比肩	6	56	比肩	37	57	食神	8	58	比肩	38	59	印綬	9	60	食神	39	1	劫財
22	6	50	比肩	37	51	偏財	5	52	正官	36	53	劫財	6	54	印綬	37	55	印綬	7	56	印綬	38	57	傷官	9	58	印綬	39	59	偏官	10	60	傷官	40	1	比肩
23	7	50	印綬	38	51	正財	6	52	偏官	37	53	偏印	7	54	偏官	38	55	偏印	8	56	偏印	39	57	偏印	10	58	偏印	40	59	正官	11	60	偏印	41	1	印綬
24	8	50	偏印	39	51	食神	7	52	正財	38	53	印綬	8	54	正官	39	55	正官	9	56	正官	40	57	印綬	11	58	正官	41	59	偏財	12	60	印綬	42	1	偏印
25	9	50	正官	40	51	傷官	8	52	偏財	39	53	偏官	9	54	偏財	40	55	偏官	10	56	偏官	41	57	偏官	12	58	偏官	42	59	正財	13	60	偏官	43	1	正官
26	10	50	偏官	41	51	比肩	9	52	傷官	40	53	正官	10	54	正財	41	55	正財	11	56	正財	42	57	正官	13	58	正財	43	59	食神	14	60	正官	44	1	偏官
27	11	50	正財	42	51	劫財	10	52	食神	41	53	偏財	11	54	食神	42	55	食神	12	56	偏財	43	57	偏財	14	58	偏財	44	59	傷官	15	60	偏財	45	1	正財
28	12	50	偏財	43	51	偏印	11	52	劫財	42	53	正財	12	54	傷官	43	55	劫財	13	56	傷官	44	57	正財	15	58	傷官	45	59	比肩	16	60	正財	46	1	偏財
29	13	50	傷官				12	52	比肩	43	53	食神	13	54	比肩	44	55	比肩	14	56	食神	45	57	食神	16	58	食神	46	59	劫財	17	60	食神	47	1	傷官
30	14	50	食神				13	52	印綬	44	53	傷官	14	54	劫財	45	55	印綬	15	56	劫財	46	57	傷官	17	58	劫財	47	59	偏印	18	60	傷官	48	1	食神
31	15	50	劫財				14	52	偏印				15	54	偏印				16	56	比肩	47	57	比肩				48	59	印綬				49	1	劫財

1999年生まれ 年干:16 1999/2/4-2000/2/3

	1月			2月			3月			4月			5月			6月			7月			8月			9月			10月			11月			12月		
日	日干	月干	中心星	日干	月干	中心星	日干	月干	中心星	日干	月干	中心星	日干	月干	中心星	日干	月干	中心星	日干	月干	中心星	日干	月干	中心星	日干	月干	中心星	日干	月干	中心星	日干	月干	中心星	日干	月干	中心星
1	50	1	比肩	21	2	正財	49	3	食神	20	4	食神	50	5	正官	21	6	食神	51	7	傷官	22	8	偏財	53	9	偏財	23	10	正財	54	11	傷官	24	12	正官
2	51	1	印綬	22	2	偏財	50	3	傷官	21	4	劫財	51	5	偏財	22	6	傷官	52	7	食神	23	8	傷官	54	9	正財	24	10	偏財	55	11	比肩	25	12	偏財
3	52	1	偏印	23	2	傷官	51	3	比肩	22	4	比肩	52	5	正財	23	6	比肩	53	7	劫財	24	8	食神	55	9	食神	25	10	傷官	56	11	劫財	26	12	正財
4	53	1	正官	24	3	傷官	52	3	劫財	23	4	印綬	53	5	食神	24	6	劫財	54	7	比肩	25	8	劫財	56	9	傷官	26	10	食神	57	11	偏印	27	12	食神
5	54	1	偏官	25	3	比肩	53	3	偏印	24	5	偏印	54	5	傷官	25	6	偏印	55	7	印綬	26	8	比肩	57	9	比肩	27	10	劫財	58	11	印綬	28	12	傷官
6	55	2	正財	26	3	劫財	54	4	印綬	25	5	正官	55	6	比肩	26	7	印綬	56	7	偏印	27	8	印綬	58	9	劫財	28	10	比肩	59	11	偏官	29	12	比肩
7	56	2	偏財	27	3	偏印	55	4	偏官	26	5	偏官	56	6	劫財	27	7	偏官	57	8	正官	28	8	偏印	59	9	偏印	29	10	印綬	60	11	正官	30	13	劫財
8	57	2	傷官	28	3	印綬	56	4	正官	27	5	正財	57	6	偏印	28	7	正官	58	8	偏官	29	9	偏官	60	10	印綬	30	10	偏印	1	12	偏財	31	13	偏印
9	58	2	食神	29	3	偏官	57	4	偏財	28	5	偏財	58	6	印綬	29	7	偏財	59	8	正財	30	9	正官	1	10	偏官	31	11	正官	2	12	正財	32	13	印綬
10	59	2	劫財	30	3	正官	58	4	正財	29	5	傷官	59	6	偏官	30	7	正財	60	8	偏財	31	9	偏財	2	10	正官	32	11	偏官	3	12	食神	33	13	偏官
11	60	2	比肩	31	3	偏財	59	4	食神	30	5	食神	60	6	正官	31	7	食神	1	8	傷官	32	9	正財	3	10	偏財	33	11	正財	4	12	傷官	34	13	正官
12	1	2	印綬	32	3	傷官	60	4	傷官	31	5	劫財	1	6	偏財	32	7	傷官	2	8	食神	33	9	食神	4	10	正財	34	11	偏財	5	12	比肩	35	13	偏財
13	2	2	偏印	33	3	比肩	1	4	比肩	32	5	比肩	2	6	正財	33	7	比肩	3	8	劫財	34	9	傷官	5	10	食神	35	11	傷官	6	12	劫財	36	13	正財
14	3	2	正官	34	3	劫財	2	4	劫財	33	5	印綬	3	6	偏財	34	7	劫財	4	8	比肩	35	9	比肩	6	10	傷官	36	11	食神	7	12	偏印	37	13	食神
15	4	2	偏官	35	3	偏印	3	4	偏印	34	5	偏官	4	6	正財	35	7	偏印	5	8	印綬	36	9	劫財	7	10	比肩	37	11	劫財	8	12	印綬	38	13	傷官
16	5	2	傷官	36	3	印綬	4	4	印綬	35	5	正財	5	6	食神	36	7	印綬	6	8	偏印	37	9	食神	8	10	劫財	38	11	比肩	9	12	食神	39	13	比肩
17	6	2	食神	37	3	偏官	5	4	正官	36	5	偏財	6	6	傷官	37	7	印綬	7	8	正財	38	9	傷官	9	10	偏印	39	11	印綬	10	12	傷官	40	13	劫財
18	7	2	劫財	38	3	正官	6	4	偏官	37	5	偏印	7	6	比肩	38	7	偏印	8	8	偏財	39	9	比肩	10	10	印綬	40	11	偏印	11	12	比肩	41	13	印綬
19	8	2	偏印	39	3	食神	7	4	正財	38	5	印綬	8	6	劫財	39	7	正官	9	8	傷官	40	9	劫財	11	10	正官	41	11	傷官	12	12	劫財	42	13	偏印
20	9	2	正官	40	3	傷官	8	4	偏財	39	5	偏官	9	6	偏印	40	7	偏官	10	8	偏官	41	9	偏印	12	10	偏官	42	11	食神	13	12	偏印	43	13	正官
21	10	2	偏官	41	3	比肩	9	4	傷官	40	5	正官	10	6	正財	41	7	正財	11	8	正財	42	9	印綬	13	10	正財	43	11	劫財	14	12	印綬	44	13	偏官
22	11	2	正財	42	3	劫財	10	4	食神	41	5	偏財	11	6	食神	42	7	偏財	12	8	偏財	43	9	偏官	14	10	偏財	44	11	傷官	15	12	偏官	45	13	正財
23	12	2	偏財	43	3	偏印	11	4	劫財	42	5	正財	12	6	傷官	43	7	傷官	13	8	傷官	44	9	正財	15	10	傷官	45	11	比肩	16	12	正財	46	13	偏財
24	13	2	傷官	44	3	印綬	12	4	比肩	43	5	食神	13	6	比肩	44	7	食神	14	8	食神	45	9	食神	16	10	食神	46	11	劫財	17	12	食神	47	13	傷官
25	14	2	食神	45	3	偏官	13	4	印綬	44	5	傷官	14	6	劫財	45	7	劫財	15	8	劫財	46	9	傷官	17	10	劫財	47	11	偏印	18	12	傷官	48	13	食神
26	15	2	劫財	46	3	正官	14	4	偏印	45	5	比肩	15	6	偏印	46	7	比肩	16	8	比肩	47	9	比肩	18	10	比肩	48	11	印綬	19	12	比肩	49	13	劫財
27	16	2	比肩	47	3	偏財	15	4	正官	46	5	劫財	16	6	印綬	47	7	正官	17	8	印綬	48	9	劫財	19	10	印綬	49	11	偏官	20	12	劫財	50	13	比肩
28	17	2	印綬	48	3	正財	16	4	偏官	47	5	偏印	17	6	偏官	48	7	偏官	18	8	偏印	49	9	偏印	20	10	偏印	50	11	正官	21	12	偏印	51	13	印綬
29	18	2	偏印				17	4	正財	48	5	印綬	18	6	正官	49	7	正財	19	8	正官	50	9	印綬	21	10	正官	51	11	偏財	22	12	印綬	52	13	偏印
30	19	2	正官				18	4	偏財	49	5	偏官	19	6	偏財	50	7	偏財	20	8	偏官	51	9	偏官	22	10	偏官	52	11	正財	23	12	偏官	53	13	正官
31	20	2	偏官				19	4	傷官				20	6	正財				21	8	正財	52	9	正官				53	11	食神				54	13	偏官

2000年生まれ 年干:17 2000/2/4-2001/2/3

	1月			2月			3月			4月			5月			6月			7月			8月			9月			10月			11月			12月		
日	日干	月干	中心星	日干	月干	中心星	日干	月干	中心星	日干	月干	中心星	日干	月干	中心星	日干	月干	中心星	日干	月干	中心星	日干	月干	中心星	日干	月干	中心星	日干	月干	中心星	日干	月干	中心星	日干	月干	中心星
1	55	13	正財	26	14	比肩	55	15	偏官	26	16	偏官	56	17	劫財	27	18	偏官	57	19	正官	28	20	偏印	59	21	偏印	29	22	印綬	60	23	正官	30	24	劫財
2	56	13	偏財	27	14	印綬	56	15	正官	27	16	正財	57	17	偏印	28	18	正官	58	19	偏官	29	20	正官	60	21	印綬	30	22	偏印	1	23	偏財	31	24	偏印
3	57	13	傷官	28	14	偏印	57	15	偏財	28	16	偏財	58	17	印綬	29	18	偏財	59	19	正財	30	20	偏官	1	21	偏官	31	22	正官	2	23	正財	32	24	印綬
4	58	13	食神	29	15	偏官	58	15	正財	29	17	傷官	59	17	偏官	30	18	正財	60	19	偏財	31	20	正財	2	21	正官	32	22	偏官	3	23	食神	33	24	偏官
5	59	13	劫財	30	15	正官	59	16	食神	30	17	食神	60	18	正官	31	19	食神	1	19	傷官	32	20	偏財	3	21	偏財	33	22	正財	4	23	傷官	34	24	正官
6	60	14	比肩	31	15	偏財	60	16	傷官	31	17	劫財	1	18	偏財	32	19	傷官	2	19	食神	33	20	傷官	4	21	正財	34	22	偏財	5	23	比肩	35	24	偏財
7	1	14	印綬	32	15	正財	1	16	比肩	32	17	比肩	2	18	正財	33	19	比肩	3	20	劫財	34	21	傷官	5	22	食神	35	22	傷官	6	24	劫財	36	25	正財
8	2	14	偏印	33	15	食神	2	16	劫財	33	17	印綬	3	18	食神	34	19	劫財	4	20	比肩	35	21	比肩	6	22	傷官	36	23	食神	7	24	偏印	37	25	食神
9	3	14	正官	34	15	傷官	3	16	偏印	34	17	偏印	4	18	傷官	35	19	偏印	5	20	印綬	36	21	劫財	7	22	比肩	37	23	劫財	8	24	印綬	38	25	傷官
10	4	14	偏官	35	15	比肩	4	16	印綬	35	17	正官	5	18	比肩	36	19	印綬	6	20	偏印	37	21	偏印	8	22	劫財	38	23	比肩	9	24	偏官	39	25	比肩
11	5	14	正財	36	15	劫財	5	16	偏官	36	17	偏官	6	18	劫財	37	19	偏官	7	20	正官	38	21	印綬	9	22	偏印	39	23	印綬	10	24	正官	40	25	劫財
12	6	14	偏財	37	15	偏官	6	16	正官	37	17	正財	7	18	偏印	38	19	正官	8	20	偏官	39	21	偏官	10	22	印綬	40	23	偏印	11	24	偏財	41	25	偏印
13	7	14	傷官	38	15	正官	7	16	偏財	38	17	偏財	8	18	劫財	39	19	偏財	9	20	正財	40	21	正官	11	22	偏官	41	23	正官	12	24	正財	42	25	印綬
14	8	14	食神	39	15	偏財	8	16	正財	39	17	劫財	9	18	偏印	40	19	正財	10	20	偏財	41	21	偏財	12	22	正官	42	23	偏官	13	24	食神	43	25	偏官
15	9	14	劫財	40	15	正財	9	16	食神	40	17	比肩	10	18	印綬	41	19	食神	11	20	傷官	42	21	印綬	13	22	偏財	43	23	正財	14	24	印綬	44	25	正官
16	10	14	偏印	41	15	食神	10	16	食神	41	17	印綬	11	18	偏官	42	19	偏財	12	20	食神	43	21	偏官	14	22	正財	44	23	偏財	15	24	偏官	45	25	偏財
17	11	14	正官	42	15	傷官	11	16	劫財	42	17	正財	12	18	正官	43	19	傷官	13	20	印綬	44	21	正官	15	22	食神	45	23	傷官	16	24	正官	46	25	正財
18	12	14	偏官	43	15	比肩	12	16	比肩	43	17	食神	13	18	偏財	44	19	食神	14	20	偏印	45	21	偏財	16	22	食神	46	23	偏印	17	24	偏財	47	25	傷官
19	13	14	傷官	44	15	印綬	13	16	印綬	44	17	傷官	14	18	正財	45	19	劫財	15	20	正官	46	21	正財	17	22	劫財	47	23	正官	18	24	正財	48	25	食神
20	14	14	食神	45	15	偏官	14	16	偏印	45	17	比肩	15	18	偏印	46	19	比肩	16	20	比肩	47	21	食神	18	22	比肩	48	23	偏官	19	24	食神	49	25	劫財
21	15	14	劫財	46	15	正官	15	16	正官	46	17	劫財	16	18	印綬	47	19	印綬	17	20	印綬	48	21	傷官	19	22	印綬	49	23	偏官	20	24	傷官	50	25	比肩
22	16	14	比肩	47	15	偏財	16	16	偏官	47	17	偏印	17	18	偏官	48	19	偏印	18	20	偏印	49	21	偏印	20	22	偏印	50	23	正官	21	24	偏印	51	25	印綬
23	17	14	印綬	48	15	正財	17	16	正財	48	17	印綬	18	18	正官	49	19	正官	19	20	正官	50	21	印綬	21	22	正官	51	23	偏財	22	24	印綬	52	25	偏印
24	18	14	偏印	49	15	食神	18	16	偏財	49	17	偏官	19	18	偏財	50	19	偏官	20	20	偏官	51	21	偏官	22	22	偏官	52	23	正財	23	24	偏官	53	25	正官
25	19	14	正官	50	15	傷官	19	16	傷官	50	17	正官	20	18	正財	51	19	正財	21	20	正財	52	21	正官	23	22	正財	53	23	食神	24	24	正官	54	25	偏官
26	20	14	偏官	51	15	比肩	20	16	食神	51	17	偏財	21	18	食神	52	19	食神	22	20	偏財	53	21	偏財	24	22	偏財	54	23	傷官	25	24	偏財	55	25	正財
27	21	14	正財	52	15	劫財	21	16	劫財	52	17	正財	22	18	傷官	53	19	劫財	23	20	傷官	54	21	正財	25	22	傷官	55	23	比肩	26	24	正財	56	25	偏財
28	22	14	偏財	53	15	偏印	22	16	比肩	53	17	食神	23	18	比肩	54	19	比肩	24	20	食神	55	21	食神	26	22	食神	56	23	劫財	27	24	食神	57	25	傷官
29	23	14	傷官	54	15	印綬	23	16	印綬	54	17	傷官	24	18	劫財	55	19	印綬	25	20	劫財	56	21	傷官	27	22	劫財	57	23	偏印	28	24	傷官	58	25	食神
30	24	14	食神				24	16	偏印	55	17	比肩	25	18	偏印	56	19	偏印	26	20	比肩	57	21	比肩	28	22	比肩	58	23	印綬	29	24	比肩	59	25	劫財
31	25	14	劫財				25	16	正官				26	18	印綬				27	20	印綬	58	21	劫財				59	23	偏官				60	25	比肩

2001年生まれ 年干:18 2001/2/4-2002/2/3

	1月			2月			3月			4月			5月			6月			7月			8月			9月			10月			11月			12月		
日	日干	月干	中心星	日干	月干	中心星	日干	月干	中心星	日干	月干	中心星	日干	月干	中心星	日干	月干	中心星	日干	月干	中心星	日干	月干	中心星	日干	月干	中心星	日干	月干	中心星	日干	月干	中心星	日干	月干	中心星
1	1	25	印綬	32	26	偏財	60	27	傷官	31	28	劫財	1	29	偏財	32	30	傷官	2	31	食神	33	32	傷官	4	33	正財	34	34	偏財	5	35	比肩	35	36	偏財
2	2	25	偏印	33	26	傷官	1	27	比肩	32	28	比肩	2	29	正財	33	30	比肩	3	31	劫財	34	32	食神	5	33	食神	35	34	傷官	6	35	劫財	36	36	正財
3	3	25	正官	34	26	食神	2	27	劫財	33	28	印綬	3	29	食神	34	30	劫財	4	31	比肩	35	32	劫財	6	33	傷官	36	34	食神	7	35	偏印	37	36	食神
4	4	25	偏官	35	27	比肩	3	27	偏印	34	28	偏印	4	29	傷官	35	30	偏印	5	31	印綬	36	32	比肩	7	33	比肩	37	34	劫財	8	35	印綬	38	36	傷官
5	5	26	正財	36	27	劫財	4	28	印綬	35	29	正官	5	30	比肩	36	31	印綬	6	31	偏印	37	32	印綬	8	33	劫財	38	34	比肩	9	35	偏官	39	36	比肩
6	6	26	偏財	37	27	偏印	5	28	偏官	36	29	偏官	6	30	劫財	37	31	偏官	7	31	正官	38	32	偏印	9	33	偏印	39	34	印綬	10	35	正官	40	36	劫財
7	7	26	傷官	38	27	印綬	6	28	正官	37	29	正財	7	30	偏印	38	31	正官	8	32	偏官	39	33	偏官	10	34	印綬	40	34	偏印	11	36	偏財	41	37	偏印
8	8	26	食神	39	27	偏官	7	28	偏財	38	29	偏財	8	30	印綬	39	31	偏財	9	32	正財	40	33	正官	11	34	偏官	41	35	正官	12	36	正財	42	37	印綬
9	9	26	劫財	40	27	正官	8	28	正財	39	29	傷官	9	30	偏官	40	31	正財	10	32	偏財	41	33	偏財	12	34	正官	42	35	偏官	13	36	食神	43	37	偏官
10	10	26	比肩	41	27	偏財	9	28	食神	40	29	食神	10	30	正官	41	31	食神	11	32	傷官	42	33	正財	13	34	偏財	43	35	正財	14	36	傷官	44	37	正官
11	11	26	印綬	42	27	正財	10	28	傷官	41	29	劫財	11	30	偏財	42	31	傷官	12	32	食神	43	33	食神	14	34	正財	44	35	偏財	15	36	比肩	45	37	偏財
12	12	26	偏印	43	27	比肩	11	28	比肩	42	29	比肩	12	30	正財	43	31	比肩	13	32	劫財	44	33	傷官	15	34	食神	45	35	傷官	16	36	劫財	46	37	正財
13	13	26	正官	44	27	劫財	12	28	劫財	43	29	印綬	13	30	偏財	44	31	劫財	14	32	比肩	45	33	比肩	16	34	傷官	46	35	食神	17	36	偏印	47	37	食神
14	14	26	偏官	45	27	偏印	13	28	偏印	44	29	偏印	14	30	正財	45	31	偏印	15	32	印綬	46	33	劫財	17	34	比肩	47	35	劫財	18	36	印綬	48	37	傷官
15	15	26	傷官	46	27	印綬	14	28	印綬	45	29	正財	15	30	食神	46	31	印綬	16	32	偏印	47	33	食神	18	34	劫財	48	35	比肩	19	36	食神	49	37	比肩
16	16	26	食神	47	27	偏官	15	28	正官	46	29	偏財	16	30	傷官	47	31	印綬	17	32	正官	48	33	傷官	19	34	偏印	49	35	印綬	20	36	傷官	50	37	劫財
17	17	26	劫財	48	27	正官	16	28	偏官	47	29	傷官	17	30	比肩	48	31	偏印	18	32	偏財	49	33	比肩	20	34	印綬	50	35	偏印	21	36	比肩	51	37	偏印
18	18	26	偏印	49	27	偏財	17	28	正財	48	29	印綬	18	30	劫財	49	31	正官	19	32	傷官	50	33	劫財	21	34	正官	51	35	傷官	22	36	劫財	52	37	偏印
19	19	26	正官	50	27	傷官	18	28	偏財	49	29	偏官	19	30	偏印	50	31	偏官	20	32	食神	51	33	偏印	22	34	偏官	52	35	食神	23	36	偏印	53	37	正官
20	20	26	偏官	51	27	比肩	19	28	傷官	50	29	正官	20	30	正財	51	31	正財	21	32	正財	52	33	印綬	23	34	正財	53	35	劫財	24	36	印綬	54	37	偏官
21	21	26	正財	52	27	劫財	20	28	食神	51	29	偏財	21	30	食神	52	31	偏財	22	32	偏財	53	33	偏官	24	34	偏財	54	35	傷官	25	36	偏官	55	37	正財
22	22	26	偏財	53	27	偏印	21	28	劫財	52	29	正財	22	30	傷官	53	31	傷官	23	32	傷官	54	33	正財	25	34	傷官	55	35	比肩	26	36	正財	56	37	偏財
23	23	26	傷官	54	27	印綬	22	28	比肩	53	29	食神	23	30	比肩	54	31	食神	24	32	食神	55	33	食神	26	34	食神	56	35	劫財	27	36	食神	57	37	傷官
24	24	26	食神	55	27	偏官	23	28	印綬	54	29	傷官	24	30	劫財	55	31	劫財	25	32	劫財	56	33	傷官	27	34	劫財	57	35	偏印	28	36	傷官	58	37	食神
25	25	26	劫財	56	27	正官	24	28	偏印	55	29	比肩	25	30	偏印	56	31	比肩	26	32	比肩	57	33	比肩	28	34	比肩	58	35	印綬	29	36	比肩	59	37	劫財
26	26	26	比肩	57	27	偏財	25	28	正官	56	29	劫財	26	30	印綬	57	31	正官	27	32	印綬	58	33	劫財	29	34	印綬	59	35	偏官	30	36	劫財	60	37	比肩
27	27	26	印綬	58	27	正財	26	28	偏官	57	29	偏印	27	30	偏官	58	31	偏官	28	32	偏印	59	33	偏印	30	34	偏印	60	35	正官	31	36	偏印	1	37	印綬
28	28	26	偏印	59	27	食神	27	28	正財	58	29	印綬	28	30	正官	59	31	正財	29	32	正官	60	33	印綬	31	34	正官	1	35	偏財	32	36	印綬	2	37	偏印
29	29	26	正官				28	28	偏財	59	29	偏官	29	30	偏財	60	31	偏財	30	32	偏官	1	33	偏官	32	34	偏官	2	35	正財	33	36	偏官	3	37	正官
30	30	26	偏官				29	28	傷官	60	29	正官	30	30	正財	1	31	傷官	31	32	正財	2	33	正官	33	34	正財	3	35	食神	34	36	正官	4	37	偏官
31	31	26	正財				30	28	食神				31	30	食神				32	32	偏財	3	33	偏財				4	35	傷官				5	37	正財

2002年生まれ 年干:19 2002/2/4-2003/2/3

	1月			2月			3月			4月			5月			6月			7月			8月			9月			10月			11月			12月		
日	日干	月干	中心星	日干	月干	中心星	日干	月干	中心星	日干	月干	中心星	日干	月干	中心星	日干	月干	中心星	日干	月干	中心星	日干	月干	中心星	日干	月干	中心星	日干	月干	中心星	日干	月干	中心星	日干	月干	中心星
1	6	37	偏財	37	38	印綬	5	39	偏官	36	40	偏官	6	41	劫財	37	42	偏官	7	43	正官	38	44	偏印	9	45	偏印	39	46	印綬	10	47	正官	40	48	劫財
2	7	37	傷官	38	38	偏印	6	39	正官	37	40	正財	7	41	偏印	38	42	正官	8	43	偏官	39	44	正官	10	45	印綬	40	46	偏印	11	47	偏財	41	48	偏印
3	8	37	食神	39	38	正官	7	39	偏財	38	40	偏財	8	41	印綬	39	42	偏財	9	43	正財	40	44	偏官	11	45	偏官	41	46	正官	12	47	正財	42	48	印綬
4	9	37	劫財	40	39	正官	8	39	正財	39	40	傷官	9	41	偏官	40	42	正財	10	43	偏財	41	44	正財	12	45	正官	42	46	偏官	13	47	食神	43	48	偏官
5	10	38	比肩	41	39	偏財	9	39	食神	40	41	食神	10	41	正官	41	42	食神	11	43	傷官	42	44	偏財	13	45	偏財	43	46	正財	14	47	傷官	44	48	正官
6	11	38	印綬	42	39	正財	10	40	傷官	41	41	劫財	11	42	偏財	42	43	傷官	12	43	食神	43	44	傷官	14	45	正財	44	46	偏財	15	47	比肩	45	48	偏財
7	12	38	偏印	43	39	食神	11	40	比肩	42	41	比肩	12	42	正財	43	43	比肩	13	44	劫財	44	44	食神	15	45	食神	45	46	傷官	16	48	劫財	46	49	正財
8	13	38	正官	44	39	傷官	12	40	劫財	43	41	印綬	13	42	食神	44	43	劫財	14	44	比肩	45	45	比肩	16	46	傷官	46	47	食神	17	48	偏印	47	49	食神
9	14	38	偏官	45	39	比肩	13	40	偏印	44	41	偏印	14	42	傷官	45	43	偏印	15	44	印綬	46	45	劫財	17	46	比肩	47	47	劫財	18	48	印綬	48	49	傷官
10	15	38	正財	46	39	劫財	14	40	印綬	45	41	正官	15	42	比肩	46	43	印綬	16	44	偏印	47	45	偏印	18	46	劫財	48	47	比肩	19	48	偏官	49	49	比肩
11	16	38	偏財	47	39	偏印	15	40	偏官	46	41	偏官	16	42	劫財	47	43	偏官	17	44	正官	48	45	印綬	19	46	偏印	49	47	印綬	20	48	正官	50	49	劫財
12	17	38	傷官	48	39	正官	16	40	正官	47	41	正財	17	42	偏印	48	43	正官	18	44	偏官	49	45	偏官	20	46	印綬	50	47	偏印	21	48	偏財	51	49	偏印
13	18	38	食神	49	39	偏財	17	40	偏財	48	41	偏財	18	42	印綬	49	43	偏財	19	44	正財	50	45	正官	21	46	偏官	51	47	正官	22	48	正財	52	49	印綬
14	19	38	劫財	50	39	正財	18	40	正財	49	41	傷官	19	42	偏印	50	43	正財	20	44	偏財	51	45	偏財	22	46	正官	52	47	偏官	23	48	食神	53	49	偏官
15	20	38	偏印	51	39	食神	19	40	食神	50	41	比肩	20	42	印綬	51	43	食神	21	44	傷官	52	45	正財	23	46	偏財	53	47	正財	24	48	印綬	54	49	正官
16	21	38	正官	52	39	傷官	20	40	傷官	51	41	印綬	21	42	偏官	52	43	傷官	22	44	食神	53	45	偏官	24	46	正財	54	47	偏財	25	48	偏官	55	49	偏財
17	22	38	偏官	53	39	比肩	21	40	劫財	52	41	偏印	22	42	正官	53	43	傷官	23	44	印綬	54	45	正官	25	46	食神	55	47	傷官	26	48	正官	56	49	正財
18	23	38	傷官	54	39	劫財	22	40	比肩	53	41	食神	23	42	偏財	54	43	食神	24	44	偏印	55	45	偏財	26	46	傷官	56	47	偏印	27	48	偏財	57	49	傷官
19	24	38	食神	55	39	偏官	23	40	印綬	54	41	傷官	24	42	正財	55	43	劫財	25	44	正官	56	45	正財	27	46	劫財	57	47	正官	28	48	正財	58	49	食神
20	25	38	劫財	56	39	正官	24	40	偏印	55	41	比肩	25	42	食神	56	43	比肩	26	44	比肩	57	45	食神	28	46	比肩	58	47	偏官	29	48	食神	59	49	劫財
21	26	38	比肩	57	39	偏財	25	40	正官	56	41	劫財	26	42	印綬	57	43	印綬	27	44	印綬	58	45	傷官	29	46	印綬	59	47	偏官	30	48	傷官	60	49	比肩
22	27	38	印綬	58	39	正財	26	40	偏官	57	41	偏印	27	42	偏官	58	43	偏印	28	44	偏印	59	45	比肩	30	46	偏印	60	47	正官	31	48	偏印	1	49	印綬
23	28	38	偏印	59	39	食神	27	40	正財	58	41	印綬	28	42	正官	59	43	正官	29	44	正官	60	45	印綬	31	46	正官	1	47	偏財	32	48	印綬	2	49	偏印
24	29	38	正官	60	39	傷官	28	40	偏財	59	41	偏官	29	42	偏財	60	43	偏官	30	44	偏官	1	45	偏官	32	46	偏官	2	47	正財	33	48	偏官	3	49	正官
25	30	38	偏官	1	39	比肩	29	40	傷官	60	41	正官	30	42	正財	1	43	正財	31	44	正財	2	45	正官	33	46	正財	3	47	食神	34	48	正官	4	49	偏官
26	31	38	正財	2	39	劫財	30	40	食神	1	41	偏財	31	42	食神	2	43	偏財	32	44	偏財	3	45	偏財	34	46	偏財	4	47	傷官	35	48	偏財	5	49	正財
27	32	38	偏財	3	39	偏印	31	40	劫財	2	41	正財	32	42	傷官	3	43	劫財	33	44	傷官	4	45	正財	35	46	傷官	5	47	比肩	36	48	正財	6	49	偏財
28	33	38	傷官	4	39	印綬	32	40	比肩	3	41	食神	33	42	比肩	4	43	比肩	34	44	食神	5	45	食神	36	46	食神	6	47	劫財	37	48	食神	7	49	傷官
29	34	38	食神				33	40	印綬	4	41	傷官	34	42	劫財	5	43	印綬	35	44	劫財	6	45	傷官	37	46	劫財	7	47	偏印	38	48	傷官	8	49	食神
30	35	38	劫財				34	40	偏印	5	41	比肩	35	42	偏印	6	43	偏印	36	44	比肩	7	45	比肩	38	46	比肩	8	47	印綬	39	48	比肩	9	49	劫財
31	36	38	比肩				35	40	正官				36	42	印綬				37	44	印綬	8	45	劫財				9	47	偏官				10	49	比肩

2003年生まれ 年干:20 2003/2/4-2004/2/3

	1月			2月			3月			4月			5月			6月			7月			8月			9月			10月			11月			12月		
日	日干	月干	中心星	日干	月干	中心星	日干	月干	中心星	日干	月干	中心星	日干	月干	中心星	日干	月干	中心星	日干	月干	中心星	日干	月干	中心星	日干	月干	中心星	日干	月干	中心星	日干	月干	中心星	日干	月干	中心星
1	11	49	印綬	42	50	偏財	10	51	傷官	41	52	劫財	11	53	偏財	42	54	傷官	12	55	食神	43	56	傷官	14	57	正財	44	58	偏財	15	59	比肩	45	60	偏財
2	12	49	偏印	43	50	傷官	11	51	比肩	42	52	比肩	12	53	正財	43	54	比肩	13	55	劫財	44	56	食神	15	57	食神	45	58	傷官	16	59	劫財	46	60	正財
3	13	49	正官	44	50	食神	12	51	劫財	43	52	印綬	13	53	食神	44	54	劫財	14	55	比肩	45	56	劫財	16	57	傷官	46	58	食神	17	59	偏印	47	60	食神
4	14	49	偏官	45	51	比肩	13	51	偏印	44	52	偏印	14	53	傷官	45	54	偏印	15	55	印綬	46	56	比肩	17	57	比肩	47	58	劫財	18	59	印綬	48	60	傷官
5	15	49	正財	46	51	劫財	14	51	印綬	45	53	正官	15	53	比肩	46	54	印綬	16	55	偏印	47	56	印綬	18	57	劫財	48	58	比肩	19	59	偏官	49	60	比肩
6	16	50	偏財	47	51	偏印	15	52	偏官	46	53	偏官	16	54	劫財	47	55	偏官	17	55	正官	48	56	偏印	19	57	偏印	49	58	印綬	20	59	正官	50	60	劫財
7	17	50	傷官	48	51	印綬	16	52	正官	47	53	正財	17	54	偏印	48	55	正官	18	56	偏官	49	56	正官	20	57	印綬	50	58	偏印	21	59	偏財	51	1	偏印
8	18	50	食神	49	51	偏官	17	52	偏財	48	53	偏財	18	54	印綬	49	55	偏財	19	56	正財	50	57	正官	21	58	偏官	51	58	正官	22	60	正財	52	1	印綬
9	19	50	劫財	50	51	正官	18	52	正財	49	53	傷官	19	54	偏官	50	55	正財	20	56	偏財	51	57	偏財	22	58	正官	52	59	偏官	23	60	食神	53	1	偏官
10	20	50	比肩	51	51	偏財	19	52	食神	50	53	食神	20	54	正官	51	55	食神	21	56	傷官	52	57	正財	23	58	偏財	53	59	正財	24	60	傷官	54	1	正官
11	21	50	印綬	52	51	正財	20	52	傷官	51	53	劫財	21	54	偏財	52	55	傷官	22	56	食神	53	57	食神	24	58	正財	54	59	偏財	25	60	比肩	55	1	偏財
12	22	50	偏印	53	51	比肩	21	52	比肩	52	53	比肩	22	54	正財	53	55	比肩	23	56	劫財	54	57	傷官	25	58	食神	55	59	傷官	26	60	劫財	56	1	正財
13	23	50	正官	54	51	劫財	22	52	劫財	53	53	印綬	23	54	食神	54	55	劫財	24	56	比肩	55	57	比肩	26	58	傷官	56	59	食神	27	60	偏印	57	1	食神
14	24	50	偏官	55	51	偏印	23	52	偏印	54	53	偏印	24	54	正財	55	55	偏印	25	56	印綬	56	57	劫財	27	58	比肩	57	59	劫財	28	60	印綬	58	1	傷官
15	25	50	正財	56	51	印綬	24	52	印綬	55	53	正財	25	54	食神	56	55	印綬	26	56	偏印	57	57	偏印	28	58	劫財	58	59	比肩	29	60	偏官	59	1	比肩
16	26	50	食神	57	51	偏官	25	52	偏官	56	53	偏財	26	54	傷官	57	55	偏官	27	56	正官	58	57	傷官	29	58	偏印	59	59	印綬	30	60	傷官	60	1	劫財
17	27	50	劫財	58	51	正官	26	52	偏官	57	53	傷官	27	54	比肩	58	55	偏印	28	56	偏財	59	57	比肩	30	58	印綬	60	59	偏印	31	60	比肩	1	1	偏印
18	28	50	比肩	59	51	偏財	27	52	正財	58	53	印綬	28	54	劫財	59	55	正官	29	56	傷官	60	57	劫財	31	58	偏官	1	59	正官	32	60	劫財	2	1	偏印
19	29	50	正官	60	51	傷官	28	52	偏財	59	53	偏官	29	54	偏印	60	55	偏官	30	56	食神	1	57	偏印	32	58	偏官	2	59	食神	33	60	偏印	3	1	正官
20	30	50	偏官	1	51	比肩	29	52	傷官	60	53	正官	30	54	印綬	1	55	正財	31	56	正財	2	57	印綬	33	58	正財	3	59	劫財	34	60	印綬	4	1	偏官
21	31	50	正財	2	51	劫財	30	52	食神	1	53	偏財	31	54	食神	2	55	偏財	32	56	偏財	3	57	偏官	34	58	偏財	4	59	比肩	35	60	偏官	5	1	正財
22	32	50	偏財	3	51	偏印	31	52	劫財	2	53	正財	32	54	傷官	3	55	傷官	33	56	傷官	4	57	正官	35	58	傷官	5	59	比肩	36	60	正官	6	1	偏財
23	33	50	傷官	4	51	印綬	32	52	比肩	3	53	食神	33	54	比肩	4	55	食神	34	56	食神	5	57	食神	36	58	食神	6	59	劫財	37	60	食神	7	1	傷官
24	34	50	食神	5	51	偏官	33	52	印綬	4	53	傷官	34	54	劫財	5	55	劫財	35	56	劫財	6	57	傷官	37	58	劫財	7	59	偏印	38	60	傷官	8	1	食神
25	35	50	劫財	6	51	正官	34	52	偏印	5	53	比肩	35	54	偏印	6	55	比肩	36	56	比肩	7	57	比肩	38	58	比肩	8	59	印綬	39	60	比肩	9	1	劫財
26	36	50	比肩	7	51	偏財	35	52	正官	6	53	劫財	36	54	印綬	7	55	印綬	37	56	印綬	8	57	劫財	39	58	印綬	9	59	偏官	40	60	劫財	10	1	比肩
27	37	50	印綬	8	51	正財	36	52	偏官	7	53	偏印	37	54	偏官	8	55	偏官	38	56	偏印	9	57	偏印	40	58	偏印	10	59	正官	41	60	偏印	11	1	印綬
28	38	50	偏印	9	51	食神	37	52	正財	8	53	印綬	38	54	正官	9	55	正財	39	56	正官	10	57	印綬	41	58	正官	11	59	偏財	42	60	印綬	12	1	偏印
29	39	50	正官				38	52	偏財	9	53	偏官	39	54	偏財	10	55	偏財	40	56	偏官	11	57	偏官	42	58	偏官	12	59	正財	43	60	偏官	13	1	正官
30	40	50	偏官				39	52	傷官	10	53	正官	40	54	正財	11	55	傷官	41	56	正財	12	57	正官	43	58	正財	13	59	食神	44	60	正官	14	1	偏官
31	41	50	正財				40	52	食神				41	54	食神				42	56	偏財	13	57	偏財				14	59	傷官				15	1	正財

2004年生まれ 年干:21 2004/2/4-2005/2/3

	1月			2月			3月			4月			5月			6月			7月			8月			9月			10月			11月			12月		
日	日干	月干	中心星	日干	月干	中心星	日干	月干	中心星	日干	月干	中心星	日干	月干	中心星	日干	月干	中心星	日干	月干	中心星	日干	月干	中心星	日干	月干	中心星	日干	月干	中心星	日干	月干	中心星	日干	月干	中心星
1	16	1	偏財	47	2	印綬	16	3	正官	47	4	正財	17	5	偏印	48	6	正官	18	7	偏官	49	8	正官	20	9	印綬	50	10	偏印	21	11	偏財	51	12	偏印
2	17	1	傷官	48	2	偏印	17	3	偏財	48	4	偏財	18	5	印綬	49	6	偏財	19	7	正財	50	8	偏官	21	9	偏官	51	10	正官	22	11	正財	52	12	印綬
3	18	1	食神	49	2	正官	18	3	正財	49	4	傷官	19	5	偏官	50	6	正財	20	7	偏財	51	8	正財	22	9	正官	52	10	偏官	23	11	食神	53	12	偏官
4	19	1	劫財	50	3	正官	19	3	食神	50	5	食神	20	5	正官	51	6	食神	21	7	傷官	52	8	偏財	23	9	偏財	53	10	正財	24	11	傷官	54	12	正官
5	20	1	比肩	51	3	偏財	20	4	傷官	51	5	劫財	21	6	偏財	52	7	傷官	22	7	食神	53	8	傷官	24	9	正財	54	10	偏財	25	11	比肩	55	12	偏財
6	21	2	印綬	52	3	正財	21	4	比肩	52	5	比肩	22	6	正財	53	7	比肩	23	7	劫財	54	8	食神	25	9	食神	55	10	傷官	26	11	劫財	56	12	正財
7	22	2	偏印	53	3	食神	22	4	劫財	53	5	印綬	23	6	食神	54	7	劫財	24	8	比肩	55	9	比肩	26	10	傷官	56	10	食神	27	12	偏印	57	13	食神
8	23	2	正官	54	3	傷官	23	4	偏印	54	5	偏印	24	6	傷官	55	7	偏印	25	8	印綬	56	9	劫財	27	10	比肩	57	11	劫財	28	12	印綬	58	13	傷官
9	24	2	偏官	55	3	比肩	24	4	印綬	55	5	正官	25	6	比肩	56	7	印綬	26	8	偏印	57	9	偏印	28	10	劫財	58	11	比肩	29	12	偏官	59	13	比肩
10	25	2	正財	56	3	劫財	25	4	偏官	56	5	偏官	26	6	劫財	57	7	偏官	27	8	正官	58	9	印綬	29	10	偏印	59	11	印綬	30	12	正官	60	13	劫財
11	26	2	偏財	57	3	偏印	26	4	正官	57	5	正財	27	6	偏印	58	7	正官	28	8	偏官	59	9	偏官	30	10	印綬	60	11	偏印	31	12	偏財	1	13	偏印
12	27	2	傷官	58	3	正官	27	4	偏財	58	5	偏財	28	6	印綬	59	7	偏財	29	8	正財	60	9	正官	31	10	偏官	1	11	正官	32	12	正財	2	13	印綬
13	28	2	食神	59	3	偏財	28	4	正財	59	5	傷官	29	6	偏印	60	7	正財	30	8	偏財	1	9	偏財	32	10	正官	2	11	偏官	33	12	食神	3	13	偏官
14	29	2	劫財	60	3	正財	29	4	食神	60	5	比肩	30	6	印綬	1	7	食神	31	8	傷官	2	9	正財	33	10	偏財	3	11	正財	34	12	傷官	4	13	正官
15	30	2	比肩	1	3	食神	30	4	傷官	1	5	印綬	31	6	偏官	2	7	傷官	32	8	食神	3	9	偏官	34	10	正財	4	11	偏財	35	12	偏官	5	13	偏財
16	31	2	正官	2	3	傷官	31	4	劫財	2	5	偏印	32	6	正官	3	7	傷官	33	8	劫財	4	9	正官	35	10	食神	5	11	傷官	36	12	正官	6	13	正財
17	32	2	偏官	3	3	比肩	32	4	比肩	3	5	食神	33	6	偏財	4	7	食神	34	8	偏印	5	9	偏財	36	10	傷官	6	11	食神	37	12	偏財	7	13	食神
18	33	2	正財	4	3	劫財	33	4	印綬	4	5	傷官	34	6	正財	5	7	劫財	35	8	正官	6	9	正財	37	10	劫財	7	11	正官	38	12	正財	8	13	食神
19	34	2	食神	5	3	偏官	34	4	偏印	5	5	比肩	35	6	食神	6	7	比肩	36	8	偏官	7	9	食神	38	10	比肩	8	11	偏官	39	12	食神	9	13	劫財
20	35	2	劫財	6	3	正官	35	4	正官	6	5	劫財	36	6	印綬	7	7	印綬	37	8	印綬	8	9	傷官	39	10	印綬	9	11	正財	40	12	傷官	10	13	比肩
21	36	2	比肩	7	3	偏財	36	4	偏官	7	5	偏印	37	6	偏官	8	7	偏印	38	8	偏印	9	9	比肩	40	10	偏印	10	11	正官	41	12	比肩	11	13	印綬
22	37	2	印綬	8	3	正財	37	4	正財	8	5	印綬	38	6	正官	9	7	正官	39	8	正官	10	9	印綬	41	10	正官	11	11	偏財	42	12	印綬	12	13	偏印
23	38	2	偏印	9	3	食神	38	4	偏財	9	5	偏官	39	6	偏財	10	7	偏官	40	8	偏官	11	9	偏官	42	10	偏官	12	11	正財	43	12	偏官	13	13	正官
24	39	2	正官	10	3	傷官	39	4	傷官	10	5	正官	40	6	正財	11	7	正財	41	8	正財	12	9	正官	43	10	正財	13	11	食神	44	12	正官	14	13	偏官
25	40	2	偏官	11	3	比肩	40	4	食神	11	5	偏財	41	6	食神	12	7	偏財	42	8	偏財	13	9	偏財	44	10	偏財	14	11	傷官	45	12	偏財	15	13	正財
26	41	2	正財	12	3	劫財	41	4	劫財	12	5	正財	42	6	傷官	13	7	劫財	43	8	傷官	14	9	正財	45	10	傷官	15	11	比肩	46	12	正財	16	13	偏財
27	42	2	偏財	13	3	偏印	42	4	比肩	13	5	食神	43	6	比肩	14	7	比肩	44	8	食神	15	9	食神	46	10	食神	16	11	劫財	47	12	食神	17	13	傷官
28	43	2	傷官	14	3	印綬	43	4	印綬	14	5	傷官	44	6	劫財	15	7	印綬	45	8	劫財	16	9	傷官	47	10	劫財	17	11	偏印	48	12	傷官	18	13	食神
29	44	2	食神	15	3	偏官	44	4	偏印	15	5	比肩	45	6	偏印	16	7	偏印	46	8	比肩	17	9	比肩	48	10	比肩	18	11	印綬	49	12	比肩	19	13	劫財
30	45	2	劫財				45	4	正官	16	5	劫財	46	6	印綬	17	7	正官	47	8	印綬	18	9	劫財	49	10	印綬	19	11	偏官	50	12	劫財	20	13	比肩
31	46	2	比肩				46	4	偏官				47	6	偏官				48	8	偏印	19	9	偏印				20	11	正官				21	13	印綬

2005年生まれ 年干:22 2005/2/4-2006/2/3

	1月			2月			3月			4月			5月			6月			7月			8月			9月			10月			11月			12月		
日	日干	月干	中心星	日干	月干	中心星	日干	月干	中心星	日干	月干	中心星	日干	月干	中心星	日干	月干	中心星	日干	月干	中心星	日干	月干	中心星	日干	月干	中心星	日干	月干	中心星	日干	月干	中心星	日干	月干	中心星
1	22	13	偏印	53	14	傷官	21	15	比肩	52	16	比肩	22	17	正財	53	18	比肩	23	19	劫財	54	20	食神	25	21	食神	55	22	傷官	26	23	劫財	56	24	正財
2	23	13	正官	54	14	食神	22	15	劫財	53	16	印綬	23	17	食神	54	18	劫財	24	19	比肩	55	20	劫財	26	21	傷官	56	22	食神	27	23	偏印	57	24	食神
3	24	13	偏官	55	14	劫財	23	15	偏印	54	16	偏印	24	17	傷官	55	18	偏印	25	19	印綬	56	20	比肩	27	21	比肩	57	22	劫財	28	23	印綬	58	24	傷官
4	25	13	正財	56	15	劫財	24	15	印綬	55	16	正官	25	17	比肩	56	18	印綬	26	19	偏印	57	20	印綬	28	21	劫財	58	22	比肩	29	23	偏官	59	24	比肩
5	26	14	偏財	57	15	偏印	25	16	偏官	56	17	偏官	26	18	劫財	57	19	偏官	27	19	正官	58	20	偏印	29	21	偏印	59	22	印綬	30	23	正官	60	24	劫財
6	27	14	傷官	58	15	印綬	26	16	正官	57	17	正財	27	18	偏印	58	19	正官	28	19	偏官	59	20	正官	30	21	印綬	60	22	偏印	31	23	偏財	1	24	偏印
7	28	14	食神	59	15	偏官	27	16	偏財	58	17	偏財	28	18	印綬	59	19	偏財	29	20	正財	60	21	正官	31	22	偏官	1	22	正官	32	24	正財	2	25	印綬
8	29	14	劫財	60	15	正官	28	16	正財	59	17	傷官	29	18	偏官	60	19	正財	30	20	偏財	1	21	偏財	32	22	正官	2	23	偏官	33	24	食神	3	25	偏官
9	30	14	比肩	1	15	偏財	29	16	食神	60	17	食神	30	18	正官	1	19	食神	31	20	傷官	2	21	正財	33	22	偏財	3	23	正財	34	24	傷官	4	25	正官
10	31	14	印綬	2	15	正財	30	16	傷官	1	17	劫財	31	18	偏財	2	19	傷官	32	20	食神	3	21	食神	34	22	正財	4	23	偏財	35	24	比肩	5	25	偏財
11	32	14	偏印	3	15	食神	31	16	比肩	2	17	比肩	32	18	正財	3	19	比肩	33	20	劫財	4	21	傷官	35	22	食神	5	23	傷官	36	24	劫財	6	25	正財
12	33	14	正官	4	15	劫財	32	16	劫財	3	17	印綬	33	18	食神	4	19	劫財	34	20	比肩	5	21	比肩	36	22	傷官	6	23	食神	37	24	偏印	7	25	食神
13	34	14	偏官	5	15	偏印	33	16	偏印	4	17	偏印	34	18	正財	5	19	偏印	35	20	印綬	6	21	劫財	37	22	比肩	7	23	劫財	38	24	印綬	8	25	傷官
14	35	14	正財	6	15	印綬	34	16	印綬	5	17	正官	35	18	食神	6	19	印綬	36	20	偏印	7	21	偏印	38	22	劫財	8	23	比肩	39	24	偏官	9	25	比肩
15	36	14	食神	7	15	偏官	35	16	偏官	6	17	偏財	36	18	傷官	7	19	偏官	37	20	正官	8	21	傷官	39	22	偏印	9	23	印綬	40	24	傷官	10	25	劫財
16	37	14	劫財	8	15	正官	36	16	偏官	7	17	傷官	37	18	比肩	8	19	偏印	38	20	偏官	9	21	比肩	40	22	印綬	10	23	偏印	41	24	比肩	11	25	偏印
17	38	14	比肩	9	15	偏財	37	16	正財	8	17	食神	38	18	劫財	9	19	正官	39	20	傷官	10	21	劫財	41	22	偏官	11	23	正官	42	24	劫財	12	25	印綬
18	39	14	正官	10	15	正財	38	16	偏財	9	17	偏官	39	18	偏印	10	19	偏官	40	20	食神	11	21	偏印	42	22	偏官	12	23	食神	43	24	偏印	13	25	正官
19	40	14	偏官	11	15	比肩	39	16	傷官	10	17	正官	40	18	印綬	11	19	正財	41	20	劫財	12	21	印綬	43	22	正財	13	23	劫財	44	24	印綬	14	25	偏官
20	41	14	正財	12	15	劫財	40	16	食神	11	17	偏財	41	18	食神	12	19	偏財	42	20	偏財	13	21	偏官	44	22	偏財	14	23	比肩	45	24	偏官	15	25	正財
21	42	14	偏財	13	15	偏印	41	16	劫財	12	17	正財	42	18	傷官	13	19	傷官	43	20	傷官	14	21	正官	45	22	傷官	15	23	比肩	46	24	正官	16	25	偏財
22	43	14	傷官	14	15	印綬	42	16	比肩	13	17	食神	43	18	比肩	14	19	食神	44	20	食神	15	21	食神	46	22	食神	16	23	劫財	47	24	食神	17	25	傷官
23	44	14	食神	15	15	偏官	43	16	印綬	14	17	傷官	44	18	劫財	15	19	劫財	45	20	劫財	16	21	傷官	47	22	劫財	17	23	偏印	48	24	傷官	18	25	食神
24	45	14	劫財	16	15	正官	44	16	偏印	15	17	比肩	45	18	偏印	16	19	比肩	46	20	比肩	17	21	比肩	48	22	比肩	18	23	印綬	49	24	比肩	19	25	劫財
25	46	14	比肩	17	15	偏財	45	16	正官	16	17	劫財	46	18	印綬	17	19	印綬	47	20	印綬	18	21	劫財	49	22	印綬	19	23	偏官	50	24	劫財	20	25	比肩
26	47	14	印綬	18	15	正財	46	16	偏官	17	17	偏印	47	18	偏官	18	19	偏官	48	20	偏印	19	21	偏印	50	22	偏印	20	23	正官	51	24	偏印	21	25	印綬
27	48	14	偏印	19	15	食神	47	16	正財	18	17	印綬	48	18	正官	19	19	正財	49	20	正官	20	21	印綬	51	22	正官	21	23	偏財	52	24	印綬	22	25	偏印
28	49	14	正官	20	15	傷官	48	16	偏財	19	17	偏官	49	18	偏財	20	19	偏財	50	20	偏官	21	21	偏官	52	22	偏官	22	23	正財	53	24	偏官	23	25	正官
29	50	14	偏官				49	16	傷官	20	17	正官	50	18	正財	21	19	傷官	51	20	正財	22	21	正官	53	22	正財	23	23	食神	54	24	正官	24	25	偏官
30	51	14	正財				50	16	食神	21	17	偏財	51	18	食神	22	19	食神	52	20	偏財	23	21	偏財	54	22	偏財	24	23	傷官	55	24	偏財	25	25	正財
31	52	14	偏財				51	16	劫財				52	18	傷官				53	20	傷官	24	21	正財				25	23	比肩				26	25	偏財

2006年生まれ 年干:23 2006/2/4-2007/2/3

日	1月			2月			3月			4月			5月			6月			7月			8月			9月			10月			11月			12月		
	日干	月干	中心星	日干	月干	中心星	日干	月干	中心星	日干	月干	中心星	日干	月干	中心星	日干	月干	中心星	日干	月干	中心星	日干	月干	中心星	日干	月干	中心星	日干	月干	中心星	日干	月干	中心星	日干	月干	中心星
1	27	25	傷官	58	26	偏印	26	27	正官	57	28	正財	27	29	偏印	58	30	正官	28	31	偏官	59	32	正官	30	33	印綬	60	34	偏印	31	35	偏財	1	36	偏印
2	28	25	食神	59	26	正官	27	27	偏財	58	28	偏財	28	29	印綬	59	30	偏財	29	31	正財	60	32	偏官	31	33	偏官	1	34	正官	32	35	正財	2	36	印綬
3	29	25	劫財	60	26	偏官	28	27	正財	59	28	傷官	29	29	偏官	60	30	正財	30	31	偏財	1	32	正財	32	33	正官	2	34	偏官	33	35	食神	3	36	偏官
4	30	25	比肩	1	27	偏財	29	27	食神	60	28	食神	30	29	正官	1	30	食神	31	31	傷官	2	32	偏財	33	33	偏財	3	34	正財	34	35	傷官	4	36	正官
5	31	26	印綬	2	27	正財	30	27	傷官	1	29	劫財	31	29	偏財	2	30	傷官	32	31	食神	3	32	傷官	34	33	正財	4	34	偏財	35	35	比肩	5	36	偏財
6	32	26	偏印	3	27	食神	31	28	比肩	2	29	比肩	32	30	正財	3	31	比肩	33	31	劫財	4	32	食神	35	33	食神	5	34	傷官	36	35	劫財	6	36	正財
7	33	26	正官	4	27	傷官	32	28	劫財	3	29	印綬	33	30	食神	4	31	劫財	34	32	比肩	5	32	劫財	36	33	傷官	6	34	食神	37	36	偏印	7	37	食神
8	34	26	偏官	5	27	比肩	33	28	偏印	4	29	偏印	34	30	傷官	5	31	偏印	35	32	印綬	6	33	劫財	37	34	比肩	7	35	劫財	38	36	印綬	8	37	傷官
9	35	26	正財	6	27	劫財	34	28	印綬	5	29	正官	35	30	比肩	6	31	印綬	36	32	偏印	7	33	偏印	38	34	劫財	8	35	比肩	39	36	偏官	9	37	比肩
10	36	26	偏財	7	27	偏印	35	28	偏官	6	29	偏官	36	30	劫財	7	31	偏官	37	32	正官	8	33	印綬	39	34	偏印	9	35	印綬	40	36	正官	10	37	劫財
11	37	26	傷官	8	27	印綬	36	28	正官	7	29	正財	37	30	偏印	8	31	正官	38	32	偏官	9	33	偏官	40	34	印綬	10	35	偏印	41	36	偏財	11	37	偏印
12	38	26	食神	9	27	偏財	37	28	偏財	8	29	偏財	38	30	印綬	9	31	偏財	39	32	正財	10	33	正官	41	34	偏官	11	35	正官	42	36	正財	12	37	印綬
13	39	26	劫財	10	27	正財	38	28	正財	9	29	傷官	39	30	偏官	10	31	正財	40	32	偏財	11	33	偏財	42	34	正官	12	35	偏官	43	36	食神	13	37	偏官
14	40	26	比肩	11	27	食神	39	28	食神	10	29	食神	40	30	印綬	11	31	食神	41	32	傷官	12	33	正財	43	34	偏財	13	35	正財	44	36	傷官	14	37	正官
15	41	26	正官	12	27	傷官	40	28	傷官	11	29	印綬	41	30	偏官	12	31	傷官	42	32	食神	13	33	食神	44	34	正財	14	35	偏財	45	36	偏官	15	37	偏財
16	42	26	偏官	13	27	比肩	41	28	比肩	12	29	偏印	42	30	正官	13	31	比肩	43	32	劫財	14	33	正官	45	34	食神	15	35	傷官	46	36	正官	16	37	正財
17	43	26	正財	14	27	劫財	42	28	比肩	13	29	正官	43	30	偏財	14	31	食神	44	32	偏印	15	33	偏財	46	34	傷官	16	35	食神	47	36	偏財	17	37	食神
18	44	26	食神	15	27	偏印	43	28	印綬	14	29	傷官	44	30	正財	15	31	劫財	45	32	正官	16	33	正財	47	34	比肩	17	35	正官	48	36	正財	18	37	食神
19	45	26	劫財	16	27	正官	44	28	偏印	15	29	比肩	45	30	食神	16	31	比肩	46	32	偏官	17	33	食神	48	34	比肩	18	35	偏官	49	36	食神	19	37	劫財
20	46	26	比肩	17	27	偏財	45	28	正官	16	29	劫財	46	30	傷官	17	31	印綬	47	32	印綬	18	33	傷官	49	34	印綬	19	35	正財	50	36	傷官	20	37	比肩
21	47	26	印綬	18	27	正財	46	28	偏官	17	29	偏印	47	30	偏官	18	31	偏印	48	32	偏印	19	33	比肩	50	34	偏印	20	35	正官	51	36	比肩	21	37	印綬
22	48	26	偏印	19	27	食神	47	28	正財	18	29	印綬	48	30	正官	19	31	正官	49	32	正官	20	33	劫財	51	34	正官	21	35	偏財	52	36	印綬	22	37	偏印
23	49	26	正官	20	27	傷官	48	28	偏財	19	29	偏官	49	30	偏財	20	31	偏官	50	32	偏官	21	33	偏官	52	34	偏官	22	35	正財	53	36	偏官	23	37	正官
24	50	26	偏官	21	27	比肩	49	28	傷官	20	29	正官	50	30	正財	21	31	正財	51	32	正財	22	33	正官	53	34	正財	23	35	食神	54	36	正官	24	37	偏官
25	51	26	正財	22	27	劫財	50	28	食神	21	29	偏財	51	30	食神	22	31	偏財	52	32	偏財	23	33	偏財	54	34	偏財	24	35	傷官	55	36	偏財	25	37	正財
26	52	26	偏財	23	27	偏印	51	28	劫財	22	29	正財	52	30	傷官	23	31	傷官	53	32	傷官	24	33	正財	55	34	傷官	25	35	比肩	56	36	正財	26	37	偏財
27	53	26	傷官	24	27	印綬	52	28	比肩	23	29	食神	53	30	比肩	24	31	比肩	54	32	食神	25	33	食神	56	34	食神	26	35	劫財	57	36	食神	27	37	傷官
28	54	26	食神	25	27	偏官	53	28	印綬	24	29	傷官	54	30	劫財	25	31	印綬	55	32	劫財	26	33	傷官	57	34	劫財	27	35	偏印	58	36	傷官	28	37	食神
29	55	26	劫財				54	28	偏印	25	29	比肩	55	30	偏印	26	31	偏印	56	32	比肩	27	33	比肩	58	34	比肩	28	35	印綬	59	36	比肩	29	37	劫財
30	56	26	比肩				55	28	正官	26	29	劫財	56	30	印綬	27	31	正官	57	32	印綬	28	33	劫財	59	34	印綬	29	35	偏官	60	36	劫財	30	37	比肩
31	57	26	印綬				56	28	偏官				57	30	偏官				58	32	偏印	29	33	偏印				30	35	正官				31	37	印綬

2007年生まれ 年干:24 2007/2/4-2008/2/3

日	1月			2月			3月			4月			5月			6月			7月			8月			9月			10月			11月			12月		
	日干	月干	中心星	日干	月干	中心星	日干	月干	中心星	日干	月干	中心星	日干	月干	中心星	日干	月干	中心星	日干	月干	中心星	日干	月干	中心星	日干	月干	中心星	日干	月干	中心星	日干	月干	中心星	日干	月干	中心星
1	32	37	偏印	3	38	傷官	31	39	比肩	2	40	比肩	32	41	正財	3	42	比肩	33	43	劫財	4	44	食神	35	45	食神	5	46	傷官	36	47	劫財	6	48	正財
2	33	37	正官	4	38	食神	32	39	劫財	3	40	印綬	33	41	食神	4	42	劫財	34	43	比肩	5	44	劫財	36	45	傷官	6	46	食神	37	47	偏印	7	48	食神
3	34	37	偏官	5	38	劫財	33	39	偏印	4	40	偏印	34	41	傷官	5	42	偏印	35	43	印綬	6	44	比肩	37	45	比肩	7	46	劫財	38	47	印綬	8	48	傷官
4	35	37	正財	6	39	劫財	34	39	印綬	5	40	正官	35	41	比肩	6	42	印綬	36	43	偏印	7	44	印綬	38	45	劫財	8	46	比肩	39	47	偏官	9	48	比肩
5	36	37	偏財	7	39	偏印	35	39	偏官	6	41	偏官	36	41	劫財	7	42	偏官	37	43	正官	8	44	偏印	39	45	偏印	9	46	印綬	40	47	正官	10	48	劫財
6	37	38	傷官	8	39	印綬	36	40	正官	7	41	正財	37	42	偏印	8	43	正官	38	43	偏官	9	44	正官	40	45	印綬	10	46	偏印	41	47	偏財	11	48	偏印
7	38	38	食神	9	39	偏官	37	40	偏財	8	41	偏財	38	42	印綬	9	43	偏財	39	44	正財	10	44	偏官	41	45	偏官	11	46	正官	42	47	正財	12	49	印綬
8	39	38	劫財	10	39	正官	38	40	正財	9	41	傷官	39	42	偏官	10	43	正財	40	44	偏財	11	45	偏財	42	46	正官	12	46	偏官	43	48	食神	13	49	偏官
9	40	38	比肩	11	39	偏財	39	40	食神	10	41	食神	40	42	正官	11	43	食神	41	44	傷官	12	45	正財	43	46	偏財	13	47	正財	44	48	傷官	14	49	正官
10	41	38	印綬	12	39	正財	40	40	傷官	11	41	劫財	41	42	偏財	12	43	傷官	42	44	食神	13	45	食神	44	46	正財	14	47	偏財	45	48	比肩	15	49	偏財
11	42	38	偏印	13	39	食神	41	40	比肩	12	41	比肩	42	42	正財	13	43	比肩	43	44	劫財	14	45	傷官	45	46	食神	15	47	傷官	46	48	劫財	16	49	正財
12	43	38	正官	14	39	劫財	42	40	劫財	13	41	印綬	43	42	食神	14	43	劫財	44	44	比肩	15	45	比肩	46	46	傷官	16	47	食神	47	48	偏印	17	49	食神
13	44	38	偏官	15	39	偏印	43	40	偏印	14	41	偏印	44	42	傷官	15	43	偏印	45	44	印綬	16	45	劫財	47	46	比肩	17	47	劫財	48	48	印綬	18	49	傷官
14	45	38	正財	16	39	印綬	44	40	印綬	15	41	正官	45	42	食神	16	43	印綬	46	44	偏印	17	45	偏印	48	46	劫財	18	47	比肩	49	48	偏官	19	49	比肩
15	46	38	偏財	17	39	偏官	45	40	偏官	16	41	偏財	46	42	傷官	17	43	偏官	47	44	正官	18	45	印綬	49	46	偏印	19	47	印綬	50	48	正官	20	49	劫財
16	47	38	劫財	18	39	正官	46	40	正官	17	41	傷官	47	42	比肩	18	43	正官	48	44	偏官	19	45	比肩	50	46	印綬	20	47	偏印	51	48	比肩	21	49	偏印
17	48	38	比肩	19	39	偏財	47	40	正財	18	41	食神	48	42	劫財	19	43	正官	49	44	傷官	20	45	劫財	51	46	偏官	21	47	正官	52	48	劫財	22	49	印綬
18	49	38	印綬	20	39	正財	48	40	偏財	19	41	偏官	49	42	偏印	20	43	偏官	50	44	食神	21	45	偏印	52	46	正官	22	47	偏官	53	48	偏印	23	49	正官
19	50	38	偏官	21	39	比肩	49	40	傷官	20	41	正官	50	42	印綬	21	43	正財	51	44	劫財	22	45	印綬	53	46	正財	23	47	劫財	54	48	印綬	24	49	偏官
20	51	38	正財	22	39	劫財	50	40	食神	21	41	偏財	51	42	偏官	22	43	偏財	52	44	偏財	23	45	偏官	54	46	偏財	24	47	比肩	55	48	偏官	25	49	正財
21	52	38	偏財	23	39	偏印	51	40	劫財	22	41	正財	52	42	傷官	23	43	傷官	53	44	傷官	24	45	正官	55	46	傷官	25	47	印綬	56	48	正官	26	49	偏財
22	53	38	傷官	24	39	印綬	52	40	比肩	23	41	食神	53	42	比肩	24	43	食神	54	44	食神	25	45	偏財	56	46	食神	26	47	劫財	57	48	偏財	27	49	傷官
23	54	38	食神	25	39	偏官	53	40	印綬	24	41	傷官	54	42	劫財	25	43	劫財	55	44	劫財	26	45	傷官	57	46	劫財	27	47	偏印	58	48	傷官	28	49	食神
24	55	38	劫財	26	39	正官	54	40	偏印	25	41	比肩	55	42	偏印	26	43	比肩	56	44	比肩	27	45	比肩	58	46	比肩	28	47	印綬	59	48	比肩	29	49	劫財
25	56	38	比肩	27	39	偏財	55	40	正官	26	41	劫財	56	42	印綬	27	43	印綬	57	44	印綬	28	45	劫財	59	46	印綬	29	47	偏官	60	48	劫財	30	49	比肩
26	57	38	印綬	28	39	正財	56	40	偏官	27	41	偏印	57	42	偏官	28	43	偏印	58	44	偏印	29	45	偏印	60	46	偏印	30	47	正官	1	48	偏印	31	49	印綬
27	58	38	偏印	29	39	食神	57	40	正財	28	41	印綬	58	42	正官	29	43	正財	59	44	正官	30	45	印綬	1	46	正官	31	47	偏財	2	48	印綬	32	49	偏印
28	59	38	正官	30	39	傷官	58	40	偏財	29	41	偏官	59	42	偏財	30	43	偏財	60	44	偏官	31	45	偏官	2	46	偏官	32	47	正財	3	48	偏官	33	49	正官
29	60	38	偏官				59	40	傷官	30	41	正官	60	42	正財	31	43	傷官	1	44	正財	32	45	正官	3	46	正財	33	47	食神	4	48	正官	34	49	偏官
30	1	38	正財				60	40	食神	31	41	偏財	1	42	食神	32	43	食神	2	44	偏財	33	45	偏財	4	46	偏財	34	47	傷官	5	48	偏財	35	49	正財
31	2	38	偏財				1	40	劫財				2	42	傷官				3	44	傷官	34	45	正財				35	47	比肩				36	49	偏財

2008年生まれ 年干：25 2008/2/4-2009/2/3

	1月			2月			3月			4月			5月			6月			7月			8月			9月			10月			11月			12月		
日	日干	月干	中心星	日干	月干	中心星	日干	月干	中心星	日干	月干	中心星	日干	月干	中心星	日干	月干	中心星	日干	月干	中心星	日干	月干	中心星	日干	月干	中心星	日干	月干	中心星	日干	月干	中心星	日干	月干	中心星
1	37	49	傷官	8	50	偏印	37	51	偏財	8	52	偏財	38	53	印綬	9	54	偏財	39	55	正財	10	56	偏官	41	57	偏官	11	58	正官	42	59	正財	12	60	印綬
2	38	49	食神	9	50	正官	38	51	正財	9	52	傷官	39	53	偏官	10	54	正財	40	55	偏財	11	56	正財	42	57	正官	12	58	偏官	43	59	食神	13	60	偏官
3	39	49	劫財	10	50	偏官	39	51	食神	10	52	食神	40	53	正官	11	54	食神	41	55	傷官	12	56	偏財	43	57	偏財	13	58	正財	44	59	傷官	14	60	正官
4	40	49	比肩	11	51	偏財	40	51	傷官	11	53	劫財	41	53	偏財	12	54	傷官	42	55	食神	13	56	傷官	44	57	正財	14	58	偏財	45	59	比肩	15	60	偏財
5	41	49	印綬	12	51	正財	41	52	比肩	12	53	比肩	42	54	正財	13	55	比肩	43	55	劫財	14	56	食神	45	57	食神	15	58	傷官	46	59	劫財	16	60	正財
6	42	50	偏印	13	51	食神	42	52	劫財	13	53	印綬	43	54	食神	14	55	劫財	44	55	比肩	15	56	劫財	46	57	傷官	16	58	食神	47	59	偏印	17	60	食神
7	43	50	正官	14	51	傷官	43	52	偏印	14	53	偏印	44	54	傷官	15	55	偏印	45	56	印綬	16	57	劫財	47	58	比肩	17	58	劫財	48	60	印綬	18	1	傷官
8	44	50	偏官	15	51	比肩	44	52	印綬	15	53	正官	45	54	比肩	16	55	印綬	46	56	偏印	17	57	偏印	48	58	劫財	18	59	比肩	49	60	偏官	19	1	比肩
9	45	50	正財	16	51	劫財	45	52	偏官	16	53	偏官	46	54	劫財	17	55	偏官	47	56	正官	18	57	印綬	49	58	偏印	19	59	印綬	50	60	正官	20	1	劫財
10	46	50	偏財	17	51	偏印	46	52	正官	17	53	正財	47	54	偏印	18	55	正官	48	56	偏官	19	57	偏官	50	58	印綬	20	59	偏印	51	60	偏財	21	1	偏印
11	47	50	傷官	18	51	印綬	47	52	偏財	18	53	偏財	48	54	印綬	19	55	偏財	49	56	正財	20	57	正官	51	58	偏官	21	59	正官	52	60	正財	22	1	印綬
12	48	50	食神	19	51	偏財	48	52	正財	19	53	傷官	49	54	偏官	20	55	正財	50	56	偏財	21	57	偏財	52	58	正官	22	59	偏官	53	60	食神	23	1	偏官
13	49	50	劫財	20	51	正財	49	52	食神	20	53	食神	50	54	印綬	21	55	食神	51	56	傷官	22	57	正財	53	58	偏財	23	59	正財	54	60	傷官	24	1	正官
14	50	50	比肩	21	51	食神	50	52	傷官	21	53	印綬	51	54	偏官	22	55	傷官	52	56	食神	23	57	食神	54	58	正財	24	59	偏財	55	60	比肩	25	1	偏財
15	51	50	印綬	22	51	傷官	51	52	比肩	22	53	偏印	52	54	正官	23	55	比肩	53	56	劫財	24	57	正官	55	58	食神	25	59	傷官	56	60	正官	26	1	正財
16	52	50	偏官	23	51	比肩	52	52	比肩	23	53	正官	53	54	偏財	24	55	食神	54	56	比肩	25	57	偏財	56	58	傷官	26	59	食神	57	60	偏財	27	1	食神
17	53	50	正財	24	51	劫財	53	52	印綬	24	53	傷官	54	54	正財	25	55	劫財	55	56	正官	26	57	正財	57	58	比肩	27	59	劫財	58	60	正財	28	1	傷官
18	54	50	偏財	25	51	偏印	54	52	偏印	25	53	比肩	55	54	食神	26	55	比肩	56	56	偏官	27	57	食神	58	58	比肩	28	59	偏官	59	60	食神	29	1	劫財
19	55	50	劫財	26	51	正官	55	52	正官	26	53	劫財	56	54	傷官	27	55	印綬	57	56	正財	28	57	傷官	59	58	印綬	29	59	正財	60	60	傷官	30	1	比肩
20	56	50	比肩	27	51	偏財	56	52	偏官	27	53	偏印	57	54	偏官	28	55	偏印	58	56	偏印	29	57	比肩	60	58	偏印	30	59	偏財	1	60	比肩	31	1	印綬
21	57	50	印綬	28	51	正財	57	52	正財	28	53	印綬	58	54	正官	29	55	正官	59	56	正官	30	57	劫財	1	58	正官	31	59	偏財	2	60	劫財	32	1	偏印
22	58	50	偏印	29	51	食神	58	52	偏財	29	53	偏官	59	54	偏財	30	55	偏官	60	56	偏官	31	57	偏官	2	58	偏官	32	59	正財	3	60	偏官	33	1	正官
23	59	50	正官	30	51	傷官	59	52	傷官	30	53	正官	60	54	正財	31	55	正財	1	56	正財	32	57	正官	3	58	正財	33	59	食神	4	60	正官	34	1	偏官
24	60	50	偏官	31	51	比肩	60	52	食神	31	53	偏財	1	54	食神	32	55	偏財	2	56	偏財	33	57	偏財	4	58	偏財	34	59	傷官	5	60	偏財	35	1	正財
25	1	50	正財	32	51	劫財	1	52	劫財	32	53	正財	2	54	傷官	33	55	傷官	3	56	傷官	34	57	正財	5	58	傷官	35	59	比肩	6	60	正財	36	1	偏財
26	2	50	偏財	33	51	偏印	2	52	比肩	33	53	食神	3	54	比肩	34	55	比肩	4	56	食神	35	57	食神	6	58	食神	36	59	劫財	7	60	食神	37	1	傷官
27	3	50	傷官	34	51	印綬	3	52	印綬	34	53	傷官	4	54	劫財	35	55	印綬	5	56	劫財	36	57	傷官	7	58	劫財	37	59	偏印	8	60	傷官	38	1	食神
28	4	50	食神	35	51	偏官	4	52	偏印	35	53	比肩	5	54	偏印	36	55	偏印	6	56	比肩	37	57	比肩	8	58	比肩	38	59	印綬	9	60	比肩	39	1	劫財
29	5	50	劫財	36	51	正官	5	52	正官	36	53	劫財	6	54	印綬	37	55	正官	7	56	印綬	38	57	劫財	9	58	印綬	39	59	偏官	10	60	劫財	40	1	比肩
30	6	50	比肩				6	52	偏官	37	53	偏印	7	54	偏官	38	55	偏官	8	56	偏印	39	57	偏印	10	58	偏印	40	59	正官	11	60	偏印	41	1	印綬
31	7	50	印綬				7	52	正財				8	54	正官				9	56	正官	40	57	印綬				41	59	偏財				42	1	偏印

2009年生まれ 年干：26 2009/2/4-2010/2/3

	1月			2月			3月			4月			5月			6月			7月			8月			9月			10月			11月			12月		
日	日干	月干	中心星	日干	月干	中心星	日干	月干	中心星	日干	月干	中心星	日干	月干	中心星	日干	月干	中心星	日干	月干	中心星	日干	月干	中心星	日干	月干	中心星	日干	月干	中心星	日干	月干	中心星	日干	月干	中心星
1	43	1	正官	14	2	食神	42	3	劫財	13	4	印綬	43	5	食神	14	6	劫財	44	7	比肩	15	8	劫財	46	9	傷官	16	10	食神	47	11	偏印	17	12	食神
2	44	1	偏官	15	2	劫財	43	3	偏印	14	4	偏印	44	5	傷官	15	6	偏印	45	7	印綬	16	8	比肩	47	9	比肩	17	10	劫財	48	11	印綬	18	12	傷官
3	45	1	正財	16	2	比肩	44	3	印綬	15	4	正官	45	5	比肩	16	6	印綬	46	7	偏印	17	8	印綬	48	9	劫財	18	10	比肩	49	11	偏官	19	12	比肩
4	46	1	偏財	17	3	偏印	45	3	偏官	16	4	偏官	46	5	劫財	17	6	偏官	47	7	正官	18	8	偏印	49	9	偏印	19	10	印綬	50	11	正官	20	12	劫財
5	47	2	傷官	18	3	印綬	46	4	正官	17	5	正財	47	6	偏印	18	7	正官	48	7	偏官	19	8	正官	50	9	印綬	20	10	偏印	51	11	偏財	21	12	偏印
6	48	2	食神	19	3	偏官	47	4	偏財	18	5	偏財	48	6	印綬	19	7	偏財	49	7	正財	20	8	偏官	51	9	偏官	21	10	正官	52	11	正財	22	12	印綬
7	49	2	劫財	20	3	正官	48	4	正財	19	5	傷官	49	6	偏官	20	7	正財	50	8	偏財	21	9	偏財	52	10	正官	22	10	偏官	53	12	食神	23	13	偏官
8	50	2	比肩	21	3	偏財	49	4	食神	20	5	食神	50	6	正官	21	7	食神	51	8	傷官	22	9	正財	53	10	偏財	23	11	正財	54	12	傷官	24	13	正官
9	51	2	印綬	22	3	正財	50	4	傷官	21	5	劫財	51	6	偏財	22	7	傷官	52	8	食神	23	9	食神	54	10	正財	24	11	偏財	55	12	比肩	25	13	偏財
10	52	2	偏印	23	3	食神	51	4	比肩	22	5	比肩	52	6	正財	23	7	比肩	53	8	劫財	24	9	傷官	55	10	食神	25	11	傷官	56	12	劫財	26	13	正財
11	53	2	正官	24	3	傷官	52	4	劫財	23	5	印綬	53	6	食神	24	7	劫財	54	8	比肩	25	9	比肩	56	10	傷官	26	11	食神	57	12	偏印	27	13	食神
12	54	2	偏官	25	3	偏印	53	4	偏印	24	5	偏印	54	6	傷官	25	7	偏印	55	8	印綬	26	9	劫財	57	10	比肩	27	11	劫財	58	12	印綬	28	13	傷官
13	55	2	正財	26	3	印綬	54	4	印綬	25	5	正官	55	6	食神	26	7	印綬	56	8	偏印	27	9	偏印	58	10	劫財	28	11	比肩	59	12	偏官	29	13	比肩
14	56	2	偏財	27	3	偏官	55	4	偏官	26	5	偏官	56	6	傷官	27	7	偏官	57	8	正官	28	9	印綬	59	10	偏印	29	11	印綬	60	12	正官	30	13	劫財
15	57	2	劫財	28	3	正官	56	4	正官	27	5	傷官	57	6	比肩	28	7	正官	58	8	偏官	29	9	比肩	60	10	印綬	30	11	偏印	1	12	比肩	31	13	偏印
16	58	2	比肩	29	3	偏財	57	4	正財	28	5	食神	58	6	劫財	29	7	正官	59	8	正財	30	9	劫財	1	10	偏官	31	11	正官	2	12	劫財	32	13	印綬
17	59	2	印綬	30	3	正財	58	4	偏財	29	5	劫財	59	6	偏印	30	7	偏官	60	8	食神	31	9	偏印	2	10	正官	32	11	偏官	3	12	偏印	33	13	偏官
18	60	2	偏官	31	3	食神	59	4	傷官	30	5	正官	60	6	印綬	31	7	正財	1	8	劫財	32	9	印綬	3	10	正財	33	11	劫財	4	12	印綬	34	13	偏官
19	1	2	正財	32	3	劫財	60	4	食神	31	5	偏財	1	6	偏官	32	7	偏財	2	8	比肩	33	9	偏官	4	10	偏財	34	11	比肩	5	12	偏官	35	13	正財
20	2	2	偏財	33	3	偏印	1	4	劫財	32	5	正財	2	6	傷官	33	7	傷官	3	8	傷官	34	9	正官	5	10	傷官	35	11	印綬	6	12	正官	36	13	偏財
21	3	2	傷官	34	3	印綬	2	4	比肩	33	5	食神	3	6	比肩	34	7	食神	4	8	食神	35	9	偏財	6	10	食神	36	11	劫財	7	12	偏財	37	13	傷官
22	4	2	食神	35	3	偏官	3	4	印綬	34	5	傷官	4	6	劫財	35	7	劫財	5	8	劫財	36	9	傷官	7	10	劫財	37	11	偏印	8	12	傷官	38	13	食神
23	5	2	劫財	36	3	正官	4	4	偏印	35	5	比肩	5	6	偏印	36	7	比肩	6	8	比肩	37	9	比肩	8	10	比肩	38	11	印綬	9	12	比肩	39	13	劫財
24	6	2	比肩	37	3	偏財	5	4	正官	36	5	劫財	6	6	印綬	37	7	印綬	7	8	印綬	38	9	劫財	9	10	印綬	39	11	偏官	10	12	劫財	40	13	比肩
25	7	2	印綬	38	3	正財	6	4	偏官	37	5	偏印	7	6	偏官	38	7	偏印	8	8	偏印	39	9	偏印	10	10	偏印	40	11	正官	11	12	偏印	41	13	印綬
26	8	2	偏印	39	3	食神	7	4	正財	38	5	印綬	8	6	正官	39	7	正財	9	8	正官	40	9	印綬	11	10	正官	41	11	偏財	12	12	印綬	42	13	偏印
27	9	2	正官	40	3	傷官	8	4	偏財	39	5	偏官	9	6	偏財	40	7	偏財	10	8	偏官	41	9	偏官	12	10	偏官	42	11	正財	13	12	偏官	43	13	正官
28	10	2	偏官	41	3	比肩	9	4	傷官	40	5	正官	10	6	正財	41	7	傷官	11	8	正財	42	9	正官	13	10	正財	43	11	食神	14	12	正官	44	13	偏官
29	11	2	正財				10	4	食神	41	5	偏財	11	6	食神	42	7	食神	12	8	偏財	43	9	偏財	14	10	偏財	44	11	傷官	15	12	偏財	45	13	正財
30	12	2	偏財				11	4	劫財	42	5	正財	12	6	傷官	43	7	劫財	13	8	傷官	44	9	正財	15	10	傷官	45	11	比肩	16	12	正財	46	13	偏財
31	13	2	傷官				12	4	比肩				13	6	比肩				14	8	食神	45	9	食神				46	11	劫財				47	13	傷官

2010年生まれ 年干:27 2010/2/4-2011/2/3

	1月			2月			3月			4月			5月			6月			7月			8月			9月			10月			11月			12月		
日	日干	月干	中心星	日干	月干	中心星	日干	月干	中心星	日干	月干	中心星	日干	月干	中心星	日干	月干	中心星	日干	月干	中心星	日干	月干	中心星	日干	月干	中心星	日干	月干	中心星	日干	月干	中心星	日干	月干	中心星
1	48	13	食神	19	14	正官	47	15	偏財	18	16	偏財	48	17	印綬	19	18	偏財	49	19	正財	20	20	傷官	51	21	傷官	21	22	正官	52	23	正財	22	24	印綬
2	49	13	劫財	20	14	偏官	48	15	正財	19	16	傷官	49	17	偏官	20	18	正財	50	19	偏財	21	20	正財	52	21	正官	22	22	偏官	53	23	食神	23	24	偏官
3	50	13	比肩	21	14	正財	49	15	食神	20	16	食神	50	17	正官	21	18	食神	51	19	傷官	22	20	偏財	53	21	偏財	23	22	正財	54	23	傷官	24	24	正官
4	51	13	印綬	22	15	正財	50	15	傷官	21	16	劫財	51	17	偏財	22	18	傷官	52	19	食神	23	20	傷官	54	21	正財	24	22	偏財	55	23	比肩	25	24	偏財
5	52	14	偏印	23	15	食神	51	15	比肩	22	17	比肩	52	18	正財	23	18	比肩	53	19	劫財	24	20	食神	55	21	食神	25	22	傷官	56	23	劫財	26	24	正財
6	53	14	正官	24	15	傷官	52	16	劫財	23	17	印綬	53	18	食神	24	19	劫財	54	19	比肩	25	20	劫財	56	21	傷官	26	22	食神	57	23	偏印	27	24	食神
7	54	14	偏官	25	15	比肩	53	16	偏印	24	17	偏印	54	18	傷官	25	19	偏印	55	20	印綬	26	21	劫財	57	21	比肩	27	22	劫財	58	24	印綬	28	25	傷官
8	55	14	正財	26	15	劫財	54	16	印綬	25	17	正官	55	18	比肩	26	19	印綬	56	20	偏印	27	21	偏印	58	22	劫財	28	23	比肩	59	24	偏官	29	25	比肩
9	56	14	偏財	27	15	偏印	55	16	偏官	26	17	偏官	56	18	劫財	27	19	偏官	57	20	正官	28	21	印綬	59	22	偏印	29	23	印綬	60	24	正官	30	25	劫財
10	57	14	傷官	28	15	印綬	56	16	正官	27	17	正財	57	18	偏印	28	19	正官	58	20	偏官	29	21	偏官	60	22	印綬	30	23	偏印	1	24	偏財	31	25	偏印
11	58	14	食神	29	15	偏官	57	16	偏財	28	17	偏財	58	18	印綬	29	19	偏財	59	20	正財	30	21	正官	1	22	偏官	31	23	正官	2	24	正財	32	25	印綬
12	59	14	劫財	30	15	正財	58	16	正財	29	17	傷官	59	18	偏官	30	19	正財	60	20	偏財	31	21	偏財	2	22	正官	32	23	偏官	3	24	食神	33	25	偏官
13	60	14	比肩	31	15	食神	59	16	食神	30	17	食神	60	18	印綬	31	19	食神	1	20	傷官	32	21	正財	3	22	偏財	33	23	正財	4	24	傷官	34	25	正官
14	1	14	印綬	32	15	傷官	60	16	傷官	31	17	劫財	1	18	偏官	32	19	傷官	2	20	食神	33	21	食神	4	22	正財	34	23	偏財	5	24	比肩	35	25	偏財
15	2	14	偏官	33	15	比肩	1	16	比肩	32	17	偏印	2	18	正官	33	19	比肩	3	20	劫財	34	21	正官	5	22	食神	35	23	傷官	6	24	正官	36	25	正財
16	3	14	正財	34	15	劫財	2	16	劫財	33	17	正官	3	18	偏財	34	19	劫財	4	20	比肩	35	21	偏財	6	22	傷官	36	23	食神	7	24	偏財	37	25	食神
17	4	14	偏財	35	15	偏印	3	16	印綬	34	17	偏官	4	18	正財	35	19	劫財	5	20	正官	36	21	正財	7	22	比肩	37	23	劫財	8	24	正財	38	25	傷官
18	5	14	劫財	36	15	印綬	4	16	偏印	35	17	比肩	5	18	食神	36	19	比肩	6	20	偏官	37	21	食神	8	22	劫財	38	23	傷官	9	24	食神	39	25	劫財
19	6	14	比肩	37	15	偏財	5	16	正官	36	17	劫財	6	18	傷官	37	19	印綬	7	20	正財	38	21	傷官	9	22	印綬	39	23	正財	10	24	傷官	40	25	比肩
20	7	14	印綬	38	15	正財	6	16	偏官	37	17	偏印	7	18	偏官	38	19	偏印	8	20	偏印	39	21	比肩	10	22	偏印	40	23	偏財	11	24	比肩	41	25	印綬
21	8	14	偏印	39	15	食神	7	16	正財	38	17	印綬	8	18	正官	39	19	正官	9	20	正官	40	21	劫財	11	22	正官	41	23	偏財	12	24	劫財	42	25	偏印
22	9	14	正官	40	15	傷官	8	16	偏財	39	17	偏官	9	18	偏財	40	19	偏官	10	20	偏官	41	21	偏官	12	22	偏官	42	23	正財	13	24	偏官	43	25	正官
23	10	14	偏官	41	15	比肩	9	16	傷官	40	17	正官	10	18	正財	41	19	正財	11	20	正財	42	21	正官	13	22	正財	43	23	食神	14	24	正官	44	25	偏官
24	11	14	正財	42	15	劫財	10	16	食神	41	17	偏財	11	18	食神	42	19	偏財	12	20	偏財	43	21	偏財	14	22	偏財	44	23	傷官	15	24	偏財	45	25	正財
25	12	14	偏財	43	15	偏印	11	16	劫財	42	17	正財	12	18	傷官	43	19	傷官	13	20	傷官	44	21	正財	15	22	傷官	45	23	比肩	16	24	正財	46	25	偏財
26	13	14	傷官	44	15	印綬	12	16	比肩	43	17	食神	13	18	比肩	44	19	食神	14	20	食神	45	21	食神	16	22	食神	46	23	劫財	17	24	食神	47	25	傷官
27	14	14	食神	45	15	偏官	13	16	印綬	44	17	傷官	14	18	劫財	45	19	印綬	15	20	劫財	46	21	傷官	17	22	劫財	47	23	偏印	18	24	傷官	48	25	食神
28	15	14	劫財	46	15	正官	14	16	偏印	45	17	比肩	15	18	偏印	46	19	偏印	16	20	比肩	47	21	比肩	18	22	比肩	48	23	印綬	19	24	比肩	49	25	劫財
29	16	14	比肩				15	16	正官	46	17	劫財	16	18	印綬	47	19	正官	17	20	印綬	48	21	劫財	19	22	印綬	49	23	偏官	20	24	劫財	50	25	比肩
30	17	14	印綬				16	16	偏官	47	17	偏印	17	18	偏官	48	19	偏官	18	20	偏印	49	21	偏印	20	22	偏印	50	23	正官	21	24	偏印	51	25	印綬
31	18	14	偏印				17	16	正財				18	18	正官				19	20	正官	50	21	印綬				51	23	偏財				52	25	偏印

2011年生まれ 年干:28 2011/2/4-2012/2/3

	1月			2月			3月			4月			5月			6月			7月			8月			9月			10月			11月			12月		
日	日干	月干	中心星	日干	月干	中心星	日干	月干	中心星	日干	月干	中心星	日干	月干	中心星	日干	月干	中心星	日干	月干	中心星	日干	月干	中心星	日干	月干	中心星	日干	月干	中心星	日干	月干	中心星	日干	月干	中心星
1	53	25	正官	24	26	食神	52	27	劫財	23	28	印綬	53	29	食神	24	30	劫財	54	31	比肩	25	32	劫財	56	33	傷官	26	34	食神	57	35	偏印	27	36	食神
2	54	25	偏官	25	26	劫財	53	27	偏印	24	28	偏印	54	29	傷官	25	30	偏印	55	31	印綬	26	32	比肩	57	33	比肩	27	34	劫財	58	35	印綬	28	36	傷官
3	55	25	正財	26	26	比肩	54	27	印綬	25	28	正官	55	29	比肩	26	30	印綬	56	31	偏印	27	32	印綬	58	33	劫財	28	34	比肩	59	35	偏官	29	36	比肩
4	56	25	偏財	27	27	偏印	55	27	偏官	26	28	偏官	56	29	劫財	27	30	偏官	57	31	正官	28	32	偏印	59	33	偏印	29	34	印綬	60	35	正官	30	36	劫財
5	57	25	傷官	28	27	印綬	56	27	正官	27	29	正財	57	29	偏印	28	30	正官	58	31	偏官	29	32	正官	60	33	印綬	30	34	偏印	1	35	偏財	31	36	偏印
6	58	26	食神	29	27	偏官	57	28	偏財	28	29	偏財	58	30	印綬	29	31	偏財	59	31	正財	30	32	偏官	1	33	偏官	31	34	正官	2	35	正財	32	36	印綬
7	59	26	劫財	30	27	正官	58	28	正財	29	29	傷官	59	30	偏官	30	31	正財	60	32	偏財	31	32	正財	2	33	正官	32	34	偏官	3	35	食神	33	37	偏官
8	60	26	比肩	31	27	偏財	59	28	食神	30	29	食神	60	30	正官	31	31	食神	1	32	傷官	32	33	正財	3	34	偏財	33	34	正財	4	36	傷官	34	37	正官
9	1	26	印綬	32	27	正財	60	28	傷官	31	29	劫財	1	30	偏財	32	31	傷官	2	32	食神	33	33	食神	4	34	正財	34	35	偏財	5	36	比肩	35	37	偏財
10	2	26	偏印	33	27	食神	1	28	比肩	32	29	比肩	2	30	正財	33	31	比肩	3	32	劫財	34	33	傷官	5	34	食神	35	35	傷官	6	36	劫財	36	37	正財
11	3	26	正官	34	27	傷官	2	28	劫財	33	29	印綬	3	30	食神	34	31	劫財	4	32	比肩	35	33	比肩	6	34	傷官	36	35	食神	7	36	偏印	37	37	食神
12	4	26	偏官	35	27	偏印	3	28	偏印	34	29	偏印	4	30	傷官	35	31	偏印	5	32	印綬	36	33	劫財	7	34	比肩	37	35	劫財	8	36	印綬	38	37	傷官
13	5	26	正財	36	27	印綬	4	28	印綬	35	29	正官	5	30	比肩	36	31	印綬	6	32	偏印	37	33	偏印	8	34	劫財	38	35	比肩	9	36	偏官	39	37	比肩
14	6	26	偏財	37	27	偏官	5	28	偏官	36	29	偏官	6	30	劫財	37	31	偏官	7	32	正官	38	33	印綬	9	34	偏印	39	35	印綬	10	36	正官	40	37	劫財
15	7	26	傷官	38	27	正官	6	28	正官	37	29	傷官	7	30	比肩	38	31	正官	8	32	偏官	39	33	偏官	10	34	印綬	40	35	偏印	11	36	偏財	41	37	偏印
16	8	26	比肩	39	27	偏財	7	28	偏財	38	29	食神	8	30	劫財	39	31	偏財	9	32	正財	40	33	劫財	11	34	偏官	41	35	正官	12	36	劫財	42	37	印綬
17	9	26	印綬	40	27	正財	8	28	正財	39	29	劫財	9	30	偏印	40	31	偏官	10	32	食神	41	33	偏印	12	34	正官	42	35	偏官	13	36	偏印	43	37	偏官
18	10	26	偏印	41	27	食神	9	28	偏官	40	29	正官	10	30	印綬	41	31	正財	11	32	劫財	42	33	印綬	13	34	偏財	43	35	正財	14	36	印綬	44	37	偏官
19	11	26	正財	42	27	劫財	10	28	食神	41	29	偏財	11	30	偏官	42	31	偏財	12	32	比肩	43	33	偏官	14	34	偏財	44	35	比肩	15	36	偏官	45	37	正財
20	12	26	偏財	43	27	偏印	11	28	劫財	42	29	正財	12	30	正官	43	31	傷官	13	32	傷官	44	33	正官	15	34	傷官	45	35	印綬	16	36	正官	46	37	偏財
21	13	26	傷官	44	27	印綬	12	28	比肩	43	29	食神	13	30	比肩	44	31	食神	14	32	食神	45	33	偏財	16	34	食神	46	35	偏印	17	36	偏財	47	37	傷官
22	14	26	食神	45	27	偏官	13	28	印綬	44	29	傷官	14	30	劫財	45	31	劫財	15	32	劫財	46	33	正財	17	34	劫財	47	35	偏印	18	36	正財	48	37	食神
23	15	26	劫財	46	27	正官	14	28	偏印	45	29	比肩	15	30	偏印	46	31	比肩	16	32	比肩	47	33	比肩	18	34	比肩	48	35	印綬	19	36	比肩	49	37	劫財
24	16	26	比肩	47	27	偏財	15	28	正官	46	29	劫財	16	30	印綬	47	31	印綬	17	32	印綬	48	33	劫財	19	34	印綬	49	35	偏官	20	36	劫財	50	37	比肩
25	17	26	印綬	48	27	正財	16	28	偏官	47	29	偏印	17	30	偏官	48	31	偏印	18	32	偏印	49	33	偏印	20	34	偏印	50	35	正官	21	36	偏印	51	37	印綬
26	18	26	偏印	49	27	食神	17	28	正財	48	29	印綬	18	30	正官	49	31	正官	19	32	正官	50	33	印綬	21	34	正官	51	35	偏財	22	36	印綬	52	37	偏印
27	19	26	正官	50	27	傷官	18	28	偏財	49	29	偏官	19	30	偏財	50	31	偏財	20	32	偏官	51	33	偏官	22	34	偏官	52	35	正財	23	36	偏官	53	37	正官
28	20	26	偏官	51	27	比肩	19	28	偏官	50	29	正官	20	30	正財	51	31	偏官	21	32	正財	52	33	正官	23	34	正財	53	35	食神	24	36	正官	54	37	偏官
29	21	26	正財				20	28	食神	51	29	偏財	21	30	食神	52	31	食神	22	32	偏財	53	33	偏財	24	34	偏財	54	35	傷官	25	36	偏財	55	37	正財
30	22	26	偏財				21	28	劫財	52	29	正財	22	30	偏官	53	31	劫財	23	32	傷官	54	33	正財	25	34	偏官	55	35	比肩	26	36	正財	56	37	偏財
31	23	26	傷官				22	28	比肩				23	30	比肩				24	32	食神	55	33	食神				56	35	劫財				57	37	傷官

2012年生まれ 年干：29 2012/2/4-2013/2/3

	1月			2月			3月			4月			5月			6月			7月			8月			9月			10月			11月			12月		
日	日干	月干	中心星	日干	月干	中心星	日干	月干	中心星	日干	月干	中心星	日干	月干	中心星	日干	月干	中心星	日干	月干	中心星	日干	月干	中心星	日干	月干	中心星	日干	月干	中心星	日干	月干	中心星	日干	月干	中心星
1	58	37	食神	29	38	正官	58	39	正財	29	40	傷官	59	41	偏官	30	42	正財	60	43	偏財	31	44	正財	2	45	正官	32	46	偏官	3	47	食神	33	48	偏官
2	59	37	劫財	30	38	偏官	59	39	食神	30	40	食神	60	41	正官	31	42	食神	1	43	傷官	32	44	偏財	3	45	偏財	33	46	正財	4	47	傷官	34	48	正官
3	60	37	比肩	31	38	正財	60	39	傷官	31	40	劫財	1	41	偏財	32	42	傷官	2	43	食神	33	44	傷官	4	45	正財	34	46	偏財	5	47	比肩	35	48	偏財
4	1	37	印綬	32	39	正財	1	39	比肩	32	41	比肩	2	41	正財	33	42	比肩	3	43	劫財	34	44	食神	5	45	食神	35	46	傷官	6	47	劫財	36	48	正財
5	2	37	偏印	33	39	食神	2	40	劫財	33	41	印綬	3	42	食神	34	43	劫財	4	43	比肩	35	44	劫財	6	45	傷官	36	46	食神	7	47	偏印	37	48	食神
6	3	38	正官	34	39	傷官	3	40	偏印	34	41	偏印	4	42	傷官	35	43	偏印	5	43	印綬	36	44	比肩	7	45	比肩	37	46	劫財	8	47	印綬	38	48	傷官
7	4	38	偏官	35	39	比肩	4	40	印綬	35	41	正官	5	42	比肩	36	43	印綬	6	44	偏印	37	45	偏印	8	46	劫財	38	46	比肩	9	48	偏官	39	49	比肩
8	5	38	正財	36	39	劫財	5	40	偏官	36	41	偏官	6	42	劫財	37	43	偏官	7	44	正官	38	45	印綬	9	46	偏印	39	47	印綬	10	48	正官	40	49	劫財
9	6	38	偏財	37	39	偏印	6	40	正官	37	41	正財	7	42	偏印	38	43	正官	8	44	偏官	39	45	偏官	10	46	印綬	40	47	偏印	11	48	偏財	41	49	偏印
10	7	38	傷官	38	39	印綬	7	40	偏財	38	41	偏財	8	42	印綬	39	43	偏財	9	44	正財	40	45	正官	11	46	偏官	41	47	正官	12	48	正財	42	49	印綬
11	8	38	食神	39	39	偏官	8	40	正財	39	41	傷官	9	42	偏官	40	43	正財	10	44	偏財	41	45	偏財	12	46	正官	42	47	偏官	13	48	食神	43	49	偏官
12	9	38	劫財	40	39	正財	9	40	食神	40	41	食神	10	42	正官	41	43	食神	11	44	傷官	42	45	正財	13	46	偏財	43	47	正財	14	48	傷官	44	49	正官
13	10	38	比肩	41	39	食神	10	40	傷官	41	41	劫財	11	42	偏官	42	43	傷官	12	44	食神	43	45	食神	14	46	正財	44	47	偏財	15	48	比肩	45	49	偏財
14	11	38	印綬	42	39	傷官	11	40	比肩	42	41	偏印	12	42	正官	43	43	比肩	13	44	劫財	44	45	傷官	15	46	食神	45	47	傷官	16	48	劫財	46	49	正財
15	12	38	偏印	43	39	比肩	12	40	劫財	43	41	正官	13	42	偏財	44	43	劫財	14	44	比肩	45	45	偏財	16	46	傷官	46	47	食神	17	48	偏財	47	49	食神
16	13	38	正財	44	39	劫財	13	40	印綬	44	41	偏官	14	42	正財	45	43	劫財	15	44	印綬	46	45	正財	17	46	比肩	47	47	劫財	18	48	正財	48	49	傷官
17	14	38	偏財	45	39	偏印	14	40	偏印	45	41	比肩	15	42	食神	46	43	比肩	16	44	偏官	47	45	食神	18	46	劫財	48	47	比肩	19	48	食神	49	49	比肩
18	15	38	傷官	46	39	印綬	15	40	正官	46	41	劫財	16	42	傷官	47	43	印綬	17	44	正財	48	45	傷官	19	46	印綬	49	47	正財	20	48	傷官	50	49	比肩
19	16	38	比肩	47	39	偏財	16	40	偏官	47	41	偏印	17	42	比肩	48	43	偏印	18	44	偏財	49	45	比肩	20	46	偏印	50	47	偏財	21	48	比肩	51	49	印綬
20	17	38	印綬	48	39	正財	17	40	正財	48	41	印綬	18	42	正官	49	43	正官	19	44	正官	50	45	劫財	21	46	正官	51	47	傷官	22	48	劫財	52	49	偏印
21	18	38	偏印	49	39	食神	18	40	偏財	49	41	偏官	19	42	偏財	50	43	偏官	20	44	偏官	51	45	偏印	22	46	偏官	52	47	正財	23	48	偏印	53	49	正官
22	19	38	正官	50	39	傷官	19	40	傷官	50	41	正官	20	42	正財	51	43	正財	21	44	正財	52	45	正官	23	46	正財	53	47	食神	24	48	正官	54	49	偏官
23	20	38	偏官	51	39	比肩	20	40	食神	51	41	偏財	21	42	食神	52	43	偏財	22	44	偏財	53	45	偏財	24	46	偏財	54	47	傷官	25	48	偏財	55	49	正財
24	21	38	正財	52	39	劫財	21	40	劫財	52	41	正財	22	42	傷官	53	43	傷官	23	44	傷官	54	45	正財	25	46	傷官	55	47	比肩	26	48	正財	56	49	偏財
25	22	38	偏財	53	39	偏印	22	40	比肩	53	41	食神	23	42	比肩	54	43	食神	24	44	食神	55	45	食神	26	46	食神	56	47	劫財	27	48	食神	57	49	傷官
26	23	38	傷官	54	39	印綬	23	40	印綬	54	41	傷官	24	42	劫財	55	43	印綬	25	44	劫財	56	45	傷官	27	46	劫財	57	47	偏印	28	48	傷官	58	49	食神
27	24	38	食神	55	39	偏官	24	40	偏印	55	41	比肩	25	42	偏印	56	43	偏印	26	44	比肩	57	45	比肩	28	46	比肩	58	47	印綬	29	48	比肩	59	49	劫財
28	25	38	劫財	56	39	正官	25	40	正官	56	41	劫財	26	42	印綬	57	43	正官	27	44	印綬	58	45	劫財	29	46	印綬	59	47	偏官	30	48	劫財	60	49	比肩
29	26	38	比肩	57	39	偏財	26	40	偏官	57	41	偏印	27	42	偏官	58	43	偏官	28	44	偏印	59	45	偏印	30	46	偏印	60	47	正官	31	48	偏印	1	49	印綬
30	27	38	印綬				27	40	正財	58	41	印綬	28	42	正官	59	43	正財	29	44	正官	60	45	印綬	31	46	正官	1	47	偏財	32	48	印綬	2	49	偏印
31	28	38	偏印				28	40	偏財				29	42	偏財				30	44	偏官	1	45	偏官				2	47	正財				3	49	正官

2013年生まれ 年干：30 2013/2/4-2014/2/3

	1月			2月			3月			4月			5月			6月			7月			8月			9月			10月			11月			12月		
日	日干	月干	中心星	日干	月干	中心星	日干	月干	中心星	日干	月干	中心星	日干	月干	中心星	日干	月干	中心星	日干	月干	中心星	日干	月干	中心星	日干	月干	中心星	日干	月干	中心星	日干	月干	中心星	日干	月干	中心星
1	4	49	偏官	35	50	劫財	3	51	偏印	34	52	偏印	4	53	傷官	35	54	偏印	5	55	印綬	36	56	比肩	7	57	比肩	37	58	劫財	8	59	印綬	38	60	傷官
2	5	49	正財	36	50	比肩	4	51	印綬	35	52	正官	5	53	比肩	36	54	印綬	6	55	偏印	37	56	印綬	8	57	劫財	38	58	比肩	9	59	偏官	39	60	比肩
3	6	49	偏財	37	50	印綬	5	51	偏官	36	52	偏官	6	53	劫財	37	54	偏官	7	55	正官	38	56	偏印	9	57	偏印	39	58	印綬	10	59	正官	40	60	劫財
4	7	49	傷官	38	51	印綬	6	51	正官	37	52	正財	7	53	偏印	38	54	正官	8	55	偏官	39	56	正官	10	57	印綬	40	58	偏印	11	59	偏財	41	60	偏印
5	8	50	食神	39	51	偏官	7	52	偏財	38	53	偏財	8	54	印綬	39	55	偏財	9	55	正財	40	56	偏官	11	57	偏官	41	58	正官	12	59	正財	42	60	印綬
6	9	50	劫財	40	51	正官	8	52	正財	39	53	傷官	9	54	偏官	40	55	正財	10	55	偏財	41	56	正財	12	57	正官	42	58	偏官	13	59	食神	43	60	偏官
7	10	50	比肩	41	51	偏財	9	52	食神	40	53	食神	10	54	正官	41	55	食神	11	56	傷官	42	57	正財	13	58	偏財	43	58	正財	14	60	傷官	44	1	正官
8	11	50	印綬	42	51	正財	10	52	傷官	41	53	劫財	11	54	偏財	42	55	傷官	12	56	食神	43	57	食神	14	58	正財	44	59	偏財	15	60	比肩	45	1	偏財
9	12	50	偏印	43	51	食神	11	52	比肩	42	53	比肩	12	54	正財	43	55	比肩	13	56	劫財	44	57	傷官	15	58	食神	45	59	傷官	16	60	劫財	46	1	正財
10	13	50	正官	44	51	傷官	12	52	劫財	43	53	印綬	13	54	食神	44	55	劫財	14	56	比肩	45	57	比肩	16	58	傷官	46	59	食神	17	60	偏印	47	1	食神
11	14	50	偏官	45	51	比肩	13	52	偏印	44	53	偏印	14	54	傷官	45	55	偏印	15	56	印綬	46	57	劫財	17	58	比肩	47	59	劫財	18	60	印綬	48	1	傷官
12	15	50	正財	46	51	印綬	14	52	印綬	45	53	正官	15	54	比肩	46	55	印綬	16	56	偏印	47	57	偏印	18	58	劫財	48	59	比肩	19	60	偏官	49	1	比肩
13	16	50	偏財	47	51	偏官	15	52	偏官	46	53	偏官	16	54	傷官	47	55	偏官	17	56	正官	48	57	印綬	19	58	偏印	49	59	印綬	20	60	正官	50	1	劫財
14	17	50	傷官	48	51	正官	16	52	正官	47	53	正財	17	54	比肩	48	55	正官	18	56	偏官	49	57	偏官	20	58	印綬	50	59	偏印	21	60	偏財	51	1	偏印
15	18	50	比肩	49	51	偏財	17	52	偏財	48	53	食神	18	54	劫財	49	55	偏財	19	56	正財	50	57	劫財	21	58	偏官	51	59	正官	22	60	劫財	52	1	印綬
16	19	50	印綬	50	51	正財	18	52	偏財	49	53	劫財	19	54	偏印	50	55	偏官	20	56	偏財	51	57	偏印	22	58	正官	52	59	偏官	23	60	偏印	53	1	偏官
17	20	50	偏印	51	51	食神	19	52	傷官	50	53	比肩	20	54	印綬	51	55	正財	21	56	劫財	52	57	印綬	23	58	偏財	53	59	正財	24	60	印綬	54	1	正官
18	21	50	正財	52	51	傷官	20	52	食神	51	53	偏財	21	54	偏官	52	55	偏財	22	56	比肩	53	57	偏官	24	58	偏財	54	59	比肩	25	60	偏官	55	1	正財
19	22	50	偏財	53	51	偏印	21	52	劫財	52	53	正財	22	54	正官	53	55	傷官	23	56	印綬	54	57	正官	25	58	傷官	55	59	印綬	26	60	正官	56	1	偏財
20	23	50	傷官	54	51	印綬	22	52	比肩	53	53	食神	23	54	比肩	54	55	食神	24	56	食神	55	57	偏財	26	58	食神	56	59	偏印	27	60	偏財	57	1	傷官
21	24	50	食神	55	51	偏官	23	52	印綬	54	53	傷官	24	54	劫財	55	55	劫財	25	56	劫財	56	57	正財	27	58	劫財	57	59	偏印	28	60	正財	58	1	食神
22	25	50	劫財	56	51	正官	24	52	偏印	55	53	比肩	25	54	偏印	56	55	比肩	26	56	比肩	57	57	比肩	28	58	比肩	58	59	印綬	29	60	比肩	59	1	劫財
23	26	50	比肩	57	51	偏財	25	52	正官	56	53	劫財	26	54	印綬	57	55	印綬	27	56	印綬	58	57	劫財	29	58	印綬	59	59	偏官	30	60	劫財	60	1	比肩
24	27	50	印綬	58	51	正財	26	52	偏官	57	53	偏印	27	54	偏官	58	55	偏印	28	56	偏印	59	57	偏印	30	58	偏印	60	59	正官	31	60	偏印	1	1	印綬
25	28	50	偏印	59	51	食神	27	52	正財	58	53	印綬	28	54	正官	59	55	正官	29	56	正官	60	57	印綬	31	58	正官	1	59	偏財	32	60	印綬	2	1	偏印
26	29	50	正官	60	51	傷官	28	52	偏財	59	53	偏官	29	54	偏財	60	55	偏財	30	56	偏官	1	57	偏官	32	58	偏官	2	59	正財	33	60	偏官	3	1	正官
27	30	50	偏官	1	51	比肩	29	52	傷官	60	53	正官	30	54	正財	1	55	傷官	31	56	正財	2	57	正官	33	58	正財	3	59	食神	34	60	正官	4	1	偏官
28	31	50	正財	2	51	劫財	30	52	食神	1	53	偏財	31	54	食神	2	55	食神	32	56	偏財	3	57	偏財	34	58	偏財	4	59	傷官	35	60	偏財	5	1	正財
29	32	50	偏財				31	52	劫財	2	53	正財	32	54	傷官	3	55	劫財	33	56	傷官	4	57	正財	35	58	傷官	5	59	比肩	36	60	正財	6	1	偏財
30	33	50	傷官				32	52	比肩	3	53	食神	33	54	比肩	4	55	比肩	34	56	食神	5	57	食神	36	58	食神	6	59	劫財	37	60	食神	7	1	傷官
31	34	50	食神				33	52	印綬				34	54	劫財				35	56	劫財	6	57	傷官				7	59	偏印				8	1	食神

2014年生まれ 年干：31 2014/2/4-2015/2/3

日	1月			2月			3月			4月			5月			6月			7月			8月			9月			10月			11月			12月		
	日干	月干	中心星	日干	月干	中心星	日干	月干	中心星	日干	月干	中心星	日干	月干	中心星	日干	月干	中心星	日干	月干	中心星	日干	月干	中心星	日干	月干	中心星	日干	月干	中心星	日干	月干	中心星	日干	月干	中心星
1	9	1	劫財	40	2	偏官	8	3	正財	39	4	傷官	9	5	偏官	40	6	正財	10	7	偏財	41	8	正財	12	9	正官	42	10	偏官	13	11	食神	43	12	偏官
2	10	1	比肩	41	2	正財	9	3	食神	40	4	食神	10	5	正官	41	6	食神	11	7	傷官	42	8	偏財	13	9	偏財	43	10	正財	14	11	傷官	44	12	正官
3	11	1	印綬	42	2	偏財	10	3	傷官	41	4	劫財	11	5	偏財	42	6	傷官	12	7	食神	43	8	傷官	14	9	正財	44	10	偏財	15	11	比肩	45	12	偏財
4	12	1	偏印	43	3	食神	11	3	比肩	42	4	比肩	12	5	正財	43	6	比肩	13	7	劫財	44	8	食神	15	9	食神	45	10	傷官	16	11	劫財	46	12	正財
5	13	2	正官	44	3	傷官	12	3	劫財	43	5	印綬	13	6	食神	44	6	劫財	14	7	比肩	45	8	劫財	16	9	傷官	46	10	食神	17	11	偏印	47	12	食神
6	14	2	偏官	45	3	比肩	13	4	偏印	44	5	偏印	14	6	傷官	45	7	偏印	15	7	印綬	46	8	比肩	17	9	比肩	47	10	劫財	18	11	印綬	48	12	傷官
7	15	2	正財	46	3	劫財	14	4	印綬	45	5	正官	15	6	比肩	46	7	印綬	16	8	偏印	47	9	偏印	18	9	劫財	48	10	比肩	19	12	偏官	49	13	比肩
8	16	2	偏財	47	3	偏印	15	4	偏官	46	5	偏官	16	6	劫財	47	7	偏官	17	8	正官	48	9	印綬	19	10	偏印	49	11	印綬	20	12	正官	50	13	劫財
9	17	2	傷官	48	3	印綬	16	4	正官	47	5	正財	17	6	偏印	48	7	正官	18	8	偏官	49	9	偏官	20	10	印綬	50	11	偏印	21	12	偏財	51	13	偏印
10	18	2	食神	49	3	偏官	17	4	偏財	48	5	偏財	18	6	印綬	49	7	偏財	19	8	正財	50	9	正官	21	10	偏官	51	11	正官	22	12	正財	52	13	印綬
11	19	2	劫財	50	3	正官	18	4	正財	49	5	傷官	19	6	偏官	50	7	正財	20	8	偏財	51	9	偏財	22	10	正官	52	11	偏官	23	12	食神	53	13	偏官
12	20	2	比肩	51	3	食神	19	4	食神	50	5	食神	20	6	正官	51	7	食神	21	8	傷官	52	9	正財	23	10	偏財	53	11	正財	24	12	傷官	54	13	正官
13	21	2	印綬	52	3	傷官	20	4	傷官	51	5	劫財	21	6	偏官	52	7	傷官	22	8	食神	53	9	食神	24	10	正財	54	11	偏財	25	12	比肩	55	13	偏財
14	22	2	偏印	53	3	比肩	21	4	比肩	52	5	比肩	22	6	正官	53	7	比肩	23	8	劫財	54	9	傷官	25	10	食神	55	11	傷官	26	12	劫財	56	13	正財
15	23	2	正財	54	3	劫財	22	4	劫財	53	5	正官	23	6	偏財	54	7	劫財	24	8	比肩	55	9	偏財	26	10	傷官	56	11	食神	27	12	偏財	57	13	食神
16	24	2	偏財	55	3	偏印	23	4	偏印	54	5	偏官	24	6	正財	55	7	偏印	25	8	印綬	56	9	正財	27	10	比肩	57	11	劫財	28	12	正財	58	13	傷官
17	25	2	傷官	56	3	印綬	24	4	偏印	55	5	正財	25	6	食神	56	7	比肩	26	8	偏官	57	9	食神	28	10	劫財	58	11	比肩	29	12	食神	59	13	比肩
18	26	2	比肩	57	3	偏官	25	4	正官	56	5	劫財	26	6	傷官	57	7	印綬	27	8	正財	58	9	傷官	29	10	偏印	59	11	正財	30	12	傷官	60	13	比肩
19	27	2	印綬	58	3	正財	26	4	偏官	57	5	偏印	27	6	比肩	58	7	偏印	28	8	偏財	59	9	比肩	30	10	偏印	60	11	偏財	31	12	比肩	1	13	印綬
20	28	2	偏印	59	3	食神	27	4	正財	58	5	印綬	28	6	正官	59	7	正官	29	8	正官	60	9	劫財	31	10	正官	1	11	傷官	32	12	劫財	2	13	偏印
21	29	2	正官	60	3	傷官	28	4	偏財	59	5	偏官	29	6	偏財	60	7	偏官	30	8	偏官	1	9	偏印	32	10	偏官	2	11	正財	33	12	偏印	3	13	正官
22	30	2	偏官	1	3	比肩	29	4	傷官	60	5	正官	30	6	正財	1	7	正財	31	8	正財	2	9	正官	33	10	正財	3	11	食神	34	12	正官	4	13	偏官
23	31	2	正財	2	3	劫財	30	4	食神	1	5	偏財	31	6	食神	2	7	偏財	32	8	偏財	3	9	偏財	34	10	偏財	4	11	傷官	35	12	偏財	5	13	正財
24	32	2	偏財	3	3	偏印	31	4	劫財	2	5	正財	32	6	傷官	3	7	傷官	33	8	傷官	4	9	正財	35	10	傷官	5	11	比肩	36	12	正財	6	13	偏財
25	33	2	傷官	4	3	印綬	32	4	比肩	3	5	食神	33	6	比肩	4	7	食神	34	8	食神	5	9	食神	36	10	食神	6	11	劫財	37	12	食神	7	13	傷官
26	34	2	食神	5	3	偏官	33	4	印綬	4	5	傷官	34	6	劫財	5	7	劫財	35	8	劫財	6	9	傷官	37	10	劫財	7	11	偏印	38	12	傷官	8	13	食神
27	35	2	劫財	6	3	正官	34	4	偏印	5	5	比肩	35	6	偏印	6	7	偏印	36	8	比肩	7	9	比肩	38	10	比肩	8	11	印綬	39	12	比肩	9	13	劫財
28	36	2	比肩	7	3	偏財	35	4	正官	6	5	劫財	36	6	印綬	7	7	正官	37	8	印綬	8	9	劫財	39	10	印綬	9	11	偏官	40	12	劫財	10	13	比肩
29	37	2	印綬				36	4	偏官	7	5	偏印	37	6	偏官	8	7	偏官	38	8	偏印	9	9	偏印	40	10	偏印	10	11	正官	41	12	偏印	11	13	印綬
30	38	2	偏印				37	4	正財	8	5	印綬	38	6	正官	9	7	正財	39	8	正官	10	9	印綬	41	10	正官	11	11	偏財	42	12	印綬	12	13	偏印
31	39	2	正官				38	4	偏財				39	6	偏財				40	8	偏官	11	9	偏官				12	11	正財				13	13	正官

2015年生まれ 年干：32 2015/2/4-2016/2/3

日	1月			2月			3月			4月			5月			6月			7月			8月			9月			10月			11月			12月		
	日干	月干	中心星	日干	月干	中心星	日干	月干	中心星	日干	月干	中心星	日干	月干	中心星	日干	月干	中心星	日干	月干	中心星	日干	月干	中心星	日干	月干	中心星	日干	月干	中心星	日干	月干	中心星	日干	月干	中心星
1	14	13	偏官	45	14	劫財	13	15	偏印	44	16	偏印	14	17	傷官	45	18	偏印	15	19	印綬	46	20	比肩	17	21	比肩	47	22	劫財	18	23	印綬	48	24	傷官
2	15	13	正財	46	14	比肩	14	15	印綬	45	16	正官	15	17	比肩	46	18	印綬	16	19	偏印	47	20	印綬	18	21	劫財	48	22	比肩	19	23	偏官	49	24	比肩
3	16	13	偏財	47	14	印綬	15	15	偏官	46	16	偏官	16	17	劫財	47	18	偏官	17	19	正官	48	20	偏印	19	21	偏印	49	22	印綬	20	23	正官	50	24	劫財
4	17	13	傷官	48	15	印綬	16	15	正官	47	16	正財	17	17	偏印	48	18	正官	18	19	偏官	49	20	正官	20	21	印綬	50	22	偏印	21	23	偏財	51	24	偏印
5	18	13	食神	49	15	偏官	17	15	偏財	48	17	偏財	18	17	印綬	49	18	偏財	19	19	正財	50	20	偏官	21	21	偏官	51	22	正官	22	23	正財	52	24	印綬
6	19	14	劫財	50	15	正官	18	16	正財	49	17	傷官	19	18	偏官	50	19	正財	20	19	偏財	51	20	正財	22	21	正官	52	22	偏官	23	23	食神	53	24	偏官
7	20	14	比肩	51	15	偏財	19	16	食神	50	17	食神	20	18	正官	51	19	食神	21	20	傷官	52	20	偏財	23	21	偏財	53	22	正財	24	23	傷官	54	25	正官
8	21	14	印綬	52	15	正財	20	16	傷官	51	17	劫財	21	18	偏財	52	19	傷官	22	20	食神	53	21	食神	24	22	正財	54	23	偏財	25	24	比肩	55	25	偏財
9	22	14	偏印	53	15	食神	21	16	比肩	52	17	比肩	22	18	正財	53	19	比肩	23	20	劫財	54	21	傷官	25	22	食神	55	23	傷官	26	24	劫財	56	25	正財
10	23	14	正官	54	15	傷官	22	16	劫財	53	17	印綬	23	18	食神	54	19	劫財	24	20	比肩	55	21	比肩	26	22	傷官	56	23	食神	27	24	偏印	57	25	食神
11	24	14	偏官	55	15	比肩	23	16	偏印	54	17	偏印	24	18	傷官	55	19	偏印	25	20	印綬	56	21	劫財	27	22	比肩	57	23	劫財	28	24	印綬	58	25	傷官
12	25	14	正財	56	15	印綬	24	16	印綬	55	17	正官	25	18	比肩	56	19	印綬	26	20	偏印	57	21	偏印	28	22	劫財	58	23	比肩	29	24	偏官	59	25	比肩
13	26	14	偏財	57	15	偏官	25	16	偏官	56	17	偏官	26	18	劫財	57	19	偏官	27	20	正官	58	21	印綬	29	22	偏印	59	23	印綬	30	24	正官	60	25	劫財
14	27	14	傷官	58	15	正官	26	16	正官	57	17	正財	27	18	比肩	58	19	正官	28	20	偏官	59	21	偏官	30	22	印綬	60	23	偏印	31	24	偏財	1	25	偏印
15	28	14	食神	59	15	偏財	27	16	偏財	58	17	食神	28	18	劫財	59	19	偏財	29	20	正財	60	21	正官	31	22	偏官	1	23	正官	32	24	正財	2	25	印綬
16	29	14	印綬	60	15	正財	28	16	正財	59	17	劫財	29	18	偏印	60	19	正財	30	20	偏財	1	21	偏印	32	22	正官	2	23	偏官	33	24	偏印	3	25	偏官
17	30	14	偏印	1	15	食神	29	16	傷官	60	17	比肩	30	18	印綬	1	19	正財	31	20	劫財	2	21	印綬	33	22	偏財	3	23	正財	34	24	印綬	4	25	正官
18	31	14	正官	2	15	傷官	30	16	食神	1	17	偏財	31	18	偏官	2	19	偏財	32	20	比肩	3	21	偏官	34	22	正財	4	23	比肩	35	24	偏官	5	25	正財
19	32	14	偏財	3	15	偏印	31	16	劫財	2	17	正財	32	18	正官	3	19	傷官	33	20	印綬	4	21	正官	35	22	傷官	5	23	印綬	36	24	正官	6	25	偏財
20	33	14	傷官	4	15	印綬	32	16	比肩	3	17	食神	33	18	偏財	4	19	食神	34	20	食神	5	21	偏財	36	22	食神	6	23	偏印	37	24	偏財	7	25	傷官
21	34	14	食神	5	15	偏官	33	16	印綬	4	17	傷官	34	18	劫財	5	19	劫財	35	20	劫財	6	21	正財	37	22	劫財	7	23	偏印	38	24	正財	8	25	食神
22	35	14	劫財	6	15	正官	34	16	偏印	5	17	比肩	35	18	偏印	6	19	比肩	36	20	比肩	7	21	食神	38	22	比肩	8	23	印綬	39	24	食神	9	25	劫財
23	36	14	比肩	7	15	偏財	35	16	正官	6	17	劫財	36	18	印綬	7	19	印綬	37	20	印綬	8	21	劫財	39	22	印綬	9	23	偏官	40	24	劫財	10	25	比肩
24	37	14	印綬	8	15	正財	36	16	偏官	7	17	偏印	37	18	偏官	8	19	偏印	38	20	偏印	9	21	偏印	40	22	偏印	10	23	正官	41	24	偏印	11	25	印綬
25	38	14	偏印	9	15	食神	37	16	正財	8	17	印綬	38	18	正官	9	19	正官	39	20	正官	10	21	印綬	41	22	正官	11	23	偏財	42	24	印綬	12	25	偏印
26	39	14	正官	10	15	傷官	38	16	偏財	9	17	偏官	39	18	偏財	10	19	偏官	40	20	偏官	11	21	偏官	42	22	偏官	12	23	正財	43	24	偏官	13	25	正官
27	40	14	偏官	11	15	比肩	39	16	傷官	10	17	正官	40	18	正財	11	19	傷官	41	20	正財	12	21	正官	43	22	正財	13	23	食神	44	24	正官	14	25	偏官
28	41	14	正財	12	15	劫財	40	16	食神	11	17	偏財	41	18	食神	12	19	食神	42	20	偏財	13	21	偏財	44	22	偏財	14	23	傷官	45	24	偏財	15	25	正財
29	42	14	偏財				41	16	劫財	12	17	正財	42	18	傷官	13	19	劫財	43	20	傷官	14	21	正財	45	22	傷官	15	23	比肩	46	24	正財	16	25	偏財
30	43	14	傷官				42	16	比肩	13	17	食神	43	18	比肩	14	19	比肩	44	20	食神	15	21	食神	46	22	食神	16	23	劫財	47	24	食神	17	25	傷官
31	44	14	食神				43	16	印綬				44	18	劫財				45	20	劫財	16	21	傷官				17	23	偏印				18	25	食神

2016年生まれ 年干：33 2016/2/4-2017/2/3

日	1月			2月			3月			4月			5月			6月			7月			8月			9月			10月			11月			12月		
	日干	月干	中心星	日干	月干	中心星	日干	月干	中心星	日干	月干	中心星	日干	月干	中心星	日干	月干	中心星	日干	月干	中心星	日干	月干	中心星	日干	月干	中心星	日干	月干	中心星	日干	月干	中心星	日干	月干	中心星
1	19	25	劫財	50	26	偏官	19	27	食神	50	28	食神	20	29	正官	51	30	食神	21	31	傷官	52	32	偏財	23	33	偏財	53	34	正財	24	35	傷官	54	36	正官
2	20	25	比肩	51	26	正財	20	27	傷官	51	28	劫財	21	29	偏財	52	30	傷官	22	31	食神	53	32	傷官	24	33	正財	54	34	偏財	25	35	比肩	55	36	偏財
3	21	25	印綬	52	26	偏財	21	27	比肩	52	28	比肩	22	29	正財	53	30	比肩	23	31	劫財	54	32	食神	25	33	食神	55	34	傷官	26	35	劫財	56	36	正財
4	22	25	偏印	53	27	食神	22	27	劫財	53	29	印綬	23	29	食神	54	30	劫財	24	31	比肩	55	32	劫財	26	33	傷官	56	34	食神	27	35	偏印	57	36	食神
5	23	25	正官	54	27	傷官	23	28	偏印	54	29	偏印	24	30	傷官	55	31	偏印	25	31	印綬	56	32	比肩	27	33	比肩	57	34	劫財	28	35	印綬	58	36	傷官
6	24	26	偏官	55	27	比肩	24	28	印綬	55	29	正官	25	30	比肩	56	31	印綬	26	31	偏印	57	32	印綬	28	33	劫財	58	34	比肩	29	35	偏官	59	36	比肩
7	25	26	正財	56	27	劫財	25	28	偏官	56	29	偏官	26	30	劫財	57	31	偏官	27	32	正官	58	33	印綬	29	34	偏印	59	34	印綬	30	36	正官	60	37	劫財
8	26	26	偏財	57	27	偏印	26	28	正官	57	29	正財	27	30	偏印	58	31	正官	28	32	偏官	59	33	偏官	30	34	印綬	60	35	偏印	31	36	偏財	1	37	偏印
9	27	26	傷官	58	27	印綬	27	28	偏財	58	29	偏財	28	30	印綬	59	31	偏財	29	32	正財	60	33	正官	31	34	偏官	1	35	正官	32	36	正財	2	37	印綬
10	28	26	食神	59	27	偏官	28	28	正財	59	29	傷官	29	30	偏官	60	31	正財	30	32	偏財	1	33	偏財	32	34	正官	2	35	偏官	33	36	食神	3	37	偏官
11	29	26	劫財	60	27	正官	29	28	食神	60	29	食神	30	30	正官	1	31	食神	31	32	傷官	2	33	正財	33	34	偏財	3	35	正財	34	36	傷官	4	37	正官
12	30	26	比肩	1	27	食神	30	28	傷官	1	29	劫財	31	30	偏財	2	31	傷官	32	32	食神	3	33	食神	34	34	正財	4	35	偏財	35	36	比肩	5	37	偏財
13	31	26	印綬	2	27	傷官	31	28	比肩	2	29	比肩	32	30	正官	3	31	比肩	33	32	劫財	4	33	傷官	35	34	食神	5	35	傷官	36	36	劫財	6	37	正財
14	32	26	偏印	3	27	比肩	32	28	劫財	3	29	正官	33	30	偏財	4	31	劫財	34	32	比肩	5	33	比肩	36	34	傷官	6	35	食神	37	36	偏印	7	37	食神
15	33	26	正官	4	27	劫財	33	28	偏印	4	29	偏官	34	30	正財	5	31	偏印	35	32	印綬	6	33	正財	37	34	比肩	7	35	劫財	38	36	正財	8	37	傷官
16	34	26	偏財	5	27	偏印	34	28	偏印	5	29	正財	35	30	食神	6	31	比肩	36	32	偏印	7	33	食神	38	34	劫財	8	35	比肩	39	36	食神	9	37	比肩
17	35	26	傷官	6	27	印綬	35	28	正官	6	29	劫財	36	30	傷官	7	31	印綬	37	32	正財	8	33	傷官	39	34	偏印	9	35	印綬	40	36	傷官	10	37	劫財
18	36	26	食神	7	27	偏官	36	28	偏官	7	29	偏印	37	30	比肩	8	31	偏印	38	32	偏財	9	33	比肩	40	34	偏印	10	35	偏財	41	36	比肩	11	37	印綬
19	37	26	印綬	8	27	正財	37	28	正財	8	29	印綬	38	30	劫財	9	31	正官	39	32	傷官	10	33	劫財	41	34	正官	11	35	傷官	42	36	劫財	12	37	偏印
20	38	26	偏印	9	27	食神	38	28	偏財	9	29	偏官	39	30	偏財	10	31	偏官	40	32	偏官	11	33	偏印	42	34	偏官	12	35	食神	43	36	偏印	13	37	正官
21	39	26	正官	10	27	傷官	39	28	傷官	10	29	正官	40	30	正財	11	31	正財	41	32	正財	12	33	印綬	43	34	正財	13	35	食神	44	36	印綬	14	37	偏官
22	40	26	偏官	11	27	比肩	40	28	食神	11	29	偏財	41	30	食神	12	31	偏財	42	32	偏財	13	33	偏財	44	34	偏財	14	35	傷官	45	36	偏財	15	37	正財
23	41	26	正財	12	27	劫財	41	28	劫財	12	29	正財	42	30	傷官	13	31	傷官	43	32	傷官	14	33	正財	45	34	傷官	15	35	比肩	46	36	正財	16	37	偏財
24	42	26	偏財	13	27	偏印	42	28	比肩	13	29	食神	43	30	比肩	14	31	食神	44	32	食神	15	33	食神	46	34	食神	16	35	劫財	47	36	食神	17	37	傷官
25	43	26	傷官	14	27	印綬	43	28	印綬	14	29	傷官	44	30	劫財	15	31	劫財	45	32	劫財	16	33	傷官	47	34	劫財	17	35	偏印	48	36	傷官	18	37	食神
26	44	26	食神	15	27	偏官	44	28	偏印	15	29	比肩	45	30	偏印	16	31	偏印	46	32	比肩	17	33	比肩	48	34	比肩	18	35	印綬	49	36	比肩	19	37	劫財
27	45	26	劫財	16	27	正官	45	28	正官	16	29	劫財	46	30	印綬	17	31	正官	47	32	印綬	18	33	劫財	49	34	印綬	19	35	偏官	50	36	劫財	20	37	比肩
28	46	26	比肩	17	27	偏財	46	28	偏官	17	29	偏印	47	30	偏官	18	31	偏官	48	32	偏印	19	33	偏印	50	34	偏印	20	35	正官	51	36	偏印	21	37	印綬
29	47	26	印綬	18	27	正財	47	28	正財	18	29	印綬	48	30	正官	19	31	正財	49	32	正官	20	33	印綬	51	34	正官	21	35	偏財	52	36	印綬	22	37	偏印
30	48	26	偏印				48	28	偏財	19	29	偏官	49	30	偏財	20	31	偏財	50	32	偏官	21	33	偏官	52	34	偏官	22	35	正財	53	36	偏官	23	37	正官
31	49	26	正官				49	28	傷官				50	30	正財				51	32	正財	22	33	正官				23	35	食神				24	37	偏官

2017年生まれ 年干：34 2017/2/4-2018/2/3

日	1月			2月			3月			4月			5月			6月			7月			8月			9月			10月			11月			12月		
	日干	月干	中心星	日干	月干	中心星	日干	月干	中心星	日干	月干	中心星	日干	月干	中心星	日干	月干	中心星	日干	月干	中心星	日干	月干	中心星	日干	月干	中心星	日干	月干	中心星	日干	月干	中心星	日干	月干	中心星
1	25	37	正財	56	38	比肩	24	39	印綬	55	40	正官	25	41	比肩	56	42	印綬	26	43	偏印	57	44	印綬	28	45	劫財	58	46	比肩	29	47	偏官	59	48	比肩
2	26	37	偏財	57	38	印綬	25	39	偏官	56	40	偏官	26	41	劫財	57	42	偏官	27	43	正官	58	44	偏印	29	45	偏印	59	46	印綬	30	47	正官	60	48	劫財
3	27	37	傷官	58	38	偏印	26	39	正官	57	40	正財	27	41	偏印	58	42	正官	28	43	偏官	59	44	正官	30	45	印綬	60	46	偏印	31	47	偏財	1	48	偏印
4	28	37	食神	59	39	偏官	27	39	偏財	58	41	偏財	28	41	印綬	59	42	偏財	29	43	正財	60	44	偏官	31	45	偏官	1	46	正官	32	47	正財	2	48	印綬
5	29	38	劫財	60	39	正官	28	40	正財	59	41	傷官	29	42	偏官	60	43	正財	30	43	偏財	1	44	正財	32	45	正官	2	46	偏官	33	47	食神	3	48	偏官
6	30	38	比肩	1	39	偏財	29	40	食神	60	41	食神	30	42	正官	1	43	食神	31	43	傷官	2	44	偏財	33	45	偏財	3	46	正財	34	47	傷官	4	48	正官
7	31	38	印綬	2	39	正財	30	40	傷官	1	41	劫財	31	42	偏財	2	43	傷官	32	44	食神	3	45	食神	34	46	正財	4	46	偏財	35	48	比肩	5	49	偏財
8	32	38	偏印	3	39	食神	31	40	比肩	2	41	比肩	32	42	正財	3	43	比肩	33	44	劫財	4	45	傷官	35	46	食神	5	47	傷官	36	48	劫財	6	49	正財
9	33	38	正官	4	39	傷官	32	40	劫財	3	41	印綬	33	42	食神	4	43	劫財	34	44	比肩	5	45	比肩	36	46	傷官	6	47	食神	37	48	偏印	7	49	食神
10	34	38	偏官	5	39	比肩	33	40	偏印	4	41	偏印	34	42	傷官	5	43	偏印	35	44	印綬	6	45	劫財	37	46	比肩	7	47	劫財	38	48	印綬	8	49	傷官
11	35	38	正財	6	39	劫財	34	40	印綬	5	41	正官	35	42	比肩	6	43	印綬	36	44	偏印	7	45	偏印	38	46	劫財	8	47	比肩	39	48	偏官	9	49	比肩
12	36	38	偏財	7	39	偏官	35	40	偏官	6	41	偏官	36	42	劫財	7	43	偏官	37	44	正官	8	45	印綬	39	46	偏印	9	47	印綬	40	48	正官	10	49	劫財
13	37	38	傷官	8	39	正官	36	40	正官	7	41	正財	37	42	比肩	8	43	正官	38	44	偏官	9	45	偏官	40	46	印綬	10	47	偏印	41	48	偏財	11	49	偏印
14	38	38	食神	9	39	偏財	37	40	偏財	8	41	食神	38	42	劫財	9	43	偏財	39	44	正財	10	45	正官	41	46	偏官	11	47	正官	42	48	正財	12	49	印綬
15	39	38	印綬	10	39	正財	38	40	正財	9	41	劫財	39	42	偏印	10	43	正財	40	44	偏財	11	45	偏印	42	46	正官	12	47	偏官	43	48	偏印	13	49	偏官
16	40	38	偏印	11	39	食神	39	40	傷官	10	41	比肩	40	42	印綬	11	43	正財	41	44	傷官	12	45	印綬	43	46	偏財	13	47	正財	44	48	印綬	14	49	正官
17	41	38	正官	12	39	傷官	40	40	食神	11	41	偏財	41	42	偏官	12	43	偏財	42	44	比肩	13	45	偏官	44	46	正財	14	47	偏財	45	48	偏官	15	49	偏財
18	42	38	偏財	13	39	比肩	41	40	劫財	12	41	正財	42	42	正官	13	43	傷官	43	44	印綬	14	45	正官	45	46	傷官	15	47	印綬	46	48	正官	16	49	偏財
19	43	38	傷官	14	39	印綬	42	40	比肩	13	41	食神	43	42	偏財	14	43	食神	44	44	偏印	15	45	偏財	46	46	食神	16	47	偏印	47	48	偏財	17	49	傷官
20	44	38	食神	15	39	偏官	43	40	印綬	14	41	傷官	44	42	劫財	15	43	劫財	45	44	劫財	16	45	正財	47	46	劫財	17	47	正官	48	48	正財	18	49	食神
21	45	38	劫財	16	39	正官	44	40	偏印	15	41	比肩	45	42	偏印	16	43	比肩	46	44	比肩	17	45	比肩	48	46	比肩	18	47	印綬	49	48	食神	19	49	劫財
22	46	38	比肩	17	39	偏財	45	40	正官	16	41	劫財	46	42	印綬	17	43	印綬	47	44	印綬	18	45	劫財	49	46	印綬	19	47	偏官	50	48	劫財	20	49	比肩
23	47	38	印綬	18	39	正財	46	40	偏官	17	41	偏印	47	42	偏官	18	43	偏印	48	44	偏印	19	45	偏印	50	46	偏印	20	47	正官	51	48	偏印	21	49	印綬
24	48	38	偏印	19	39	食神	47	40	正財	18	41	印綬	48	42	正官	19	43	正官	49	44	正官	20	45	印綬	51	46	正官	21	47	偏財	52	48	印綬	22	49	偏印
25	49	38	正官	20	39	傷官	48	40	偏財	19	41	偏官	49	42	偏財	20	43	偏官	50	44	偏官	21	45	偏官	52	46	偏官	22	47	正財	53	48	偏官	23	49	正官
26	50	38	偏官	21	39	比肩	49	40	傷官	20	41	正官	50	42	正財	21	43	傷官	51	44	正財	22	45	正官	53	46	正財	23	47	食神	54	48	正官	24	49	偏官
27	51	38	正財	22	39	劫財	50	40	食神	21	41	偏財	51	42	食神	22	43	食神	52	44	偏財	23	45	偏財	54	46	偏財	24	47	傷官	55	48	偏財	25	49	正財
28	52	38	偏財	23	39	偏印	51	40	劫財	22	41	正財	52	42	傷官	23	43	劫財	53	44	傷官	24	45	正財	55	46	傷官	25	47	比肩	56	48	正財	26	49	偏財
29	53	38	傷官				52	40	比肩	23	41	食神	53	42	比肩	24	43	比肩	54	44	食神	25	45	食神	56	46	食神	26	47	劫財	57	48	食神	27	49	傷官
30	54	38	食神				53	40	印綬	24	41	傷官	54	42	劫財	25	43	印綬	55	44	劫財	26	45	傷官	57	46	劫財	27	47	偏印	58	48	傷官	28	49	食神
31	55	38	劫財				54	40	偏印				55	42	偏印				56	44	比肩	27	45	比肩				28	47	印綬				29	49	劫財

2018年生まれ 年干:35 2018/2/4-2019/2/3

	1月			2月			3月			4月			5月			6月			7月			8月			9月			10月			11月			12月		
日	日干	月干	中心星	日干	月干	中心星	日干	月干	中心星	日干	月干	中心星	日干	月干	中心星	日干	月干	中心星	日干	月干	中心星	日干	月干	中心星	日干	月干	中心星	日干	月干	中心星	日干	月干	中心星	日干	月干	中心星
1	30	49	比肩	1	50	正財	29	51	食神	60	52	食神	30	53	正官	1	54	食神	31	55	傷官	2	56	偏財	33	57	偏財	3	58	正財	34	59	傷官	4	60	正官
2	31	49	印綬	2	50	偏財	30	51	傷官	1	52	劫財	31	53	偏財	2	54	傷官	32	55	食神	3	56	傷官	34	57	正財	4	58	偏財	35	59	比肩	5	60	偏財
3	32	49	偏印	3	50	傷官	31	51	比肩	2	52	比肩	32	53	正財	3	54	比肩	33	55	劫財	4	56	食神	35	57	食神	5	58	傷官	36	59	劫財	6	60	正財
4	33	49	正官	4	51	傷官	32	51	劫財	3	52	印綬	33	53	食神	4	54	劫財	34	55	比肩	5	56	劫財	36	57	傷官	6	58	食神	37	59	偏印	7	60	食神
5	34	50	偏官	5	51	比肩	33	51	偏印	4	53	偏印	34	54	傷官	5	54	偏印	35	55	印綬	6	56	比肩	37	57	比肩	7	58	劫財	38	59	印綬	8	60	傷官
6	35	50	正財	6	51	劫財	34	52	印綬	5	53	正官	35	54	比肩	6	55	印綬	36	55	偏印	7	56	印綬	38	57	劫財	8	58	比肩	39	59	偏官	9	60	比肩
7	36	50	偏財	7	51	偏印	35	52	偏官	6	53	偏官	36	54	劫財	7	55	偏官	37	56	正官	8	57	印綬	39	57	偏印	9	58	印綬	40	60	正官	10	1	劫財
8	37	50	傷官	8	51	印綬	36	52	正官	7	53	正財	37	54	偏印	8	55	正官	38	56	偏官	9	57	偏官	40	58	印綬	10	59	偏印	41	60	偏財	11	1	偏印
9	38	50	食神	9	51	偏官	37	52	偏財	8	53	偏財	38	54	印綬	9	55	偏財	39	56	正財	10	57	正官	41	58	偏官	11	59	正官	42	60	正財	12	1	印綬
10	39	50	劫財	10	51	正官	38	52	正財	9	53	傷官	39	54	偏官	10	55	正財	40	56	偏財	11	57	偏財	42	58	正官	12	59	偏官	43	60	食神	13	1	偏官
11	40	50	比肩	11	51	偏財	39	52	食神	10	53	食神	40	54	正官	11	55	食神	41	56	傷官	12	57	正財	43	58	偏財	13	59	正財	44	60	傷官	14	1	正官
12	41	50	印綬	12	51	傷官	40	52	傷官	11	53	劫財	41	54	偏財	12	55	傷官	42	56	食神	13	57	食神	44	58	正財	14	59	偏財	45	60	比肩	15	1	偏財
13	42	50	偏印	13	51	比肩	41	52	比肩	12	53	比肩	42	54	正官	13	55	比肩	43	56	劫財	14	57	傷官	45	58	食神	15	59	傷官	46	60	劫財	16	1	正財
14	43	50	正官	14	51	劫財	42	52	劫財	13	53	印綬	43	54	偏財	14	55	劫財	44	56	比肩	15	57	比肩	46	58	傷官	16	59	食神	47	60	偏印	17	1	食神
15	44	50	偏財	15	51	偏印	43	52	偏印	14	53	偏官	44	54	正財	15	55	偏印	45	56	印綬	16	57	正財	47	58	比肩	17	59	劫財	48	60	正財	18	1	傷官
16	45	50	傷官	16	51	印綬	44	52	印綬	15	53	正財	45	54	食神	16	55	印綬	46	56	偏印	17	57	食神	48	58	劫財	18	59	比肩	49	60	食神	19	1	比肩
17	46	50	食神	17	51	偏官	45	52	正官	16	53	偏財	46	54	傷官	17	55	印綬	47	56	正財	18	57	傷官	49	58	偏印	19	59	印綬	50	60	傷官	20	1	劫財
18	47	50	印綬	18	51	正官	46	52	偏官	17	53	偏印	47	54	比肩	18	55	偏印	48	56	偏財	19	57	比肩	50	58	印綬	20	59	偏財	51	60	比肩	21	1	印綬
19	48	50	偏印	19	51	食神	47	52	正財	18	53	印綬	48	54	劫財	19	55	正官	49	56	傷官	20	57	劫財	51	58	正官	21	59	傷官	52	60	劫財	22	1	偏印
20	49	50	正官	20	51	傷官	48	52	偏財	19	53	偏官	49	54	偏財	20	55	偏官	50	56	偏官	21	57	偏印	52	58	偏官	22	59	食神	53	60	偏印	23	1	正官
21	50	50	偏官	21	51	比肩	49	52	傷官	20	53	正官	50	54	正財	21	55	正財	51	56	正財	22	57	印綬	53	58	正財	23	59	食神	54	60	印綬	24	1	偏官
22	51	50	正財	22	51	劫財	50	52	食神	21	53	偏財	51	54	食神	22	55	偏財	52	56	偏財	23	57	偏財	54	58	偏財	24	59	傷官	55	60	偏財	25	1	正財
23	52	50	偏財	23	51	偏印	51	52	劫財	22	53	正財	52	54	傷官	23	55	傷官	53	56	傷官	24	57	正財	55	58	傷官	25	59	比肩	56	60	正財	26	1	偏財
24	53	50	傷官	24	51	印綬	52	52	比肩	23	53	食神	53	54	比肩	24	55	食神	54	56	食神	25	57	食神	56	58	食神	26	59	劫財	57	60	食神	27	1	傷官
25	54	50	食神	25	51	偏官	53	52	印綬	24	53	傷官	54	54	劫財	25	55	劫財	55	56	劫財	26	57	傷官	57	58	劫財	27	59	偏印	58	60	傷官	28	1	食神
26	55	50	劫財	26	51	正官	54	52	偏印	25	53	比肩	55	54	偏印	26	55	比肩	56	56	比肩	27	57	比肩	58	58	比肩	28	59	印綬	59	60	比肩	29	1	劫財
27	56	50	比肩	27	51	偏財	55	52	正官	26	53	劫財	56	54	印綬	27	55	正官	57	56	印綬	28	57	劫財	59	58	印綬	29	59	偏官	60	60	劫財	30	1	比肩
28	57	50	印綬	28	51	正財	56	52	偏官	27	53	偏印	57	54	偏官	28	55	偏官	58	56	偏印	29	57	偏印	60	58	偏印	30	59	正官	1	60	偏印	31	1	印綬
29	58	50	偏印				57	52	正財	28	53	印綬	58	54	正官	29	55	正財	59	56	正官	30	57	印綬	1	58	正官	31	59	偏財	2	60	印綬	32	1	偏印
30	59	50	正官				58	52	偏財	29	53	偏官	59	54	偏財	30	55	偏財	60	56	偏官	31	57	偏官	2	58	偏官	32	59	正財	3	60	偏官	33	1	正官
31	60	50	偏官				59	52	傷官				60	54	正財				1	56	正財	32	57	正官				33	59	食神				34	1	偏官

2019年生まれ 年干:36 2019/2/4-2020/2/3

	1月			2月			3月			4月			5月			6月			7月			8月			9月			10月			11月			12月		
日	日干	月干	中心星	日干	月干	中心星	日干	月干	中心星	日干	月干	中心星	日干	月干	中心星	日干	月干	中心星	日干	月干	中心星	日干	月干	中心星	日干	月干	中心星	日干	月干	中心星	日干	月干	中心星	日干	月干	中心星
1	35	1	正財	6	2	比肩	34	3	印綬	5	4	正官	35	5	比肩	6	6	印綬	36	7	偏印	7	8	印綬	38	9	劫財	8	10	比肩	39	11	偏官	9	12	比肩
2	36	1	偏財	7	2	印綬	35	3	偏官	6	4	偏官	36	5	劫財	7	6	偏官	37	7	正官	8	8	偏印	39	9	偏印	9	10	印綬	40	11	正官	10	12	劫財
3	37	1	傷官	8	2	偏印	36	3	正官	7	4	正財	37	5	偏印	8	6	正官	38	7	偏官	9	8	正官	40	9	印綬	10	10	偏印	41	11	偏財	11	12	偏印
4	38	1	食神	9	3	偏官	37	3	偏財	8	4	偏財	38	5	印綬	9	6	偏財	39	7	正財	10	8	偏官	41	9	偏官	11	10	正官	42	11	正財	12	12	印綬
5	39	1	劫財	10	3	正官	38	3	正財	9	5	傷官	39	5	偏官	10	6	正財	40	7	偏財	11	8	正財	42	9	正官	12	10	偏官	43	11	食神	13	12	偏官
6	40	2	比肩	11	3	偏財	39	4	食神	10	5	食神	40	6	正官	11	7	食神	41	7	傷官	12	8	偏財	43	9	偏財	13	10	正財	44	11	傷官	14	12	正官
7	41	2	印綬	12	3	正財	40	4	傷官	11	5	劫財	41	6	偏財	12	7	傷官	42	8	食神	13	8	傷官	44	9	正財	14	10	偏財	45	11	比肩	15	13	偏財
8	42	2	偏印	13	3	食神	41	4	比肩	12	5	比肩	42	6	正財	13	7	比肩	43	8	劫財	14	9	傷官	45	10	食神	15	11	傷官	46	12	劫財	16	13	正財
9	43	2	正官	14	3	傷官	42	4	劫財	13	5	印綬	43	6	食神	14	7	劫財	44	8	比肩	15	9	比肩	46	10	傷官	16	11	食神	47	12	偏印	17	13	食神
10	44	2	偏官	15	3	比肩	43	4	偏印	14	5	偏印	44	6	傷官	15	7	偏印	45	8	印綬	16	9	劫財	47	10	比肩	17	11	劫財	48	12	印綬	18	13	傷官
11	45	2	正財	16	3	劫財	44	4	印綬	15	5	正官	45	6	比肩	16	7	印綬	46	8	偏印	17	9	偏印	48	10	劫財	18	11	比肩	49	12	偏官	19	13	比肩
12	46	2	偏財	17	3	偏官	45	4	偏官	16	5	偏官	46	6	劫財	17	7	偏官	47	8	正官	18	9	印綬	49	10	偏印	19	11	印綬	50	12	正官	20	13	劫財
13	47	2	傷官	18	3	正官	46	4	正官	17	5	正財	47	6	偏印	18	7	正官	48	8	偏官	19	9	偏官	50	10	印綬	20	11	偏印	51	12	偏財	21	13	偏印
14	48	2	食神	19	3	偏財	47	4	偏財	18	5	偏財	48	6	劫財	19	7	偏財	49	8	正財	20	9	正官	51	10	偏官	21	11	正官	52	12	正財	22	13	印綬
15	49	2	劫財	20	3	正財	48	4	正財	19	5	劫財	49	6	偏印	20	7	正財	50	8	偏財	21	9	偏財	52	10	正官	22	11	偏官	53	12	食神	23	13	偏官
16	50	2	偏印	21	3	食神	49	4	食神	20	5	比肩	50	6	印綬	21	7	食神	51	8	傷官	22	9	印綬	53	10	偏財	23	11	正財	54	12	印綬	24	13	正官
17	51	2	正官	22	3	傷官	50	4	食神	21	5	印綬	51	6	偏官	22	7	偏財	52	8	比肩	23	9	偏官	54	10	正財	24	11	偏財	55	12	偏官	25	13	偏財
18	52	2	偏官	23	3	比肩	51	4	劫財	22	5	正財	52	6	正官	23	7	傷官	53	8	印綬	24	9	正官	55	10	食神	25	11	印綬	56	12	正官	26	13	偏財
19	53	2	傷官	24	3	印綬	52	4	比肩	23	5	食神	53	6	偏財	24	7	食神	54	8	偏印	25	9	偏財	56	10	食神	26	11	偏印	57	12	偏財	27	13	傷官
20	54	2	食神	25	3	偏官	53	4	印綬	24	5	傷官	54	6	正財	25	7	劫財	55	8	劫財	26	9	正財	57	10	劫財	27	11	正官	58	12	正財	28	13	食神
21	55	2	劫財	26	3	正官	54	4	偏印	25	5	比肩	55	6	偏印	26	7	比肩	56	8	比肩	27	9	食神	58	10	比肩	28	11	印綬	59	12	食神	29	13	劫財
22	56	2	比肩	27	3	偏財	55	4	正官	26	5	劫財	56	6	印綬	27	7	印綬	57	8	印綬	28	9	傷官	59	10	印綬	29	11	偏官	60	12	傷官	30	13	比肩
23	57	2	印綬	28	3	正財	56	4	偏官	27	5	偏印	57	6	偏官	28	7	偏印	58	8	偏印	29	9	偏印	60	10	偏印	30	11	正官	1	12	偏印	31	13	印綬
24	58	2	偏印	29	3	食神	57	4	正財	28	5	印綬	58	6	正官	29	7	正官	59	8	正官	30	9	印綬	1	10	正官	31	11	偏財	2	12	印綬	32	13	偏印
25	59	2	正官	30	3	傷官	58	4	偏財	29	5	偏官	59	6	偏財	30	7	偏官	60	8	偏官	31	9	偏官	2	10	偏官	32	11	正財	3	12	偏官	33	13	正官
26	60	2	偏官	31	3	比肩	59	4	傷官	30	5	正官	60	6	正財	31	7	正財	1	8	正財	32	9	正官	3	10	正財	33	11	食神	4	12	正官	34	13	偏官
27	1	2	正財	32	3	劫財	60	4	食神	31	5	偏財	1	6	食神	32	7	食神	2	8	偏財	33	9	偏財	4	10	偏財	34	11	傷官	5	12	偏財	35	13	正財
28	2	2	偏財	33	3	偏印	1	4	劫財	32	5	正財	2	6	傷官	33	7	劫財	3	8	傷官	34	9	正財	5	10	傷官	35	11	比肩	6	12	正財	36	13	偏財
29	3	2	傷官				2	4	比肩	33	5	食神	3	6	比肩	34	7	比肩	4	8	食神	35	9	食神	6	10	食神	36	11	劫財	7	12	食神	37	13	傷官
30	4	2	食神				3	4	印綬	34	5	傷官	4	6	劫財	35	7	印綬	5	8	劫財	36	9	傷官	7	10	劫財	37	11	偏印	8	12	傷官	38	13	食神
31	5	2	劫財				4	4	偏印				5	6	偏印				6	8	比肩	37	9	比肩				38	11	印綬				39	13	劫財

2020年生まれ 年干:37 2020/2/4-2021/2/2

	1月			2月			3月			4月			5月			6月			7月			8月			9月			10月			11月			12月		
日	日干	月干	中心星	日干	月干	中心星	日干	月干	中心星	日干	月干	中心星	日干	月干	中心星	日干	月干	中心星	日干	月干	中心星	日干	月干	中心星	日干	月干	中心星	日干	月干	中心星	日干	月干	中心星	日干	月干	中心星
1	40	13	比肩	11	14	正財	40	15	傷官	11	16	劫財	41	17	偏財	12	18	傷官	42	19	食神	13	20	傷官	44	21	正財	14	22	偏財	45	23	比肩	15	24	偏財
2	41	13	印綬	12	14	偏財	41	15	比肩	12	16	比肩	42	17	正財	13	18	比肩	43	19	劫財	14	20	食神	45	21	食神	15	22	傷官	46	23	劫財	16	24	正財
3	42	13	偏印	13	14	傷官	42	15	劫財	13	16	印綬	43	17	食神	14	18	劫財	44	19	比肩	15	20	劫財	46	21	傷官	16	22	食神	47	23	偏印	17	24	食神
4	43	13	正官	14	15	傷官	43	15	偏印	14	17	偏印	44	17	傷官	15	18	偏印	45	19	印綬	16	20	比肩	47	21	比肩	17	22	劫財	48	23	印綬	18	24	傷官
5	44	13	偏官	15	15	比肩	44	16	印綬	15	17	正官	45	18	比肩	16	19	印綬	46	19	偏印	17	20	印綬	48	21	劫財	18	22	比肩	49	23	偏官	19	24	比肩
6	45	14	正財	16	15	劫財	45	16	偏官	16	17	偏官	46	18	劫財	17	19	偏官	47	19	正官	18	20	偏印	49	21	偏印	19	22	印綬	50	23	正官	20	24	劫財
7	46	14	偏財	17	15	偏印	46	16	正官	17	17	正財	47	18	偏印	18	19	正官	48	20	偏官	19	21	偏官	50	22	印綬	20	22	偏印	51	24	偏財	21	25	偏印
8	47	14	傷官	18	15	印綬	47	16	偏財	18	17	偏財	48	18	印綬	19	19	偏財	49	20	正財	20	21	正官	51	22	偏官	21	23	正官	52	24	正財	22	25	印綬
9	48	14	食神	19	15	偏官	48	16	正財	19	17	傷官	49	18	偏官	20	19	正財	50	20	偏財	21	21	偏財	52	22	正官	22	23	偏官	53	24	食神	23	25	偏官
10	49	14	劫財	20	15	正官	49	16	食神	20	17	食神	50	18	正官	21	19	食神	51	20	傷官	22	21	正財	53	22	偏財	23	23	正財	54	24	傷官	24	25	正官
11	50	14	比肩	21	15	偏財	50	16	傷官	21	17	劫財	51	18	偏財	22	19	傷官	52	20	食神	23	21	食神	54	22	正財	24	23	偏財	55	24	比肩	25	25	偏財
12	51	14	印綬	22	15	傷官	51	16	比肩	22	17	比肩	52	18	正財	23	19	比肩	53	20	劫財	24	21	傷官	55	22	食神	25	23	傷官	56	24	劫財	26	25	正財
13	52	14	偏印	23	15	比肩	52	16	劫財	23	17	印綬	53	18	偏財	24	19	劫財	54	20	比肩	25	21	比肩	56	22	傷官	26	23	食神	57	24	偏印	27	25	食神
14	53	14	正官	24	15	劫財	53	16	偏印	24	17	偏官	54	18	正財	25	19	偏印	55	20	印綬	26	21	劫財	57	22	比肩	27	23	劫財	58	24	印綬	28	25	傷官
15	54	14	偏官	25	15	偏印	54	16	印綬	25	17	正財	55	18	食神	26	19	印綬	56	20	偏印	27	21	食神	58	22	劫財	28	23	比肩	59	24	食神	29	25	比肩
16	55	14	傷官	26	15	印綬	55	16	正官	26	17	偏財	56	18	傷官	27	19	印綬	57	20	正官	28	21	傷官	59	22	偏印	29	23	印綬	60	24	傷官	30	25	劫財
17	56	14	食神	27	15	偏官	56	16	偏官	27	17	偏印	57	18	比肩	28	19	偏印	58	20	偏財	29	21	比肩	60	22	印綬	30	23	偏印	1	24	比肩	31	25	偏印
18	57	14	劫財	28	15	正官	57	16	正財	28	17	印綬	58	18	劫財	29	19	正官	59	20	傷官	30	21	劫財	1	22	正官	31	23	傷官	2	24	劫財	32	25	偏印
19	58	14	偏印	29	15	食神	58	16	偏財	29	17	偏官	59	18	偏印	30	19	偏官	60	20	食神	31	21	偏印	2	22	偏官	32	23	食神	3	24	偏印	33	25	正官
20	59	14	正官	30	15	傷官	59	16	傷官	30	17	正官	60	18	正財	31	19	正財	1	20	正財	32	21	印綬	3	22	正財	33	23	劫財	4	24	印綬	34	25	偏官
21	60	14	偏官	31	15	比肩	60	16	食神	31	17	偏財	1	18	食神	32	19	偏財	2	20	偏財	33	21	偏官	4	22	偏財	34	23	傷官	5	24	偏官	35	25	正財
22	1	14	正財	32	15	劫財	1	16	劫財	32	17	正財	2	18	傷官	33	19	傷官	3	20	傷官	34	21	正財	5	22	傷官	35	23	比肩	6	24	正財	36	25	偏財
23	2	14	偏財	33	15	偏印	2	16	比肩	33	17	食神	3	18	比肩	34	19	食神	4	20	食神	35	21	食神	6	22	食神	36	23	劫財	7	24	食神	37	25	傷官
24	3	14	傷官	34	15	印綬	3	16	印綬	34	17	傷官	4	18	劫財	35	19	劫財	5	20	劫財	36	21	傷官	7	22	劫財	37	23	偏印	8	24	傷官	38	25	食神
25	4	14	食神	35	15	偏官	4	16	偏印	35	17	比肩	5	18	偏印	36	19	比肩	6	20	比肩	37	21	比肩	8	22	比肩	38	23	印綬	9	24	比肩	39	25	劫財
26	5	14	劫財	36	15	正官	5	16	正官	36	17	劫財	6	18	印綬	37	19	正官	7	20	印綬	38	21	劫財	9	22	印綬	39	23	偏官	10	24	劫財	40	25	比肩
27	6	14	比肩	37	15	偏財	6	16	偏官	37	17	偏印	7	18	偏官	38	19	偏官	8	20	偏印	39	21	偏印	10	22	偏印	40	23	正官	11	24	偏印	41	25	印綬
28	7	14	印綬	38	15	正財	7	16	正財	38	17	印綬	8	18	正官	39	19	正財	9	20	正官	40	21	印綬	11	22	正官	41	23	偏財	12	24	印綬	42	25	偏印
29	8	14	偏印	39	15	食神	8	16	偏財	39	17	偏官	9	18	偏財	40	19	偏財	10	20	偏官	41	21	偏官	12	22	偏官	42	23	正財	13	24	偏官	43	25	正官
30	9	14	正官				9	16	傷官	40	17	正官	10	18	正財	41	19	傷官	11	20	正財	42	21	正官	13	22	正財	43	23	食神	14	24	正官	44	25	偏官
31	10	14	偏官				10	16	食神				11	18	食神				12	20	偏財	43	21	偏財				44	23	傷官				45	25	正財

2021年生まれ 年干:38 2021/2/3-2022/2/3

	1月			2月			3月			4月			5月			6月			7月			8月			9月			10月			11月			12月		
日	日干	月干	中心星	日干	月干	中心星	日干	月干	中心星	日干	月干	中心星	日干	月干	中心星	日干	月干	中心星	日干	月干	中心星	日干	月干	中心星	日干	月干	中心星	日干	月干	中心星	日干	月干	中心星	日干	月干	中心星
1	46	25	偏財	17	26	印綬	45	27	偏官	16	28	偏官	46	29	劫財	17	30	偏官	47	31	正官	18	32	偏印	49	33	偏印	19	34	印綬	50	35	正官	20	36	劫財
2	47	25	傷官	18	26	偏印	46	27	正官	17	28	正財	47	29	偏印	18	30	正官	48	31	偏官	19	32	正官	50	33	印綬	20	34	偏印	51	35	偏財	21	36	偏印
3	48	25	食神	19	27	偏官	47	27	偏財	18	28	偏財	48	29	印綬	19	30	偏財	49	31	正財	20	32	偏官	51	33	偏官	21	34	正官	52	35	正財	22	36	印綬
4	49	25	劫財	20	27	正官	48	27	正財	19	29	傷官	49	29	偏官	20	30	正財	50	31	偏財	21	32	正財	52	33	正官	22	34	偏官	53	35	食神	23	36	偏官
5	50	26	比肩	21	27	偏財	49	28	食神	20	29	食神	50	30	正官	21	31	食神	51	31	傷官	22	32	偏財	53	33	偏財	23	34	正財	54	35	傷官	24	36	正官
6	51	26	印綬	22	27	正財	50	28	傷官	21	29	劫財	51	30	偏財	22	31	傷官	52	31	食神	23	32	傷官	54	33	正財	24	34	偏財	55	35	比肩	25	36	偏財
7	52	26	偏印	23	27	食神	51	28	比肩	22	29	比肩	52	30	正財	23	31	比肩	53	32	劫財	24	33	傷官	55	34	食神	25	34	傷官	56	36	劫財	26	37	正財
8	53	26	正官	24	27	傷官	52	28	劫財	23	29	印綬	53	30	食神	24	31	劫財	54	32	比肩	25	33	比肩	56	34	傷官	26	35	食神	57	36	偏印	27	37	食神
9	54	26	偏官	25	27	比肩	53	28	偏印	24	29	偏印	54	30	傷官	25	31	偏印	55	32	印綬	26	33	劫財	57	34	比肩	27	35	劫財	58	36	印綬	28	37	傷官
10	55	26	正財	26	27	劫財	54	28	印綬	25	29	正官	55	30	比肩	26	31	印綬	56	32	偏印	27	33	偏印	58	34	劫財	28	35	比肩	59	36	偏官	29	37	比肩
11	56	26	偏財	27	27	偏官	55	28	偏官	26	29	偏官	56	30	劫財	27	31	偏官	57	32	正官	28	33	印綬	59	34	偏印	29	35	印綬	60	36	正官	30	37	劫財
12	57	26	傷官	28	27	正官	56	28	正官	27	29	正財	57	30	偏印	28	31	正官	58	32	偏官	29	33	偏官	60	34	印綬	30	35	偏印	1	36	偏財	31	37	偏印
13	58	26	食神	29	27	偏財	57	28	偏財	28	29	偏財	58	30	劫財	29	31	偏財	59	32	正財	30	33	正官	1	34	偏官	31	35	正官	2	36	正財	32	37	印綬
14	59	26	劫財	30	27	正財	58	28	正財	29	29	劫財	59	30	偏印	30	31	正財	60	32	偏財	31	33	偏財	2	34	正官	32	35	偏官	3	36	食神	33	37	偏官
15	60	26	偏印	31	27	食神	59	28	食神	30	29	比肩	60	30	印綬	31	31	食神	1	32	傷官	32	33	印綬	3	34	偏財	33	35	正財	4	36	印綬	34	37	正官
16	1	26	正官	32	27	傷官	60	28	食神	31	29	印綬	1	30	偏官	32	31	偏財	2	32	食神	33	33	偏官	4	34	正財	34	35	偏財	5	36	偏官	35	37	偏財
17	2	26	偏官	33	27	比肩	1	28	劫財	32	29	正財	2	30	正官	33	31	傷官	3	32	印綬	34	33	正官	5	34	食神	35	35	傷官	6	36	正官	36	37	正財
18	3	26	傷官	34	27	印綬	2	28	比肩	33	29	食神	3	30	偏財	34	31	食神	4	32	偏印	35	33	偏財	6	34	食神	36	35	偏印	7	36	偏財	37	37	傷官
19	4	26	食神	35	27	偏官	3	28	印綬	34	29	傷官	4	30	正財	35	31	劫財	5	32	正官	36	33	正財	7	34	劫財	37	35	正官	8	36	正財	38	37	食神
20	5	26	劫財	36	27	正官	4	28	偏印	35	29	比肩	5	30	偏印	36	31	比肩	6	32	比肩	37	33	食神	8	34	比肩	38	35	偏官	9	36	食神	39	37	劫財
21	6	26	比肩	37	27	偏財	5	28	正官	36	29	劫財	6	30	印綬	37	31	印綬	7	32	印綬	38	33	傷官	9	34	印綬	39	35	偏官	10	36	傷官	40	37	比肩
22	7	26	印綬	38	27	正財	6	28	偏官	37	29	偏印	7	30	偏官	38	31	偏印	8	32	偏印	39	33	偏印	10	34	偏印	40	35	正官	11	36	偏印	41	37	印綬
23	8	26	偏印	39	27	食神	7	28	正財	38	29	印綬	8	30	正官	39	31	正官	9	32	正官	40	33	印綬	11	34	正官	41	35	偏財	12	36	印綬	42	37	偏印
24	9	26	正官	40	27	傷官	8	28	偏財	39	29	偏官	9	30	偏財	40	31	偏官	10	32	偏官	41	33	偏官	12	34	偏官	42	35	正財	13	36	偏官	43	37	正官
25	10	26	偏官	41	27	比肩	9	28	傷官	40	29	正官	10	30	正財	41	31	正財	11	32	正財	42	33	正官	13	34	正財	43	35	食神	14	36	正官	44	37	偏官
26	11	26	正財	42	27	劫財	10	28	食神	41	29	偏財	11	30	食神	42	31	食神	12	32	偏財	43	33	偏財	14	34	偏財	44	35	傷官	15	36	偏財	45	37	正財
27	12	26	偏財	43	27	偏印	11	28	劫財	42	29	正財	12	30	傷官	43	31	劫財	13	32	傷官	44	33	正財	15	34	傷官	45	35	比肩	16	36	正財	46	37	偏財
28	13	26	傷官	44	27	印綬	12	28	比肩	43	29	食神	13	30	比肩	44	31	比肩	14	32	食神	45	33	食神	16	34	食神	46	35	劫財	17	36	食神	47	37	傷官
29	14	26	食神				13	28	印綬	44	29	傷官	14	30	劫財	45	31	印綬	15	32	劫財	46	33	傷官	17	34	劫財	47	35	偏印	18	36	傷官	48	37	食神
30	15	26	劫財				14	28	偏印	45	29	比肩	15	30	偏印	46	31	偏印	16	32	比肩	47	33	比肩	18	34	比肩	48	35	印綬	19	36	比肩	49	37	劫財
31	16	26	比肩				15	28	正官				16	30	印綬				17	32	印綬	48	33	劫財				49	35	偏官				50	37	比肩

2022年生まれ 年干:39 2022/2/4-2023/2/3

	1月			2月			3月			4月			5月			6月			7月			8月			9月			10月			11月			12月		
日	日干	月干	中心星	日干	月干	中心星	日干	月干	中心星	日干	月干	中心星	日干	月干	中心星	日干	月干	中心星	日干	月干	中心星	日干	月干	中心星	日干	月干	中心星	日干	月干	中心星	日干	月干	中心星	日干	月干	中心星
1	51	37	印綬	22	38	偏財	50	39	傷官	21	40	劫財	51	41	偏財	22	42	傷官	52	43	食神	23	44	傷官	54	45	正財	24	46	偏財	55	47	比肩	25	48	偏財
2	52	37	偏印	23	38	傷官	51	39	比肩	22	40	比肩	52	41	正財	23	42	比肩	53	43	劫財	24	44	食神	55	45	食神	25	46	傷官	56	47	劫財	26	48	正財
3	53	37	正官	24	38	食神	52	39	劫財	23	40	印綬	53	41	食神	24	42	劫財	54	43	比肩	25	44	劫財	56	45	傷官	26	46	食神	57	47	偏印	27	48	食神
4	54	37	偏官	25	39	比肩	53	39	偏印	24	40	偏印	54	41	傷官	25	42	偏印	55	43	印綬	26	44	比肩	57	45	比肩	27	46	劫財	58	47	印綬	28	48	傷官
5	55	38	正財	26	39	劫財	54	40	印綬	25	41	正官	55	42	比肩	26	42	印綬	56	43	偏印	27	44	印綬	58	45	劫財	28	46	比肩	59	47	偏官	29	48	比肩
6	56	38	偏財	27	39	偏印	55	40	偏官	26	41	偏官	56	42	劫財	27	43	偏官	57	43	正官	28	44	偏印	59	45	偏印	29	46	印綬	60	47	正官	30	48	劫財
7	57	38	傷官	28	39	印綬	56	40	正官	27	41	正財	57	42	偏印	28	43	正官	58	44	偏官	29	45	偏官	60	45	印綬	30	46	偏印	1	48	偏財	31	49	偏印
8	58	38	食神	29	39	偏官	57	40	偏財	28	41	偏財	58	42	印綬	29	43	偏財	59	44	正財	30	45	正官	1	46	偏官	31	47	正官	2	48	正財	32	49	印綬
9	59	38	劫財	30	39	正官	58	40	正財	29	41	傷官	59	42	偏官	30	43	正財	60	44	偏財	31	45	偏財	2	46	正官	32	47	偏官	3	48	食神	33	49	偏官
10	60	38	比肩	31	39	偏財	59	40	食神	30	41	食神	60	42	正官	31	43	食神	1	44	傷官	32	45	正財	3	46	偏財	33	47	正財	4	48	傷官	34	49	正官
11	1	38	印綬	32	39	正財	60	40	傷官	31	41	劫財	1	42	偏財	32	43	傷官	2	44	食神	33	45	食神	4	46	正財	34	47	偏財	5	48	比肩	35	49	偏財
12	2	38	偏印	33	39	比肩	1	40	比肩	32	41	比肩	2	42	正財	33	43	比肩	3	44	劫財	34	45	傷官	5	46	食神	35	47	傷官	6	48	劫財	36	49	正財
13	3	38	正官	34	39	劫財	2	40	劫財	33	41	印綬	3	42	偏財	34	43	劫財	4	44	比肩	35	45	比肩	6	46	傷官	36	47	食神	7	48	偏印	37	49	食神
14	4	38	偏官	35	39	偏印	3	40	偏印	34	41	偏印	4	42	正財	35	43	偏印	5	44	印綬	36	45	劫財	7	46	比肩	37	47	劫財	8	48	印綬	38	49	傷官
15	5	38	傷官	36	39	印綬	4	40	印綬	35	41	正財	5	42	食神	36	43	印綬	6	44	偏印	37	45	食神	8	46	劫財	38	47	比肩	9	48	食神	39	49	比肩
16	6	38	食神	37	39	偏官	5	40	正官	36	41	偏財	6	42	傷官	37	43	偏官	7	44	正官	38	45	傷官	9	46	偏印	39	47	印綬	10	48	傷官	40	49	劫財
17	7	38	劫財	38	39	正官	6	40	偏官	37	41	傷官	7	42	比肩	38	43	偏印	8	44	偏財	39	45	比肩	10	46	印綬	40	47	偏印	11	48	比肩	41	49	偏印
18	8	38	偏印	39	39	偏財	7	40	正財	38	41	印綬	8	42	劫財	39	43	正官	9	44	傷官	40	45	劫財	11	46	偏官	41	47	傷官	12	48	劫財	42	49	偏印
19	9	38	正官	40	39	傷官	8	40	偏財	39	41	偏官	9	42	偏印	40	43	偏官	10	44	食神	41	45	偏印	12	46	偏官	42	47	食神	13	48	偏印	43	49	正官
20	10	38	偏官	41	39	比肩	9	40	傷官	40	41	正官	10	42	正財	41	43	正財	11	44	正財	42	45	印綬	13	46	正財	43	47	劫財	14	48	印綬	44	49	偏官
21	11	38	正財	42	39	劫財	10	40	食神	41	41	偏財	11	42	食神	42	43	偏財	12	44	偏財	43	45	偏官	14	46	偏財	44	47	傷官	15	48	偏官	45	49	正財
22	12	38	偏財	43	39	偏印	11	40	劫財	42	41	正財	12	42	傷官	43	43	傷官	13	44	傷官	44	45	正財	15	46	傷官	45	47	比肩	16	48	正財	46	49	偏財
23	13	38	傷官	44	39	印綬	12	40	比肩	43	41	食神	13	42	比肩	44	43	食神	14	44	食神	45	45	食神	16	46	食神	46	47	劫財	17	48	食神	47	49	傷官
24	14	38	食神	45	39	偏官	13	40	印綬	44	41	傷官	14	42	劫財	45	43	劫財	15	44	劫財	46	45	傷官	17	46	劫財	47	47	偏印	18	48	傷官	48	49	食神
25	15	38	劫財	46	39	正官	14	40	偏印	45	41	比肩	15	42	偏印	46	43	比肩	16	44	比肩	47	45	比肩	18	46	比肩	48	47	印綬	19	48	比肩	49	49	劫財
26	16	38	比肩	47	39	偏財	15	40	正官	46	41	劫財	16	42	印綬	47	43	印綬	17	44	印綬	48	45	劫財	19	46	印綬	49	47	偏官	20	48	劫財	50	49	比肩
27	17	38	印綬	48	39	正財	16	40	偏官	47	41	偏印	17	42	偏官	48	43	偏官	18	44	偏印	49	45	偏印	20	46	偏印	50	47	正官	21	48	偏印	51	49	印綬
28	18	38	偏印	49	39	食神	17	40	正財	48	41	印綬	18	42	正官	49	43	正財	19	44	正官	50	45	印綬	21	46	正官	51	47	偏財	22	48	印綬	52	49	偏印
29	19	38	偏官				18	40	偏財	49	41	偏官	19	42	偏財	50	43	偏財	20	44	偏官	51	45	偏官	22	46	偏官	52	47	正財	23	48	偏官	53	49	正官
30	20	38	正官				19	40	傷官	50	41	正官	20	42	正財	51	43	傷官	21	44	正財	52	45	正官	23	46	正財	53	47	食神	24	48	正官	54	49	偏官
31	21	38	正財				20	40	食神				21	42	食神				22	44	偏財	53	45	偏財				54	47	傷官				55	49	正財

2023年生まれ 年干:40 2023/2/4-2024/2/3

	1月			2月			3月			4月			5月			6月			7月			8月			9月			10月			11月			12月		
日	日干	月干	中心星	日干	月干	中心星	日干	月干	中心星	日干	月干	中心星	日干	月干	中心星	日干	月干	中心星	日干	月干	中心星	日干	月干	中心星	日干	月干	中心星	日干	月干	中心星	日干	月干	中心星	日干	月干	中心星
1	56	49	偏財	27	50	印綬	55	51	偏官	26	52	偏官	56	53	劫財	27	54	偏官	57	55	正官	28	56	偏印	59	57	偏印	29	58	印綬	60	59	正官	30	60	劫財
2	57	49	傷官	28	50	偏印	56	51	正官	27	52	正財	57	53	偏印	28	54	正官	58	55	偏官	29	56	正官	60	57	印綬	30	58	偏印	1	59	偏財	31	60	偏印
3	58	49	食神	29	50	正官	57	51	偏財	28	52	偏財	58	53	印綬	29	54	偏財	59	55	正財	30	56	偏官	1	57	偏官	31	58	正官	2	59	正財	32	60	印綬
4	59	49	劫財	30	51	正官	58	51	正財	29	52	傷官	59	53	偏官	30	54	正財	60	55	偏財	31	56	正財	2	57	正官	32	58	偏官	3	59	食神	33	60	偏官
5	60	49	比肩	31	51	偏財	59	51	食神	30	53	食神	60	53	正官	31	54	食神	1	55	傷官	32	56	偏財	3	57	偏財	33	58	正財	4	59	傷官	34	60	正官
6	1	50	印綬	32	51	正財	60	52	傷官	31	53	劫財	1	54	偏財	32	55	傷官	2	55	食神	33	56	傷官	4	57	正財	34	58	偏財	5	59	比肩	35	60	偏財
7	2	50	偏印	33	51	食神	1	52	比肩	32	53	比肩	2	54	正財	33	55	比肩	3	56	劫財	34	56	食神	5	57	食神	35	58	傷官	6	59	劫財	36	1	正財
8	3	50	正官	34	51	傷官	2	52	劫財	33	53	印綬	3	54	食神	34	55	劫財	4	56	比肩	35	57	比肩	6	58	傷官	36	59	食神	7	60	偏印	37	1	食神
9	4	50	偏官	35	51	比肩	3	52	偏印	34	53	偏印	4	54	傷官	35	55	偏印	5	56	印綬	36	57	劫財	7	58	比肩	37	59	劫財	8	60	印綬	38	1	傷官
10	5	50	正財	36	51	劫財	4	52	印綬	35	53	正官	5	54	比肩	36	55	印綬	6	56	偏印	37	57	偏印	8	58	劫財	38	59	比肩	9	60	偏官	39	1	比肩
11	6	50	偏財	37	51	偏印	5	52	偏官	36	53	偏官	6	54	劫財	37	55	偏官	7	56	正官	38	57	印綬	9	58	偏印	39	59	印綬	10	60	正官	40	1	劫財
12	7	50	傷官	38	51	正官	6	52	正官	37	53	正財	7	54	偏印	38	55	正官	8	56	偏官	39	57	偏官	10	58	印綬	40	59	偏印	11	60	偏財	41	1	偏印
13	8	50	食神	39	51	偏財	7	52	偏財	38	53	偏財	8	54	印綬	39	55	偏財	9	56	正財	40	57	正官	11	58	偏官	41	59	正官	12	60	正財	42	1	印綬
14	9	50	劫財	40	51	正財	8	52	正財	39	53	傷官	9	54	偏印	40	55	正財	10	56	偏財	41	57	偏財	12	58	正官	42	59	偏官	13	60	食神	43	1	偏官
15	10	50	比肩	41	51	食神	9	52	食神	40	53	比肩	10	54	印綬	41	55	食神	11	56	傷官	42	57	正財	13	58	偏財	43	59	正財	14	60	傷官	44	1	正官
16	11	50	正官	42	51	傷官	10	52	傷官	41	53	印綬	11	54	偏官	42	55	傷官	12	56	食神	43	57	偏官	14	58	正財	44	59	偏財	15	60	偏官	45	1	偏財
17	12	50	偏官	43	51	比肩	11	52	劫財	42	53	偏印	12	54	正官	43	55	傷官	13	56	印綬	44	57	正官	15	58	食神	45	59	傷官	16	60	正官	46	1	正財
18	13	50	正財	44	51	劫財	12	52	比肩	43	53	食神	13	54	偏財	44	55	食神	14	56	偏印	45	57	偏財	16	58	傷官	46	59	偏印	17	60	偏財	47	1	傷官
19	14	50	食神	45	51	偏官	13	52	印綬	44	53	傷官	14	54	正財	45	55	劫財	15	56	正官	46	57	正財	17	58	劫財	47	59	正官	18	60	正財	48	1	食神
20	15	50	劫財	46	51	正官	14	52	偏印	45	53	比肩	15	54	食神	46	55	比肩	16	56	比肩	47	57	食神	18	58	比肩	48	59	偏官	19	60	食神	49	1	劫財
21	16	50	比肩	47	51	偏財	15	52	正官	46	53	劫財	16	54	印綬	47	55	印綬	17	56	印綬	48	57	傷官	19	58	印綬	49	59	偏官	20	60	傷官	50	1	比肩
22	17	50	印綬	48	51	正財	16	52	偏官	47	53	偏印	17	54	偏官	48	55	偏印	18	56	偏印	49	57	比肩	20	58	偏印	50	59	正官	21	60	比肩	51	1	印綬
23	18	50	偏印	49	51	食神	17	52	正財	48	53	印綬	18	54	正官	49	55	正官	19	56	正官	50	57	印綬	21	58	正官	51	59	偏財	22	60	印綬	52	1	偏印
24	19	50	正官	50	51	傷官	18	52	偏財	49	53	偏官	19	54	偏財	50	55	偏官	20	56	偏官	51	57	偏官	22	58	偏官	52	59	正財	23	60	偏官	53	1	正官
25	20	50	偏官	51	51	比肩	19	52	傷官	50	53	正官	20	54	正財	51	55	正財	21	56	正財	52	57	正官	23	58	正財	53	59	食神	24	60	正官	54	1	偏官
26	21	50	正財	52	51	劫財	20	52	食神	51	53	偏財	21	54	食神	52	55	偏財	22	56	偏財	53	57	偏財	24	58	偏財	54	59	傷官	25	60	偏財	55	1	正財
27	22	50	偏財	53	51	偏印	21	52	劫財	52	53	正財	22	54	傷官	53	55	劫財	23	56	傷官	54	57	正財	25	58	傷官	55	59	比肩	26	60	正財	56	1	偏財
28	23	50	傷官	54	51	印綬	22	52	比肩	53	53	食神	23	54	比肩	54	55	比肩	24	56	食神	55	57	食神	26	58	食神	56	59	劫財	27	60	食神	57	1	傷官
29	24	50	食神				23	52	印綬	54	53	傷官	24	54	劫財	55	55	印綬	25	56	劫財	56	57	傷官	27	58	劫財	57	59	偏印	28	60	傷官	58	1	食神
30	25	50	劫財				24	52	偏印	55	53	比肩	25	54	偏印	56	55	偏印	26	56	比肩	57	57	比肩	28	58	比肩	58	59	印綬	29	60	比肩	59	1	劫財
31	26	50	比肩				25	52	正官				26	54	印綬				27	56	印綬	58	57	劫財				59	59	偏官				60	1	比肩

2024年生まれ 年干：41 2024/2/4-2025/2/2

	1月			2月			3月			4月			5月			6月			7月			8月			9月			10月			11月			12月		
日	日干	月干	中心星	日干	月干	中心星	日干	月干	中心星	日干	月干	中心星	日干	月干	中心星	日干	月干	中心星	日干	月干	中心星	日干	月干	中心星	日干	月干	中心星	日干	月干	中心星	日干	月干	中心星	日干	月干	中心星
1	1	1	印綬	32	2	偏財	1	3	比肩	32	4	比肩	2	5	正財	33	6	比肩	3	7	劫財	34	8	食神	5	9	食神	35	10	傷官	6	11	劫財	36	12	正財
2	2	1	偏印	33	2	傷官	2	3	劫財	33	4	印綬	3	5	食神	34	6	劫財	4	7	比肩	35	8	劫財	6	9	傷官	36	10	食神	7	11	偏印	37	12	食神
3	3	1	正官	34	2	食神	3	3	偏印	34	4	偏印	4	5	傷官	35	6	偏印	5	7	印綬	36	8	比肩	7	9	比肩	37	10	劫財	8	11	印綬	38	12	傷官
4	4	1	偏官	35	3	比肩	4	3	印綬	35	5	正官	5	5	比肩	36	6	印綬	6	7	偏印	37	8	印綬	8	9	劫財	38	10	比肩	9	11	偏官	39	12	比肩
5	5	1	正財	36	3	劫財	5	4	偏官	36	5	偏官	6	6	劫財	37	7	偏官	7	7	正官	38	8	偏印	9	9	偏印	39	10	印綬	10	11	正官	40	12	劫財
6	6	2	偏財	37	3	偏印	6	4	正官	37	5	正財	7	6	偏印	38	7	正官	8	8	偏官	39	8	正官	10	9	印綬	40	10	偏印	11	11	偏財	41	12	偏印
7	7	2	傷官	38	3	印綬	7	4	偏財	38	5	偏財	8	6	印綬	39	7	偏財	9	8	正財	40	9	正官	11	10	偏官	41	10	正官	12	12	正財	42	13	印綬
8	8	2	食神	39	3	偏官	8	4	正財	39	5	傷官	9	6	偏官	40	7	正財	10	8	偏財	41	9	偏財	12	10	正官	42	11	偏官	13	12	食神	43	13	偏官
9	9	2	劫財	40	3	正官	9	4	食神	40	5	食神	10	6	正官	41	7	食神	11	8	傷官	42	9	正財	13	10	偏財	43	11	正財	14	12	傷官	44	13	正官
10	10	2	比肩	41	3	偏財	10	4	傷官	41	5	劫財	11	6	偏財	42	7	傷官	12	8	食神	43	9	食神	14	10	正財	44	11	偏財	15	12	比肩	45	13	偏財
11	11	2	印綬	42	3	正財	11	4	比肩	42	5	比肩	12	6	正財	43	7	比肩	13	8	劫財	44	9	傷官	15	10	食神	45	11	傷官	16	12	劫財	46	13	正財
12	12	2	偏印	43	3	比肩	12	4	劫財	43	5	印綬	13	6	食神	44	7	劫財	14	8	比肩	45	9	比肩	16	10	傷官	46	11	食神	17	12	偏印	47	13	食神
13	13	2	正官	44	3	劫財	13	4	偏印	44	5	偏印	14	6	正財	45	7	偏印	15	8	印綬	46	9	劫財	17	10	比肩	47	11	劫財	18	12	印綬	48	13	傷官
14	14	2	偏官	45	3	偏印	14	4	印綬	45	5	正財	15	6	食神	46	7	印綬	16	8	偏印	47	9	偏印	18	10	劫財	48	11	比肩	19	12	偏官	49	13	比肩
15	15	2	正財	46	3	印綬	15	4	偏官	46	5	偏財	16	6	傷官	47	7	偏官	17	8	正官	48	9	傷官	19	10	偏印	49	11	印綬	20	12	傷官	50	13	劫財
16	16	2	食神	47	3	偏官	16	4	偏官	47	5	傷官	17	6	比肩	48	7	偏印	18	8	偏財	49	9	比肩	20	10	印綬	50	11	偏印	21	12	比肩	51	13	偏印
17	17	2	劫財	48	3	正官	17	4	正財	48	5	印綬	18	6	劫財	49	7	正官	19	8	傷官	50	9	劫財	21	10	偏官	51	11	正官	22	12	劫財	52	13	印綬
18	18	2	比肩	49	3	偏財	18	4	偏財	49	5	偏官	19	6	偏印	50	7	偏官	20	8	食神	51	9	偏印	22	10	偏官	52	11	食神	23	12	偏印	53	13	正官
19	19	2	正官	50	3	傷官	19	4	傷官	50	5	正官	20	6	印綬	51	7	正財	21	8	正財	52	9	印綬	23	10	正財	53	11	劫財	24	12	印綬	54	13	偏官
20	20	2	偏官	51	3	比肩	20	4	食神	51	5	偏財	21	6	食神	52	7	偏財	22	8	偏財	53	9	偏官	24	10	偏財	54	11	比肩	25	12	偏官	55	13	正財
21	21	2	正財	52	3	劫財	21	4	劫財	52	5	正財	22	6	傷官	53	7	傷官	23	8	傷官	54	9	正官	25	10	傷官	55	11	比肩	26	12	正官	56	13	偏財
22	22	2	偏財	53	3	偏印	22	4	比肩	53	5	食神	23	6	比肩	54	7	食神	24	8	食神	55	9	食神	26	10	食神	56	11	劫財	27	12	食神	57	13	傷官
23	23	2	傷官	54	3	印綬	23	4	印綬	54	5	傷官	24	6	劫財	55	7	劫財	25	8	劫財	56	9	傷官	27	10	劫財	57	11	偏印	28	12	傷官	58	13	食神
24	24	2	食神	55	3	偏官	24	4	偏印	55	5	比肩	25	6	偏印	56	7	比肩	26	8	比肩	57	9	比肩	28	10	比肩	58	11	印綬	29	12	比肩	59	13	劫財
25	25	2	劫財	56	3	正官	25	4	正官	56	5	劫財	26	6	印綬	57	7	印綬	27	8	印綬	58	9	劫財	29	10	印綬	59	11	偏官	30	12	劫財	60	13	比肩
26	26	2	比肩	57	3	偏財	26	4	偏官	57	5	偏印	27	6	偏官	58	7	偏官	28	8	偏印	59	9	偏印	30	10	偏印	60	11	正官	31	12	偏印	1	13	印綬
27	27	2	印綬	58	3	正財	27	4	正財	58	5	印綬	28	6	正官	59	7	正財	29	8	正官	60	9	印綬	31	10	正官	1	11	偏財	32	12	印綬	2	13	偏印
28	28	2	偏印	59	3	食神	28	4	偏財	59	5	偏官	29	6	偏財	60	7	偏財	30	8	偏官	1	9	偏官	32	10	偏官	2	11	正財	33	12	偏官	3	13	正官
29	29	2	正官	60	3	傷官	29	4	傷官	60	5	正官	30	6	正財	1	7	傷官	31	8	正財	2	9	正官	33	10	正財	3	11	食神	34	12	正官	4	13	偏官
30	30	2	偏官				30	4	食神	1	5	偏財	31	6	食神	2	7	食神	32	8	偏財	3	9	偏財	34	10	偏財	4	11	傷官	35	12	偏財	5	13	正財
31	31	2	正財				31	4	劫財				32	6	傷官				33	8	傷官	4	9	正財				5	11	比肩				6	13	偏財

2025年生まれ 年干：42 2025/2/3-2026/2/3

	1月			2月			3月			4月			5月			6月			7月			8月			9月			10月			11月			12月		
日	日干	月干	中心星	日干	月干	中心星	日干	月干	中心星	日干	月干	中心星	日干	月干	中心星	日干	月干	中心星	日干	月干	中心星	日干	月干	中心星	日干	月干	中心星	日干	月干	中心星	日干	月干	中心星	日干	月干	中心星
1	7	13	傷官	38	14	偏印	6	15	正官	37	16	正財	7	17	偏印	38	18	正官	8	19	偏官	39	20	正官	10	21	印綬	40	22	偏印	11	23	偏財	41	24	偏印
2	8	13	食神	39	14	正官	7	15	偏財	38	16	偏財	8	17	印綬	39	18	偏財	9	19	正財	40	20	偏官	11	21	偏官	41	22	正官	12	23	正財	42	24	印綬
3	9	13	劫財	40	15	正官	8	15	正財	39	16	傷官	9	17	偏官	40	18	正財	10	19	偏財	41	20	正財	12	21	正官	42	22	偏官	13	23	食神	43	24	偏官
4	10	13	比肩	41	15	偏財	9	15	食神	40	17	食神	10	17	正官	41	18	食神	11	19	傷官	42	20	偏財	13	21	偏財	43	22	正財	14	23	傷官	44	24	正官
5	11	14	印綬	42	15	正財	10	16	傷官	41	17	劫財	11	18	偏財	42	19	傷官	12	19	食神	43	20	傷官	14	21	正財	44	22	偏財	15	23	比肩	45	24	偏財
6	12	14	偏印	43	15	食神	11	16	比肩	42	17	比肩	12	18	正財	43	19	比肩	13	19	劫財	44	20	食神	15	21	食神	45	22	傷官	16	23	劫財	46	24	正財
7	13	14	正官	44	15	傷官	12	16	劫財	43	17	印綬	13	18	食神	44	19	劫財	14	20	比肩	45	21	比肩	16	22	傷官	46	22	食神	17	24	偏印	47	25	食神
8	14	14	偏官	45	15	比肩	13	16	偏印	44	17	偏印	14	18	傷官	45	19	偏印	15	20	印綬	46	21	劫財	17	22	比肩	47	23	劫財	18	24	印綬	48	25	傷官
9	15	14	正財	46	15	劫財	14	16	印綬	45	17	正官	15	18	比肩	46	19	印綬	16	20	偏印	47	21	偏印	18	22	劫財	48	23	比肩	19	24	偏官	49	25	比肩
10	16	14	偏財	47	15	偏印	15	16	偏官	46	17	偏官	16	18	劫財	47	19	偏官	17	20	正官	48	21	印綬	19	22	偏印	49	23	印綬	20	24	正官	50	25	劫財
11	17	14	傷官	48	15	正官	16	16	正官	47	17	正財	17	18	偏印	48	19	正官	18	20	偏官	49	21	偏官	20	22	印綬	50	23	偏印	21	24	偏財	51	25	偏印
12	18	14	食神	49	15	偏財	17	16	偏財	48	17	偏財	18	18	印綬	49	19	偏財	19	20	正財	50	21	正官	21	22	偏官	51	23	正官	22	24	正財	52	25	印綬
13	19	14	劫財	50	15	正財	18	16	正財	49	17	傷官	19	18	偏印	50	19	正財	20	20	偏財	51	21	偏財	22	22	正官	52	23	偏官	23	24	食神	53	25	偏官
14	20	14	比肩	51	15	食神	19	16	食神	50	17	比肩	20	18	印綬	51	19	食神	21	20	傷官	52	21	正財	23	22	偏財	53	23	正財	24	24	傷官	54	25	正官
15	21	14	正官	52	15	傷官	20	16	傷官	51	17	印綬	21	18	偏官	52	19	傷官	22	20	食神	53	21	偏官	24	22	正財	54	23	偏財	25	24	偏官	55	25	偏財
16	22	14	偏官	53	15	比肩	21	16	劫財	52	17	偏印	22	18	正官	53	19	傷官	23	20	劫財	54	21	正官	25	22	食神	55	23	傷官	26	24	正官	56	25	正財
17	23	14	正財	54	15	劫財	22	16	比肩	53	17	食神	23	18	偏財	54	19	食神	24	20	偏印	55	21	偏財	26	22	傷官	56	23	食神	27	24	偏財	57	25	食神
18	24	14	食神	55	15	偏官	23	16	印綬	54	17	傷官	24	18	正財	55	19	劫財	25	20	正官	56	21	正財	27	22	劫財	57	23	正官	28	24	正財	58	25	食神
19	25	14	劫財	56	15	正官	24	16	偏印	55	17	比肩	25	18	食神	56	19	比肩	26	20	偏官	57	21	食神	28	22	比肩	58	23	偏官	29	24	食神	59	25	劫財
20	26	14	比肩	57	15	偏財	25	16	正官	56	17	劫財	26	18	印綬	57	19	印綬	27	20	印綬	58	21	傷官	29	22	印綬	59	23	正財	30	24	傷官	60	25	比肩
21	27	14	印綬	58	15	正財	26	16	偏官	57	17	偏印	27	18	偏官	58	19	偏印	28	20	偏印	59	21	比肩	30	22	偏印	60	23	正官	31	24	比肩	1	25	印綬
22	28	14	偏印	59	15	食神	27	16	正財	58	17	印綬	28	18	正官	59	19	正官	29	20	正官	60	21	印綬	31	22	正官	1	23	偏財	32	24	印綬	2	25	偏印
23	29	14	正官	60	15	傷官	28	16	偏財	59	17	偏官	29	18	偏財	60	19	偏官	30	20	偏官	1	21	偏官	32	22	偏官	2	23	正財	33	24	偏官	3	25	正官
24	30	14	偏官	1	15	比肩	29	16	傷官	60	17	正官	30	18	正財	1	19	正財	31	20	正財	2	21	正官	33	22	正財	3	23	食神	34	24	正官	4	25	偏官
25	31	14	正財	2	15	劫財	30	16	食神	1	17	偏財	31	18	食神	2	19	偏財	32	20	偏財	3	21	偏財	34	22	偏財	4	23	傷官	35	24	偏財	5	25	正財
26	32	14	偏財	3	15	偏印	31	16	劫財	2	17	正財	32	18	傷官	3	19	劫財	33	20	傷官	4	21	正財	35	22	傷官	5	23	比肩	36	24	正財	6	25	偏財
27	33	14	傷官	4	15	印綬	32	16	比肩	3	17	食神	33	18	比肩	4	19	比肩	34	20	食神	5	21	食神	36	22	食神	6	23	劫財	37	24	食神	7	25	傷官
28	34	14	食神	5	15	偏官	33	16	印綬	4	17	傷官	34	18	劫財	5	19	印綬	35	20	劫財	6	21	傷官	37	22	劫財	7	23	偏印	38	24	傷官	8	25	食神
29	35	14	劫財				34	16	偏印	5	17	比肩	35	18	偏印	6	19	偏印	36	20	比肩	7	21	比肩	38	22	比肩	8	23	印綬	39	24	比肩	9	25	劫財
30	36	14	比肩				35	16	正官	6	17	劫財	36	18	印綬	7	19	正官	37	20	印綬	8	21	劫財	39	22	印綬	9	23	偏官	40	24	劫財	10	25	比肩
31	37	14	印綬				36	16	偏官				37	18	偏官				38	20	偏印	9	21	偏印				10	23	正官				11	25	印綬

2026年生まれ 年干:43 2026/2/4-2027/2/3

日	1月			2月			3月			4月			5月			6月			7月			8月			9月			10月			11月			12月		
	日干	月干	中心星	日干	月干	中心星	日干	月干	中心星	日干	月干	中心星	日干	月干	中心星	日干	月干	中心星	日干	月干	中心星	日干	月干	中心星	日干	月干	中心星	日干	月干	中心星	日干	月干	中心星	日干	月干	中心星
1	12	25	偏印	43	26	傷官	11	27	比肩	42	28	比肩	12	29	正財	43	30	比肩	13	31	劫財	44	32	食神	15	33	食神	45	34	傷官	16	35	劫財	46	36	正財
2	13	25	正官	44	26	食神	12	27	劫財	43	28	印綬	13	29	食神	44	30	劫財	14	31	比肩	45	32	劫財	16	33	傷官	46	34	食神	17	35	偏印	47	36	食神
3	14	25	偏官	45	26	劫財	13	27	偏印	44	28	偏印	14	29	傷官	45	30	偏印	15	31	印綬	46	32	比肩	17	33	比肩	47	34	劫財	18	35	印綬	48	36	傷官
4	15	25	正財	46	27	劫財	14	27	印綬	45	28	正官	15	29	比肩	46	30	印綬	16	31	偏印	47	32	印綬	18	33	劫財	48	34	比肩	19	35	偏官	49	36	比肩
5	16	26	偏財	47	27	偏印	15	28	偏官	46	29	偏官	16	30	劫財	47	30	偏官	17	31	正官	48	32	偏印	19	33	偏印	49	34	印綬	20	35	正官	50	36	劫財
6	17	26	傷官	48	27	印綬	16	28	正官	47	29	正財	17	30	偏印	48	31	正官	18	31	偏官	49	32	正官	20	33	印綬	50	34	偏印	21	35	偏財	51	36	偏印
7	18	26	食神	49	27	偏官	17	28	偏財	48	29	偏財	18	30	印綬	49	31	偏財	19	32	正財	50	33	正官	21	34	偏官	51	34	正官	22	36	正財	52	37	印綬
8	19	26	劫財	50	27	正官	18	28	正財	49	29	傷官	19	30	偏官	50	31	正財	20	32	偏財	51	33	偏財	22	34	正官	52	35	偏官	23	36	食神	53	37	偏官
9	20	26	比肩	51	27	偏財	19	28	食神	50	29	食神	20	30	正官	51	31	食神	21	32	傷官	52	33	正財	23	34	偏財	53	35	正財	24	36	傷官	54	37	正官
10	21	26	印綬	52	27	正財	20	28	傷官	51	29	劫財	21	30	偏財	52	31	傷官	22	32	食神	53	33	食神	24	34	正財	54	35	偏財	25	36	比肩	55	37	偏財
11	22	26	偏印	53	27	食神	21	28	比肩	52	29	比肩	22	30	正財	53	31	比肩	23	32	劫財	54	33	傷官	25	34	食神	55	35	傷官	26	36	劫財	56	37	正財
12	23	26	正官	54	27	劫財	22	28	劫財	53	29	印綬	23	30	食神	54	31	劫財	24	32	比肩	55	33	比肩	26	34	傷官	56	35	食神	27	36	偏印	57	37	食神
13	24	26	偏官	55	27	偏印	23	28	偏印	54	29	偏印	24	30	正財	55	31	偏印	25	32	印綬	56	33	劫財	27	34	比肩	57	35	劫財	28	36	印綬	58	37	傷官
14	25	26	正財	56	27	印綬	24	28	印綬	55	29	正官	25	30	食神	56	31	印綬	26	32	偏印	57	33	偏印	28	34	劫財	58	35	比肩	29	36	偏官	59	37	比肩
15	26	26	食神	57	27	偏官	25	28	偏官	56	29	偏財	26	30	傷官	57	31	偏官	27	32	正官	58	33	傷官	29	34	偏印	59	35	印綬	30	36	傷官	60	37	劫財
16	27	26	劫財	58	27	正官	26	28	偏官	57	29	傷官	27	30	比肩	58	31	正官	28	32	偏官	59	33	比肩	30	34	印綬	60	35	偏印	31	36	比肩	1	37	偏印
17	28	26	比肩	59	27	偏財	27	28	正財	58	29	食神	28	30	劫財	59	31	正官	29	32	傷官	60	33	劫財	31	34	偏官	1	35	正官	32	36	劫財	2	37	印綬
18	29	26	正官	60	27	正財	28	28	偏財	59	29	偏官	29	30	偏印	60	31	偏官	30	32	食神	1	33	偏印	32	34	偏官	2	35	食神	33	36	偏印	3	37	正官
19	30	26	偏官	1	27	比肩	29	28	傷官	60	29	正官	30	30	印綬	1	31	正財	31	32	劫財	2	33	印綬	33	34	正財	3	35	劫財	34	36	印綬	4	37	偏官
20	31	26	正財	2	27	劫財	30	28	食神	1	29	偏財	31	30	食神	2	31	偏財	32	32	偏財	3	33	偏官	34	34	偏財	4	35	比肩	35	36	偏官	5	37	正財
21	32	26	偏財	3	27	偏印	31	28	劫財	2	29	正財	32	30	傷官	3	31	傷官	33	32	偏官	4	33	正官	35	34	傷官	5	35	比肩	36	36	正官	6	37	偏財
22	33	26	傷官	4	27	印綬	32	28	比肩	3	29	食神	33	30	比肩	4	31	食神	34	32	食神	5	33	食神	36	34	食神	6	35	劫財	37	36	食神	7	37	偏官
23	34	26	食神	5	27	偏官	33	28	印綬	4	29	傷官	34	30	劫財	5	31	劫財	35	32	劫財	6	33	傷官	37	34	劫財	7	35	偏印	38	36	傷官	8	37	食神
24	35	26	劫財	6	27	正官	34	28	偏印	5	29	比肩	35	30	偏印	6	31	比肩	36	32	比肩	7	33	比肩	38	34	比肩	8	35	印綬	39	36	比肩	9	37	劫財
25	36	26	比肩	7	27	偏財	35	28	正官	6	29	劫財	36	30	印綬	7	31	印綬	37	32	印綬	8	33	劫財	39	34	印綬	9	35	偏官	40	36	劫財	10	37	比肩
26	37	26	印綬	8	27	正財	36	28	偏官	7	29	偏印	37	30	偏官	8	31	偏印	38	32	偏印	9	33	偏印	40	34	偏印	10	35	正官	41	36	偏印	11	37	印綬
27	38	26	偏印	9	27	食神	37	28	正財	8	29	印綬	38	30	正官	9	31	正財	39	32	正官	10	33	印綬	41	34	正官	11	35	偏財	42	36	印綬	12	37	偏印
28	39	26	正官	10	27	傷官	38	28	偏財	9	29	偏官	39	30	偏財	10	31	偏財	40	32	偏官	11	33	偏官	42	34	偏官	12	35	正財	43	36	偏官	13	37	正官
29	40	26	偏官				39	28	傷官	10	29	正官	40	30	正財	11	31	傷官	41	32	正財	12	33	正官	43	34	正財	13	35	食神	44	36	正官	14	37	偏官
30	41	26	正財				40	28	食神	11	29	偏財	41	30	食神	12	31	食神	42	32	偏財	13	33	偏財	44	34	偏財	14	35	傷官	45	36	偏財	15	37	正財
31	42	26	偏財				41	28	劫財				42	30	傷官				43	32	傷官	14	33	正財				15	35	比肩				16	37	偏財

2027年生まれ 年干:44 2027/2/4-2028/2/3

日	1月			2月			3月			4月			5月			6月			7月			8月			9月			10月			11月			12月		
	日干	月干	中心星	日干	月干	中心星	日干	月干	中心星	日干	月干	中心星	日干	月干	中心星	日干	月干	中心星	日干	月干	中心星	日干	月干	中心星	日干	月干	中心星	日干	月干	中心星	日干	月干	中心星	日干	月干	中心星
1	17	37	傷官	48	38	偏印	16	39	正官	47	40	正財	17	41	偏印	48	42	正官	18	43	偏官	49	44	正官	20	45	印綬	50	46	偏印	21	47	偏財	51	48	偏印
2	18	37	食神	49	38	正官	17	39	偏財	48	40	偏財	18	41	印綬	49	42	偏財	19	43	正財	50	44	偏官	21	45	偏官	51	46	正官	22	47	正財	52	48	印綬
3	19	37	劫財	50	38	偏官	18	39	正財	49	40	傷官	19	41	偏官	50	42	正財	20	43	偏財	51	44	正財	22	45	正官	52	46	偏官	23	47	食神	53	48	偏官
4	20	37	比肩	51	39	偏財	19	39	食神	50	40	食神	20	41	正官	51	42	食神	21	43	傷官	52	44	偏財	23	45	偏財	53	46	正財	24	47	傷官	54	48	正官
5	21	38	印綬	52	39	正財	20	39	傷官	51	41	劫財	21	41	偏財	52	42	傷官	22	43	食神	53	44	傷官	24	45	正財	54	46	偏財	25	47	比肩	55	48	偏財
6	22	38	偏印	53	39	食神	21	40	比肩	52	41	比肩	22	42	正財	53	43	比肩	23	43	劫財	54	44	食神	25	45	食神	55	46	傷官	26	47	劫財	56	48	正財
7	23	38	正官	54	39	傷官	22	40	劫財	53	41	印綬	23	42	食神	54	43	劫財	24	44	比肩	55	44	劫財	26	45	傷官	56	46	食神	27	47	偏印	57	49	食神
8	24	38	偏官	55	39	比肩	23	40	偏印	54	41	偏印	24	42	傷官	55	43	偏印	25	44	印綬	56	45	劫財	27	46	比肩	57	47	劫財	28	48	印綬	58	49	傷官
9	25	38	正財	56	39	劫財	24	40	印綬	55	41	正官	25	42	比肩	56	43	印綬	26	44	偏印	57	45	偏印	28	46	劫財	58	47	比肩	29	48	偏官	59	49	比肩
10	26	38	偏財	57	39	偏印	25	40	偏官	56	41	偏官	26	42	劫財	57	43	偏官	27	44	正官	58	45	印綬	29	46	偏印	59	47	印綬	30	48	正官	60	49	劫財
11	27	38	傷官	58	39	印綬	26	40	正官	57	41	正財	27	42	偏印	58	43	正官	28	44	偏官	59	45	偏官	30	46	印綬	60	47	偏印	31	48	偏財	1	49	偏印
12	28	38	食神	59	39	偏財	27	40	偏財	58	41	偏財	28	42	印綬	59	43	偏財	29	44	正財	60	45	正官	31	46	偏官	1	47	正官	32	48	正財	2	49	印綬
13	29	38	劫財	60	39	正財	28	40	正財	59	41	傷官	29	42	偏官	60	43	正財	30	44	偏財	1	45	偏財	32	46	正官	2	47	偏官	33	48	食神	3	49	偏官
14	30	38	比肩	1	39	食神	29	40	食神	60	41	食神	30	42	印綬	1	43	食神	31	44	傷官	2	45	正財	33	46	偏財	3	47	正財	34	48	傷官	4	49	正官
15	31	38	正官	2	39	傷官	30	40	傷官	1	41	印綬	31	42	偏官	2	43	傷官	32	44	食神	3	45	食神	34	46	正財	4	47	偏財	35	48	比肩	5	49	偏財
16	32	38	偏官	3	39	比肩	31	40	比肩	2	41	偏印	32	42	正官	3	43	比肩	33	44	劫財	4	45	正官	35	46	食神	5	47	傷官	36	48	正官	6	49	正財
17	33	38	正財	4	39	劫財	32	40	比肩	3	41	正官	33	42	偏財	4	43	食神	34	44	偏印	5	45	偏財	36	46	傷官	6	47	食神	37	48	偏財	7	49	食神
18	34	38	食神	5	39	偏印	33	40	印綬	4	41	傷官	34	42	正財	5	43	劫財	35	44	正官	6	45	正財	37	46	比肩	7	47	正官	38	48	正財	8	49	食神
19	35	38	劫財	6	39	正官	34	40	偏印	5	41	比肩	35	42	食神	6	43	比肩	36	44	偏官	7	45	食神	38	46	比肩	8	47	偏官	39	48	食神	9	49	劫財
20	36	38	比肩	7	39	偏財	35	40	正官	6	41	劫財	36	42	傷官	7	43	印綬	37	44	印綬	8	45	傷官	39	46	印綬	9	47	正財	40	48	傷官	10	49	比肩
21	37	38	印綬	8	39	正財	36	40	偏官	7	41	偏印	37	42	偏官	8	43	偏印	38	44	偏印	9	45	比肩	40	46	偏印	10	47	正官	41	48	比肩	11	49	印綬
22	38	38	偏印	9	39	食神	37	40	正財	8	41	印綬	38	42	正官	9	43	正官	39	44	正官	10	45	劫財	41	46	正官	11	47	偏財	42	48	劫財	12	49	偏印
23	39	38	正官	10	39	傷官	38	40	偏財	9	41	偏官	39	42	偏財	10	43	偏官	40	44	偏官	11	45	偏官	42	46	偏官	12	47	正財	43	48	偏官	13	49	正官
24	40	38	偏官	11	39	比肩	39	40	傷官	10	41	正官	40	42	正財	11	43	正財	41	44	正財	12	45	正官	43	46	正財	13	47	食神	44	48	正官	14	49	偏官
25	41	38	正財	12	39	劫財	40	40	食神	11	41	偏財	41	42	食神	12	43	偏財	42	44	偏財	13	45	偏財	44	46	偏財	14	47	傷官	45	48	偏財	15	49	正財
26	42	38	偏財	13	39	偏印	41	40	劫財	12	41	正財	42	42	傷官	13	43	傷官	43	44	傷官	14	45	正財	45	46	傷官	15	47	比肩	46	48	正財	16	49	偏財
27	43	38	傷官	14	39	印綬	42	40	比肩	13	41	食神	43	42	比肩	14	43	比肩	44	44	食神	15	45	食神	46	46	食神	16	47	劫財	47	48	食神	17	49	傷官
28	44	38	食神	15	39	偏官	43	40	印綬	14	41	傷官	44	42	劫財	15	43	印綬	45	44	劫財	16	45	傷官	47	46	劫財	17	47	偏印	48	48	傷官	18	49	食神
29	45	38	劫財				44	40	偏印	15	41	比肩	45	42	偏印	16	43	偏印	46	44	比肩	17	45	比肩	48	46	比肩	18	47	印綬	49	48	比肩	19	49	劫財
30	46	38	比肩				45	40	正官	16	41	劫財	46	42	印綬	17	43	正官	47	44	印綬	18	45	劫財	49	46	印綬	19	47	偏官	50	48	劫財	20	49	比肩
31	47	38	印綬				46	40	偏官				47	42	偏官				48	44	偏印	19	45	偏印				20	47	正官				21	49	印綬

2028年生まれ 年干：45 2028/2/4-2029/2/2

	1月			2月			3月			4月			5月			6月			7月			8月			9月			10月			11月			12月		
日	日干	月干	中心星	日干	月干	中心星	日干	月干	中心星	日干	月干	中心星	日干	月干	中心星	日干	月干	中心星	日干	月干	中心星	日干	月干	中心星	日干	月干	中心星	日干	月干	中心星	日干	月干	中心星	日干	月干	中心星
1	22	49	偏印	53	50	傷官	22	51	劫財	53	52	印綬	23	53	食神	54	54	劫財	24	55	比肩	55	56	劫財	26	57	傷官	56	58	食神	27	59	偏印	57	60	食神
2	23	49	正官	54	50	食神	23	51	偏印	54	52	偏印	24	53	傷官	55	54	偏印	25	55	印綬	56	56	比肩	27	57	比肩	57	58	劫財	28	59	印綬	58	60	傷官
3	24	49	偏官	55	50	劫財	24	51	印綬	55	52	正官	25	53	比肩	56	54	印綬	26	55	偏印	57	56	印綬	28	57	劫財	58	58	比肩	29	59	偏官	59	60	比肩
4	25	49	正財	56	51	劫財	25	51	偏官	56	53	偏官	26	53	劫財	57	54	偏官	27	55	正官	58	56	偏印	29	57	偏印	59	58	印綬	30	59	正官	60	60	劫財
5	26	49	偏財	57	51	偏印	26	52	正官	57	53	正財	27	54	偏印	58	55	正官	28	55	偏官	59	56	正官	30	57	印綬	60	58	偏印	31	59	偏財	1	60	偏印
6	27	50	傷官	58	51	印綬	27	52	偏財	58	53	偏財	28	54	印綬	59	55	偏財	29	56	正財	60	56	偏官	31	57	偏官	1	58	正官	32	59	正財	2	1	印綬
7	28	50	食神	59	51	偏官	28	52	正財	59	53	傷官	29	54	偏官	60	55	正財	30	56	偏財	1	57	偏財	32	58	正官	2	58	偏官	33	60	食神	3	1	偏官
8	29	50	劫財	60	51	正官	29	52	食神	60	53	食神	30	54	正官	1	55	食神	31	56	傷官	2	57	正財	33	58	偏財	3	59	正財	34	60	傷官	4	1	正官
9	30	50	比肩	1	51	偏財	30	52	傷官	1	53	劫財	31	54	偏財	2	55	傷官	32	56	食神	3	57	食神	34	58	正財	4	59	偏財	35	60	比肩	5	1	偏財
10	31	50	印綬	2	51	正財	31	52	比肩	2	53	比肩	32	54	正財	3	55	比肩	33	56	劫財	4	57	傷官	35	58	食神	5	59	傷官	36	60	劫財	6	1	正財
11	32	50	偏印	3	51	食神	32	52	劫財	3	53	印綬	33	54	食神	4	55	劫財	34	56	比肩	5	57	比肩	36	58	傷官	6	59	食神	37	60	偏印	7	1	食神
12	33	50	正官	4	51	劫財	33	52	偏印	4	53	偏印	34	54	傷官	5	55	偏印	35	56	印綬	6	57	劫財	37	58	比肩	7	59	劫財	38	60	印綬	8	1	傷官
13	34	50	偏官	5	51	偏印	34	52	印綬	5	53	正官	35	54	食神	6	55	印綬	36	56	偏印	7	57	偏印	38	58	劫財	8	59	比肩	39	60	偏官	9	1	比肩
14	35	50	正財	6	51	印綬	35	52	偏官	6	53	偏財	36	54	傷官	7	55	偏官	37	56	正官	8	57	印綬	39	58	偏印	9	59	印綬	40	60	正官	10	1	劫財
15	36	50	偏財	7	51	偏官	36	52	正官	7	53	傷官	37	54	比肩	8	55	正官	38	56	偏官	9	57	比肩	40	58	印綬	10	59	偏印	41	60	比肩	11	1	偏印
16	37	50	劫財	8	51	正官	37	52	正財	8	53	食神	38	54	劫財	9	55	正官	39	56	傷官	10	57	劫財	41	58	偏官	11	59	正官	42	60	劫財	12	1	印綬
17	38	50	比肩	9	51	偏財	38	52	偏財	9	53	偏官	39	54	偏印	10	55	偏官	40	56	食神	11	57	偏印	42	58	正官	12	59	偏官	43	60	偏印	13	1	正官
18	39	50	印綬	10	51	正財	39	52	傷官	10	53	正官	40	54	印綬	11	55	正財	41	56	劫財	12	57	印綬	43	58	正財	13	59	劫財	44	60	印綬	14	1	偏官
19	40	50	偏官	11	51	比肩	40	52	食神	11	53	偏財	41	54	偏官	12	55	偏財	42	56	偏財	13	57	偏官	44	58	偏財	14	59	比肩	45	60	偏官	15	1	正財
20	41	50	正財	12	51	劫財	41	52	劫財	12	53	正財	42	54	傷官	13	55	傷官	43	56	傷官	14	57	正官	45	58	傷官	15	59	印綬	46	60	正官	16	1	偏財
21	42	50	偏財	13	51	偏印	42	52	比肩	13	53	食神	43	54	比肩	14	55	食神	44	56	食神	15	57	偏財	46	58	食神	16	59	劫財	47	60	偏財	17	1	傷官
22	43	50	傷官	14	51	印綬	43	52	印綬	14	53	傷官	44	54	劫財	15	55	劫財	45	56	劫財	16	57	傷官	47	58	劫財	17	59	偏印	48	60	傷官	18	1	食神
23	44	50	食神	15	51	偏官	44	52	偏印	15	53	比肩	45	54	偏印	16	55	比肩	46	56	比肩	17	57	比肩	48	58	比肩	18	59	印綬	49	60	比肩	19	1	劫財
24	45	50	劫財	16	51	正官	45	52	正官	16	53	劫財	46	54	印綬	17	55	印綬	47	56	印綬	18	57	劫財	49	58	印綬	19	59	偏官	50	60	劫財	20	1	比肩
25	46	50	比肩	17	51	偏財	46	52	偏官	17	53	偏印	47	54	偏官	18	55	偏印	48	56	偏印	19	57	偏印	50	58	偏印	20	59	正官	51	60	偏印	21	1	印綬
26	47	50	印綬	18	51	正財	47	52	正財	18	53	印綬	48	54	正官	19	55	正財	49	56	正官	20	57	印綬	51	58	正官	21	59	偏財	52	60	印綬	22	1	偏印
27	48	50	偏印	19	51	食神	48	52	偏財	19	53	偏官	49	54	偏財	20	55	偏財	50	56	偏官	21	57	偏官	52	58	偏官	22	59	正財	53	60	偏官	23	1	正官
28	49	50	正官	20	51	傷官	49	52	傷官	20	53	正官	50	54	正財	21	55	傷官	51	56	正財	22	57	正官	53	58	正財	23	59	食神	54	60	正官	24	1	偏官
29	50	50	偏官	21	51	比肩	50	52	食神	21	53	偏財	51	54	食神	22	55	食神	52	56	偏財	23	57	偏財	54	58	偏財	24	59	傷官	55	60	偏財	25	1	正財
30	51	50	正財				51	52	劫財	22	53	正財	52	54	傷官	23	55	劫財	53	56	傷官	24	57	正財	55	58	傷官	25	59	比肩	56	60	正財	26	1	偏財
31	52	50	偏財				52	52	比肩				53	54	比肩				54	56	食神	25	57	食神				26	59	劫財				27	1	傷官

2029年生まれ 年干：46 2029/2/3-2030/2/3

	1月			2月			3月			4月			5月			6月			7月			8月			9月			10月			11月			12月		
日	日干	月干	中心星	日干	月干	中心星	日干	月干	中心星	日干	月干	中心星	日干	月干	中心星	日干	月干	中心星	日干	月干	中心星	日干	月干	中心星	日干	月干	中心星	日干	月干	中心星	日干	月干	中心星	日干	月干	中心星
1	28	1	食神	59	2	正官	27	3	偏財	58	4	偏財	28	5	印綬	59	6	偏財	29	7	正財	60	8	偏官	31	9	偏官	1	10	正官	32	11	正財	2	12	印綬
2	29	1	劫財	60	2	偏官	28	3	正財	59	4	傷官	29	5	偏官	60	6	正財	30	7	偏財	1	8	正財	32	9	正官	2	10	偏官	33	11	食神	3	12	偏官
3	30	1	比肩	1	3	偏財	29	3	食神	60	4	食神	30	5	正官	1	6	食神	31	7	傷官	2	8	偏財	33	9	偏財	3	10	正財	34	11	傷官	4	12	正官
4	31	1	印綬	2	3	正財	30	3	傷官	1	5	劫財	31	5	偏財	2	6	傷官	32	7	食神	3	8	傷官	34	9	正財	4	10	偏財	35	11	比肩	5	12	偏財
5	32	2	偏印	3	3	食神	31	4	比肩	2	5	比肩	32	6	正財	3	7	比肩	33	7	劫財	4	8	食神	35	9	食神	5	10	傷官	36	11	劫財	6	12	正財
6	33	2	正官	4	3	傷官	32	4	劫財	3	5	印綬	33	6	食神	4	7	劫財	34	7	比肩	5	8	劫財	36	9	傷官	6	10	食神	37	11	偏印	7	12	食神
7	34	2	偏官	5	3	比肩	33	4	偏印	4	5	偏印	34	6	傷官	5	7	偏印	35	8	印綬	6	9	劫財	37	10	比肩	7	10	劫財	38	12	印綬	8	13	傷官
8	35	2	正財	6	3	劫財	34	4	印綬	5	5	正官	35	6	比肩	6	7	印綬	36	8	偏印	7	9	偏印	38	10	劫財	8	11	比肩	39	12	偏官	9	13	比肩
9	36	2	偏財	7	3	偏印	35	4	偏官	6	5	偏官	36	6	劫財	7	7	偏官	37	8	正官	8	9	印綬	39	10	偏印	9	11	印綬	40	12	正官	10	13	劫財
10	37	2	傷官	8	3	印綬	36	4	正官	7	5	正財	37	6	偏印	8	7	正官	38	8	偏官	9	9	偏官	40	10	印綬	10	11	偏印	41	12	偏財	11	13	偏印
11	38	2	食神	9	3	偏財	37	4	偏財	8	5	偏財	38	6	印綬	9	7	偏財	39	8	正財	10	9	正官	41	10	偏官	11	11	正官	42	12	正財	12	13	印綬
12	39	2	劫財	10	3	正財	38	4	正財	9	5	傷官	39	6	偏官	10	7	正財	40	8	偏財	11	9	偏財	42	10	正官	12	11	偏官	43	12	食神	13	13	偏官
13	40	2	比肩	11	3	食神	39	4	食神	10	5	食神	40	6	印綬	11	7	食神	41	8	傷官	12	9	正財	43	10	偏財	13	11	正財	44	12	傷官	14	13	正官
14	41	2	印綬	12	3	傷官	40	4	傷官	11	5	印綬	41	6	偏官	12	7	傷官	42	8	食神	13	9	食神	44	10	正財	14	11	偏財	45	12	比肩	15	13	偏財
15	42	2	偏官	13	3	比肩	41	4	比肩	12	5	偏印	42	6	正官	13	7	比肩	43	8	劫財	14	9	正官	45	10	食神	15	11	傷官	46	12	正官	16	13	正財
16	43	2	正財	14	3	劫財	42	4	比肩	13	5	正官	43	6	偏財	14	7	食神	44	8	比肩	15	9	偏財	46	10	傷官	16	11	食神	47	12	偏財	17	13	食神
17	44	2	偏財	15	3	偏印	43	4	印綬	14	5	傷官	44	6	正財	15	7	劫財	45	8	正官	16	9	正財	47	10	比肩	17	11	劫財	48	12	正財	18	13	傷官
18	45	2	劫財	16	3	正官	44	4	偏印	15	5	比肩	45	6	食神	16	7	比肩	46	8	偏官	17	9	食神	48	10	比肩	18	11	偏官	49	12	食神	19	13	劫財
19	46	2	比肩	17	3	偏財	45	4	正官	16	5	劫財	46	6	傷官	17	7	印綬	47	8	正財	18	9	傷官	49	10	印綬	19	11	正財	50	12	傷官	20	13	比肩
20	47	2	印綬	18	3	正財	46	4	偏官	17	5	偏印	47	6	偏官	18	7	偏印	48	8	偏印	19	9	比肩	50	10	偏印	20	11	偏財	51	12	比肩	21	13	印綬
21	48	2	偏印	19	3	食神	47	4	正財	18	5	印綬	48	6	正官	19	7	正官	49	8	正官	20	9	劫財	51	10	正官	21	11	偏財	52	12	劫財	22	13	偏印
22	49	2	正官	20	3	傷官	48	4	偏財	19	5	偏官	49	6	偏財	20	7	偏官	50	8	偏官	21	9	偏官	52	10	偏官	22	11	正財	53	12	偏官	23	13	正官
23	50	2	偏官	21	3	比肩	49	4	傷官	20	5	正官	50	6	正財	21	7	正財	51	8	正財	22	9	正官	53	10	正財	23	11	食神	54	12	正官	24	13	偏官
24	51	2	正財	22	3	劫財	50	4	食神	21	5	偏財	51	6	食神	22	7	偏財	52	8	偏財	23	9	偏財	54	10	偏財	24	11	傷官	55	12	偏財	25	13	正財
25	52	2	偏財	23	3	偏印	51	4	劫財	22	5	正財	52	6	傷官	23	7	傷官	53	8	傷官	24	9	正財	55	10	傷官	25	11	比肩	56	12	正財	26	13	偏財
26	53	2	傷官	24	3	印綬	52	4	比肩	23	5	食神	53	6	比肩	24	7	比肩	54	8	食神	25	9	食神	56	10	食神	26	11	劫財	57	12	食神	27	13	傷官
27	54	2	食神	25	3	偏官	53	4	印綬	24	5	傷官	54	6	劫財	25	7	印綬	55	8	劫財	26	9	傷官	57	10	劫財	27	11	偏印	58	12	傷官	28	13	食神
28	55	2	劫財	26	3	正官	54	4	偏印	25	5	比肩	55	6	偏印	26	7	偏印	56	8	比肩	27	9	比肩	58	10	比肩	28	11	印綬	59	12	比肩	29	13	劫財
29	56	2	比肩				55	4	正官	26	5	劫財	56	6	印綬	27	7	正官	57	8	印綬	28	9	劫財	59	10	印綬	29	11	偏官	60	12	劫財	30	13	比肩
30	57	2	印綬				56	4	偏官	27	5	偏印	57	6	偏官	28	7	偏官	58	8	偏印	29	9	偏印	60	10	偏印	30	11	正官	1	12	偏印	31	13	印綬
31	58	2	偏印				57	4	正財				58	6	正官				59	8	正官	30	9	印綬				31	11	偏財				32	13	偏印

2030年生まれ 年干:47 2030/2/4-2031/2/3

	1月			2月			3月			4月			5月			6月			7月			8月			9月			10月			11月			12月		
日	日干	月干	中心星	日干	月干	中心星	日干	月干	中心星	日干	月干	中心星	日干	月干	中心星	日干	月干	中心星	日干	月干	中心星	日干	月干	中心星	日干	月干	中心星	日干	月干	中心星	日干	月干	中心星	日干	月干	中心星
1	33	13	正官	4	14	食神	32	15	劫財	3	16	印綬	33	17	食神	4	18	劫財	34	19	比肩	5	20	劫財	36	21	傷官	6	22	食神	37	23	偏印	7	24	食神
2	34	13	偏官	5	14	劫財	33	15	偏印	4	16	偏印	34	17	傷官	5	18	偏印	35	19	印綬	6	20	比肩	37	21	比肩	7	22	劫財	38	23	印綬	8	24	傷官
3	35	13	正財	6	14	比肩	34	15	印綬	5	16	正官	35	17	比肩	6	18	印綬	36	19	偏印	7	20	印綬	38	21	劫財	8	22	比肩	39	23	偏官	9	24	比肩
4	36	13	偏財	7	15	偏印	35	15	偏官	6	16	偏官	36	17	劫財	7	18	偏官	37	19	正官	8	20	偏印	39	21	偏印	9	22	印綬	40	23	正官	10	24	劫財
5	37	14	傷官	8	15	印綬	36	16	正官	7	17	正財	37	18	偏印	8	19	正官	38	19	偏官	9	20	正官	40	21	印綬	10	22	偏印	41	23	偏財	11	24	偏印
6	38	14	食神	9	15	偏官	37	16	偏財	8	17	偏財	38	18	印綬	9	19	偏財	39	19	正財	10	20	偏官	41	21	偏官	11	22	正官	42	23	正財	12	24	印綬
7	39	14	劫財	10	15	正官	38	16	正財	9	17	傷官	39	18	偏官	10	19	正財	40	20	偏財	11	21	偏財	42	22	正官	12	22	偏官	43	24	食神	13	25	偏官
8	40	14	比肩	11	15	偏財	39	16	食神	10	17	食神	40	18	正官	11	19	食神	41	20	傷官	12	21	正財	43	22	偏財	13	23	正財	44	24	傷官	14	25	正官
9	41	14	印綬	12	15	正財	40	16	傷官	11	17	劫財	41	18	偏財	12	19	傷官	42	20	食神	13	21	食神	44	22	正財	14	23	偏財	45	24	比肩	15	25	偏財
10	42	14	偏印	13	15	食神	41	16	比肩	12	17	比肩	42	18	正財	13	19	比肩	43	20	劫財	14	21	傷官	45	22	食神	15	23	傷官	46	24	劫財	16	25	正財
11	43	14	正官	14	15	傷官	42	16	劫財	13	17	印綬	43	18	食神	14	19	劫財	44	20	比肩	15	21	比肩	46	22	傷官	16	23	食神	47	24	偏印	17	25	食神
12	44	14	偏官	15	15	偏印	43	16	偏印	14	17	偏印	44	18	傷官	15	19	偏印	45	20	印綬	16	21	劫財	47	22	比肩	17	23	劫財	48	24	印綬	18	25	傷官
13	45	14	正財	16	15	印綬	44	16	印綬	15	17	正官	45	18	食神	16	19	印綬	46	20	偏印	17	21	偏印	48	22	劫財	18	23	比肩	49	24	偏官	19	25	比肩
14	46	14	偏財	17	15	偏官	45	16	偏官	16	17	偏官	46	18	傷官	17	19	偏官	47	20	正官	18	21	印綬	49	22	偏印	19	23	印綬	50	24	正官	20	25	劫財
15	47	14	劫財	18	15	正官	46	16	正官	17	17	傷官	47	18	比肩	18	19	正官	48	20	偏官	19	21	比肩	50	22	印綬	20	23	偏印	51	24	比肩	21	25	偏印
16	48	14	比肩	19	15	偏財	47	16	正財	18	17	食神	48	18	劫財	19	19	正官	49	20	正財	20	21	劫財	51	22	偏官	21	23	正官	52	24	劫財	22	25	印綬
17	49	14	印綬	20	15	正財	48	16	偏財	19	17	劫財	49	18	偏印	20	19	偏官	50	20	食神	21	21	偏印	52	22	正官	22	23	偏官	53	24	偏印	23	25	偏官
18	50	14	正官	21	15	食神	49	16	傷官	20	17	正官	50	18	印綬	21	19	正財	51	20	劫財	22	21	印綬	53	22	正財	23	23	劫財	54	24	印綬	24	25	偏官
19	51	14	偏官	22	15	劫財	50	16	食神	21	17	偏財	51	18	偏官	22	19	偏財	52	20	比肩	23	21	偏官	54	22	偏財	24	23	比肩	55	24	偏官	25	25	正財
20	52	14	偏財	23	15	偏印	51	16	劫財	22	17	正財	52	18	偏官	23	19	傷官	53	20	傷官	24	21	正官	55	22	傷官	25	23	印綬	56	24	正官	26	25	偏財
21	53	14	傷官	24	15	印綬	52	16	比肩	23	17	食神	53	18	比肩	24	19	食神	54	20	食神	25	21	偏財	56	22	食神	26	23	劫財	57	24	偏財	27	25	傷官
22	54	14	食神	25	15	偏官	53	16	印綬	24	17	傷官	54	18	劫財	25	19	劫財	55	20	劫財	26	21	傷官	57	22	劫財	27	23	偏印	58	24	傷官	28	25	食神
23	55	14	劫財	26	15	正官	54	16	偏印	25	17	比肩	55	18	偏印	26	19	比肩	56	20	比肩	27	21	比肩	58	22	比肩	28	23	印綬	59	24	比肩	29	25	劫財
24	56	14	比肩	27	15	偏財	55	16	正官	26	17	劫財	56	18	印綬	27	19	印綬	57	20	印綬	28	21	劫財	59	22	印綬	29	23	偏官	60	24	劫財	30	25	比肩
25	57	14	印綬	28	15	正財	56	16	偏官	27	17	偏印	57	18	偏官	28	19	偏印	58	20	偏印	29	21	偏印	60	22	偏印	30	23	正官	1	24	偏印	31	25	印綬
26	58	14	偏印	29	15	食神	57	16	正財	28	17	印綬	58	18	正官	29	19	正財	59	20	正官	30	21	印綬	1	22	正官	31	23	偏財	2	24	印綬	32	25	偏印
27	59	14	正官	30	15	傷官	58	16	偏財	29	17	偏官	59	18	偏財	30	19	偏財	60	20	偏官	31	21	偏官	2	22	偏官	32	23	正財	3	24	偏官	33	25	正官
28	60	14	偏官	31	15	比肩	59	16	傷官	30	17	正官	60	18	正財	31	19	傷官	1	20	正財	32	21	正官	3	22	正財	33	23	食神	4	24	正官	34	25	偏官
29	1	14	正財				60	16	食神	31	17	偏財	1	18	食神	32	19	食神	2	20	偏財	33	21	偏財	4	22	偏財	34	23	傷官	5	24	偏財	35	25	正財
30	2	14	偏財				1	16	劫財	32	17	正財	2	18	傷官	33	19	劫財	3	20	傷官	34	21	正財	5	22	傷官	35	23	比肩	6	24	正財	36	25	偏財
31	3	14	傷官				2	16	比肩				3	18	比肩				4	20	食神	35	21	食神				36	23	劫財				37	25	傷官

2031年生まれ 年干:48 2031/2/4-2032/2/3

	1月			2月			3月			4月			5月			6月			7月			8月			9月			10月			11月			12月		
日	日干	月干	中心星	日干	月干	中心星	日干	月干	中心星	日干	月干	中心星	日干	月干	中心星	日干	月干	中心星	日干	月干	中心星	日干	月干	中心星	日干	月干	中心星	日干	月干	中心星	日干	月干	中心星	日干	月干	中心星
1	38	25	食神	9	26	正官	37	27	偏財	8	28	偏財	38	29	印綬	9	30	偏財	39	31	正財	10	32	偏官	41	33	偏官	11	34	正官	42	35	正財	12	36	印綬
2	39	25	劫財	10	26	偏官	38	27	正財	9	28	正財	39	29	偏官	10	30	正財	40	31	偏財	11	32	正財	42	33	正官	12	34	偏官	43	35	食神	13	36	偏官
3	40	25	比肩	11	26	正財	39	27	食神	10	28	食神	40	29	正官	11	30	食神	41	31	傷官	12	32	偏財	43	33	偏財	13	34	正財	44	35	傷官	14	36	正官
4	41	25	印綬	12	27	正財	40	27	傷官	11	28	劫財	41	29	偏財	12	30	傷官	42	31	食神	13	32	傷官	44	33	正財	14	34	偏財	45	35	比肩	15	36	偏財
5	42	26	偏印	13	27	食神	41	27	比肩	12	29	比肩	42	29	正財	13	30	比肩	43	31	劫財	14	32	食神	45	33	食神	15	34	傷官	46	35	劫財	16	36	正財
6	43	26	正官	14	27	傷官	42	28	劫財	13	29	印綬	43	30	食神	14	31	劫財	44	31	比肩	15	32	劫財	46	33	傷官	16	34	食神	47	35	偏印	17	36	食神
7	44	26	偏官	15	27	比肩	43	28	偏印	14	29	偏印	44	30	傷官	15	31	偏印	45	32	印綬	16	32	比肩	47	33	比肩	17	34	劫財	48	35	印綬	18	37	傷官
8	45	26	正財	16	27	劫財	44	28	印綬	15	29	正官	45	30	比肩	16	31	印綬	46	32	偏印	17	33	偏印	48	34	劫財	18	35	比肩	49	36	偏官	19	37	比肩
9	46	26	偏財	17	27	偏印	45	28	偏官	16	29	偏官	46	30	劫財	17	31	偏官	47	32	正官	18	33	印綬	49	34	偏印	19	35	印綬	50	36	正官	20	37	劫財
10	47	26	傷官	18	27	印綬	46	28	正官	17	29	正財	47	30	偏印	18	31	正官	48	32	偏官	19	33	偏官	50	34	印綬	20	35	偏印	51	36	偏財	21	37	偏印
11	48	26	食神	19	27	偏官	47	28	偏財	18	29	偏財	48	30	印綬	19	31	偏財	49	32	正財	20	33	正官	51	34	偏官	21	35	正官	52	36	正財	22	37	印綬
12	49	26	劫財	20	27	正財	48	28	正財	19	29	傷官	49	30	偏官	20	31	正財	50	32	偏財	21	33	偏財	52	34	正官	22	35	偏官	53	36	食神	23	37	偏官
13	50	26	比肩	21	27	食神	49	28	食神	20	29	食神	50	30	正官	21	31	食神	51	32	傷官	22	33	正財	53	34	偏財	23	35	正財	54	36	傷官	24	37	正官
14	51	26	印綬	22	27	傷官	50	28	傷官	21	29	劫財	51	30	偏官	22	31	傷官	52	32	食神	23	33	食神	54	34	正財	24	35	偏財	55	36	比肩	25	37	偏財
15	52	26	偏官	23	27	比肩	51	28	比肩	22	29	偏印	52	30	正官	23	31	比肩	53	32	劫財	24	33	傷官	55	34	食神	25	35	傷官	56	36	劫財	26	37	正財
16	53	26	正財	24	27	劫財	52	28	劫財	23	29	正官	53	30	偏財	24	31	劫財	54	32	比肩	25	33	偏財	56	34	傷官	26	35	食神	57	36	偏財	27	37	食神
17	54	26	偏財	25	27	偏印	53	28	印綬	24	29	偏官	54	30	正財	25	31	劫財	55	32	正官	26	33	正財	57	34	比肩	27	35	劫財	58	36	正財	28	37	傷官
18	55	26	劫財	26	27	印綬	54	28	偏印	25	29	比肩	55	30	食神	26	31	比肩	56	32	偏官	27	33	食神	58	34	劫財	28	35	偏官	59	36	食神	29	37	劫財
19	56	26	比肩	27	27	偏財	55	28	正官	26	29	劫財	56	30	傷官	27	31	印綬	57	32	正財	28	33	傷官	59	34	印綬	29	35	正財	60	36	傷官	30	37	比肩
20	57	26	印綬	28	27	正財	56	28	偏官	27	29	偏印	57	30	比肩	28	31	偏印	58	32	偏印	29	33	比肩	60	34	偏印	30	35	偏財	1	36	比肩	31	37	印綬
21	58	26	偏印	29	27	食神	57	28	正財	28	29	印綬	58	30	正官	29	31	正官	59	32	正官	30	33	劫財	1	34	正官	31	35	偏財	2	36	劫財	32	37	偏印
22	59	26	正官	30	27	傷官	58	28	偏財	29	29	偏官	59	30	偏財	30	31	偏官	60	32	偏官	31	33	偏印	2	34	偏官	32	35	正財	3	36	偏印	33	37	正官
23	60	26	偏官	31	27	比肩	59	28	傷官	30	29	正官	60	30	正財	31	31	正財	1	32	正財	32	33	正官	3	34	正財	33	35	食神	4	36	正官	34	37	偏官
24	1	26	正財	32	27	劫財	60	28	食神	31	29	偏財	1	30	食神	32	31	偏財	2	32	偏財	33	33	偏財	4	34	偏財	34	35	傷官	5	36	偏財	35	37	正財
25	2	26	偏財	33	27	偏印	1	28	劫財	32	29	正財	2	30	傷官	33	31	傷官	3	32	傷官	34	33	正財	5	34	傷官	35	35	比肩	6	36	正財	36	37	偏財
26	3	26	傷官	34	27	印綬	2	28	比肩	33	29	食神	3	30	比肩	34	31	食神	4	32	食神	35	33	食神	6	34	食神	36	35	劫財	7	36	食神	37	37	傷官
27	4	26	食神	35	27	偏官	3	28	印綬	34	29	傷官	4	30	劫財	35	31	印綬	5	32	劫財	36	33	傷官	7	34	劫財	37	35	偏印	8	36	傷官	38	37	食神
28	5	26	劫財	36	27	正官	4	28	偏印	35	29	比肩	5	30	偏印	36	31	偏印	6	32	比肩	37	33	比肩	8	34	比肩	38	35	印綬	9	36	比肩	39	37	劫財
29	6	26	比肩				5	28	正官	36	29	劫財	6	30	印綬	37	31	正官	7	32	印綬	38	33	劫財	9	34	印綬	39	35	偏官	10	36	劫財	40	37	比肩
30	7	26	印綬				6	28	偏官	37	29	偏印	7	30	偏官	38	31	偏官	8	32	偏印	39	33	偏印	10	34	偏印	40	35	正官	11	36	偏印	41	37	印綬
31	8	26	偏印				7	28	正財				8	30	正官				9	32	正官	40	33	印綬				41	35	偏財				42	37	偏印

2032年生まれ 年干：49 2032/2/4-2033/2/2

	1月			2月			3月			4月			5月			6月			7月			8月			9月			10月			11月			12月		
日	日干	月干	中心星	日干	月干	中心星	日干	月干	中心星	日干	月干	中心星	日干	月干	中心星	日干	月干	中心星	日干	月干	中心星	日干	月干	中心星	日干	月干	中心星	日干	月干	中心星	日干	月干	中心星	日干	月干	中心星
1	43	37	正官	14	38	食神	43	39	偏印	14	40	偏印	44	41	傷官	15	42	偏印	45	43	印綬	16	44	比肩	47	45	比肩	17	46	劫財	48	47	印綬	18	48	傷官
2	44	37	偏官	15	38	劫財	44	39	印綬	15	40	正官	45	41	比肩	16	42	印綬	46	43	偏印	17	44	印綬	48	45	劫財	18	46	比肩	49	47	偏官	19	48	比肩
3	45	37	正財	16	38	比肩	45	39	偏官	16	40	偏官	46	41	劫財	17	42	偏官	47	43	正官	18	44	偏印	49	45	偏印	19	46	印綬	50	47	正官	20	48	劫財
4	46	37	偏財	17	39	偏印	46	39	正官	17	41	正財	47	41	偏印	18	42	正官	48	43	偏官	19	44	正官	50	45	印綬	20	46	偏印	51	47	偏財	21	48	偏印
5	47	37	傷官	18	39	印綬	47	40	偏財	18	41	偏財	48	42	印綬	19	43	偏財	49	43	正財	20	44	偏官	51	45	偏官	21	46	正官	52	47	正財	22	48	印綬
6	48	38	食神	19	39	偏官	48	40	正財	19	41	傷官	49	42	偏官	20	43	正財	50	44	偏財	21	44	正財	52	45	正官	22	46	偏官	53	47	食神	23	49	偏官
7	49	38	劫財	20	39	正官	49	40	食神	20	41	食神	50	42	正官	21	43	食神	51	44	傷官	22	45	正財	53	46	偏財	23	46	正財	54	48	傷官	24	49	正官
8	50	38	比肩	21	39	偏財	50	40	傷官	21	41	劫財	51	42	偏財	22	43	傷官	52	44	食神	23	45	食神	54	46	正財	24	47	偏財	55	48	比肩	25	49	偏財
9	51	38	印綬	22	39	正財	51	40	比肩	22	41	比肩	52	42	正財	23	43	比肩	53	44	劫財	24	45	傷官	55	46	食神	25	47	傷官	56	48	劫財	26	49	正財
10	52	38	偏印	23	39	食神	52	40	劫財	23	41	印綬	53	42	食神	24	43	劫財	54	44	比肩	25	45	比肩	56	46	傷官	26	47	食神	57	48	偏印	27	49	食神
11	53	38	正官	24	39	傷官	53	40	偏印	24	41	偏印	54	42	傷官	25	43	偏印	55	44	印綬	26	45	劫財	57	46	比肩	27	47	劫財	58	48	印綬	28	49	傷官
12	54	38	偏官	25	39	偏印	54	40	印綬	25	41	正官	55	42	比肩	26	43	印綬	56	44	偏印	27	45	偏印	58	46	劫財	28	47	比肩	59	48	偏官	29	49	比肩
13	55	38	正財	26	39	印綬	55	40	偏官	26	41	偏官	56	42	傷官	27	43	偏官	57	44	正官	28	45	印綬	59	46	偏印	29	47	印綬	60	48	正官	30	49	劫財
14	56	38	偏財	27	39	偏官	56	40	正官	27	41	傷官	57	42	比肩	28	43	正官	58	44	偏官	29	45	偏官	60	46	印綬	30	47	偏印	1	48	偏財	31	49	偏印
15	57	38	傷官	28	39	正官	57	40	偏財	28	41	食神	58	42	劫財	29	43	偏財	59	44	正財	30	45	劫財	1	46	偏官	31	47	正官	2	48	劫財	32	49	印綬
16	58	38	比肩	29	39	偏財	58	40	偏財	29	41	劫財	59	42	偏印	30	43	偏官	60	44	食神	31	45	偏印	2	46	正官	32	47	偏官	3	48	偏印	33	49	偏官
17	59	38	印綬	30	39	正財	59	40	傷官	30	41	正官	60	42	印綬	31	43	正財	1	44	劫財	32	45	印綬	3	46	偏財	33	47	正財	4	48	印綬	34	49	偏官
18	60	38	偏印	31	39	食神	60	40	食神	31	41	偏財	1	42	偏官	32	43	偏財	2	44	比肩	33	45	偏官	4	46	偏財	34	47	比肩	5	48	偏官	35	49	正財
19	1	38	正財	32	39	劫財	1	40	劫財	32	41	正財	2	42	正官	33	43	傷官	3	44	傷官	34	45	正官	5	46	傷官	35	47	印綬	6	48	正官	36	49	偏財
20	2	38	偏財	33	39	偏印	2	40	比肩	33	41	食神	3	42	比肩	34	43	食神	4	44	食神	35	45	偏財	6	46	食神	36	47	偏印	7	48	傷官	37	49	傷官
21	3	38	傷官	34	39	印綬	3	40	印綬	34	41	傷官	4	42	劫財	35	43	劫財	5	44	劫財	36	45	正財	7	46	劫財	37	47	偏印	8	48	食神	38	49	食神
22	4	38	食神	35	39	偏官	4	40	偏印	35	41	比肩	5	42	偏印	36	43	比肩	6	44	比肩	37	45	比肩	8	46	比肩	38	47	印綬	9	48	比肩	39	49	劫財
23	5	38	劫財	36	39	正官	5	40	正官	36	41	劫財	6	42	印綬	37	43	印綬	7	44	印綬	38	45	劫財	9	46	印綬	39	47	偏官	10	48	劫財	40	49	比肩
24	6	38	比肩	37	39	偏財	6	40	偏官	37	41	偏印	7	42	偏官	38	43	偏印	8	44	偏印	39	45	偏印	10	46	偏印	40	47	正官	11	48	偏印	41	49	印綬
25	7	38	印綬	38	39	正財	7	40	正財	38	41	印綬	8	42	正官	39	43	正官	9	44	正官	40	45	印綬	11	46	正官	41	47	偏財	12	48	印綬	42	49	偏印
26	8	38	偏印	39	39	食神	8	40	偏財	39	41	偏官	9	42	偏財	40	43	偏財	10	44	偏官	41	45	偏官	12	46	偏官	42	47	正財	13	48	偏官	43	49	正官
27	9	38	正官	40	39	傷官	9	40	傷官	40	41	正官	10	42	正財	41	43	傷官	11	44	正財	42	45	正官	13	46	正財	43	47	食神	14	48	正官	44	49	偏官
28	10	38	偏官	41	39	比肩	10	40	食神	41	41	偏財	11	42	食神	42	43	食神	12	44	偏財	43	45	偏財	14	46	偏財	44	47	傷官	15	48	偏財	45	49	正財
29	11	38	正財	42	39	劫財	11	40	劫財	42	41	正財	12	42	傷官	43	43	劫財	13	44	傷官	44	45	正財	15	46	傷官	45	47	比肩	16	48	正財	46	49	偏財
30	12	38	偏財				12	40	比肩	43	41	食神	13	42	比肩	44	43	比肩	14	44	食神	45	45	食神	16	46	食神	46	47	劫財	17	48	食神	47	49	傷官
31	13	38	傷官				13	40	印綬				14	42	劫財				15	44	劫財	46	45	傷官				47	47	偏印				48	49	食神

2033年生まれ 年干：50 2033/2/3-2034/2/3

	1月			2月			3月			4月			5月			6月			7月			8月			9月			10月			11月			12月		
日	日干	月干	中心星	日干	月干	中心星	日干	月干	中心星	日干	月干	中心星	日干	月干	中心星	日干	月干	中心星	日干	月干	中心星	日干	月干	中心星	日干	月干	中心星	日干	月干	中心星	日干	月干	中心星	日干	月干	中心星
1	49	49	劫財	20	50	偏官	48	51	正財	19	52	傷官	49	53	偏官	20	54	正財	50	55	偏財	21	56	正財	52	57	正官	22	58	偏官	53	59	食神	23	60	偏官
2	50	49	比肩	21	50	正財	49	51	食神	20	52	食神	50	53	正官	21	54	食神	51	55	傷官	22	56	偏財	53	57	偏財	23	58	正財	54	59	傷官	24	60	正官
3	51	49	印綬	22	51	正財	50	51	傷官	21	52	劫財	51	53	偏財	22	54	傷官	52	55	食神	23	56	傷官	54	57	正財	24	58	偏財	55	59	比肩	25	60	偏財
4	52	49	偏印	23	51	食神	51	51	比肩	22	53	比肩	52	53	正財	23	54	比肩	53	55	劫財	24	56	食神	55	57	食神	25	58	傷官	56	59	劫財	26	60	正財
5	53	50	正官	24	51	傷官	52	52	劫財	23	53	印綬	53	54	食神	24	55	劫財	54	55	比肩	25	56	劫財	56	57	傷官	26	58	食神	57	59	偏印	27	60	食神
6	54	50	偏官	25	51	比肩	53	52	偏印	24	53	偏印	54	54	傷官	25	55	偏印	55	55	印綬	26	56	比肩	57	57	比肩	27	58	劫財	58	59	印綬	28	60	傷官
7	55	50	正財	26	51	劫財	54	52	印綬	25	53	正官	55	54	比肩	26	55	印綬	56	56	偏印	27	57	偏印	58	58	劫財	28	58	比肩	59	60	偏官	29	1	比肩
8	56	50	偏財	27	51	偏印	55	52	偏官	26	53	偏官	56	54	劫財	27	55	偏官	57	56	正官	28	57	印綬	59	58	偏印	29	59	印綬	60	60	正官	30	1	劫財
9	57	50	傷官	28	51	印綬	56	52	正官	27	53	正財	57	54	偏印	28	55	正官	58	56	偏官	29	57	偏官	60	58	印綬	30	59	偏印	1	60	偏財	31	1	偏印
10	58	50	食神	29	51	偏官	57	52	偏財	28	53	偏財	58	54	印綬	29	55	偏財	59	56	正財	30	57	正官	1	58	偏官	31	59	正官	2	60	正財	32	1	印綬
11	59	50	劫財	30	51	正財	58	52	正財	29	53	傷官	59	54	偏官	30	55	正財	60	56	偏財	31	57	偏財	2	58	正官	32	59	偏官	3	60	食神	33	1	偏官
12	60	50	比肩	31	51	食神	59	52	食神	30	53	食神	60	54	正官	31	55	食神	1	56	傷官	32	57	正財	3	58	偏財	33	59	正財	4	60	傷官	34	1	正官
13	1	50	印綬	32	51	傷官	60	52	傷官	31	53	劫財	1	54	偏官	32	55	傷官	2	56	食神	33	57	食神	4	58	正財	34	59	偏財	5	60	比肩	35	1	偏財
14	2	50	偏印	33	51	比肩	1	52	比肩	32	53	偏印	2	54	正官	33	55	比肩	3	56	劫財	34	57	傷官	5	58	食神	35	59	傷官	6	60	劫財	36	1	正財
15	3	50	正財	34	51	劫財	2	52	劫財	33	53	正官	3	54	偏財	34	55	劫財	4	56	比肩	35	57	偏財	6	58	傷官	36	59	食神	7	60	偏財	37	1	食神
16	4	50	偏財	35	51	偏印	3	52	印綬	34	53	偏官	4	54	正財	35	55	劫財	5	56	印綬	36	57	正財	7	58	比肩	37	59	劫財	8	60	正財	38	1	傷官
17	5	50	傷官	36	51	印綬	4	52	偏印	35	53	比肩	5	54	食神	36	55	比肩	6	56	偏官	37	57	食神	8	58	劫財	38	59	比肩	9	60	食神	39	1	比肩
18	6	50	比肩	37	51	偏財	5	52	正官	36	53	劫財	6	54	傷官	37	55	印綬	7	56	正財	38	57	傷官	9	58	印綬	39	59	正財	10	60	傷官	40	1	比肩
19	7	50	印綬	38	51	正財	6	52	偏官	37	53	偏印	7	54	比肩	38	55	偏印	8	56	偏財	39	57	比肩	10	58	偏印	40	59	偏財	11	60	比肩	41	1	印綬
20	8	50	偏印	39	51	食神	7	52	正財	38	53	印綬	8	54	正官	39	55	正官	9	56	正官	40	57	劫財	11	58	正官	41	59	傷官	12	60	劫財	42	1	偏印
21	9	50	正官	40	51	傷官	8	52	偏財	39	53	偏官	9	54	偏財	40	55	偏官	10	56	偏官	41	57	偏印	12	58	偏官	42	59	正財	13	60	偏印	43	1	正官
22	10	50	偏官	41	51	比肩	9	52	傷官	40	53	正官	10	54	正財	41	55	正財	11	56	正財	42	57	正官	13	58	正財	43	59	食神	14	60	正官	44	1	偏官
23	11	50	正財	42	51	劫財	10	52	食神	41	53	偏財	11	54	食神	42	55	偏財	12	56	偏財	43	57	偏財	14	58	偏財	44	59	傷官	15	60	偏財	45	1	正財
24	12	50	偏財	43	51	偏印	11	52	劫財	42	53	正財	12	54	傷官	43	55	傷官	13	56	傷官	44	57	正財	15	58	傷官	45	59	比肩	16	60	正財	46	1	偏財
25	13	50	傷官	44	51	印綬	12	52	比肩	43	53	食神	13	54	比肩	44	55	食神	14	56	食神	45	57	食神	16	58	食神	46	59	劫財	17	60	食神	47	1	傷官
26	14	50	食神	45	51	偏官	13	52	印綬	44	53	傷官	14	54	劫財	45	55	印綬	15	56	劫財	46	57	傷官	17	58	劫財	47	59	偏印	18	60	傷官	48	1	食神
27	15	50	劫財	46	51	正官	14	52	偏印	45	53	比肩	15	54	偏印	46	55	偏印	16	56	比肩	47	57	比肩	18	58	比肩	48	59	印綬	19	60	比肩	49	1	劫財
28	16	50	比肩	47	51	偏財	15	52	正官	46	53	劫財	16	54	印綬	47	55	正官	17	56	印綬	48	57	劫財	19	58	印綬	49	59	偏官	20	60	劫財	50	1	比肩
29	17	50	印綬				16	52	偏官	47	53	偏印	17	54	偏官	48	55	偏官	18	56	偏印	49	57	偏印	20	58	偏印	50	59	正官	21	60	偏印	51	1	印綬
30	18	50	偏印				17	52	正財	48	53	印綬	18	54	正官	49	55	正財	19	56	正官	50	57	印綬	21	58	正官	51	59	偏財	22	60	印綬	52	1	偏印
31	19	50	正官				18	52	偏財				19	54	偏財				20	56	偏官	51	57	偏官				52	59	正財				53	1	正官

2034年生まれ 年干:51 2034/2/4-2035/2/3

	1月			2月			3月			4月			5月			6月			7月			8月			9月			10月			11月			12月		
日	日干	月干	中心星	日干	月干	中心星	日干	月干	中心星	日干	月干	中心星	日干	月干	中心星	日干	月干	中心星	日干	月干	中心星	日干	月干	中心星	日干	月干	中心星	日干	月干	中心星	日干	月干	中心星	日干	月干	中心星
1	54	1	傷官	25	2	劫財	53	3	偏印	24	4	偏印	54	5	傷官	25	6	偏印	55	7	印綬	26	8	比肩	57	9	比肩	27	10	劫財	58	11	印綬	28	12	傷官
2	55	1	正財	26	2	比肩	54	3	印綬	25	4	正官	55	5	比肩	26	6	印綬	56	7	偏印	27	8	印綬	58	9	劫財	28	10	比肩	59	11	偏官	29	12	比肩
3	56	1	偏財	27	2	印綬	55	3	偏官	26	4	偏官	56	5	劫財	27	6	偏官	57	7	正官	28	8	偏印	59	9	偏印	29	10	印綬	60	11	正官	30	12	劫財
4	57	1	傷官	28	3	印綬	56	3	正官	27	4	正財	57	5	偏印	28	6	正官	58	7	偏官	29	8	正官	60	9	印綬	30	10	偏印	1	11	偏財	31	12	偏印
5	58	2	食神	29	3	偏官	57	4	偏財	28	5	偏財	58	6	印綬	29	7	偏財	59	7	正財	30	8	偏官	1	9	偏官	31	10	正官	2	11	正財	32	12	印綬
6	59	2	劫財	30	3	正官	58	4	正財	29	5	傷官	59	6	偏官	30	7	正財	60	7	偏財	31	8	正財	2	9	正官	32	10	偏官	3	11	食神	33	12	偏官
7	60	2	比肩	31	3	偏財	59	4	食神	30	5	食神	60	6	正官	31	7	食神	1	8	傷官	32	9	正財	3	10	偏財	33	10	正財	4	12	傷官	34	13	正官
8	1	2	印綬	32	3	正財	60	4	傷官	31	5	劫財	1	6	偏財	32	7	傷官	2	8	食神	33	9	食神	4	10	正財	34	11	偏財	5	12	比肩	35	13	偏財
9	2	2	偏印	33	3	食神	1	4	比肩	32	5	比肩	2	6	正財	33	7	比肩	3	8	劫財	34	9	傷官	5	10	食神	35	11	傷官	6	12	劫財	36	13	正財
10	3	2	正官	34	3	傷官	2	4	劫財	33	5	印綬	3	6	食神	34	7	劫財	4	8	比肩	35	9	比肩	6	10	傷官	36	11	食神	7	12	偏印	37	13	食神
11	4	2	偏官	35	3	比肩	3	4	偏印	34	5	偏印	4	6	傷官	35	7	偏印	5	8	印綬	36	9	劫財	7	10	比肩	37	11	劫財	8	12	印綬	38	13	傷官
12	5	2	正財	36	3	印綬	4	4	印綬	35	5	正官	5	6	比肩	36	7	印綬	6	8	偏印	37	9	偏印	8	10	劫財	38	11	比肩	9	12	偏官	39	13	比肩
13	6	2	偏財	37	3	偏官	5	4	偏官	36	5	偏官	6	6	傷官	37	7	偏官	7	8	正官	38	9	印綬	9	10	偏印	39	11	印綬	10	12	正官	40	13	劫財
14	7	2	傷官	38	3	正官	6	4	正官	37	5	正財	7	6	比肩	38	7	正官	8	8	偏官	39	9	偏官	10	10	印綬	40	11	偏印	11	12	偏財	41	13	偏印
15	8	2	比肩	39	3	偏財	7	4	偏財	38	5	食神	8	6	劫財	39	7	偏財	9	8	正財	40	9	劫財	11	10	偏官	41	11	正官	12	12	劫財	42	13	印綬
16	9	2	印綬	40	3	正財	8	4	偏財	39	5	劫財	9	6	偏印	40	7	偏官	10	8	偏財	41	9	偏印	12	10	正官	42	11	偏官	13	12	偏印	43	13	偏官
17	10	2	偏印	41	3	食神	9	4	傷官	40	5	比肩	10	6	印綬	41	7	正財	11	8	劫財	42	9	印綬	13	10	偏財	43	11	正財	14	12	印綬	44	13	正官
18	11	2	正財	42	3	傷官	10	4	食神	41	5	偏財	11	6	偏官	42	7	偏財	12	8	比肩	43	9	偏官	14	10	偏財	44	11	比肩	15	12	偏官	45	13	正財
19	12	2	偏財	43	3	偏印	11	4	劫財	42	5	正財	12	6	正官	43	7	傷官	13	8	印綬	44	9	正官	15	10	傷官	45	11	印綬	16	12	正官	46	13	偏財
20	13	2	傷官	44	3	印綬	12	4	比肩	43	5	食神	13	6	比肩	44	7	食神	14	8	食神	45	9	偏財	16	10	食神	46	11	偏印	17	12	偏財	47	13	傷官
21	14	2	食神	45	3	偏官	13	4	印綬	44	5	傷官	14	6	劫財	45	7	劫財	15	8	劫財	46	9	正財	17	10	劫財	47	11	偏印	18	12	正財	48	13	食神
22	15	2	劫財	46	3	正官	14	4	偏印	45	5	比肩	15	6	偏印	46	7	比肩	16	8	比肩	47	9	比肩	18	10	比肩	48	11	印綬	19	12	比肩	49	13	劫財
23	16	2	比肩	47	3	偏財	15	4	正官	46	5	劫財	16	6	印綬	47	7	印綬	17	8	印綬	48	9	劫財	19	10	印綬	49	11	偏官	20	12	劫財	50	13	比肩
24	17	2	印綬	48	3	正財	16	4	偏官	47	5	偏印	17	6	偏官	48	7	偏印	18	8	偏印	49	9	偏印	20	10	偏印	50	11	正官	21	12	偏印	51	13	印綬
25	18	2	偏印	49	3	食神	17	4	正財	48	5	印綬	18	6	正官	49	7	正官	19	8	正官	50	9	印綬	21	10	正官	51	11	偏財	22	12	印綬	52	13	偏印
26	19	2	正官	50	3	傷官	18	4	偏財	49	5	偏官	19	6	偏財	50	7	偏財	20	8	偏官	51	9	偏官	22	10	偏官	52	11	正財	23	12	偏官	53	13	正官
27	20	2	偏官	51	3	比肩	19	4	傷官	50	5	正官	20	6	正財	51	7	傷官	21	8	正財	52	9	正官	23	10	正財	53	11	食神	24	12	正官	54	13	偏官
28	21	2	正財	52	3	劫財	20	4	食神	51	5	偏財	21	6	食神	52	7	食神	22	8	偏財	53	9	偏財	24	10	偏財	54	11	傷官	25	12	偏財	55	13	正財
29	22	2	偏財				21	4	劫財	52	5	正財	22	6	傷官	53	7	劫財	23	8	傷官	54	9	正財	25	10	傷官	55	11	比肩	26	12	正財	56	13	偏財
30	23	2	傷官				22	4	比肩	53	5	食神	23	6	比肩	54	7	比肩	24	8	食神	55	9	食神	26	10	食神	56	11	劫財	27	12	食神	57	13	傷官
31	24	2	食神				23	4	印綬				24	6	劫財				25	8	劫財	56	9	傷官				57	11	偏印				58	13	食神

2035年生まれ 年干:52 2035/2/4-2036/2/3

	1月			2月			3月			4月			5月			6月			7月			8月			9月			10月			11月			12月		
日	日干	月干	中心星	日干	月干	中心星	日干	月干	中心星	日干	月干	中心星	日干	月干	中心星	日干	月干	中心星	日干	月干	中心星	日干	月干	中心星	日干	月干	中心星	日干	月干	中心星	日干	月干	中心星	日干	月干	中心星
1	59	13	劫財	30	14	偏官	58	15	正財	29	16	偏官	59	17	偏官	30	18	正財	60	19	偏財	31	20	正財	2	21	正官	32	22	偏官	3	23	食神	33	24	偏官
2	60	13	比肩	31	14	正財	59	15	食神	30	16	食神	60	17	正官	31	18	食神	1	19	傷官	32	20	偏財	3	21	偏財	33	22	正財	4	23	傷官	34	24	正官
3	1	13	印綬	32	14	偏財	60	15	傷官	31	16	劫財	1	17	偏財	32	18	傷官	2	19	食神	33	20	傷官	4	21	正財	34	22	偏財	5	23	比肩	35	24	偏財
4	2	13	偏印	33	15	食神	1	15	比肩	32	16	比肩	2	17	正財	33	18	比肩	3	19	劫財	34	20	食神	5	21	食神	35	22	傷官	6	23	劫財	36	24	正財
5	3	14	正官	34	15	傷官	2	15	劫財	33	17	印綬	3	17	食神	34	18	劫財	4	19	比肩	35	20	劫財	6	21	傷官	36	22	食神	7	23	偏印	37	24	食神
6	4	14	偏官	35	15	比肩	3	16	偏印	34	17	偏印	4	18	傷官	35	19	偏印	5	19	印綬	36	20	比肩	7	21	比肩	37	22	劫財	8	23	印綬	38	24	傷官
7	5	14	正財	36	15	劫財	4	16	印綬	35	17	正官	5	18	比肩	36	19	印綬	6	20	偏印	37	20	印綬	8	21	劫財	38	22	比肩	9	24	偏官	39	25	比肩
8	6	14	偏財	37	15	偏印	5	16	偏官	36	17	偏官	6	18	劫財	37	19	偏官	7	20	正官	38	21	印綬	9	22	偏印	39	23	印綬	10	24	正官	40	25	劫財
9	7	14	傷官	38	15	印綬	6	16	正官	37	17	正財	7	18	偏印	38	19	正官	8	20	偏官	39	21	偏官	10	22	印綬	40	23	偏印	11	24	偏財	41	25	偏印
10	8	14	食神	39	15	偏官	7	16	偏財	38	17	偏財	8	18	印綬	39	19	偏財	9	20	正財	40	21	正官	11	22	偏官	41	23	正官	12	24	正財	42	25	印綬
11	9	14	劫財	40	15	正官	8	16	正財	39	17	傷官	9	18	偏官	40	19	正財	10	20	偏財	41	21	偏財	12	22	正官	42	23	偏官	13	24	食神	43	25	偏官
12	10	14	比肩	41	15	食神	9	16	食神	40	17	食神	10	18	正官	41	19	食神	11	20	傷官	42	21	正財	13	22	偏財	43	23	正財	14	24	傷官	44	25	正官
13	11	14	印綬	42	15	傷官	10	16	傷官	41	17	劫財	11	18	偏財	42	19	傷官	12	20	食神	43	21	食神	14	22	正財	44	23	偏財	15	24	比肩	45	25	偏財
14	12	14	偏印	43	15	比肩	11	16	比肩	42	17	比肩	12	18	正財	43	19	比肩	13	20	劫財	44	21	傷官	15	22	食神	45	23	傷官	16	24	劫財	46	25	正財
15	13	14	正財	44	15	劫財	12	16	劫財	43	17	正官	13	18	偏財	44	19	劫財	14	20	比肩	45	21	比肩	16	22	傷官	46	23	食神	17	24	偏財	47	25	食神
16	14	14	偏財	45	15	偏印	13	16	偏印	44	17	偏官	14	18	正財	45	19	偏印	15	20	印綬	46	21	正財	17	22	比肩	47	23	劫財	18	24	正財	48	25	傷官
17	15	14	傷官	46	15	印綬	14	16	偏印	45	17	正財	15	18	食神	46	19	比肩	16	20	偏官	47	21	食神	18	22	劫財	48	23	比肩	19	24	食神	49	25	比肩
18	16	14	比肩	47	15	偏官	15	16	正官	46	17	劫財	16	18	傷官	47	19	印綬	17	20	正財	48	21	傷官	19	22	偏印	49	23	正財	20	24	傷官	50	25	比肩
19	17	14	印綬	48	15	正財	16	16	偏官	47	17	偏印	17	18	比肩	48	19	偏印	18	20	偏財	49	21	比肩	20	22	偏印	50	23	偏財	21	24	比肩	51	25	印綬
20	18	14	偏印	49	15	食神	17	16	正財	48	17	印綬	18	18	偏財	49	19	正官	19	20	正官	50	21	劫財	21	22	正官	51	23	傷官	22	24	劫財	52	25	偏印
21	19	14	正官	50	15	傷官	18	16	偏財	49	17	偏官	19	18	偏財	50	19	偏官	20	20	偏官	51	21	偏印	22	22	偏官	52	23	正財	23	24	偏印	53	25	正官
22	20	14	偏官	51	15	比肩	19	16	傷官	50	17	正官	20	18	正財	51	19	正財	21	20	正財	52	21	印綬	23	22	正財	53	23	食神	24	24	正官	54	25	偏官
23	21	14	正財	52	15	劫財	20	16	食神	51	17	偏財	21	18	食神	52	19	偏財	22	20	偏財	53	21	偏財	24	22	偏財	54	23	傷官	25	24	偏財	55	25	正財
24	22	14	偏財	53	15	偏印	21	16	劫財	52	17	正財	22	18	傷官	53	19	傷官	23	20	傷官	54	21	正財	25	22	傷官	55	23	比肩	26	24	正財	56	25	偏財
25	23	14	傷官	54	15	印綬	22	16	比肩	53	17	食神	23	18	比肩	54	19	食神	24	20	食神	55	21	食神	26	22	食神	56	23	劫財	27	24	食神	57	25	傷官
26	24	14	食神	55	15	偏官	23	16	印綬	54	17	傷官	24	18	劫財	55	19	劫財	25	20	劫財	56	21	傷官	27	22	劫財	57	23	偏印	28	24	傷官	58	25	食神
27	25	14	劫財	56	15	正官	24	16	偏印	55	17	比肩	25	18	偏印	56	19	偏印	26	20	比肩	57	21	比肩	28	22	比肩	58	23	印綬	29	24	比肩	59	25	劫財
28	26	14	比肩	57	15	偏財	25	16	正官	56	17	劫財	26	18	印綬	57	19	正官	27	20	印綬	58	21	劫財	29	22	印綬	59	23	偏官	30	24	劫財	60	25	比肩
29	27	14	印綬				26	16	偏官	57	17	偏印	27	18	偏官	58	19	偏官	28	20	偏印	59	21	偏印	30	22	偏印	60	23	正官	31	24	偏印	1	25	印綬
30	28	14	偏印				27	16	正財	58	17	印綬	28	18	正官	59	19	正財	29	20	正官	60	21	印綬	31	22	正官	1	23	偏財	32	24	印綬	2	25	偏印
31	29	14	正官				28	16	偏財				29	18	偏財				30	20	偏官	1	21	偏官				2	23	正財				3	25	正官

★ 蔵干の調べ方

	年支・月支・日支・時支											
	子	丑	寅	卯	辰	巳	午	未	申	酉	戌	亥
月の切り替わり日+7日以内	壬	癸	戊	甲	乙	戊	丙	丁	戊	庚	辛	戊
月の切り替わり日+8日・9日	壬	癸	丙	甲	乙	庚	丙	丁	壬	庚	辛	甲
月の切り替わり日+10日	壬	辛	丙	甲	癸	庚	丙	乙	壬	庚	丁	甲
月の切り替わり日+11日・12日	癸	辛	丙	乙	癸	庚	己	乙	壬	辛	丁	甲
月の切り替わり日+13日・14日	癸	己	丙	乙	戊	庚	己	己	壬	辛	戊	甲
月の切り替わり日+15日～20日	癸	己	甲	乙	戊	丙	己	己	庚	辛	戊	壬
月の切り替わり日+21日以降	癸	己	甲	乙	戊	丙	丁	己	庚	辛	戊	壬

蔵干というのは、地支に内蔵されている干。それを調べることで、
本当の自分をあらわすといわれる蔵干の宿命星も導き出されます。

①p.164～の暦で自分の誕生日を探します。

②月の切り替わり日の翌日から誕生日までの日数を調べます。
　この際、切り替わり日よりも前に誕生日があった場合は、
　前月の切り替わり日からの日数をカウントします。
　月の切り替わり当日が誕生日の人は、0とカウントします。

③年支・月支・日支・時支を探し、
　対応する十干（甲・乙・丙・丁・戊・己・庚・辛・壬・癸のどれか）が蔵干です。

〈 例：1980年12月26日生まれの人 〉

1980年12月の「月の切り替わり日」は7日。
26日−7日＝19日。
月柱地支は「子」で、蔵干は「癸」。

〈 例：1980年12月3日生まれの人 〉

1980年12月の「月の切り替わり日」は7日。
誕生日が切り替わり日より前なので、11月の切り替わり日を見る。
11月の切り替わり日は7日。
11月は30日。30日−7日＝23日。23日+3日＝26日。
月柱地支は「亥」で、蔵干は「壬」。

「全人生計画シート」(p.90～)と「短期計画シート」(p.98～)をダウンロードする

下記のURLからダウンロードできます。
https://shufunotomo.co.jp/simple_four_pillars_of_destiny/

★ 60干支表

暦（p164～）で自分の生年月日を探します。年の横にある「年干」が年干と年支をあらわす数、誕生日のところにある「日干」が日干と日支をあらわす数、「月干」が月干と月支をあらわす数。各数字をこの表とてらしあわせて各干支を導きます。

〈 例：1980年12月26日生まれの人 〉 1980年は57なので年干は庚、年支は申。12月は25なので月干は戊、月支は子。26日は10なので日干は癸、日支は酉。

1	甲子	11	甲戌	21	甲申	31	甲午	41	甲辰	51	甲寅
2	乙丑	12	乙亥	22	乙酉	32	乙未	42	乙巳	52	乙卯
3	丙寅	13	丙子	23	丙戌	33	丙申	43	丙午	53	丙辰
4	丁卯	14	丁丑	24	丁亥	34	丁酉	44	丁未	54	丁巳
5	戊辰	15	戊寅	25	戊子	35	戊戌	45	戊申	55	戊午
6	己巳	16	己卯	26	己丑	36	己亥	46	己酉	56	己未
7	庚午	17	庚辰	27	庚寅	37	庚子	47	庚戌	57	庚申
8	辛未	18	辛巳	28	辛卯	38	辛丑	48	辛亥	58	辛酉
9	壬申	19	壬午	29	壬辰	39	壬寅	49	壬子	59	壬戌
10	癸酉	20	癸未	30	癸巳	40	癸卯	50	癸丑	60	癸亥

★ 十二運表

自分の日干と命式や大運・歳運の中にある支を掛け合わせて出します。

〈 例：1980年12月26日生まれの人 〉

暦（p.164～）と上の60干支表で出した日干は癸。年支は申なので十二運は癸×申で死。月支は子なので癸×子で建禄。日支は酉なので癸×酉で病となる。

自分の日干＼調べたい支	寅	卯	辰	巳	午	未	申	酉	戌	亥	子	丑
甲	建禄	帝旺	衰	病	死	墓	絶	胎	養	長生	沐浴	冠帯
乙	帝旺	建禄	冠帯	沐浴	長生	養	胎	絶	墓	死	病	衰
丙	長生	沐浴	冠帯	建禄	帝旺	衰	病	死	墓	絶	胎	養
丁	死	病	衰	帝旺	建禄	冠帯	沐浴	長生	養	胎	絶	墓
戊	長生	沐浴	冠帯	建禄	帝旺	衰	病	死	墓	絶	胎	養
己	死	病	衰	帝旺	建禄	冠帯	沐浴	長生	養	胎	絶	墓
庚	絶	胎	養	長生	沐浴	冠帯	建禄	帝旺	衰	病	死	墓
辛	胎	絶	墓	死	病	衰	帝旺	建禄	冠帯	沐浴	長生	養
壬	病	死	墓	絶	胎	養	長生	沐浴	冠帯	建禄	帝旺	衰
癸	沐浴	長生	養	胎	絶	墓	死	病	衰	帝旺	建禄	冠帯

★ 空亡の調べ方

p.164～の暦で自分の日干に書かれている数字を右の表をてらしあわせます。

〈 例：1980年12月26日生まれの人 〉

日干は10なので、戌亥空亡になる。

1~10	戌亥空亡	…戌亥の年・月・日が空亡
11~20	申酉空亡	…申酉の年・月・日が空亡
21~30	午未空亡	…午未の年・月・日が空亡
31~40	辰巳空亡	…辰巳の年・月・日が空亡
41~50	寅卯空亡	…寅卯の年・月・日が空亡
51~60	子丑空亡	…子丑の年・月・日が空亡

Webで命式を出してみましょう

あなたについて教えて下さい

・生年月日
1990 年 01 月 01 日
・出生時刻
不明 時 不明 分
・出生地
東京都
・性別
女性

占う

テレシスネットワーク株式会社は、ご入力いただいた情報を、占いサービスを提供するためにのみ使用し、情報の蓄積を行ったり、他の目的で使用することはありません。
ご利用の際は、当社個人情報保護方針とENJYOの利用規約に同意の上、必要情報をご入力ください。

あなたの命式

※p.15の命式と見比べて記入しましょう

【女性命】	4 07:15	3 11日	2 05月	1 1985年	
【空亡】11 寅卯	6 庚 5 比肩	6 庚 –	6 辛 5 劫財	6 乙 5 正財	天干
【調候】壬丙丁戊	7 辰 –	7 戌 –	7 巳 –	7 丑 –	地支
【格局】12 旺衰：身旺	9 乙 8 正財	9 辛 8 劫財	9 戊 8 偏印	9 癸 8 傷官	蔵干
【五行数】木1 火1 土3 金3 水0	10 養	10 衰	10 長生	10 墓	十二運
13 干合：乙庚／七冲：辰戌／支刑：丑戌					

1 年柱
2 月柱
3 日柱
4 時柱
5 宿命星 A、C、F
6 年干、月干、日干、時干
7 年支、月支、日支、時支
8 宿命星 B、D、E、G
9 地干の蔵干
10 十二運
11 空亡
12 身旺・身弱などの種類
13 特殊作用

サイトで簡単に自分の命式が出せる

『真木あかりの四柱推命』（https://djm.jp/shichusuimei/）にアクセスし、トップページ下部の「あなたについて教えて下さい」より命式を作成してください。

生年月日は必須となりますが、出生時間と出生地も分かる範囲で入力してください。出生時間不明の場合は自動的に12時生まれとして命式が作られますが、四柱推命の「時柱」を出す場合は出生時間が必要となります。

命式の解釈についてもっと詳しく知りたい場合は、サイト下部の鑑定もご利用ください（一部有料）。

命式の大事な要素は1章p.14〜で説明した「天干」「地支」と２つの「宿命星」（天干の宿命星、蔵干の宿命星）、それに「十二運」や「空亡」です。このサイトでは「身旺・身弱」（p.76〜）も調べることができます。

これらが読めると、四柱推命がわかるようになり、人生を前向きにプランニングできるはずです。

『真木あかりの四柱推命』

占いの帝王といわれ、高い的中精度を誇る四柱推命の命式から、あなたの生まれ持った性質と個性を無料で鑑定します。
（提供：テレシスネットワーク株式会社）

真木あかり　まきあかり

占い師。フリーライター兼会社員を経験したのち占いの道に転身、占星術や四柱推命、タロットなどの占術を使用し、執筆・鑑定を行っている。『真木あかりの超実践星占い入門』（主婦の友社）、『タロットであの人の気持ちがわかる本』（説話社）、『2023年下半期　12星座別あなたの運勢』（幻冬舎）や「SPRiNG」（宝島社）、「SPUR」（集英社）など、著書・連載・アプリ監修多数。

Twitter　https://twitter.com/makiakari
Instagram　https://www.instagram.com/maki_akari/
Blog　http://makiakari.hatenablog.com/

STAFF

ブックデザイン・イラスト　日毛直美
編集協力　西瓜社（冨田聖子、池田友樹）
DTP　鈴木庸子
編集　野崎さゆり（主婦の友社）

シンプル四柱推命

最強の人生をプランニングできる

2023年10月31日　第1刷発行
2024年９月20日　第3刷発行

著者　真木あかり
発行者　大宮敏靖
発行所　株式会社主婦の友社
〒141-0021　東京都品川区上大崎３丁目１－１
目黒セントラルスクエア
電話　03-5280-7537（内容・不良品等のお問い合わせ）
049-259-1236（販売）
印刷所　大日本印刷株式会社

©Akari Maki 2023　Printed in Japan

ISBN 978-4-07-455404-1

■本のご注文は、お近くの書店または
主婦の友社コールセンター（電話0120-916-892）まで。
＊お問い合わせ受付時間　月～金（祝日を除く）
10:00～16:00
■個人のお客さまからのよくある質問のご案内
https://shufunotomo.co.jp/faq/

Ⓡ〈日本複製権センター委託出版物〉
本書を無断で複写複製（電子化を含む）することは、著作権法上の例外を除き、禁じられています。本書をコピーされる場合は、事前に公益社団法人日本複製権センター（JRRC）の許諾を受けてください。
また本書を代行業者等の第三者に依頼してスキャンやデジタル化することは、たとえ個人や家庭内での利用であっても一切認められておりません。
JRRC〈 https://jrrc.or.jp
eメール：jrrc_info@jrrc.or.jp
電話：03-6809-1281〉

※本書に記載された情報は、
本書発売時点のものになります。